WENN GOTT VERLOREN GEHT

QUAESTIONES DISPUTATAE

Begründet von
KARL RAHNER UND HEINRICH SCHLIER

Herausgegeben von
PETER HÜNERMANN UND THOMAS SÖDING

174

WENN GOTT VERLOREN GEHT

Internationaler Marken- und Titelschutz: Editiones Herder, Basel

WENN GOTT VERLOREN GEHT

DIE ZUKUNFT DES GLAUBENS IN DER SÄKULARISIERTEN GESELLSCHAFT

ELAZAR BENYOËTZ, EMERICH CORETH,
METROPOLIT DAMASKINOS,
HANS-PETER DÜRR,
BEATRICE EICHMANN-LEUTENEGGER,
HANNA-BARBARA GERL-FALKOVITZ,
SUSANNE HEINE, JOSEF IMBACH,
KLAUS KIENZLER, FRANZ KARDINAL KÖNIG,
GENRO KOUDELA, KARL-JOSEF KUSCHEL,
PINCHAS UND RUTH LAPIDE, JOHANN B. METZ,
CARLO MONGARDINI, J. C. NYÍRI,
RADIM PALOUŠ, ROB RIEMEN,
INGRID H. SHAFER, LEONARD SWIDLER,
MIKLÓS TOMKA, FALK WAGNER

HERAUSGEGEBEN VON
THEO FAULHABER UND BERNHARD STILLFRIED

HERDER

FREIBURG · BASEL · WIEN

Die Deutsche Bibliothek – CIP-Einheitsaufnahme

Wenn Gott verloren geht : die Zukunft des Glaubens
in der säkularisierten Gesellschaft / hrsg. von Theo
Faulhaber und Bernhard Stillfried. Mit Beitr. von
Elazar Benyoëtz ... – 2. Aufl. – Freiburg im Breisgau ;
Basel ; Wien : Herder, 2000
  (Quaestiones disputatae ; 174)
  ISBN 3-451-02174-9

Texterfassung durch die Autorenschaft

Alle Rechte vorbehalten – Printed in Germany
© Verlag Herder Freiburg im Breisgau 1998
Satz: SatzWeise, Trier
Druck und Bindung: Freiburger Graphische Betriebe 2000
Gedruckt auf umweltfreundlichem, chlorfrei gebleichtem Papier
ISBN 3-451-02174-9

Inhalt

II
Wege und Irrwege der Suche nach Gott

III
Gott – ein Wort unserer Sprache?

Zeugnisse

Einleitung

Hat der Mensch Gott verloren? Ist Gott im Rausch der modernen Zeit gleichsam irgendwie »abhanden gekommen« – und hat dieser Verlust eine spirituelle Lücke hinterlassen, die immer mehr Menschen auf ihrer Suche nach Sinn schmerzlich erfahren?

Hat Gott, hat das Göttliche überhaupt noch Platz in unserem säkularisierten und auf das bloße Diesseits reduzierten Denken? Wie verträgt sich die Krise des modernen Glaubens mit dem ungeheuren Wildwuchs an Leichtgläubigkeit, mit der wachsenden Bereitschaft zu Irrationalität? Und wie die betonte Ökonomisierung des Handelns mit dem verstärkten Bedürfnis nach Transzendenz?

Diesen Fragen widmete sich der »2. Wiener Kulturkongreß«, den die Österreichische Kulturvereinigung und das Institut für Wirtschaft und Politik vom 28. bis zum 30. November 1996 in der Österreichischen Akademie der Wissenschaften unter dem Ehrenschutz von Elisabeth Gehrer, Bundesministerin für Unterricht und kulturelle Angelegenheiten, veranstalteten. Der vorliegende Band umfaßt die Kongreßbeiträge renommierter Autoren aus neun Ländern.

Ausgangspunkt der Überlegungen war die Definition der geistigen und religiösen Krise der Gegenwart. Daran anschließend befaßten sich die Beiträge mit den oftmals verschlungenen Wegen und Irrwegen der Suche nach Gott, um schließlich nach den verschiedenen Gottesbegriffen und sprachlichen Kontexten zu fragen. Eine Reihe sehr persönlicher Zeugnisse rundeten das Gesamtthema ab.

Mitverantwortlich für den »Rückzug« Gottes, für die Krise der Transzendenz ist sicherlich der beispiellose Siegeszug von Fortschritt und Technik. Er engte Zeit und Raum des Numinosen sukzessive ein und führte zur Säkularisierung von Mensch und Gesellschaft. Besonders Physik und Biologie des 19. Jahrhunderts booteten Gott aus ihrem Weltbild aus; der Mensch ist nach Jacques Monod ein einsamer Zigeuner am Rande des Universums.

Seit dem Paradigmenwechsel in den modernen Naturwissenschaften, seit Einsteins Werk und der »verrückten Welt« der Quantentheorie befindet sich diese a-göttliche Schau jedoch wieder auf dem Rückzug. Das Universum gleiche immer mehr einem einzigen genialen Gedanken, erklärt Sir James Jeans, und zunehmend mehr Physiker orten Ähnlichkeiten zwischen modernen Weltbildern und alten Mythen. Der kontradiktorische Widerspruch zwischen Wissen und Glauben schmilzt, wie der Münchener Physiker *Hans-Peter Dürr* in seinem Beitrag über »Naturwissenschaftliche Erkenntnis und Wirklichkeitserfahrung« konstatiert: »Wenn wir Materie immer weiter auseinandernehmen, bleibt am Ende nichts mehr übrig, was uns an Materie erinnert … Materie ist nicht aus Materie zusammengesetzt!«

Die wahre Grundlage der Gesellschaft sei nicht empirischen, sondern idealen Ursprungs: Davon zeigt sich der römische Soziologe und Politikwissenschaftler *Carlo Mongardini* in seiner Betrachtung über »Die Rolle der Moral und die politische und ideologische Krise im zeitgenössischen Europa« überzeugt. Er sieht in der Moral die »Seele des Gemeinschaftslebens, die Heimat der Werte«, deren Schwäche in der Moderne das öffentliche Leben gefährdet, und ruft zu einer Art neuerlichen Renaissance auf, die auf moralischen Grundsätzen basiert und das Abgleiten in Fundamentalismus, Tribalismus und Primitivismus verhindern könnte. Ohne diese Renaissance wäre seiner Ansicht nach die plebiszitäre Demokratie in ihrer bisherigen Form verloren.

Auch die evangelische Theologin *Susanne Heine* konstatiert den »Gottestod als Folge der Neuzeit«. Die Fortschrittsidee realisierte quasi das Himmelreich auf Erden, die Heilserwartung konzentrierte sich auf die Technik. Trotzdem bleiben die Grenzen des Menschen evident, bleiben die Rätsel des Selbst, Ich und Du bestehen. Da die Kirchen als Institution vielfach versagten, kehrt Gott in anderen Formen wieder: in teleologischen Ideen und im New Age. Weil Gott durch die Vernunft nicht begründbar sei, werde der verdrängte Gott auch weiterhin in verschiedenster Gestalt erscheinen.

Auf die komplexen »Probleme der Säkularisierung im orthodoxen Lebensraum« geht *Damaskinos* (Papandreou), Metropolit der Schweiz und Exarch von Europa, in seinem Beitrag ein. Im Westen habe die Säkularisierung einen Verlust an Transzendenz gebracht, im Osten habe der Glauben unter dem Bündnis von Marxismus und Atheismus mit der Ideologie der Macht gelitten. Die Spaltung Europas seit der Teilung des Imperium Romanum habe zu unterschiedlichen Entwicklungslinien geführt, auch kulturelle Strömungen wie etwa Renaissance und Humanismus hätten nicht den gesamten Kontinent umfaßt. Besonders im Osten habe es einige Fehlentwicklungen in Richtung nationalistischer Kirchen gegeben, und folgerichtig sei es seit dem Zusammenbruch des Sowjetreiches vielfach zu einer Renaissance des Nationalismus gekommen.

Auf die »Glaubenskrise – erst recht in der postkommunistischen Gesellschaft« geht anschließend der Budapester Soziologe *Miklós Tomka* ein. Er verweist darauf, daß »Ost-Mitteleuropa aus der besonders frommen zu der besonders religionslosen Ecke Europas geworden ist« aufgrund jener »Verwüstungen« des Kommunismus, die staatliche Erziehungsinstitutionen angerichtet haben. Religion im weitgehend entchristlichten Teil des Kontinents erweist sich weder im Alltag noch im politischen System als bestimmende Größe. Derzeit zeigt sich allerdings, so Tomka, eine Rückkehr zu einem »Gott der Vormoderne« und zu einem religiösen Pluralismus, der hoffen läßt, daß »die Zukunft trotz allem noch offen ist«.

Wenn es das Evangelium im Internet gibt – kommt es dann zu einer »virtuellen Kirche«? Diese Frage stellt der Budapester Philosoph J. C. Nyíri in seiner Betrachtung über den »religiösen Individualismus in einer Welt ohne Zentrum« und über »globale und lokale Gemeinschaften im Zeitalter der Vernetzung« und liefert eine kurze und übersichtliche Kommunikationsgeschichte des Christentums.

Die »philosophisch-anthropologischen Grundlagen« von »Mensch und Religion« analysiert der Innsbrucker Theologe *Emerich Coreth* zu Eingang des 2. Teils über »Wege und Irrwege der Suche nach Gott«. Er sieht eine Abenddämmerung der europäischen Neuzeit, auf die eine Globalisierung der Menschheit folgt, die aber an ihre Fortschrittsgrenzen stößt. Doch eine Kultur ohne Religion gibt es nicht, denn diese zählt zur conditio humana.

Mit dem »Gottesgedächtnis im Zeitalter kultureller Amnesie« befaßt sich der Religionsphilosoph *Johann Baptist Metz*. Das Christentum sei infolge kulturellen Gedächtnisverlustes gefährdet, es könnte künftig nur noch als geschichtsferner Mythos gefeiert werden. Auschwitz und Gotteskrise, Zivilisationskrise und Werteverfall seien untereinander ursächlich verbunden. Metz konstatiert: »An der Rettung eines kulturellen Gedächtnisses ... hängt die Zukunft der europäischen Moderne ebenso wie die Anerkennung der Würde fremder Kulturwelten.«

Unter anderem mit der Frage Nietzsches, ob »das Christentum dem Eros Gift zu trinken gegeben« habe, befaßt sich die Dresdener Religionsphilosophin *Hanna-Barbara Gerl-Falkovitz* in ihrem Beitrag mit dem Titel »Eros und Christentum – ein Spannungsfeld mit Zukunft?«. Die Suche nach dem verlorenen Gott sei auch eine Suche nach dem verlorenen Eros, diagnostiziert sie, und stellt eine kurze Geschichte des Eros und des Erotischen dar. Sie analysiert das Verhältnis von Lieben und Leiden und kommt zum Schluß, daß die Löschung des kulturellen Gedächtnisses auch die Löschung Gottes und die Löschung des Eros sei.

Über »religiösen Indifferentismus und Monotheismus« reflektiert sodann *Franz Kardinal König*. Der modernen Gleichgültigkeit Gott gegenüber widerspricht die Sehnsucht nach Transzendenz. Es sei augenfällig, daß der Mensch, wie Viktor E. Frankl immer wieder betont, über sich hinausreiche. Religion sei kein intellektuelles Gedankengebäude, sondern Ausdruck eines inneren Wissens. Die Moderne mit ihren komplexen Tendenzen und Gegentendenzen benötige einen interreligiösen Dialog ebenso wie das Gespräch zwischen Religion, Atheismus und Agnostizismus.

»Über den Glauben und die Lebenserfahrung des heutigen Menschen« macht sich der Prager Philosoph *Radim Palouš* Gedanken. Er ortet einen Abfall von Gott: »Der durchschnittliche Mensch von heute begegnet in der industriell entwickelten Gesellschaft keiner herrlichen Natur mehr, er sieht keinen Gottes Ruhm verkündenden Himmel, fühlt keine Heiligkeit der Schöpfung ... Der Angehörige heutiger Moderne lebt in einer Welt eigener Produkte, vergaß die Gaben Gottes und verherrlichte seine eigenen Zwecke«. Palouš plädiert für die unteilbare Dreieinigkeit Kosmos, Erde, Leben, in die die Heiligkeit der Welt und Gott neu eingebunden werden.

Ob denn »religiöser Fundamentalismus Gottes einzige Antwort auf eine säkularisierte Welt« sei, fragt der Augsburger Fundamentaltheologe *Klaus Kienzler*. Er analysiert fundamentalistisches Gedankengut anhand der Fälle Salman Rushdie und Nasr Abu Said, um anschließend die Unfehlbarkeitslehre im Katholizismus und den Anspruch auf das Gelobte Land im Judentum näher auszuleuchten. Weltliche Ziele religiös zu legitimieren sei eine gefährliche und brisante Mischung, so Kienzler.

Auf das Verhältnis zwischen »fundiertem Glauben und begründeten Zweifel« sowie auf die »kirchliche Verkündigung in einer pluralistischen Gesellschaft« geht sodann der römisch-schweizerische Fundamentaltheologe *Josef Imbach* ein. Gott verliere sich heute in der Vielfalt der Lebensstile, stellt er fest, diagnostiziert aber auch gleichzeitig, daß das Desinteresse der Moderne an Gott nicht zuletzt auch Folge vieler Worthülsen in der Verkündigung sei. Die Chancen der Glaubensverkündigung lägen heute nicht im Dozieren, sondern im Vorleben der Lehrinhalte und im Wecken der Sehnsucht nach Gott.

Zur »Abrahamischen Ökumene. Zur weltpolitischen Notwendigkeit eines Miteinanders von Christen, Juden und Muslimen« ruft im Anschluß daran der Tübinger Theologe *Karl-Josef Kuschel* auf. Er analysiert den Konflikt um das Heilige Land sowie Gemeinsames und Trennendes zwischen den betroffenen Weltreligionen und appelliert an die Verantwortlichen, daß das ökumenisch-geschwisterliche Denken anstelle des Bruderhasses treten müsse, wenn sich nicht der jahrtausendealte Konflikt zwischen Israel und Ismael tragisch fortsetzen solle.

Über »das Zeitalter des globalen Dialogs« reflektiert der Religionsphilosoph *Leonard Swidler*, Philadelphia. Im Paradigmenwechsel zwischen Aufklärung und den verschiedensten modernen Wirklichkeitsmodellen, im Kreuzungspunkt zwischen Apokalypse und Achsenzeit geht der globale Dialog in ein radikal neues Zeitalter. Swidler untersucht die »kopernikanische Wende« im Katholizismus der Sechzigerjahre, die eine Hinwendung zum Dialog gebracht habe, und plädiert für eine »nicht mehr absolutistische Sicht der Wahrheit«, ohne daß man deshalb in totale Relativismen verfallen dürfe. Es gebe, so Swidler abschließend, keine Alternative zum globalen Dialog.

»Gott – ein Wort unserer Sprache?« fragt der Wiener evangelische Theologe *Falk Wagner* und leitet mit seinem Beitrag den gleichlautenden dritten Teil des vorliegenden Bandes ein. Das Religiöse sei nach der Aufklärung in vielfältiger Weise wiedergekehrt, stellt er fest. Durch politische Revolutionen, durch den Atheismus und durch die Moral- und Religionsferne der Wirtschaft sei es jedoch zu einer Krise der Schöpfungs- und Gottesvorstellungen gekommen, ebenso zu einer Individualisierung von Religion und Gottesbewußtsein. In letzterer liege ein Leitfaden einer Religion der Moderne.

Der Eindhovener Theologe und Autor *Rob Riemen* überschreibt seinen Essay »The Duty of Ezra. In Search of a New Language of Truth«. Nach einer Analyse der Beziehungen zwischen Moses und Aaron und des Falles Nietzsche sowie des Dostojewskischen Großinquisitors kommt er zum Schluß:»Love as the highest form of life, stronger than death, must be identical with that which always is and never was: the Truth. The language of the truth is the language of love. It is a language of deeds. As it is written:›You will be known by your fruits‹«.

»Meinen wir alle denselben Gott?« fragen sodann *Pinchas* und *Ruth Lapide* im Beitrag über Judentum – Christentum – Islam. Die Urfrage der Theodizee definieren sie als die Frage der Gerechtigkeit. Sie thematisieren die Relationen zwischen dem »Zufall Mensch« und dem Atheismus, zwischen Gott und Göttern, zwischen den Institutionen des Glaubens, Synagoge und Kirche. Danach stellen sie die Frage nach Jesu Beziehung zum Judentum. Angesichts der Katastrophe von Auschwitz und der Frage nach dem »Warum« fordern sie Konfliktfähigkeit, Dialogbereitschaft, Kompromißwillen, Einfühlsamkeit und Geduld im Gespräch zwischen Judentum, Christentum und Islam.

Genro Koudela, buddhistischer Mönch und Ordensgründer aus Wien, reflektiert in seinem Beitrag den Gottesbegriff des Buddhismus, der ja immer wieder zu Mißverständnissen Anlaß gibt. Er stellt den Buddhismus als »Wissenschaft des Geistes« dar und betont die zentrale Rolle Buddhas und seiner Lehren. Anhand der Allgegenwart Gottes skizziert er die Beziehung zwischen Transzendenz, Pantheismus und Theismus aus buddhistischer Sicht.

Die aus der Schweiz stammende Literatin *Beatrice Eichmann-Leutenegger* betrachtet in ihrem Beitrag, der den Schlußteil einleitet, das »Schweigen und Schreiben ›in heiliger Unberechenbarkeit‹« und stellt Rußlands Dichter sowie die »westliche christliche Dichtung« den verschiedensten Gottesbildern in Dichtung, Geschichte und Mythos gegenüber. Die Frage nach Gott stellt sich eigentlich als Schrei nach Gott dar, der im antwortenden Schweigen Gottes kulminieren kann. Ihr Resümee:»Dreißig Jahre lang suchte ich Gott. Als ich reif geworden war, erkannte ich, daß Er der Suchende war und ich der Gesuchte«.

Ingrid H. Shafer, Philosophin und Religionswissenschaftlerin aus Oklahoma, widmet sich in ihrer Analyse »Weltethos und Menschlichkeit« philosophischen und theologischen Grundlagen und Grundfragen. Sie will das Entweder-oder-Denken durch das So-wohl-als-auch-Denken ersetzt wissen und hofft auf eine Theologie der Beziehungen, die erkennt, daß alles mit allem zusammenhängt.

Einen sehr poetischen und sehr persönlichen Abschluß findet der vorliegende Band seitens des in Österreich geborenen israelischen Schriftstellers *Elazar Benyoëtz*, der in deutscher und hebräischer Sprache schreibt. Er sieht ein sprachliches »Verwelken Gottes« und schließt daraus: »Von Gott kann kaum noch gesprochen wer-den, höchstens gesungen ...«, doch wenn dem so ist, *»ist das Verlo-rene da«*.

Wien, im Juni 1998

Theo Faulhaber

Geschäftsführer
des Instituts für Wirtschaft
und Politik, Wien

Bernhard Stillfried

Präsident
der Österreichischen
Kulturvereinigung, Wien

I

GEISTIGE UND RELIGIÖSE KRISE DER GEGENWART

1

Naturwissenschaftliche Erkenntnis und Wirklichkeitserfahrung

von Hans-Peter Dürr

1. Einleitende Bemerkungen

Es mag verwundern, zum Thema dieses Buches einen Physiker zu Wort kommen zu lassen. Doch bedenkt man, daß es bei diesem Thema auch um die geistige und religiöse Krise in der heutigen Welt geht, ist ein Beitrag von einem Naturwissenschaftler schon nicht ganz abwegig. Denn durch die Naturwissenschaft und die durch sie ermöglichte Technik wurde unsere Lebenswelt dramatisch verändert, was wesentlich zu den heutigen Krisen beigetragen hat.

Doch sind wir nicht nur in einer „Krise der Immanenz", weil uns die unmittelbare Erfahrung, als Menschen unauflösbar im Transzendenten – dem „Einen", dem „Nicht-Zweihaften" – verankert zu sein, verloren gehen könnte. Wir stehen bereits schon mitten in einer zweiten Krise, die da „Erschöpfung der Moderne" genannt wird. Diese zweite Krise läßt uns die Brüchigkeit und Unzulänglichkeit unserer heutigen säkularisierten, materialistischen Weltbetrachtung immer deutlicher gewahr werden. Die Krise besteht eigentlich darin, daß wir – und hier meine ich vornehmlich uns in der nördlichen, industrialisierten, sogenannten entwickelten Welt – in all der Üppigkeit und all dem Trubel unseres Alltags unter einem Hunger nach Geistigem und Sinnhaftigem, einem Gefühl von Verlorensein und Einsamkeit leiden. Mehr noch, daß uns die tieferen Ursachen unserer Frustration eigentlich gar nicht bewußt werden und wir deshalb auch nicht bereit und willig sind, geeignete Nahrung aufzunehmen und „nach Hause zurückzukehren". Der Widerstand, das im eigentlichen Sinne Vernünftige zu tun, resultiert aus einem falschen Verständnis oder mangelhaften Gebrauch unserer Rationalität. Die Rationalität stellt sich uns verengt dar als eine Fähigkeit, Wissen – exaktes Wissen, wie wir vielfach glauben – über die Wirklichkeit, die Welt zu sammeln und kritisch denkend verarbeiten zu können, damit es sich zu einer besseren Steuerung unseres absichtsvollen Handelns eignet.

Unsere heute immer noch ungebrochene Zuversicht, unser Leben und Handeln auf Rationalität in diesem eingeschränkten Sinne gründen, ja ausschließlich gründen zu können – d. h. die andere Seite der Rationalität, die abwägende, wert-trächtige Vernunft nicht wesentlich einzubeziehen –, basiert vornehmlich auf den eindrucksvollen Erfolgen moderner Wissenschaft, insbesondere den Naturwissenschaften und den vielfältigen Umsetzungen dieses Wissens in Form unserer modernen Technik.

Wie so oft in unserer Geschichte kommen wir Menschen dabei immer wieder in die alte Versuchung: Gelingt es uns einmal, einen kleinen Zipfel der „Wahrheit" zu erhaschen, dann meinen wir in diesem Zipfel gleich die einzige und ganze Wahrheit zu sehen. Wir betrachten das ganze Weltgeschehen nur unter dieser einen neuen Einsicht und zwängen, was nicht so recht passen will, mit Intelligenz, Schlauheit, Eloquenz, doch auch mit unbewußter oder bewußter Mogelei und Gewalt in dieses Korsett. Dieser Impuls entspringt nicht nur unserer Dummheit und Ungeduld. Dahinter steht der verständliche und lebensdienliche Wunsch, die undurchsichtige Komplexität unserer Mitwelt auf etwas für uns Einfacheres und damit Einsehbareres, Überschaubareres zu reduzieren. Durch diese vereinfachten Vorstellungen der Wirklichkeit und ihrer eingeprägten zeitlichen Entwicklung gelingt es uns, die Unsicherheit des Zukünftigen, die wir ständig als existentielle Bedrohung empfinden und im nächsten Augenblick auch als dramatische, schmerzhafte, tödliche Realität erfahren und erdulden müssen, in vielen Details zu mildern. Ja, es hat sogar den Anschein, als ob wir unsere primitiven Nachbildungen der Wirklichkeit Schritt für Schritt so verbessern und verfeinern können, daß sie uns letztlich jegliche Unsicherheit zu beseitigen erlaubt. Doch immer genau zu wissen, was uns künftig erwartet, hätte kaum Vorteile für uns. Im Gegenteil: die eine große, umfassende Unsicherheit würde durch eine noch bedrückendere Gewißheit vielfältigen Scheiterns abgelöst, wofür uns die Gewißheit einiger spärlicher Erfolge kaum entschädigen würde. Die Situation ändert sich jedoch grundlegend, wenn wir, was wir glauben, als Menschen wirklich – und nicht nur eingebildeterweise – auch die Fähigkeit besitzen, absichtsvoll zu handeln. Dann haben wir prinzipiell die Möglichkeit, mit unserem Wissen und durch geeignetes Verhalten, die als sicher prognostizierten negativen Folgen zu vermeiden und unsere Überlebenschancen erheblich zu verbessern. Wir können darüber hinaus durch bewußte Manipulationen unserer Mitwelt versuchen, die für uns erwünschten Folgen herbeizuzwingen. Wissen wird hierdurch zu einem Machtinstrument und läßt in uns die Hoffnung wachsen, durch fortschreitende Verfeinerungen die Zukunft in immer höherem Maße meistern, beherrschen und letztlich „in den Griff" bekommen zu können.

In vielen Fällen, wenn auch meistens nur kurzfristig, scheint uns dies ja auch zu gelingen. Macht bezieht ihre Stärke aus der Einfalt – durch Bündelung von Kräften und nicht deren Differenzierung. Aber sie ist wegen dieser Einfalt vergänglich. Die momentanen Erfolge der „Wahrheitssuche" verleiten zum Fundamentalismus. Das Körnchen Wahrheit wird unangemessen verabsolutiert. Wissenschaft und Technik im Verbund mit der Ökonomik stellt heute in gewissem Sinne so einen Fundamentalismus dar.

Mein Beitrag „Naturwissenschaftliche Erkenntnis und Wirklichkeitserfahrung"[1] möchte sich der Frage stellen: Wie steht wissenschaftliche Erkenntnis und unser naturwissenschaftlich fundiertes Wissen in Beziehung zu unserer allgemeinsten, umfassendsten Wirklichkeitserfahrung. Ich kann selbstverständlich diese schwierige Frage hier nur sehr grob behandeln und dies nicht nur aufgrund der zeitlichen Beschränkung. Die Frage zielt darauf: Was können wir wirklich wissen? Bei ihrer Betrachtung wird eine prinzipielle Schranke wissenschaftlichen Wissens sichtbar werden: Es gibt ein Wissen um prinzipielles Unwissen. Dies ist nicht nur negativ zu werten. Wissen ist nicht alles. Grenzen des Wissens öffnen wieder größere Räume, die nur einem Gläubigen zugänglich sind, wobei Glauben mehr bedeuten kann als Unwissen, Abwesenheit von Wissen.

Ausgangspunkt meiner Überlegungen werden die überraschende Vertiefung und Verbreiterung unserer Weltsicht sein, zu der die Entwicklung der Naturwissenschaften – ausgelöst durch die revolutionären Entdeckungen in der Physik und die dadurch notwendig Neuinterpretation ihrer Grundlagen – zu Beginn unseres Jahrhunderts geführt hat.[2] Erstaunlich ist dabei, daß dieser tiefgreifende Wandel in unserem Verständnis der Wirklichkeit auch heute noch, fast hundert Jahre nach den bahnbrechenden Arbeiten von Max Planck und Albert Einstein in unserer Gesellschaft und ihren Wissenschaften kaum philosophisch und erkenntnistheoretisch nach-

---

[1] Vgl. Hans Peter Dürr, Das Netz des Physikers. Naturwissenschaftliche Erkenntnis in der Verantwortung, München 1988, S. 1–490; ders.: Wissenschaft und Wirklichkeit. Über die Beziehung zwischen dem Weltbild der Physik und der eigentlichen Wirklichkeit, in: Geist und Natur. Über den Widerspruch zwischen naturwissenschaftlicher Erkenntnis und philosophischer Welterfahrung, hg. von Hans-Peter Dürr, Walther Ch. Zimmerli, Stuttgart 1989, S. 18–28; ders.: Naturwissenschaftliche Erkenntnis und Wirklichkeitserfahrung, in: Einheit der Wissenschaften, 5. Sektion: Wissenschaft und Lebenswelt, Hg. Akademie der Wissenschaften zu Berlin, Berlin, New York 1991, S. 303–332.

[2] Hans-Peter Dürr (Hg.), Physik und Transzendenz, Bern 1986.

vollzogen worden ist. Und dies nicht etwa aufgrund eines Versagens der neuen Vorstellungen. Im Gegenteil, die Quantenphysik, welche diese neue Entwicklung bezeichnet, hat in den letzten siebzig Jahren seit ihrer Ausdeutung einen beispiellosen Triumphzug durch alle Gebiete der Physik angetreten und sich bis zum heutigen Tage unangefochten bewährt. Sie ist es ja, die vor allem in der Folge die ungeahnten technischen Entwicklungen angestoßen hat, die unserem Zeitalter, zum Guten oder Schlechten, unverkennbar ihren Stempel aufgedrückt haben. So wären die Atomkerntechnik und die modernen Informationstechnologien ohne die neuen Einsichten nicht möglich gewesen. Obwohl alle diese vielfältigen, erstaunlichen und gewaltigen Konsequenzen wissenschaftlich akzeptiert wurden, so fühlt sich auch heute noch die Wissenschaft in gewisser Hinsicht überfordert, gleichzeitig die in hohem Maße überraschenden Vorstellungen zu übernehmen, aus denen die neue Physik eigentlich erst verständlich wird.

Dies hat viele Gründe. Allen voran: Der Bruch, den die neue Physik fordert, ist tief. Er bezeichnet nicht nur einen Paradigmenwechsel, wie dies von Thomas Kuhn[3] in seinem Buch „The Structure of Scientific Revolutions" 1962 beschrieben worden ist. Deutet diese neue Physik doch darauf hin, daß die Wirklichkeit, was immer wir darunter verstehen, *im Grunde keine Realität* im Sinne einer *dinghaften* Wirklichkeit ist. Wirklichkeit offenbart sich primär nur mehr als *Potentialität*, als ein „Sowohl/Als-auch", also nur als *Möglichkeit* für eine Realisierung in der uns vertrauten stofflichen Realität, die sich in objekthaft und der Logik des „Entweder-Oder" unterworfenen Erscheinungsformen ausprägt. Potentialität erscheint als das *Eine*, das sich nicht auftrennen, das sich nicht mehr zerlegen läßt. Auf dem Hintergrund unserer gewohnten, durch das klassisch physikalische Weltbild entscheidend geprägten Vorstellungen klingt dies ungeheuerlich, eigentlich unannehmbar.

Der Weg zu den neuen Vorstellungen war dementsprechend mühsam und schmerzhaft. Und er muß von jedem Novizen neu erschlossen werden. Die Entdecker der neuen Physik, der Quantenmechanik, Planck und Einstein, die dafür mit dem Nobelpreis ausgezeichnet wurden, waren selbst nicht bereit, diesen Weg konsequent zu Ende zu gehen. Obgleich sie die Unausweichlichkeit der Schlußfolgerungen anerkannten, hofften sie bis zuletzt auf einen konventionellen Ausweg. Es war den Jüngsten unter den damaligen Physikern: Werner Heisenberg[4], Paul Dirac, Wolfgang Pauli und an-

---

[3] Thomas Kuhn, Die Struktur wissenschaftlicher Revolutionen, Frankfurt 1973.
[4] Werner Heisenberg, Der Teil und das Ganze, München 1969.

5

deren unter ihrem verehrten Kopenhagener Lehrer Niels Bohr vorbehalten, die neue Weltsicht in eine konsistente und, in einem
gewissen Sinne, überzeugende Gestalt zu bringen. Doch genau betrachtet haben nur wenige die von ihnen entworfene „Kopenhagener Interpretation" der Quantenmechanik zum Anlaß genommen,
ihre Wirklichkeitsvorstellung letztlich zu revidieren. Und dies nicht
in einem Akt bewußter Verweigerung, sondern mehr im Sinne einer
unbewußten Verdrängung, „weil nicht sein kann, was nicht sein
darf".

Dieser Wunsch war und ist verständlich, insbesondere auf dem
Hintergrund unserer westlichen Zivilisation, die so stark auf schöp-
ferisches physisches Wirken, auf Veränderung, Handeln, Machter-
werb und Machterweiterung ausgerichtet ist und zu deren Grund-
verständnis es deshalb gehört, sich die Wirklichkeit als objekthafte
Realität vorzustellen, um sie in dieser materiell geronnenen Form
zum eigenen Nutzen manipulieren und in den Griff bekommen zu
können. Durch eine pragmatische, positivistische Einstellung, die
vorgibt, auf jegliche „Ideologie" verzichten zu wollen und zu können – wobei in diesem Zusammenhang unter „Ideologie" gerne alles subsummiert wird, was über das direkt Greifbare und quantita-
tiv Meßbare hinaus geht – wird intellektuell der Weg geebnet, die
wesentlichen philosophischen Aussagen der Quantenphysik zu
ignorieren, ohne dabei auf ihre praktischen Folgerungen verzichten
zu müssen. Zudem ist man ja glücklicherweise in der gewohnten
Lebenswelt, dem von uns direkt wahrgenommenen Mesokosmos,
um mehrere Größenordnungen von jenem Mikrokosmos entfernt,
wo sich die Quantenmechanik den forschenden Physikern so un-
widerstehlich aufdrängte.

Fast hat es den Anschein, als ob die großen Probleme unserer
Zeit teilweise darin begründet liegen, daß wir in den Gesellschaftswissenschaften, in der Politik wie in der Wirtschaft, mit den veralteten Vorstellungen des 19. Jahrhunderts versuchen, die neuen Kräfte
zu bändigen, die uns aufgrund der ganz andersartigen Einsichten im
20. Jahrhundert zugewachsen sind.[5] Diese Erkenntnis wäre noch
kein Grund zur Beunruhigung, wenn es nur darum ginge, nun einfach geduldig abzuwarten, bis die neuen Vorstellungen auch in den
Gesellschaftswissenschaften und in unserem politischen Alltag eingedrungen sind. Doch die zeitweilige Unfähigkeit, unser Handeln
mit dem angemessenen Denken in Einklang zu bringen, könnte an-

---

[5] Hans-Peter Dürr, Naturverständnis und politische Macht oder: Die Welt als Gedicht, in: Hannah Arendt und die Berliner Republik; Fragen an das vereinigte
Deutschland, hg, von Bernward Baule, Berlin 1996, S. 41–64.

gesichts der entfesselten Einwirkungspotentiale die Menschheit leicht aus der Evolution katapultieren.

Dabei wäre das sich herauskristallisierende neue naturwissenschaftliche Weltbild in hohem Maße geeignet, die verschiedenen Wissenschaftszweige – so die Naturwissenschaften und Geisteswissenschaften – wieder enger zusammenzuführen. Es erlaubt Glaube und Wissen, Religion und Wissenschaft als wesentliche und in gewisser Weise komplementäre Elemente einer umfassenden Sichtweise zu verstehen.[6] Der Glaube wird von seiner Lückenbüßerrolle befreit, in der ihm jeweils nur noch überlassen bleibt, was bis zu diesem Zeitpunkt ‚noch nicht gewußt‘ wird. Das Wißbare erfährt in der neuen Weltsicht eine prinzipielle Einschränkung. Dadurch erhält der Glaube wieder seine volle Bedeutung und eigenständige Wertigkeit zurück.

2. Über die Wahrheit

Glaube und Wissen sind beide auf „Wahrheit" gerichtet. Wahrheit bedeutet jedoch in beiden Fällen etwas anderes. In der neuen Sichtweise wird es in gewisser Weise keine dieser Wahrheiten mehr geben, sondern „offenere Wahrheiten" werden an ihre Stelle treten, die in subtiler Weise beides enthalten.

Ich spreche als Naturwissenschaftler. Mein Antrieb, Physiker zu werden und insbesondere zu den Atomen, den Atomkernen, zu den Elementarteilchen hinabzusteigen, entsprang nach dem Krieg und Zusammenbruch dem Wunsch: „… zu erkennen, was die Welt im Innersten zusammenhält", als ein Weg zu verläßlicher, nicht von fehlbaren Menschen diktierter Wahrheit. Ein Naturwissenschaftler analysiert, zerlegt, fragmentiert, um die Wahrheit zu finden – und landet deshalb notwendig beim Allerkleinsten. Daß ich auf dem Wege hinunter „ins Innerste" nicht nur „Philosophen" wie Werner Heisenberg begegnete, sondern auch Kernphysikern, die Atombomben bauten, wie Edward Teller, war nicht meine gezielte Absicht. Es war aber der Grund und Anlaß für mich, ein „passionierter Grenzgänger" zu werden. Mir wurde die eingeprägte Ambivalenz der Forschung deutlich, wie tiefe Einsichten auch unmittelbar zu Kenntnissen führen, die unsere Lebenswelt einschneidend verändern, ja sie zerstören können.

---

[6] Hans-Peter Dürr (Hg.), Physik und Transzendenz, Bern 1986; ders.: Naturwissenschaft und Glaube. Vortragsreihe: Was ist wirklich? Hospitalhof Stuttgart, hg. von Helmut A. Müller, Stuttgart, S. 68–87.

Auch der Gläubige sucht nach Wahrheit. Es sucht sie in der Religion. Er nähert sich ihr in kontemplativer Haltung, in der meditativen Versenkung, erlebt sie in der Öffnung zum Ganzen. Das Thema dieses Buchs „Wenn Gott verloren geht ...“ insinuiert die Suche nach Gott, und dies meint auch Wahrheitssuche.

Die Wahrheiten des Wissenschaftlers und des Gläubigen sind verschieden, und doch versuchen sie, Antworten auf letztlich dieselbe Frage. Sie spiegeln in gewisser Weise nur unsere doppelte Beziehung zur Wirklichkeit wider. Das die Welt beobachtende Ich-Bewußtsein einerseits und das mystische Erlebnis der Einheit („Unus Mundus“) andererseits charakterisieren komplementäre Erfahrungsweisen des Menschen. Die eine führt zu einer kritisch-rationalen Einstellung, in welcher der Mensch die Welt in ihrer Vielfalt – fast im wörtlichen Sinne – begreifen, sie mit dem eigenen begrifflichen Denken erfassen will. Die andere erschließt sich ihm in einer mystischen Grundhaltung, in der er durch Hingabe und Meditation unmittelbar zum eigentlichen Wesen der Wirklichkeit vorzudringen versucht. Komplementär bedeutet hier: Daß beide möglich sind und sich gleichzeitig ergänzen und ausschließen, wie „Raumerfüllung“ und „Zwischenraum“ oder im bekannten Vexierbild die „beiden zugewandten Schattenprofile“ zu der zwischen ihnen aufgespannten „Vase“. Es sind zwei Arten des „Wissens“, das „begreifbare Wissen“ und die „Gewißheit um den inneren Zusammenhang“, die „Außenansicht“ mit der Trennung von Beobachter und dem Beobachteten, und die „Innensicht“, die dem Wesen nach immer holistisch ist, wo das Wahrnehmende auch gleichzeitig das wahrgenommene ungetrennte Eine ist. Erfahrung meint beides: Außenansicht und Innensicht.

Die Innensicht ist „näher, inniger, weiter, umfassender, offener, ganzheitlich“, wobei diese aus der Außenansicht entlehnten Worte in ihrer strengen Begrifflichkeit ganz unangemessen sind. Metaphorisch verstanden können sie jedoch auf eine Innenerfahrung deuten.

In der Außenansicht nehmen wir die Welt um uns herum, unsere Mitmenschen und uns selbst auf eine äußerliche Weise wahr. Die Außenansicht ist lebensdienlich, der greifenden Hand angepaßt, die wiederum sich an der speziellen Struktur der Lebenswelt entwickelt hat, in die wir existentiell eingebettet sind. Handeln ist zweiwertig: ich greife oder ich greife nicht, ich habe oder ich habe nicht. Das eine schließt das andere aus. So auch unsere Wahrnehmung der Wirklichkeit: Sein oder Nichtsein. Unser fragmentierendes Denken, unsere begriffliche Sprache hat sich in dieser auf Handlung orientierten Welt herausgebildet. Deshalb auch zweiwertig unser

Denken: richtig oder falsch, *tertium non datur.* Dieses zweiwertige Ordnungsschema braucht jedoch nicht der Struktur der eigentlichen Wirklichkeit zu entsprechen, sondern ist zunächst für uns lebensdienlich in dem Sinne, daß es ein für unser Überleben wichtiges Handeln wirksam unterstützt. Doch ist äußere Erfahrung letztlich wieder nur als innere Erfahrung, durch spontane Evidenz spürbar. Auch dort nur Gewißheit, wenn es in mir tönt: Es ist so! Ja, ich habe verstanden! Es gibt nichts, was durchgängig bewiesen werden kann, sondern alles mündet am Ende in unmittelbare Erfahrung, die ich durch Identifizierung schlicht außerhalb von allem Dualismus als wahr erlebe.

Die unauftrennbare Innensicht erlaubt keine zweiwertige Unterscheidung. Es gibt kein Wissen, doch auch kein Unwissen. Vielleicht Weisheit, die über beiden schwebt, als unscharfer Abdruck des äußeren Wissens im Innern. Und mit einer Unschärfe, die sich nicht im Mangel an Schärfe erschöpft, sondern erst die Möglichkeit eröffnet, Gestalt wahrzunehmen: Vertrautheit, Sinnhaftigkeit, Wert-Ordnung.

Unsere Vorstellung von der Wahrheit ist durch die Polarität der Außenansicht deformiert: Wahr oder nicht-wahr? Wahrheit ist allgemeiner, sie braucht nicht unbedingt diese lebensdienliche Zweiwertigkeit. Wahrheit kann offener sein, sich auch in einem Sowohl/Als-auch verdeutlichen, ohne dabei ihre Gewißheit einzubüßen. Es fehlt uns die Sprache, dies ausdrücken zu können, da Sprache primär der Außenansicht zugeordnet ist. Wir ahmen dieses Sowohl/Als-auch nach, indem wir, wie mit dem Finger darüberstreichend, seine „Gestalt" punktweise zu ertasten suchen. Das ganzheitliche Sowohl/Als-auch erscheint dann in unserer kritisch rationalen Vorstellung als vielfältige, nebeneinander liegende Entweder/Oders, deren Synthese die Gestalt imitiert, ohne je ihre Ganzheit zu erlangen.

In der abendländischen Geschichte stehen die beiden unterschiedlichen Grundhaltungen, der Außenansicht und Innensicht, in einem fruchtbaren Wechselspiel. Sie spiegeln sich in der Spaltung von Wissen und Glauben. Der Rationalismus und später die Aufklärung haben diese Spaltung vertieft und die zweiwertige Außenansicht zur einzig wahren, d. h. der Struktur der Wirklichkeit angemessenen Ansicht erklärt. Sie ist die Basis unserer triumphierenden Wissenschaft. Sie hat uns gelehrt, unsere Mitwelt zu unserem eigenen Nutzen zu manipulieren und Wissen als Machtinstrument zur Herrschaft über Mensch und Natur systematisch zu entwickeln. Die Ausschließlichkeit unseres Denkens: „Wenn das eine richtig ist, kann nicht das andere auch richtig sein, also muß es falsch sein" hat viel Zank und Streit verursacht, vernichtende Kriege entfesselt und ungeheures Leid über die Menschen gebracht.

Die moderne Physik hat uns gelehrt, daß die Struktur der Wirklichkeit im Grunde eine ganz andere ist, als es die an unserem Handeln und Wissen entwickelte, dominante zweiwertige Struktur der uns direkt zugänglichen Lebenswelt uns suggeriert. Die von uns als allgemeingültig erachtete zweiwertige Außenansicht hat nur begrenzte Gültigkeit. Sie ist nur vergröbertes Abbild einer tieferen Wirklichkeit, deren Züge sich uns besser durch Innensicht offenbaren.[7]

3. Über prinzipielle Grenzen naturwissenschaftlicher Erkenntnis

Unsere Wirklichkeitserfahrung ist reicher als die Erfahrung, die uns durch wissenschaftliche Erkenntnis erschlossen wird. Dies ist offensichtlich für Menschen, die mystische oder religiöse Erfahrungen gemacht haben. Aber dies gilt auch viel allgemeiner, wenn wir an die vielfältigen Erfahrungen denken, die uns Kunst in allen ihren Formen vermitteln kann. Wir werden uns dieses noch intimer und umfassender bewußt, wenn uns das so schwer Greifbare und doch als Betroffene unmittelbar Verständliche anrührt, was wir etwa mit Worten wie Liebe, Treue, Vertrauen, Geborgenheit, Hoffnung, Schönheit symbolisieren.

Die eindrucksvollen Erkenntnisfortschritte in den Naturwissenschaften hatten dem gegenüber die besonders in der Aufklärung gehegte Hoffnung verstärkt, daß letztlich und prinzipiell alles in dieser Welt menschlicher Erkenntnis zugänglich sei und der bisher als nicht zugänglich erscheinende Teil sich nur aufgrund seiner größeren Kompliziertheit unseren rationalen Einsichten entzieht. Die aus der rationalen Reflexion geborene Erkenntnistheorie hat jedoch frühzeitig darauf aufmerksam gemacht, daß ein strukturiertes System sehr wohl Untersysteme bewerten kann, aber nicht Systeme, die ihm übergeordnet sind. Wir können nicht unmittelbar begreifen, was das Vermögen unserer Denkprozesse überschreitet. So wie wir den blinden Fleck in unserem Auge nicht ohne einen Kunstgriff wahrnehmen können, weil wir von Geburt an an ihn gewöhnt sind, so fällt es uns schwer, ohne besondere Hinweise die Beschränkungen unserer gewohnten Einsicht zu erkennen. Diese Beschrän-

---

[7] Hans-Peter Dürr, Naturwissenschaft und Poesie – Begreifen und Spiegeln der Wirklichkeit, in: Scheidewege 22, hg. von Friedrich G. Jünger und Max Himmelheber, Baiersbronn 1992/93, S. 98–119.

kungen sollen nicht nur als ärgerliche Hindernisse gesehen werden: Für das Überleben unwesentliche Informationen nicht wahrzunehmen, ist höchst lebensdienlich.

Diese Überlegungen sollen zeigen: Es ist grob unzulässig und falsch, unsere Wahrnehmung der Wirklichkeit mit der Wirklichkeit schlechthin gleichzusetzen. Genau dies passiert jedoch, wenn wir wissenschaftliche Erkenntnis als allumfassend betrachten.

Ich möchte diese offensichtliche Aussage mit einem Gleichnis des englischen Atomphysikers Sir Athur Eddington[8] verdeutlichen. Eddington vergleicht einen Naturwissenschaftler mit einem Ichthyologen, einem Fischkundler, der seine Welt erforschen will. Dies besteht darin, daß er auf das Meer hinausfährt und Fische fängt. Nach vielen Fischzügen und sorgfältiger Überprüfung seiner Beute gelingt ihm die Entdeckung des ersten Grundgesetzes der Ichthyologie: „Alle Fische sind größer als fünf Zentimeter!" Er nennt dies ein Grundgesetz, weil er bei keinem Fang jemals einen Fisch fand, der kleiner als fünf Zentimeter war, und daraus auf eine Allgemeingültigkeit des Befundes schließt. Auf dem Heimweg trifft er seinen besten Freund, den ich den Metaphysiker nennen will, und erzählt ihm von seiner großen wissenschaftlichen Entdeckung. Der entgegnet ihm: „Das ist doch gar kein Grundgesetz! Dein Netz ist einfach so grob, daß dir die kleineren Fische stets durch die Maschen gehen." Aber der Ichthyologe ist durch dieses Argument überhaupt nicht beeindruckt und antwortet entschieden: „Was ich mit meinem Netz nicht fangen kann, liegt prinzipiell außerhalb fischkundlichen Wissens, es bezieht sich auf kein Objekt der Art wie es in der Ichthyologie als Objekt definiert ist. Für mich als Ichthyologen gilt: Was ich nicht fangen kann, ist kein Fisch!"

Auf die Wissenschaft angewendet, bedeutet dieses Gleichnis: Um wissenschaftliche Erkenntnis zu etablieren, benützen wir Wissenschaftler immer ein Netz, obwohl die meisten von uns sich über die Existenz und die Art des Netzes nicht im klaren sind. Dieses Netz symbolisiert nicht nur das methodische, sondern vor allem auch das gedankliche Rüstzeug, mit dem wir wissenschaftlich arbeiten. Unser wissenschaftliches Denken ist wie alles Denken immer fragmentierend und analysierend. Alles, was wir untersuchen und verstehen wollen, zerlegen wir. Und das ist auch in unserer Lebenswelt eine sehr vorteilhafte und erfolgreiche Methode, an komplizierte Dinge heranzugehen. Unsere fragmentierende Lebensweise ist selbstverständlich nicht zufällig. Sie hat sich in einer langen stammesge-

[8] Arthur Eddington, The Philosophy of Physical Science, University of Michigan Press, 1967.

schichtlichen Evolution langsam herausgebildet, und dies nicht im Hinblick auf ihre Eignung, die komplizierte Wissenschaft über die Welt im Großen und Kleinen zu treiben, sondern zunächst einmal vor allem, um uns Menschen auf dieser Erde unter den hier vorgegebenen äußeren Umständen eine Überlebenschance zu geben. Das heißt grob gesagt: Unser Denken ist dafür angepaßt, den Apfel am Baum wahrzunehmen und zu greifen, mit dem wir uns ernähren, und nicht dazu, Atomphysik zu treiben. Wenn wir es trotzdem tun, dürfen wir uns nicht wundern, daß die Atome für uns letztlich immer so wie kleine Äpfel aussehen, weil dies die einzige Art und Weise ist, wie wir uns die Wirklichkeit anschaulich vorstellen können.

Daß wir bei unserer Beschreibung der Wirklichkeit immer mit einem Netz arbeiten, also notwendig ein Bezugssystem benützen müssen, war den Philosophen schon immer bekannt. Die Relevanz dieser Erkenntnis wurde dann aber dramatisch deutlich, als man in der Physik zu verstehen suchte, welche Bewandtnis es eigentlich mit den kleinsten Bausteinen der Materie hat, die man als unteilbar vermutete und deshalb Atome nannte und heute eher mit den Elementarteilchen oder noch kleineren Einheiten identifiziert. Zum großen Erstaunen entdeckte man, daß wenn man einem solchen winzigen Teilchen experimentell nachspürt, sich dieses bei einem Experiment tatsächlich wie ein Partikel gebärdet, bei einem anderen Experiment aber dann auf einmal wie eine Welle verhält. Je nach Meßmethode offenbart sich also dasselbe „Objekt" in zwei verschiedenen Erscheinungsformen, die im Rahmen unserer üblichen Objekt-Vorstellung auf keine Weise miteinander in Einklang gebracht werden können. Es ist uns selbstverständlich geläufig, daß wenn wir vor einem Haus stehen, je nachdem ob wir es von vorne oder von der Seite ansehen, zwei recht verschiedene *flächige* Bilder vor uns haben. Wir können diese beiden Ansichten leicht widerspruchslos durch eine *räumliche* Vorstellung des Hauses versöhnen, in der die beiden Bilder dann verschiedenen Projektionen entsprechen. Im Gegensatz dazu gibt es aber bei einem Teilchen der Mikrowelt keine Möglichkeit, die Vorstellung einer Partikel und einer Welle in Form etwa eines „Wellikels" oder dergleichen so zu vereinigen, daß wir es uns auch noch anschaulich vergegenwärtigen können.

Dieses Beispiel zeigt uns, daß eine Beobachtung nur unzureichend mit der Metapher eines Fischernetzes beschrieben werden kann, das im wesentlichen nur eine Auswahl („größer als fünf Zentimeter") unter den Fischen trifft und deshalb den Charakter einer Projektion besitzt. Denn der Akt der Beobachtung führt darüber hinaus auch zu einer Qualitätsänderung (Partikel oder Welle) des

Beobachteten, zu einer Deformation der dahinterstehenden nicht-begreifbaren Wirklichkeit. Wenn wir etwas bewußt wahrnehmen oder verschärft: wenn wir Wissenschaft treiben, dann verwenden wir also nicht nur ein Netz, sondern mehr so etwas wie einen Fleischwolf: Wir stopfen oben die Wirklichkeit hinein, drehen herum und heraus kommen unten je nach Lochscheibe verschiedenartige Würstchen. Naiv schließen wir daraus: die Wirklichkeit besteht aus bestimmten Würstchen. Das stimmt aber nicht, wenn ich es mit dem oben Hineingestopften vergleiche. Das Ergebnis unserer Beobachtung, (die „Würstchen") ist wesentlich ein Produkt der speziellen Art der Beobachtung, der Wahrnehmung, des Erkenntnisaktes und kein getreues Abbild der dahinter verborgenen oder vermuteten „eigentlichen Wirklichkeit".

Die experimentellen Befunde der modernen Physik – und dort anfänglich gerade auf einem Gebiet, der Mechanik, wo alles als recht simpel und übersichtlich galt und sich überzeugend einfache Naturgesetze ermitteln ließen – haben uns also zur überraschenden Einsicht gezwungen: *Alles, was wir durch direkte Beobachtung oder durch Abstraktion unserer Wahrnehmungen als Wirklichkeit betrachten und in der Naturwissenschaft als (stoffliche) Realität beschreiben, darf in dieser Form nicht mit der eigentlichen Wirklichkeit, was immer wir darunter verstehen wollen, identifiziert werden.*

Mit dieser Sprechweise verwenden wir allerdings die idealistische Sprechweise des Metaphysikers, gegen die sich der positivistische Ichthyologe verwahrt, indem er etwa antwortet: „Du magst ja recht haben, vielleicht gibt es in irgendeinem Sinne diese kleineren Fische, aber warum soll mich das interessieren? Es ist doch vernünftig und für unsere menschliche Kommunikation wesentlich, sich auf das zu beschränken, worüber ich mich objektiv und eindeutig mit anderen verständigen kann. Im übrigen, ganz praktisch gesehen, wenn ich auf den Markt gehe, um meine Fische zu verkaufen, hat mich noch nie jemand nach einem Fisch gefragt, den ich nicht fangen kann." Diese letztere Argumentation ist uns gerade heute sehr geläufig: Die Ökonomie legt prinzipiell keinen Wert auf Dinge, die man nicht tauschen und nicht vermarkten kann.

Die Reduktion der Wirklichkeit auf das objektiv Feststellbare ist vom pragmatischen Standpunkt aus vorteilhaft. Es wird keine unentscheidbaren Streitereien geben. Aber es bedeutet noch lang nicht, daß das prinzipiell Unbegreifbare nicht wesentlich für unsere persönlich erfahrbare Wirklichkeit sein muß. Wissen wir doch: Der Mensch lebt nicht vom Brot alleine! Wir alle erleben täglich, daß unsere unmittelbare Erfahrung viel reicher und umfassender ist als das, was wissenschaftlich begriffen und bewiesen werden kann.

Überlegen Sie selbst, entspricht nicht das meiste, was uns wirklich wichtig und wesentlich im Leben ist, „Fischen, die wir nicht fangen können"? Und warum sollen wir nicht diese „Gewißheit" in gewisser Weise auch als Ausdruck eines (offeneren) „Wissens" auffassen, obwohl wir es nicht begreifen können. Hier bietet sich also die Möglichkeit, dem Religiösen, dem Numinosen, dem intuitiv und auch künstlerisch Erfahrbaren wieder einen eigenständigen Wert zuzuordnen und ihnen, entsprechend ihrer Bedeutung und neben dem naturwissenschaftlich Beweisbaren, eine angemessene Rangordnung in unserem persönlichen Leben und im Rahmen unserer Gesellschaft zu geben.

Viele bestreiten heute diese Ansicht und betrachten die gegenwärtige Situation nur als ein Zwischenstadium einer sich weiter beschleunigenden geistigen Evolution, der keine Geheimnisse auf Dauer verschlossen bleiben werden. Gegen unser Ichthyologengleichnis würden sie einwenden, daß es für die Anwendung auf unsere Wirklichkeit zu primitiv wäre. Der Mensch sei, meinen sie, doch ein viel intelligenterer und einfallsreicherer Ichthyologe, der sehr schnell lernen würde, auch mit Netzen geringerer Maschenweite zu fischen. Damit haben sie zweifellos recht. Das Netz ist hier als Gleichnis zu einfach. Aber dies ändert nichts an der prinzipiellen Aussage: Was immer wir auch tun, wir brauchen irgendwelche Netze, um zu fischen. Wir können nicht die Wirklichkeit, über die wir in der Außenansicht sprechen, ohne ein Netz beschreiben und deshalb sind wir immer in dieser Beschränktheit drinnen. Netze, die beweisbares Wissen möglich machen, definieren gleichzeitig auch die prinzipiellen Grenzen dieses Wissens, und zwar Grenzen im Sinne einer ‚border' nicht nur einer ‚frontier'. Die Wissenschaft basiert auf fragmentierendem Denken.

Die sogenannte exakte oder quantifizierende Wissenschaft geht sogar noch ein Stück weiter. Sie formuliert, wie unser Ichthyologe, Aussagen wie: Ein Fisch ist größer als fünf Zentimeter. Die Aussage ist letztlich nur „fünf", eine Zahl in einer Beziehung zwischen einem Fisch und einem Stück Holz, das als Meßlatte dient. Die „wissenschaftliche" Aussage hier sagt nichts darüber aus, *was* ein Fisch und *was* ein Stück Holz ist, die ich beide nicht verstehe. Die Aussage erschöpft sich im „wie" und verschweigt das „was". Durch diese Beschränkung ist Quantifizierung und durch Zahlen bemessene Exaktheit und als weitere Konsequenz, die mathematische Formulierung der exakten Naturwissenschaften möglich. Obgleich die moderne Wissenschaft eindrucksvoll zeigt, daß sehr vieles vom „was" seine Erklärung in einem „wie" findet, ist doch gut nachvollziehbar, daß die so reduzierte Wirklichkeitsbeschreibung nur noch

sehr bedingt mit der größeren Wirklichkeit zu tun hat, in die sie eingebettet ist. Diese Einsicht ist wichtig für einen konstruktiven Dialog zwischen Naturwissenschaft und Religion. Sie ist andererseits
auch als Hinweis wertvoll, daß auch Religion, in ihrem verständli-
chen Bestreben, ihre Botschaften schärfer und einprägsamer zu fassen und der damit verbundenen Neigung, metaphorisch Zeigendes
durch eindeutig Begreifbares zu fixieren, ihr eigentliches Ziel ver-
fehlen muß.

4. Vom klassisch-atomistischen zum modern-holistischen Weltbild

Eine Unterscheidung zwischen der wissenschaftlich erkennbaren
und beschreibbaren Wirklichkeit und der durch allgemeinere Erfahrungen bedingt zugänglichen eigentlichen Wirklichkeit mag ein-
leuchtend klingen. Sie bleibt als solche unbefriedigend durch die
Unbestimmtheit, wie die wissenschaftliche Wirklichkeit in die eigentliche eingebettet erscheint. Die Beziehung zwischen wissenschaftlicher und eigentlicher Wirklichkeit kann jedoch nicht willkürlich sein, kein „anything goes", nicht blinde, strukturlose
Pluralität, die absolute Flachheit symbolisiert. Wir sollten jedoch
auch nicht erwarten, auf die Frage, was dieser Beziehungsstruktur
zugrunde liegt, im Rahmen unseres Denkens eine schlüssige Antwort zu finden. Denn eine höhergeordnete Struktur läßt sich niemals aus den ihr nachgeordneten Teilstrukturen vollständig und
eindeutig synthetisieren und verstehen: Das Ganze ist mehr als die
Summe seiner Teile. Deshalb erfordert ein tieferes Verständnis, daß
wir mit dem Ganzen beginnen. Ein Zugang zum Ganzen scheint uns
zunächst nur unsere Innensicht durch meditative Versenkung und
ein intensiver Dialog mit anderen, die den gleichen Weg eingeschla-
gen haben, zu eröffnen. Ein anderer, andersartiger Zugang, könnte
jedoch vielleicht auch ein neugieriger Blick über die Grenze des
Wißbaren, so wie sie uns von der modernen Physik aufgezeigt wird,
bieten. Auf eine solche kleine Reise zur Grenze möchte ich Sie jetzt
kurz mitnehmen.

In unserem Ichthyologengleichnis ist es das „Netz", das Wissen
erst ermöglicht und gleichzeitig die prinzipielle Beschränkung erzwingt. In der Parabel ist das Netz noch ein Fremdling, dessen Herkunft unbestimmt und willkürlich bleibt. Das ist es selbstverständlich nicht. Es wurde vom Fischer in seinem Überlebenswillen als
erfolgreichste Methode unter vielen anderen Fischfang-Versuchen
letztlich ausgewählt. Das Netz ist also auch ein Teil des großen Ganzen und seiner speziellen Struktur, zu der die Fischwelt und der Fi-

scher gemeinsam gehören. Es ist deshalb aufschlußreich, kurz einmal einen Blick auf die im Vergleich zur klassischen Physik radikal veränderte Beziehung zu werfen, in der die Teile zu ihrem Ganzen in der modernen Physik stehen sollen.

Die Welt in der Beschreibung der alten, „klassischen" Physik existiert in Raum und Zeit. Raum und Zeit spielen jedoch eine ganz unterschiedliche Rolle. Die Welt zeigt eine eigentümliche Zeitschichtung, als wäre sie ein Stoß von Spielkarten. Im augenblicklichen „Jetzt", das wir Gegenwart nennen, liegt eine Spielkarte aufgedeckt vor uns, ein dreidimensionaler Raum, ein mit unseren Sinnen spontan austastbares Erfahrungsfeld – und nur dieser gegenwärtige Raum ist uns direkt zugänglich, unmittelbar erlebbar. Dieses augenblickliche Erfahrungsfeld jedoch wird sofort wieder zugedeckt durch einen ähnlichen Raum der nächsten Gegenwart, so daß ich den vergangenen Raum nicht mehr sehe. Als schwacher Fußabdruck ist der vergangene im neuen Raum mir noch teilweise gewärtig. Es ist, als hätte ich vom großen Kartenstoß der Raum-Zeit-Welt die nächste Karte abgehoben, aufgedeckt und über die alte gelegt. Und im nächsten Augenblick ist auch diese von einer nachfolgenden Karte wieder überdeckt. Die Raum-Zeit-Welt, die Wirklichkeit zeigt sich uns also eigentümlicherweise nicht als Ganzes, sondern immer nur scheibchenweise, Karte um Karte, Schritt um Schritt in einer Folge, die wir Zeit nennen. Wir verstehen eigentlich nicht, warum der „liebe Gott" uns nicht, ähnlich wie in räumlicher Ausdehnung, auch einen Einblick in die zeitliche Dimension seiner Schöpfung erlaubt, uns also nicht voll die ganzen Karten des Stoßes auf den Tisch legt, sondern uns in jedem Augenblick jeweils nur eine Karte – und die auch nur einmal – zeigt. Es interessiert uns selbstverständlich brennend, was im noch nicht aufgedeckten Kartenstoß verborgen ist. Diese Karten enthalten ja alles, was uns in Zukunft – an Freud' und Leid – erwartet.

Menschen sind schlau und einige von ihnen sogar Naturwissenschaftler. Sie schauen sich die jeweils aufgedeckte Karte genau an und dann die nächste und übernächste usw. und entdecken zu ihrer Freude gewisse Regelmäßigkeiten. Da ist z.B. ein Herz-As, die nächste Karte ist ein Herz-2, die nächste ein Herz-3 und ein Herz-4. Und damit glauben sie, ihre erste große Entdeckung gemacht zu haben: „Ganz einfach, die Welt besteht aus Herzen", weil jede aufgedeckte Karte Herzen hat. Bald darauf entdecken sie eine weitere Gesetzmäßigkeit, daß nämlich in jedem Augenblick die Zahl der Herzen um eines zunimmt. Ein besonders Forscher macht deshalb die gewagte Prognose: „Ich prophezeie, die nächste Karte ist Herz-7", und in der Tat es ist die Herz-7. Und dann erscheint, wie erwartet, Herz-8. Und das seherische Genie bekommt den verdienten Nobel-Preis. Die Welt erscheint verstanden, die Struktur der Wirklichkeit entziffert, die Schöpfung, der Kartenstoß, durchschaut: Die Welt besteht aus Herzen in ansteigender Progression. Dicke Lehrbücher werden geschrieben und alles geht gut, bis Herz-10 überschritten wird: Da kommt eine Überraschung: ein Herz-Bube. Kurzes Erschrecken: „Aha, das Naturgesetz stimmt nicht ganz.", längeres Nachdenken, bis ein Einstein erscheint und das Naturgesetz geeignet verbessert: „Es ist ein bißchen komplizierter ..."; und auf diese Weise sind noch eine Reihe von Nachbesserungen nötig, bis man sich an eine mehr oder weniger gute Beschreibung herangerobbt hat. Ich habe stark vereinfacht und unterschlagen, daß die Folge der Verbesserungen tatsächlich nicht nur zu einer quantitativen, sondern auch qualitativen Verbesserung der Prognosen führen. Der Erfolg der Naturwissenschaften war und ist ja triumphal: Die Naturgesetze glaubt man weitgehend entschlüsselt zu haben. Und das bedeutet nicht nur Erkenntnisgewinn: „Wir wissen, was in diesem Kartenstoß drinnen ist!" Dies macht uns auch zu Propheten. Wir können vorhersagen, was in Zukunft passieren wird. Und damit glauben wir, unser Leben vorteilhafter für uns gestalten zu können, indem wir entsprechend diesen Hinweisen Gefahren zu vermeiden und unser Umfeld geeignet zu manipulieren versuchen.

Die Schwierigkeit dabei ist allerdings, daß jeder von uns sich plötzlich fragen muß: „Bin ich nicht selbst in dem Stoß drinnen oder bin ich außerhalb?" Wenn ich nämlich selbst mit drinnen bin, dann kann ich überhaupt nichts manipulieren, weil es dann schon feststeht, was ich morgen und übermorgen mache. Diese Vorstellung ist mit unserem stolzen Menschenbild nicht verträglich und das ist ja auch verständlich, weil wir uns als frei entscheidungsfähige Wesen verstehen wollen. Deshalb die Konstruktion: Der Mensch, als Krone der Schöpfung, ist, weil mit Geist ausgestattet, teilweise auch außerhalb der gesetzlich determinierten Schöpfung, der Natur, angesiedelt und vermöge seiner geistigen Fähigkeiten zum Herrn über die Natur auserkoren. Als Ebenbild Gottes kann er, ähnlich wie Gott in dieser Vorstellung, auch mit diesem Kartenspiel spielen. Ich karikiere selbstverständlich, doch beschreibt dies doch eine heute gängige Weise, unsere Mitwelt zu sehen und mit ihr umzugehen: Wir manipulieren sie wie einen Teil der Schöpfung, dem wir uns selbst nicht zurechnen. Die nichtmenschliche Mitwelt, die Natur, soll wie ein ablaufendes Uhrwerk funktionieren. Den Schöpfer brauchen wir eigentlich nur noch am Anfang, um das Uhrwerk mit seinen Bewegungsgesetzen zu erstellen und es anzuwerfen sowie um den Menschen zu erschaffen und ihm die Herrschaft über die Erde zu übertragen. Dann ist ER arbeitslos, denn alles läuft dann einfach seine fixierte oder vom Menschen dirigierte, geordnete Bahn. Die Natur ist stofflich, materiell. Wir können sie zerlegen, ohne daß sie ihre materiellen Eigenschaften verliert. Wir sprechen von kleinsten Teilchen, die sich nicht weiter zerbrechen lassen, Atome, die gewissermaßen unendlich hart sind. Sie sollen die Eigenschaft haben, daß sie im Laufe der Zeit immer mit sich selbst identisch bleiben. Durch die zeitliche Kontinuität der Materie wird so eine Kontinuität der Welt gewährleistet. Die beobachtbaren Veränderungen in der Welt geschehen durch Umordnung dieser kleinsten Teilchen. Wir haben also die Sichtweise: der Stoff, die Materie ist primär, sie bleibt gleich; die Form, die Gestalt ist dagegen sekundär, sie entsteht durch die Beziehungsstruktur von Stoff, durch die Wechselwirkung der Materie und ändert sich ständig im Ablauf der Zeit.

Die moderne Auffassung ist ganz anders. Sie kommt zur Erkenntnis, daß die Welt im Allerkleinsten nicht einfach ein verkleinertes Abbild unserer Lebenswelt ist, daß sie nicht die Struktur einer russischen Matryoschka-Puppe hat, die beim Zerlegen im wesentlichen immer wieder auf Gleiches oder Ähnliches stößt. Ein Atom ist sozusagen kein kleiner Apfel, kein Objekt wie ein winziges Sandkorn, auch kein kleines Planetensystem. Nein, nichts dergleichen: Wenn wir die Materie immer weiter auseinandernehmen, bleibt am Ende nichts mehr übrig, was uns an Materie erinnert. Am Schluß ist kein Stoff mehr, nur noch Form, Gestalt, Symmetrie, Beziehung. Materie ist nicht aus Materie zusammengesetzt!

Was bedeutet das? Wir haben eine Umkehrung: Das Primäre ist Beziehung, der Stoff das Sekundäre. Materie ist ein Phänomen, das erst bei einer gewissen vergröberten Betrachtung erscheint. Stoff ist geronnene Form. Vielleicht könnten wir auch sagen: Am Grunde bleibt nur etwas, was mehr dem Geistigen ähnelt – ganzheitlich, offen, lebendig: Potentialität. Materie ist die Schlacke dieses Geistigen – zerlegbar, abgeschlossen, determiniert: Realität.[9] In der Potentialität gibt es keine ein-eindeutigen Ursache-Wirkungs-Beziehungen. Die Zukunft ist im wesentlichen offen. Es lassen sich für das, was „verschlackt", was real passiert, nur noch Wahrscheinlichkeiten angeben. Es gibt keine Teilchen, die unzerstörbar sind, die mit sich selbst identisch bleiben, sondern wir haben ein „feuri-

---

[9] Hans-Peter Dürr, Materie ist geronnener Geist, in: Lutherische Monatshefte 4, Loccum 1996, S. 8–13.

ges Brodeln", ein ständiges Entstehen und Vergehen. In jedem Augenblick wird die Welt neu geschaffen, aber im Angesicht, im „Erwartungsfeld", der abtretenden Welt. Die alte Potentialität in ihrer Ganzheit gebiert die neue und prägt neue Realisierungen, ohne sie jedoch eindeutig festzulegen. In diesem andauernden Schöpfungsprozeß wird ständig ganz Neues, Noch-nie-Dagewesenes geschaffen. Alles ist daran beteiligt. Das Zusammenspiel folgt bestimmten Regeln – physikalisch wird es beschrieben durch eine Überlagerung komplexwertiger Wellen, die sich verstärken und schwächen können. Es ist ein Plussummen-Spiel, wo Kooperation zur Verstärkung führt und das interessanterweise auch eine teleologische Ausrichtung (Hamiltonsches Prinzip der kleinsten Wirkung) imitieren kann. Der zeitliche Prozeß ist nicht einfach Entwicklung und Entfaltung, ein „Auswickeln" von schon Bestehendem, von immer-während Materie, die sich nur eine neue Form gibt. Es ist echte Kreation: Verwandlung von Potentialität in Realität.

Das mag eine schlechte Nachricht für diejenigen bedeuten, die die Natur manipulieren und letztlich „in den Griff" bekommen wollen. Denn wir können gar nicht genau wissen, was unter vorgegebenen Umständen in Zukunft passieren wird. Und dies – wohlgemerkt – nicht aus noch mangelnder Kenntnis, sondern als Folge der Sowohl/Als-auch-Struktur der Potentialität, die mehr die lose Verknüpfungsstruktur freier Gedanken hat.

Das ist aber eine gute Nachricht für alle diejenigen, die den Menschen als einen Teil derselben einen großen Wirklichkeit betrachten und erleben, ohne bei dieser Einbindung in das Eine den Menschen und die übrige lebende Kreatur dabei zu leblosen Maschinenteilen reduzieren zu müssen.[10] Die Mitwelt kann von keinem mehr absolut verläßlich manipuliert werden, aber jeder, jede und jedes kann in gewissem Grade an einer Gestaltung der Zukunft kreativ mitwirken.

Auf unser früheres Gleichnis der Welt mit einem Kartenstoß bezogen, besagt dies nun: Es gibt gar nicht diesen vermuteten Stoß von nicht aufgedeckten, fertig bemalten Karten, welche angeblich die Zukunft vorgeben. Der „liebe Gott" verbirgt uns also nichts in irgendwelcher dunkler Absicht. Jede Karte wird vielmehr erst in dem Augenblick gemalt, in dem sie aufgedeckt wird. Und alles, was in der Welt existiert, ja, mehr noch, was in ihr an Potentialität innewohnt, ist gewissermaßen beim Malprozeß der neuen Karte

---

[10] Hans-Peter Dürr, Die Zukunft steht uns offen, in: Verantwortung für die Natur, hg. von Michael Haller, Zürich 1992, 29–58; ders. Die Zukunft ist ein unbetretener Pfad – Bedeutung eines ökologischen Lebensstils, hg. von M. Braeunig, Freiburg 1995.

engagiert – auch wir! Es gibt keine strengen Mal-Regeln, wohl aber Regeln des Zusammenwirkens. Deshalb bleibt das Ergebnis unbestimmt, ist aber trotzdem nicht willkürlich. Es entstehen „Gemälde", in denen alten Gewohnheiten gefolgt und gut Gelungenes wiederholt wird. Hier wird auf Kompositionen der alten Karten geschielt und einiges einfach kopiert, was wir dann Materie nennen: wohl bekannt, verläßlich präsent. Materie ist sklerotisierter Geist oder anarchischer Geist, der in seiner Orientierungslosigkeit im Mittel den alten determinierten Gesetzen folgt und damit aus dem eigentlichen Schöpfungsprozeß ausgeschieden ist. Doch diese Materie ist nicht nutzlos. Sie liefert solide Bausteine und verläßliche Werkzeuge zum Bau von „Kathedralen", Lebewesen unter der Anweisung und Regie des noch nicht versklavten Geistes. Sie stattet die Bühne aus, auf der der nächste Akt des Schöpfungsdramas gespielt wird. Das Wesentliche an diesem Spiel sind jedoch nicht die Arena, die Kulissen und das feste Inventar, sondern das, was noch offen ist, was gestaltet wird und noch gestaltet werden kann. Auf dieses lebendige Offene, auf die noch nicht vergebenen Rollen im schöpferischen Plus-Summen-Spiel sollten wir uns eigentlich konzentrieren. Hier besteht noch Möglichkeit der Mitwirkung.

Diese neue Erkenntnisse vermitteln uns eine total verwandelte Weltsicht.[11]

Die alte (klassisch physikalische) Weltsicht fing noch mit einer Vielzahl von getrennten Objekten an: Atome oder irgendwelche unabhängigen und unverbundenen „Teilchen", die aufgrund von Wechselwirkungen Stufe um Stufe Gesamtsysteme aufbauen, so daß sie, ihrem Namen gemäß, als Teile und Unterteile dieser Systeme betrachtet werden können. Die ganze Evolution der Welt vom „Urknall" vor etwa zwanzig Milliarden Jahren, als sich solche „Teilchen" bildeten, kann grob gesprochen als ein Prozeß der fortschreitenden Ordnung der Vielheiten zu immer komplizierteren Systemen und Systemverbänden bis hin zu den hochdifferenzierten Organisationsstrukturen des Lebendigen und des Menschen verstanden werden. Es bleibt offen, wie aus den vielfältigen Zusammenballungen von ursprünglich isolierter Materie je solche komplexen Gebilde mit den Ausdrucksformen, die wir Leben und Bewußtsein nennen, entstehen können, genau so wenig wie ein noch so großer und raffinierter Computer je einem Lebewesen gleichen kann. Aus dieser Sichtweise scheint die Forderung nach einem

---

[11] Hans-Peter Dürr, Das Eine, das Ganze und seine Teile, in: Poiesis 8, Cappenberg 1993, S. 78–82.

Zielpunkt, einem Zug von der Zukunft her, zum Verständnis des Schöpfungsprozesses unentbehrlich.

Im Gegensatz dazu ist die neue Weltsicht im Grunde holistisch, nicht atomistisch: Es existiert eigentlich nur das Eine, das Ungetrennte, das Untrennbare. Doch ist diese Ausdrucksweise falsch, weil sich die Begriffe „Existenz", „Sein" und das „Seiende" noch zu eng an unserer Erfahrung der Realität, der stofflichen Wirklichkeit in ihrem ontischen Charakter orientiert. Das untrennbare Eine meint aber Prozeßhaftes, Potentialität, nicht nur die Möglichkeit, sondern auch das Vermögen zur Schaffung von Realität, von greifbar Seiendem. Die zeitliche Evolution besteht in einem fortschreitenden Prozeß der Differenzierung dieses Untrennbaren durch Errichtung von „Grenzzäunen" (physikalisch: auslöschende Überlagerung von Potentialwellen), ähnlich wie bei der Zellteilung einer einzigen Zelle in mehrere durch Neubildung von Zellwänden. Dies imitiert die Entstehung von unabhängigen Subsystemen, die als Teile des Gesamtsystems fungieren und aus denen dieses Gesamtsystem als „zusammengesetzt" erscheint. Dies ist aber nie der Fall, weil der Zusammenhang viel tiefer geht, so wie etwa die sichtbar getrennten weißen Schaumkronen auf stürmischer See nicht die Betrachtung rechtfertigen, das Meer sei aus Wellen und Schaumkronen zusammengesetzt. Das Sinnstiftende im Zusammenwirken der als-ob-Teile entsteht immer aus dem Ganzen, das sie einschließt. Dieses Ganze, Eine, ist immer da, ob das Meer „leer", glatt und ruhig sich ausbreitet oder „voll", hoch differenziert sich im Sturme wellt. Das Zusammenspiel der Wellen führt zu einer Orientierung, die so aussieht, als gäbe es ein vorgegebenes Ziel.

Wenn wir z. B. alle im einem Vortragssaal sitzen, sollten wir uns nicht vorstellen, daß wir wirklich getrennte Teile dieser Wirklichkeit sind, lose zusammengehalten durch einige Licht-, Laut- und andere von der Physik identifizierbare Signale, die wir uns zur Verständigung wechselseitig zuwerfen. Wir sind alle Teile dieses selben Einen, der selben Potentialität, auf der wir gemeinsam gründen. Wir spüren dies auch. Wie könnten sonst ein paar hingeworfene Worte und Sätze mit ihrem dürftigen, abzählbarem Informationsgehalt sich in unserem jeweiligen Bewußtsein so reich entfalten. In einer Welt, die sich hauptsächlich auf tatkräftiges Handeln orientiert, ist es in der Tat eine brauchbare Approximation, uns Menschen schlicht als getrennte Individuen zu definieren, die über äußere Kräfte – getragen von energetischen Kraftfeldern – miteinander wechselwirken. Daß diese Näherung unzureichend und höchst mangelhaft ist, erkennen wir heute immer deutlicher an den zerstörerischen Folgen unseres daraus resultierenden unvernünftigen Umgangs miteinander und unserer Mitwelt, bei dem vernachlässigt wird, daß diese Mitwelt ja nichts Äußerliches ist, sondern unsere eigene natürliche Lebensgrundlage darstellt.

Wir haben also ein grandioses Weltbild, das seinen Reichtum der inhärenten Offenheit verdankt, also dem Umstand, daß es eigentlich im alten Sinne gar kein Weltbild mehr ist. Es meint eine Grundbeziehung: Alles wurzelt in einer unauftrennbaren Potentialität, die Züge eines holistischen Geistes trägt. Sie ist keine Realität, sondern verhält sich zu ihr wie etwa die Ahnung, die Hoffnung, der Wille zur daraus möglicherweise entstehenden konkreten Handlung. Das Untrennbare spiegelt sich in einer fundamentalen Gemeinsamkeit. Die Evolution im Realen, der Gerinnungsprozeß, geht in Richtung auf Auftrennung und Emanzipation. Auch das Erscheinen des Bewußtseins in jedem von uns ist ein Spaltungseffekt: Ich löse mich in einer gewissen und beschränkten Weise aus dieser unauftrennbaren Wirklichkeit heraus und erfahre mich und das andere, die Welt, auf einmal als zwei verschiedene Dinge, wo das eine – das Ich, das mystische Ich – nun auch sich als Ego erkennt und der Welt gegenübersteht und sich noch einmal von außen im Spiegel betrachtet. Die Außenansicht kommt zur Innensicht hinzu, ein Nebeneinander, wodurch Dualität vorgetäuscht wird.

5. Konsequenzen für unsere Lebenswelt

Zum Abschluß zusammenfassend möchte ich nochmals auf die Grundfrage dieses Buches zurückkommen, die im Untertitel „Die Zukunft des Glaubens in der säkularisierten Gesellschaft" implizit aufgeworfen wird. Als Physiker betrachte ich mich als aktiver Vertreter dieser säkularisierten Gesellschaft. Als Mensch fühle ich mich dem Umfassenderen verbunden. Dies wird mir die Gelegenheit geben, noch einige Worte der Vorsicht gegenüber meiner vorgetragenen Darstellung einzuflechten, bei der ich mich in der zeitdiktierten Straffung allzu großzügig über wesentliche kritische Feinheiten hinweggesetzt habe.

Die Hauptkritik richtet sich vor allem auf die Frage, inwieweit die tiefen Einsichten eines Atomphysikers, die er in seiner Mikrowelt gewonnen hat, sich überhaupt eignen, auf uns als Menschen und unsere Lebenswelt anwendbar zu sein. Wir wissen allzu gut: Wer einen guten Hammer besitzt, sieht die Welt voller Nägel. So wenden, auf meine Vorstellungen bezogen, viele ein: „Da spinntisiert so ein Atomphysiker über Gott, Mensch und Natur, weil er auf der untersten Stufe seiner materiellen Wirklichkeit eine unerwartet starke Vernetztheit und Zusammengehörigkeit, eine holistische Einheit der Welt entdeckt hat. Diese Strukturen der Mikrowelt spielen doch in der viel größeren Mesowelt, in der wir leben, gar keine Rolle. Denn wir wissen doch aus unserem Alltag, daß die Approximation einer objektivierbaren Materie, ihre Auftrennbarkeit, Unterschiedlichkeit, Unabhängigkeit ausgezeichnet funktioniert. Auf ihr basiert doch unsere langjährig erprobte und höchst erfolgreiche Technik." Grob betrachtet ist dies zweifellos richtig. In der Tat hat es die Mikro-Gesetzlichkeit schwer, erkennbar bis in die Mesowelt vorzudringen. Das liegt an der großen Zahl – es sind Billionen mal Billionen – dieser exotischen Mikro-Wesenheiten, die in Objekten unserer Mesowelt enthalten sind. Das lebendige, offene Spiel der Unterstrukturen mittelt sich deshalb einfach in der Regel vollständig heraus.

Wir können das etwa mit einem Ameisenhaufen vergleichen, der beim genauen Hinsehen eine ungeheure Beweglichkeit zeigt. Von weitem betrachtet sieht er aber wie ein statischer Kegel aus. Daß sich dieses Gewimmel nicht auch im Großen ausprägt, liegt selbstverständlich daran, daß es für jede Ameise, die in einer Richtung läuft, immer auch eine andere gibt, die das Umgekehrte macht, so daß im Durchschnitt keine Bewegung im Ganzen übrig bleibt.

Unsere Mesowelt ist also eine statistische Mittlung von Mikrowelt. Daß diese Ausmittelung so vollständig gelingt, liegt wesentlich am sogenannten ‚Zweiten Hauptsatz der Thermodynamik'. Das Schwierigste an diesem wichtigen Grundgesetz der Physik ist sein Name. Er sagt nämlich im wesentlichen aus, daß in einem sich selbst überlassenen System jede Besonderheit, jedes Ausgezeichnetsein im Laufe der Zeit zerstört wird und sich in Unordnung auflöst. Sie können das täglich an Ihrem Schreibtisch beobachten. Aus einem Ihnen unverständlichen Grunde wird er immer unordentlicher und nie ordentlicher – das ist der ‚Zweite Hauptsatz der Thermodynamik'. Deshalb verstehen wir nicht, wie es in einer Natur mit ihrem starken Hang zu Unordnung überhaupt dazu kommt, daß bei der Evolution so hochdifferenzierter Systeme wie uns Menschen oder die vielfältigen Organismen des Biosystems die Unordnung sich nicht durchsetzen konnte. Was ist denn da passiert? Hat die Natur für ihren lebendigen Teil nicht doch eine Ausnahmeregelung beim ‚Zweiten Hauptsatz' bei einer höheren Instanz erwirkt?

Nach heutiger Einsicht scheint es keine solche Ausnahmeregelung zu geben. Die unbelebte und die belebte Natur basieren auf derselben Art von Prä-Materie, die im Grunde eigentlich keine Materie ist und dieser viel offeneren und gewissermaßen „lebendigen"

Dynamik folgt. Aber diese Prä-Materie kann sich auf verschiedene Art organisieren.

Einmal geschieht die Organisation ganz ungeordnet und unkorreliert. Dann wird das resultierende Gesamtsystem stumpf, langweilig und apathisch. Es trägt die Züge der unbelebten Materie. Wir schätzen diese geronnene Form, diese Schlacke, wegen ihrer Verläßlichkeit: Dieser Tisch vor mir – ich wende mich ab von ihm – drehe mich wieder zu ihm – und er ist immer noch da, in gleicher Form, an gleicher Stelle – es ist ihm nichts anderes eingefallen in der Zwischenzeit. Wir schätzen die Materie wegen ihrer steten Bereitschaft, sich von uns widerspruchslos manipulieren zu lassen. Sie dient uns als Werkzeug und Baustoff. Und das schätzen wir: Etwas Verläßliches, das uns bedingungslos gehorcht, das keinen eigenen Willen entwickelt.

Aber wenn sich diese Prä-Materie auf raffiniertere, geordnetere, differenzierte Weise zu einem Gesamtsystem formiert, dann können Strukturen entstehen, in denen das im Grunde embryonal Lebendige auch in der Mesowelt zum Ausdruck kommt und zum lebendigen Organismus wird.[12] Die eingeprägte Potentialität wird makroskopisch sichtbar. Dazu braucht es aber eine enorme Verstärkung. Das Gesamtsystem muß weit weg von seinem Gleichgewichtszustand sein, um ein Ausmitteln seiner inneren Lebendigkeit zu vermeiden.

Stellen Sie sich ein physikalisches Pendel vor: ein herabhängender, beweglicher Stab mit einem Gewicht unten. Es pendelt beim Anstoßen vorhersehbar und berechenbar um seine untere stabile Gleichgewichtslage. Drehe ich jedoch Stab und Gewicht weit weg vom unteren stabilen Gleichgewicht in die oberste Lage, so gibt es dort eine weitere Gleichgewichtslage, die aber instabil ist. Wir wissen nicht, ob das Pendel auf die eine oder andere Seite herunterfallen wird. In diesem Instabilitätspunkt kann das System die inhärente Lebendigkeit sichtbar werden lassen, weil es von winzig kleinen Störungen abhängt, ob es zu dem einen oder anderen Bewegungsablauf veranlaßt wird. Das ist nur ein primitives Beispiel. Die Naturwissenschaft kennt viele Systeme mit solchen eingeprägten dynamischen Instabilitäten. Sie führen zu einem, wie man sagt, „chaotischen" Bewegungsverhalten. Kleine Veränderungen in den Ursachen bewirken hier extreme Unterschiede in den Folgen: Der Schlag eines Schmetterlingsflügels kann einen Taifun auslösen!

Leben – belebte makroskopische Organismen – erfordern Struk-

---

[12] Hans-Peter Dürr, Ist Biologie nur Physik? in: Universitas 607, Stuttgart 1997, S. 1–15.

turen in der Nähe von inhärenten Instabilitäten. Aber Instabilitäten kippen. Um sie lange in der prekären Balance zu halten, müssen sie dauernd nachjustiert werden. Dies erfordert eine „intelligente" Zuführung von Energie. Diese Systeme brauchen ständig eine „ordnende, austarierende Hand". Diese Situation steht also nicht im Widerspruch zum ‚Zweiten Hauptsatz', der dominanten Tendenz zur Unordnung. Denn es ist ja auch unsere ordnende Hand, die am Wochenende unseren Schreibtisch immer wieder in Ordnung bringen kann. Dazu ist (arbeitsfähige) Energie nötig – sie wird von der Hand gereicht. Aber die Hand darf dabei nicht nur „werkeln", sie muß auch darauf achten, was sie tut, sie muß intelligent sein, denn sonst beschleunigt sie nur den Prozeß zur Unordnung.

Lebendige Systeme brauchen deshalb Nahrung, gespeicherte Sonnenenergie, doch auch Intelligenz, eine „geistige" Führung, die prinzipiell im immateriellen Form-Grund verankert ist und sich in der Milliarden Jahre langen Evolution des Biosystems durch ein Plus-Summen-Spiel in komplexen Verästelungen immer höher differenziert hat.[13] Die von der Sonne zugestrahlte hochgeordnete Energie ist letztlich der Motor für die Entwicklung des Lebens auf der Erde. Sie wird aber nur zu einer ordnenden Hand, wenn ihre Energie sich von der kreativen Potentialität im Hintergrund leiten läßt, sie vermöge von Instabilitäten in die Mesowelt durchstoßen können. Unsere heutige ökologische Krise hängt wesentlich damit zusammen, daß wir diesen tieferen Zusammenhang nicht würdigen. Wir lassen uns immer noch von der veralteten Vorstellung leiten, wir als geistbegabte Menschen stünden außerhalb einer nur materiellen Natur, die für uns nur Werkzeug, Steinbruch und Müllkippe ist. Wir verkennen, daß wir ein „Teil" eines gemeinsamen, größeren komplexen Systems sind und auf hochsensible Weise in dieses eingebunden sind. Dieses größere komplexe System basiert auf einer unauftrennbaren Potentialität, die für uns „unbegreiflich" bleibt. Potentialität bietet aber die Möglichkeit, in „Teilen" zu Realität zu gerinnen und zu dem zu führen, was wir in unserer Außenansicht und mit unseren Sinnen als äußere Schöpfung wahrnehmen.

Hat nicht diese holistische Potentialität, diese unauftrennbare Ur-Lebendigkeit, zu der ich nur durch Innensicht unmittelbaren Zugang habe, eine tiefe Verwandtschaft zu dem Göttlichen, von dem die Religionen sprechen? Der Schöpfer ist mit dem Urgrund

---

[13] Hans-Peter Dürr, Einvernehmen mit der Natur, in: Die Erde den Sanftmütigen, hg. von Hans Jürgen Schulz, Stuttgart 1991, S. 106–119.

der Schöpfung identisch. Aber, was wir gewöhnlich als Schöpfung durch Außenansicht erfahren, ist nur die materielle Schlacke dieser geistigen Urdynamik.

2

Die Rolle der Moral und die politische und ideologische Krise im zeitgenössischen Europa

von Carlo Mongardini

1. Moral und Gesellschaft

Die Moral innerhalb des Gruppenlebens spielt eine grundlegende Rolle für die Existenz jeder Gesellschaft. Diese so klare Feststellung wird von der zeitgenössischen Soziologie jedoch kaum beachtet. Im Gegenteil. Seit Bestehen der modernen Sozialwissenschaften beschäftigen sich die Wissenschaftler aller Fachbereiche immer wieder mit derselben Frage: Was steht am Ursprung der sozialen Bindung, die entscheidend ist für das Gruppenleben, für die Entstehung von Kultur und politischer Organisation innerhalb einer Gesellschaft? Nach allgemeiner Ansicht geht sie von „Impulsen und Grundgefühlen aus, die im einzelnen Individuum wirken"[1]. Dabei kann es sich um die *Angst* innerhalb eines natürlichen Zustands handeln, der wie bei Thomas Hobbes, durch den Kampf des ‚Jeder gegen Jeden' gekennzeichnet ist, oder, wie bei Mandeville, um *Machthunger* oder aber um *Wohlwollen*, wie bei Shaftsbury. Alle diese Impulse wurden jedoch als Elemente betrachtet, die zur Schaffung der Moral beitrugen, auf der das Gruppenleben basierte. Für unsere Betrachtungen ist es bedeutsam, daß selbst der Begründer der Ökonomie und geistige Vater des Utilitarismus, Adam Smith, in seiner *Theory of Moral Sentiments*[2], in der auf Sympathie beruhenden Beziehung den Ursprung für die soziale Bindung sah[3] und daß die aufmerksamsten Analytiker der bürgerlichen Gesell-

---

[1] Vgl. W. Sombart, Die Anfänge der Soziologie, in: Hauptprobleme der Soziologie. Erinnerungsausgabe für Max Weber, München und Leipzig, Duncker & Humblot, 1923, I. Band, S. 5–19.
    Siehe dazu auch C. Mongardini, L'epoca della società. Saggi di storia della sociologia, Roma, Bulzoni, 1970, S. 89 ff.
[2] A. Smith, The Theory of Moral Sentiments, London 1759, 6. Ausg. in zwei Bänden, 1790.
[3] Vgl. W. Eckstein, Einleitung zu A. Smith, Theorie der ethischen Gefühle, Hamburg, F. Meiner, 1977.

schaft und der in ihr anstehenden Phänomene die schottischen Moralisten oder die Popularphilosophen in Deutschland waren[4].

Auch im späteren Verlauf der Entwicklung der Soziologie waren die Basis der sozialen Bindung und die Funktion der Moral bei der Entstehung einer Gruppe weiterhin das vorherrschende Thema. Man braucht nur an Simmels Fragestellung „Wie ist Gesellschaft möglich?"[5] zu denken, an den Wunsch Emile Durkheims, die Soziologie möge eine „Wissenschaft der Moral" werden[6], an Paretos Interesse an der heute hochaktuellen Unterscheidung zwischen dem „Nutzen für die Gesellschaft" und dem „Nutzen der Gesellschaft!"[7], bis hin zu Norbert Elias, dessen Aufmerksamkeit am Ende auf die sozio-psychologische Entstehung des „Wir" und auf das Gleichgewicht zwischen dem „Ich" und dem „Wir" innerhalb der sozialen Beziehungen[8] gerichtet war.

Bei allen Autoren wird deutlich, daß ein Zusammenhang zwischen dem Problem der Moral und der Konsistenz selbst des Kollektivlebens besteht. In der Moral, die dem *Wir* seinen besonderen Ausdruck gibt, liegt die Grundlage für das Gruppenleben, denn von ihr gehen die Normen aus, die es regeln, und jede Form von Kultur. Aus dieser inneren Welt heraus entsteht das Bedürfnis, eine soziale Bindung in der Erfahrungswelt zu schaffen, die bestimmten Normen zum Schutze des Einzelnen unterworfen ist. Die Schaffung der Gruppenmoral basiert also auf der Anerkennung des Anderen

---

[4] Siehe dazu besonders Adam Ferguson, John Millar und Christian Garve, ebenso meinen Band „L'epoca della società".

[5] G. Simmel, Wie ist Gesellschaft möglich?, in: Soziologie. Untersuchungen über die Formen der Vergesellschaftung, Berlin, Duncker & Humblot, Ausg. 1968, S. 21–30.

[6] „Die Moral", schreibt Durkheim, „ist eine lebendige, aktive Realität. Sie ist ein System von Fakten. Sie vom wissenschaftlichen Standpunkt aus zu analysieren, bedeutet nicht, sie mit der einen oder der anderen metaphysischen Doktrin in Einklang zu bringen, sondern sie in ihrem Sein zu beobachten und zu versuchen, sie so zu erklären. Es bedeutet, sich zu fragen, was zu dem Entstehen der verschiedenen Maximen, aus denen sie besteht, geführt hat und warum sie existiert. Da es sich um etwas handelt, das existiert und Bestand hat, kann man mit Sicherheit davon ausgehen, daß diese Ursachen und Gründe existieren. Nur eine methodische wissenschaftliche Untersuchung kann zu ihrer Entdeckung führen. Es braucht also keine Befürchtung zu geben. Sie hilft uns, die Normen zu verstehen, denen wir automatisch folgen, oder sie zu ändern, wenn wir die Ursache kennen, die notwendigerweise zu Veränderungen führen muß" (E. Durkheim, L'Empirisme rationaliste de Taine et les sciences morales. In: Revue blanche, Jg. 13 [1897], Nr. 101. Neuaufl. in Dergl., Textes. I. Eléments d'une Théorie sociale, Paris, Les Editions de Minuit, 1975, S. 176).

[7] Siehe V. Pareto, Trattato di sociologia generale, Florenz, Barbera, 1916, Neuaufl. Mailand, Comunità, 1964, Paragraph: 2115, 2133 u. 2134. Siehe ebenso M. L. Maniscalco, La sociologia di V. Pareto e il senso della modernità, Mailand, F. Angeli, 1994, S. 112 ff.

[8] Vgl. N. Elias, Wandlungen der Wir-Ich-Balance, in: Die Gesellschaft der Individuen, Frankfurt a. M., Suhrkamp, 1987.

und auf einem innerlichen Prozeß. Erst dann wird die Moral auf Verhaltensweisen, Gegenstände, Bilder und Symbole übertragen, die für die Individuen bindend sind. Um die Moral zu gewährleisten, wurden von den ersten Kulturvölkern die Götter erfunden. Im Zusammenhang mit den alten Griechen schrieb Simmel, daß man sich ins Gedächtnis rufen muß „die Götter, die von den Menschen geschaffen wurden, indem sie ihre eigenen Vorzüge sublimierten, von denen sie sich sowohl eine Moral als auch die Kraft, ihr zu folgen, erhofften"[9]. Die Moral der Gruppe war also schon immer an das Sakrale gebunden, das heißt an das, was nicht übertreten werden darf, dem man gehorchen muß, das also, was die Moral zu einer innerlichen Realität *sui generis*[10] macht.

Wenn wir also unter Moral die Anerkennung der Würde des Anderen verstehen und der auf Sympathie beruhenden Beziehung zu ihm, die uns, wenn auch in einem komplexen Prozeß von Anziehung und Ablehnung an ihn bindet, werden wir erkennen, daß *die Moral der verborgene Gott ist, der irdische Gott, den jede Gesellschaft braucht.* Ohne sie kann keine soziale Bindung aufrecht erhalten werden. Der Prozeß des auf Interessen und utilitaristischem Denken beruhenden materiellen Lebens muß von einer normierenden Moral unterstützt werden, die Voraussetzung für jeden Interaktionsprozeß und vitales Element für das Gruppenleben ist. *Die wahre Grundlage der Gesellschaft ist also nicht empirischen, sondern idealen Ursprungs.* Sie geht von dem stetigen Wirken der Gefühlswelt aus, die das von außen kommende empirische Material auswertet. Die Moral nützt und universalisiert das Menschliche, das in jedem *Ich* und im *Wir* vorhanden ist, konkretisiert die auf der Sympathie beruhende Beziehung, von der Adam Smith spricht, auf der dann die Interaktionsbeziehungen basieren. Deshalb ist die Antwort auf die sowohl von Simmel als auch von Elias gestellte Frage „Wie ist Gesellschaft möglich", daß die Gesellschaft der grundlegend ideale Faktor ist, *der sich in erster Linie in uns selbst entwickelt* und dann versucht, sein Modell in der äußeren Welt durchzusetzen. Die *Notwendigkeit* und das *Streben nach Einheit des Seelenlebens* versuchen so, sich gegen das Zufällige und Bruchstückhafte des empirischen Lebens durchzusetzen.

Das Individuum braucht diese ordentliche und ordnende Komponente, um von der Bruchstückhaftigkeit der es umgebenden Welt

---

[9] G. Simmel, Comment les formes sociales se maintiennent, in: L'année sociologique, Jg. 1, 1897, S. 71–109.
[10] Vgl. S. Giner, Sociology and Moral Philosophy, in: Revue Internationale de Sociologie, 1987, Nr. 3.

nicht zerstört zu werden und um die inneren Triebe unter Kontrolle zu bringen. Es braucht die Identität des *Ich*, doch ebenso auch die Identität des *Wir*. In Bezug auf diese Identität erweist sich die bürgerliche Moral als primäre Voraussetzung für die Existenz jeder Form von Kollektivleben. Sie ermöglicht die Schaffung *einer* bestimmten Gesellschaft, gibt ihr Einheit und Kohärenz und hilft, Fremdheit und Distanzen zu kontrollieren.

Die Moral ist also kein logisches System sondern ein Prozeß zur Schaffung des *Wir*, der ständigen Veränderungen unterworfen ist: sie ist kein metaphysisches Konzept, sondern ein psychologischer und historischer Faktor, dem wir höchste Aufmerksamkeit widmen müssen, wenn wir von sozialen und politischen Phänomenen sprechen[11]. Die Kultur eines Volkes und seine politische Organisation gründen auf der Moral. Auf sie gehen die Ideale und Ideologien zurück, d. h. die Gesellschaftspläne, die den Konsens und das kollektive Handeln zur Verwirklichung der idealen Bedingungen für das Zusammenleben auf sich vereinen.

Man kann also verstehen, auf welche Weise und warum die Moral der verborgene Gott jeder Gesellschaft ist, so wie es mit der Religiosität im Verhältnis zur Religion der Fall ist, und man kann verstehen, daß sie jeder, der sich mit gesellschaftlichen Phänomenen befaßt, zu seinem ständigen Bezugspunkt machen muß. Die Moral ist die Seele des *Gemeinschaftslebens*, die *Heimat* der Werte, das substantielle Gerüst für die Bedeutung des Gruppenlebens. Mit Hilfe der Moral wird das primitive Stadium des Lebens überwunden, werden Konflikte verlagert und verwandelt und Sozialisierungsmechanismen in Bewegung gesetzt. Was wir Kultur nennen, ist also das Endergebnis der Schaffung des *Wir*, einer moralischen Strukturierung der Gruppe, innerhalb derer sich eine Skala von Bedürfnissen herausbildet und die Mittel aufgewiesen werden, um diese Bedürfnisse zu befriedigen; hier werden die Ansprüche des materiellen Lebens mit den Forderungen des geistigen Lebens kompensiert. Aus dem Leben, könnte man mit Simmel sagen, aus seinen letzten Schutz-Instanzen entstehen die „Lebensbedingungen" und ihre ständige Überwindung[12].

---

[11] „Das Individuum, oder die ethische Persönlichkeit", schreibt Giacomo Perticone in einem Kommentar zu Simmel, „ist das Ergebnis von sozialen Einflüssen, die verinnerlicht wurden. Infolge dieses Verinnerlichungsprozesses gewinnt jeder relative Wert die Funktion einer Norm und eines transzendenten Ideals, doch nur was den Inhalt betrifft, die Materie, aus der er hervorgeht." (G. Perticone, Einführung zu G. Simmel, Il relativismo, Lanciano, Carabba, 1922, S. VIII).
[12] Vgl. S. Giner, a. a. O.

Wir könnten also den ersten Teil unserer Untersuchung wie folgt zusammenfassen:

1. Die Konsistenz der Gruppe hängt von der Moral ab, da sie jedem einzelnen die Sicherheit gibt, sich in einem sicheren Rahmen von Normen, Überzeugungen und Darstellungen zu bewegen, die von den anderen geteilt werden.

2. Die Vitalität einer Kultur und das kreative Handeln der Gruppe sind eng an die Moral in ihrer Eigenschaft als „Heimat der Werte" gebunden.

3. Schließlich sind auch die Ausweitung und die Autonomie der Sphäre des Öffentlichen, so wie sie sich in den westlichen Demokratien entwickelt hat, an das Durchsetzungsvermögen der Moral gebunden. Wenn die Sphäre des Öffentlichen nicht nur Auseinandersetzung zwischen den verschiedenen, verschleierten Privatinteressen sein soll, wenn sie im Gegenteil die Suche nach dem *Gemeinwohl* und die Einschränkung von Partikularismen ist, so ist das dem Durchsetzungsvermögen der bürgerlichen Moral in den westlichen Demokratien zuzuschreiben, die in anderen Kulturräumen nicht zu finden ist.

2. Die Moral in der Massengesellschaft

Wenn die Moral für das Gruppenleben so wichtig ist, müßte man sich nun eigentlich fragen, wie das Verhältnis Moral – Gesellschaft heute aussieht, nach den großen sozialen und technologischen Umwälzungen dieses Jahrhunderts, das sich seinem Ende zuneigt. Über dieses Verhältnis geben uns die Gesellschaftswissenschaften heute nur schwer Auskunft, da diese Wissenschaften sich mit dem auseinandersetzen, was *in* der Gesellschaft geschieht und nicht mit dem, was *mit* der Gesellschaft[13] geschieht, d. h. mit den Veränderungen der sozialen Bindung und den daraus folgenden Konsequenzen für die Moral und das Gruppenleben. Die Sozialwissenschaften, verstanden als Ideologie der Modernität, teilten mit ihr den Optimismus und den blinden Glauben an den wissenschaftlichen Fortschritt und setzten sich für eine Intensivierung des Apparates ein, der die Neuerungen und die Abschaffung bestimmter materieller Bedingungen, die Unbehagen verursachten, kontrollieren sollte. Während dieses Ziel mit sehr bescheidenem Erfolg erreicht wurde, wurde die Gesellschaft als solche erneut in Frage gestellt, da die Soziologen die tiefgreifende Veränderung der sozialen Bindung nicht bemerk-

---

[13] Zu dieser von Pareto gemachten Unterscheidung siehe M. L. Maniscalco, a. a. O.

31

ten, die durch die Krise der bürgerlichen Moral, der Sphäre des Öffentlichen und der politischen Organisation hervorgerufen worden war.

Um diese Veränderungen begreifen zu können, werden wir das Konzept des *Massensystems*[14] benutzen, um die Verwandlung des Kollektivlebens zu beschreiben, das in der Vergangenheit auf der Idee der Einheit der Gesellschaft beruhte und auf einer vertikalen Organisation des Handelns und der Werte und das heute im wesentlichen auf einer *horizontalen Differenzierung der Massenphänomene* basiert. Daraus resultieren grundlegende Mutationen im individuellen, sozialen und politischen Leben, die man folgendermaßen zusammenfassen kann:

1. Im individuellen Leben wurden die Tradition, die angesammelte Erfahrung, die Werte und die Identität durch die Emotion des kollektiven Erlebnisses ersetzt: Das Zusammen-Erleben eines gemeinsamen Gefühls ist das lebensnotwendige, grundlegende Ereignis, das in unserer Gegenwart die Zeit und die Tiefe des geschichtlichen Bewußtseins einer Gruppe ersetzt.

2. Die Einheit und Homogenität der einen Gesellschaft wird auf sozialer Ebene durch eine Planetarisierung der Erfahrungen ersetzt, für die ständig und immer wieder aufs Neue ein Gleichgewicht und ein Aggregationselement gefunden werden muß.

3. Was die Kultur angeht, leben wir in einer *Kultur der Gegenwart*[15], die die Vergangenheit nur als emotionalen Faktor benutzt und die Zukunft lediglich als eine erweiterte Gegenwart betrachtet[16]. Diese Kultur der Gegenwart, die aus Mangel an beständigen und konsistenten Werten keinen Fuß fassen kann, sucht ihren Erfolg in der Wechselhaftigkeit der Mode, d.h. in der ständig wechselnden Fähigkeit zur Faszination und in den äußeren Stimuli.

4. Schließlich hat das Massensystem auf politischer Ebene zum langsamen Untergang der repräsentativen Demokratie geführt, eines ausgeklügelten Modells politischer Organisation der modernen Kultur, die durch die Parteien und die auf der bürgerlichen Moral basierenden Ideologien den Konsens auf sich vereinigte, und dadurch die Schaffung einer stabilen repräsentativen Beziehung ermöglichte und die Definition eines Kriteriums für die Legitimität des politischen Handelns. Wie wir im Folgenden sehen werden, konfrontiert uns die Krise der repräsentativen Demokratie wieder

---

[14] Für Italien siehe dazu G. Perticone, Scritti sul regime di massa, Hrsg. Maria Silvestri, Mailand, Giuffrè, 1984.
[15] Siehe C. Mongardini, La cultura del presente. Tempo e storia nella tarda modernità, Mailand, F. Angeli, 1993.
[16] N. Luhmann, The Future cannot begin, in: Social Research, Jg. 43, 1976, S. 130–152.

mit dem Problem der Politik in all ihren Bereichen, beginnend mit der Schaffung von Konsens, der heute notgedrungen auf Massenphänomenen basieren muß, wobei es sich um ein Parteifest, eine Demonstration der Gewerkschaften oder die Darstellung der Gesellschaft aus der Sicht der Massenmedien handeln kann. Wenn man richtig begreifen will, wie sich das Problem der bürgerlichen Moral im öffentlichen Leben der westlichen Länder heute stellt, muß man die Prozesse analysieren, die zur Bildung der Massengesellschaft geführt haben. Auf Grund der Vorstellung von einer einheitlichen, homogenen Gesellschaft und einer schichtweisen Organisation des sozialen Lebens war die Politik während des gesamten 19. Jahrhunderts ein unantastbares Element der Repäsentation der Einheit der Gruppe, des Erkennens des Gemeinwohls und der Ziele des Kollektivhandelns, sowie der Vermittlung zwischen den Einzelinteressen. In der Vorstellung des letzten Jahrhunderts mußte die Politik von den „Besten" getragen werden: von den wahren Hütern des Tempels, in dem die Symbole der öffentlichen Moral und der Einheit der Gruppe aufbewahrt wurden. Der Politiker vertrat die gesamte Gesellschaft, nicht nur diesen oder jenen Teil dieser Gesellschaft oder diese oder jene Interessen. Noch Ende des 19. Jahrhunderts wurde dieses Ideal Saint Simons, nämlich daß die politische Klasse im modernen Sinne von den „Besten" gebildet werden müsse, d. h. von Intellektuellen und Industriellen, in Italien von Gaetano Mosca vertreten, dem Gründer der modernen Politikwissenschaft[17]. Doch gerade während dieses ideale Konzept der modernen Politik erneut aktuell wurde, wurden Künstler, Intellektuelle und Politiker alarmiert durch die sozialen Umwälzungen und die immer häufiger auftretenden Massenphänomene, die nicht mehr nur sporadische Vorkommnisse des täglichen Lebens waren, sondern die Konsequenz eines immer dichter werdenden Netzes von Beziehungen im Sozialleben. Diese Massenphänomene waren schwer zu fassen und nicht vorhersehbar und mußten innerhalb eines neuen Sozialgefüges definiert werden und eine Identität erhalten. Diese Menschenmassen, die in die Großstädte, Fabriken und zu den öffentlichen Demonstrationen strömten, mußten eingegliedert und unter Kontrolle gebracht werden. Sie mußten mit Hilfe von Kriterien des Utilitarismus, der Modetrends und der politischen Ideologie eine Identität finden, die es ihnen ermöglichte, sich in eine neue soziale und politische Ordnung einzufügen. So wurde die Wirtschaft, die bis dahin nur ein Aspekt des Wissens über das Sozialleben war, zu einem politischen Mittel: zur „kalten Leiden-

---

[17] G. Mosca, Elementi di scienza politica, Bari, Laterza, V. Ausg., 2 Bde., 1953.

schaft"[18], die es ermöglichte, die vielfältigen und unterschiedlichen Tendenzen der Individuen zu vermessen und in Gruppen- und Klasseninteressen umzuwandeln. Dadurch hatten nun jedoch die Sonderinteressen übermächtig Zugang zum Tempel der Politik, von dem sie die bürgerliche Moral immer ferngehalten hatte. Die politische Repäsentation wurde zur Interessenvertretung. Die Anstrengungen, die unternommen wurden, um bestimmte Werte der vertikalen Organisation zu bewahren, wurden durch die Segmentierung der sich überschneidenden Interessen zunichte gemacht, da sie von der höchsten Instanz, der Politik, nicht mehr eingeschränkt und vermittelt wurden. Am Anfang unseres Jahrhunderts versuchte man diese Interessen unter Kontrolle zu bringen, indem man ihnen eine Repräsentanz gab und dem Konzept der Demokratie eine weitere Bedeutung gab. Denken wir z. B. an die Ausdehnung des politischen Stimmrechts und die Anerkennung der gewerkschaftlichen Zusammenschlüsse. Dieser erste Versuch scheiterte und es entstanden die totalitären Regime, die versuchten, die Massen durch primitive Mythen und Symbole zu lenken, und die eine neue Entwicklungsphase des Kapitalismus einleiteten. Nach dem tragischen Ende der totalitären Regime begannen die Massen an der Politik teilzuhaben und infolgedessen konnten die verschiedenen Interessen nur dann koexistieren, wenn die alten politischen Ideologien schrittweise aufgegeben wurden, da sie innerhalb dieser immer bruchstückhafteren Realität zu viele Konflikte enthielten und die Wirtschaft als einziges Mittel zur Regierung und Kontrolle eingesetzt wurde. *So konnte sich die Wirtschaft als authentische Ideologie etablieren, als weitverbreitete Mentalität, eine exklusive Verhaltensweise, ein einender Modus, um die Wirklichkeit zu interpretieren.* Die Politik ging in der Wirtschaft auf und verzichtete auf ihre Rolle als „Moderator" und Vermittler, die sie bis dahin in der Moderne innegehabt hatte. Um die verschiedenen Welten der Massenphänomene zusammenzuhalten, bleibt ihr heute nur noch die Wirtschaft als Aktionsmittel. Doch, nachdem diese Abwertung ihrer Rolle die Krise der Politik verursacht hat, könnte sie nun paradoxerweise eine Krise der Wirtschaft selbst heraufbeschwören.

Dafür scheint es mir nur eine Erklärung zu geben. Die Wirtschaft als Ideologie hat den Interessenskonflikten das Feld überlassen. Sie hat die öffentliche Sphäre demoliert, da sie die Bedeutung der bürgerlichen Moral als lebensnotwendiges Element für die Schaffung, die Einheit und die Kreativität der Gruppe nicht erkannt hat. Han-

---

[18] Siehe A. O. Hirschman, The Passions and the Interests. Political Arguments for Capitalism before its Triumph, Princeton N.J., Princeton University Press, 1977.

nah Arendt schrieb einmal: „Solange die Wirtschaft in den öffentlichen Bereich eingreift, kann es keine wirkliche öffentliche Kontrolle geben, sondern nur privates Handeln ohne Heimlichkeit"[19]. Durch das Übergreifen in die öffentliche Sphäre und die Verdrängung der Moral, die diese Sphäre trug, hat die Wirtschaft ihre eigenen Grundlagen gefährdet. Wie Schumpeter vorhergesehen hatte, beginnt der Niedergang des Kapitalismus mit der Zersetzung der „romantischen Elemente", die bis dahin die Aufgabe gehabt hatten, das System zu schützen[20]. Sobald die Politik nicht mehr die Idee der bürgerlichen Moral vertritt, sondern kalkulierende Vernunft und egoistische Interessen anwendet, hat die Sphäre des öffentlichen Lebens ihre Konsistenz verloren. Das Öffentliche wird zur Werbung, d. h. zum wilden und oberflächlichen Wettbewerb der Interessen. Auf der anderen Seite versucht die öffentliche Sphäre, der ihre inneren Werte genommen worden sind, mit Hilfe der Radikalisierung der Organisation neuen Einfluß zu gewinnen, wobei sie auf ganz totalitäre Art in die Intimsphäre des Privatlebens eindringt und versucht, dessen Mechanismen zu regeln. Auf diese Art breitet sich ein anderer Totalitarismus aus, der die Freiheit und die kreativen Möglichkeiten des Einzelnen einschränkt. Parallel dazu greifen aus dem gleichen Grund die Privatinteressen, die durch die politische Instanz nicht mehr eingeschränkt und verhandelt werden, auf die öffentliche Sphäre über, was zu Anarchie und Korruption führt. So werden, unter dem langen Schatten des toten Gottes, d. h. der bürgerlichen Moral, Anarchie und Totalitarismus immer stärker und rechtfertigen sich gegenseitig. Auch die Lebensbedingungen der Individuen sind nicht besser, wenn man sie unter dem Aspekt der täglichen Erfahrung betrachtet: der utilitaristische Individualismus, ohne die Kontrolle durch die Moral und ohne Bezugspunkte auf bestimmte Werte, gibt den anarchistischen Phänomenen Aufschwung. Es gewinnen also die Elemente an Bedeutung, die Sigmund Freud in einer Schrift des Jahres 1929 als charakteristisch für die moderne Zivilisation bezeichnet hat[21]. Auf der einen Seite besteht die Notwendigkeit, den Bedürfnissen des Kollektivlebens immer mehr entgegenzukommen und deshalb durch das öffentliche Handeln zu versuchen, Sicherheit zu schaffen, Regeln aufzustellen und Grenzen zu setzen. Auf der anderen Seite reagieren die Individuen auf das durch diese Art von sozialem Zwang ausgelöste Ge-

---

[19] H. Arendt, Condition de l'homme moderne, Paris, Calmann-Lévy, 1983, S. 184.
[20] J. A. Schumpeter, Capitalism, Socialism and Democracy, ital. Übers. Capitalismo, socialismo, democrazia, Mailand, Edizioni di Comunità, II. Ausg., 1964, S. 59.
[21] Siehe den berühmten Aufsatz von Freud, Das Unbehagen in der Kultur.

fühl der Unterdrückung und fordern manchmal auch auf gewaltsame Art mehr Freiheit. Hier treffen zwei Welten aufeinander: die der Rationalisierung des Kollektivlebens, die die Bedingungen für mehr Gesellschaft schaffen und dem Leben des Einzelnen mehr Chancen bieten soll und die eines ausgeprägten egoistischen und narzistischen Individualismus, der keinerlei Einschränkungen duldet. Dadurch werden die Modernität und die Kräfte, die sie als Form von Kultur hervorgebracht haben, in Frage gestellt.

Während die postmoderne Kultur die wirtschaftliche Dimension des Lebens emphatisiert, und damit diesen irdischen Gott, die bürgerliche Moral, zerstört, die ihr Kraft und Vitalität gab, spürt das Individuum, daß er ihm fehlt, und so entstehen die Fundamentalismen, die Lokalismen, die Nationalismen und das Sektierertum, die im täglichen Leben immer häufiger eine Rolle spielen. Die Notwendigkeit, die soziale Bindung zu erhalten und sich eine starke soziale Identität geben zu müssen, bringt die modernen westlichen Gesellschaften dazu, das Element zu suchen, das der Gruppe und der Sphäre des öffentlichen Lebens Konsistenz und Einheit geben kann und in der Lage ist, die soziale und politische Krise der spätmodernen Zeit zu lösen.

3. Das Problem der Ideologien in unserer Zeit

Dieses Suchen stellt das Problem der modernen Ideologie in einem realistischen Zusammenhang. Der Zyklus der alten politischen Ideologien, denen es gelungen war, den Konsens auf sich zu vereinen und das Kollektivhandeln zu mobilisieren, ist beendet. Der Versuch, die Gesellschaft im totalitären Sinne durch die Rationalisierung der Wirtschaft und die instrumentalisierende Vernunft zu interpretieren, ist gescheitert. Die Funktion der Politik und der Sphäre des Öffentlichen, die nunmehr über keinerlei Mittel mehr für ihre Vermittlerrolle und zur Schaffung von Einheit der Gruppen verfügt, ist in eine tiefe Krise geraten. Was bleibt nun eigentlich noch, um dem Entstehen eines neuen *Feudalismus* und dem Einfluß der *Plutokratie* entgegenzuwirken? Was kann diesen scheinbaren Rest von Demokratie, der auf die Wahlmechanismen beschränkt bleibt, noch retten? Dieses Problem muß realistisch betrachtet werden, d. h. unter Berücksichtigung der sozialen und politischen Bedingungen unserer Zeit. Auch wenn das Regime der Massen zu den wichtigsten Aspekten unserer Gesellschaft gehört, so hat es doch eine gewisse innere Autonomie. Während es einerseits die Individuen für sich gewinnt und sie, was bestimmte Aspekte ihrer Persönlichkeit betrifft, durch eine wachsende Anzahl von Einflüssen zur Masse degradiert, überläßt es andere Aspekte der Persönlichkeit der totalen Anarchie, da keinerlei Normen oder allgemein anerkannte Werte existieren. Die hinsichtlich bestimmter Aspekte zunehmende Vermassung begünstigt unter anderem die Ablehnung jeder Regel und jeder Abhängigkeit von irgendeinem Wert, auch von der Moral. Das führt zur Verbreitung eines Primitivismus und eines neuen Tribalismus, bei denen die durch die Massenmedien vertretene Gesellschaft, wie das bei solch primitiven Voraussetzungen immer der Fall ist, schließlich mehr Macht hat als die reale Gesellschaft. Deshalb ist der Konsens eher das durch diese Medien erzielte Produkt als die wirkliche Erfahrung des Anderen und das in ihn gesetzte Vertrauen. Das verstärkt die Ablehnung der Moral noch mehr, wenn man nicht auch die Moral zu einem Mode- oder Massenphänomen machen will, das ohne irgendeine Verinnerlichung den Emotionen des Augenblicks überlassen bleibt.

Wenn man vom politischen Standpunkt aus realistisch sein will, muß man sagen, daß die repräsentative Demokratie in der Form, in der sie nach der französischen Revolution mühsam durchgesetzt wurde, in einer horizontal strukturierten Massengesellschaft keinen Sinn mehr hat. Jede politische Bewegung kann heute Erfolg haben, nicht weil sie einen Wert der Bürger vertritt, sondern weil es ihr in dem Moment gelingt, den Konsens für sich zu gewinnen, da sie es versteht, die Individuen für die Massenphänomene zu interessieren und nur ihre äußerliche Gefühlswelt zu berühren. Auch finden wir erneut eine Situation der Primitivität vor, die durch den religiösen Fundamentalismus oder den Einfluß einer charismatischen Persönlichkeit ohne große Schwierigkeiten gesteuert werden kann. Überall auf der politischen Bühne Europas gibt es seit mehr als zehn Jahren Persönlichkeiten, die versuchen, sich eine charismatische Führungsrolle aufzubauen, um den isolierenden, doch auch rationalisierenden Einfluß der Parteien zu ersetzen. Sollte sich die Tendenz zur Segmentierung in den kommenden Jahren noch verstärken, wird die Suche nach einem charismatischen Führer, der die Einheit der Gruppe verkörpern kann, unvermeidlich sein, und wir können nur hoffen, daß die neue politische Organisation auf dem Prinzip der direkten Demokratie und nicht auf dem eines totalitären Regimes basieren wird.

Im Westeuropa von heute gibt es eine Reihe widersprüchlicher Phänomene, die nicht miteinander vereinbar sind. Die großen Einheitsbestrebungen, die der wachsenden wirtschaftlichen Konzentration und der modernen technologischen Entwicklung folgten, stehen in starkem Kontrast zu der wachsenden Segmentierung und der Krise der Politik, die sich in dem Verlust an Vertrauen in die repräsentativen Institutionen äußern, in der Krise der Werte der politischen Repräsentanz, in den Schwankungen der Wählerschaft, in der Wechselhaftigkeit der öffentlichen Meinung und in einer ideologischen Leere. So kommt es immer mehr zu einem innerlichen Widerspruch, und während die großen wirtschaftlichen Interessen zur Einigung und Rationalisierung drängen, sich die Kultur auf das Massenphänomen der globalen Kommunikation einstellt, zeigen sich in der Politik eher Phänomene der Differenzierung und der Segmentierung, die auf emotionalen Elementen beruhen. Während sie auf die monopolistischen, nationalistischen und autoritären Impulse der großen Organisationen reagiert, ist sie in Wirklichkeit immer mehr dem Einfluß anarchistischer Strömungen, den Phänomenen eines neuen Tribalismus und einer Gewalt ausgesetzt, die durch den Mangel an grundlegenden Werten der Moral im Kollektivleben hervorgerufen werden.

Hier könnte man nun einwerfen, ob und in welchem Maße ein neues soziales und politisches Projekt aufgestellt werden könnte, ohne daß man auf den Fundamentalismus oder das direkte Vertrauensverhältnis zwischen einer Führerpersönlichkeit und den Massen zurückgreifen muß. Ich bin der Meinung, daß das in dem Maße möglich ist, in dem es uns gelingt, das Problem der Ideologien unserer Zeit innerhalb der Struktur des Massenregimes zu lösen. Das setzt die Schaffung einer neuen Moral voraus, die für das Gruppenleben und die Entwicklung einer neuen Sphäre des Öffentlichen bindend sein muß und der Politik ihren Einfluß und ihre Funktion zurückgeben muß. Doch damit dieses Ziel erreicht werden kann, bedarf es des Zusammenwirkens einer Reihe politischer und sozialer Kräfte, die ich im Folgenden kurz aufführen will:

1. Der Einsatz der neuen Generationen, die über die Gegenwart hinausschauen und sich mit dem Problem der geschichtlichen Entwicklung und dem kritischen Bewußtsein unserer Kultur auseinandersetzen müssen.

2. Der Einsatz der Kirche, die den *Sinn* der Menschen für das Problem der Moral nicht nur im religiösen sondern auch im *bürgerlichen Sinne* schärfen muß.

3. Das Vorgehen der Großindustrie, die begreifen muß, daß sie gerade auf Grund ihrer Bedeutung zu weit gefaßten sozialen Aufgaben verpflichtet ist, die zuweilen im Gegensatz zu ihrer Politik des Zugewinns stehen. Die Erfüllung dieser Aufgaben ist jedoch notwendig für das Überleben des gegenwärtigen Wirtschaftssystems.

4. Und schließlich das Bewußtsein der Politiker, die erkennen

müssen, daß der Einfluß der Politik und ihre Autonomie auf der auf der Ideologie basierenden Gesellschaft und den moralischen Regeln beruhen, von denen sie getragen wird. Der wirtschaftlichen Macht kann nur dann entgegengewirkt werden und die Interessenkonflikte nur dann verhandelt werden, wenn die Bedeutung der moralischen Prinzipien, von denen das Gruppenleben getragen wird, unterstrichen wird und nicht, wenn mal diese mal jene Einzelinteressen geschützt werden.

Nur wenn diese Voraussetzungen erfüllt werden, ist eine neue Form von politischer Organisation denkbar, die mit Hilfe der wiedergewonnenen moralischen Dimension des bürgerlichen Zusammenlebens die Prinzipien der Demokratie erhalten kann, die vielleicht zu den kostbarsten Errungenschaften der modernen Kultur gehören. Es gibt also drei Möglichkeiten: Entweder es gelingt, die Funktion der Politik wiederherzustellen und so eine neue repräsentative Demokratie zu schaffen, oder es kommt zu einer plebiszitären Demokratie (d. h. zu einem direkten Verhältnis zwischen Führer und Massen), was einem kulturellen Rückschritt gleichkäme, oder, was noch schlimmer wäre, zu einem charismatischen Autoritarimus. In diesem Falle wird das Charisma zu einem für die politische Organisation notwendigen Faktor, wenn die Moral und die Kultur nicht ausreichen, um die demokratische Ordnung zu erhalten.

In dem unmittelbaren Verhältnis zwischen Führer und Massen kommen hingegen persönliche Elemente zum Tragen, die, da sie ständig auf die Probe gestellt werden können, die Einheit der Gruppe gewährleisten und einen wirksamen Einsatz der Politik ermöglichen, da das Charisma mehr Einfluß hat als die Repräsentanz, auch wenn dieser Einfluß eine ständige Bestätigung durch die Massen benötigt. Der emotionale Einfluß des Charismas schafft einen verinnerlichten Konsens, der sonst in Übergangszeiten nicht gewonnen werden könnte, doch verlangt er von der Person des Führers eine bürgerliche und moralische Verantwortung. Das Charisma berechtigt zu einer aktiven Entscheidungsbefugnis, die in einer nicht mehr repräsentativen Demokratie funktionsunfähig oder schwerfällig wäre, doch muß es im Allgemeinwohl seinen ständigen Bezugspunkt haben.

Eine neue repräsentative Demokratie oder der Rückschritt in die plebiszitäre Demokratie: auf diesen beiden Ebenen wird sich meiner Meinung nach das politische Geschehen in den westlichen Gesellschaften abspielen. Es besteht jedoch die Möglichkeit, daß es einer starken kulturellen Bewegung, einer Art *moderner Renaissance* gelingt, die Ideale der Modernität zu neuem Leben zu erwecken.

3

Heilsphantasien und Fortschrittswahn

Über die Wiederkehr des verdrängten Gottes in anderer Gestalt

von Susanne Heine

Daß es heute schwer ist, von Gott zu reden, bedarf wohl keines Aufweises. Der gegenwärtige Mangel, der ja vor allem von seiten der Theologie und der Kirchen empfunden wird, könnte freilich für andere Kreise einen eminenten Fortschritt bedeuten, will man die Gottlosigkeit des gegenwärtigen Zeitalters den in ihm Lebenden nicht vordergründig zum üblichen moralischen Vorwurf machen. Gott in der sinnlich-übersinnlichen Differenz, als ein außer der Welt hockendes Wesen, um mit Hegel zu sprechen, als ein Bewohner der von Nietzsche verspotteten jenseitigen „Hinterwelt", als omnipotenter Willkürherrscher, der partout dann nicht in den Weltenlauf eingreift, wenn dies dringend gefordert wäre, hat sich weder als denkbar erwiesen noch als kompatibel mit seinen eigenen Attributen des Guten und der Liebe. Einen solchen Gott zu entthronen und dessen Predigern das Gehör zu verweigern, kann auch als naheliegende Folge verstanden werden. Die religionskritischen Einwände, für den Gottesverlust seien die Angst vor den Sanktionen des Herrschaftsapparates der Kirche verantwortlich zu machen, die Suggestion eines besseren Jenseits zum Zwecke der Vertröstung oder ein menschenunwürdiger Kadavergehorsam, sind nicht von der Hand zu weisen, auch wenn das nicht alles ist, was dazu gesagt werden kann.

Gegenwartsdiagnostik orientiert sich an dem, was zukünftig wünschenswert erscheint, und neigt dazu, die Vergangenheit entweder als goldenes Zeitalter oder als Reich der Finsternis zu rekonstruieren; die widersprüchliche Sicht auf das Mittelalter ist dafür ein Beispiel.[1] Wieweit solche Rekonstruktionen zutreffen oder nicht, jedenfalls bestimmen sie die Wahrnehmung der Gegenwart in hohem Maße. Ein Beispiel dafür ist die These Hans Blumenbergs[2],

---

[1] Vgl. dazu den nicht nur in bezug auf die Kritik am Epochenbegriff bemerkenswerten Aufsatz von *Walter Haug*, Experimenta medietatis im Mittelalter, in: Jochen Schmidt (hrsg.), Aufklärung und Gegenaufklärung in der europäischen Literatur, Philosophie und Politik von der Antike bis zur Gegenwart, Darmstadt 1989, S. 129–151.
[2] *Hans Blumenberg*, Säkularisierung und Selbstbehauptung, Frankfurt/M. 1974, (zit. *Blumenberg*).

die Neuzeit sei aus einem Akt der Selbstbehauptung des menschlichen Subjekts hervorgegangen, das sich in Freiheit selbst bestimmen will; sie verdient immer noch ihre Aufmerksamkeit.

1. Die Rebellion der Neuzeit

Letztlich läuft es bei Blumenberg auf die Diagnose der ungelösten, unlösbaren Theodizeefrage hinaus, die Gott das Leben gekostet habe. Der Protest richte sich, so Blumenberg, etwa gegen den vom Nominalismus präsentierten allmächtigen Gott, dessen Wille, vor jeder Bindung an irgend etwas, ja sogar an seine eigene Schöpfung zurückscheuend, notwendig in unberechenbare Willkür ausarten mußte. Wenn Gott die Welt geradesogut auch anders hätte erschaffen können und jederzeit auch anders gestalten kann, wird er zum deus ex machina, und werden die Menschen zum Spielball eines allerhöchsten Tyrannen, zu Marionetten in einem absurden Theater. Gewiß ist der Nominalismus nicht alles, was die Tradition christlicher Theologie hervorgebracht hat; aber Blumenberg hat mindestens den Finger auf einen Denkweg gelegt, dessen Bedeutung schon aufgrund seiner gegenwärtigen Virulenz nicht zu leugnen ist. Jene Variante der Religionskritik, die Gott Menschenverachtung und Nekrophilie vorwirft, da er die Greuel der Weltgeschichte, Auschwitz, Hiroschima, „millionenfache Frauenmorde an ‚Hexen'" nicht verhindert (Elga Sorge[3]), und mit seiner bedrohlichen Allmacht Existenzen zerstört habe (Tilmann Moser[4]), füllt auf dem Büchermarkt gängige Bände, denen das biographische Moment ein hohes Maß an Glaubwürdigkeit verleiht: Gott steht vor dem Tribunal seines eigenen Werks.

Genau besehen ist dieses Problem nicht neu; solche Fragen haben sich Menschen seit biblischen Zeiten gestellt, wie das Buch Hiob beweist. In diesem Tribunal traten immer auch die Verteidiger auf, die sich um den Freispruch Gottes bemühten, wie es etwa Augustinus getan hatte.[5] Wenn Gott, die Ursache dieser Welt, einer ist und ihn keine Schuld treffen kann, muß die Rechtfertigung Gottes zu vollen Lasten des Menschen gehen. Der Mensch allein habe durch Mißbrauch der Willensfreiheit Gott schon im Garten Eden den Gehorsam gekündigt und sei in der Folge nicht nur fürs Böse, sondern auch für alle Übel verantwortlich, den Tod eingeschlossen. Alle

---

[3] *Elga Sorge*, Religion und Frau, 2. A., Stuttgart 1987, S. 41.
[4] *Tilmann Moser*, Gottesvergiftung, 1978.
[5] *Blumenberg*, s. Anm. 2, S. 153; 155.

Zerknirschung des Herzens, alle zeitlichen Freuden wegzuwerfen, um sich in vollkommenem Gehorsam Gott zu unterwerfen, nütze, so Anselm von Canterbury, nichts, um den Sündenfall wieder gutzumachen, denn selbst der äußerste Verzicht sei lediglich das, was jeder Mensch Gott ohnehin schulde.[6] Unklar bleibt dabei freilich, warum Gott dann die Menschen mit einer eigenständigen Motivationskraft begabt hat, wenn aus dieser nur eine verheerende Wirkung erfließen kann, so daß jeder Anflug von Freiheit im Keime eines Fluches erstickt werden muß. Und fraglich bleibt, welchen heilsamen Sinn eine Theologie überhaupt für den Menschen entfalten kann, wenn sie meint, Gottes Unschuld auf Kosten des Menschengeschlechts retten zu müssen.

So wäre denn der Gott gewisser christlicher Theologen an der Gottlosigkeit der Neuzeit nicht ganz unschuldig, und deren Freiheitspathos eine logische Folge, will man sich selbst noch irgendein gutes Werk zutrauen und an dessen Gelingen erfreuen. Nicht nur die ungelöste Theodizeefrage, vielmehr noch der Versuch, diese durch einen Gott unberechenbarer Willkür und durch einen absoluten Gehorsams- und Unterwerfungsanspruch Gottes zu lösen, habe – nach Hans Blumenberg – das Freiheitspathos der Neuzeit in Gang gesetzt.[7]

Gewiß rekonstruiert Hans Blumenberg die Geschichte der Theologie von der für ihn gültigen Maxime aus, die selbst schon vom Freiheitspathos der Neuzeit geprägt ist und seinen Blick auf bestimmte Formen von Theologie einschränkt; dennoch handelt es sich dabei um wirkungsgeschichtlich höchst bedeutsame Formen, die die gegenwärtige Theologie vor die noch keineswegs beantwortete Frage stellen: Wieweit ist sie bereit, argumentativ auf einen kritischen Diskurs einzugehen, ohne ihre sattsam bekannten Naivitäten bloß zu wiederholen oder aus Angst vor dem Angriff in das Lager der Gegner überzulaufen, ohne lediglich den Verlust alter Gewohnheiten zu beklagen oder in leichtfertiger Weise auf den heiligen Geist zu vertrauen.

---

[6] *Anselm von Canterbury*, Cur deus homo, lateinisch-deutsch, hrsg. und übers. von P. F. Salesius Schmitt, 5. A., Darmstadt-München 1993, S. 73.
[7] *Blumenberg*, s. Anm. 2, S. 211.

2. Die Fortschrittsidee

Fest steht jedenfalls, daß in der Neuzeit, also etwa ab dem 18. Jahrhundert, die Anthropodizee an die Stelle der Theodizee getreten ist: die Rechtfertigung des menschlichen Vermögens, aus Freiheit selbstverantwortlich handeln zu können, um schon hier in dieser Welt einen Fortschritt in Gang zu setzen und eine Gerechtigkeit zu verwirklichen, die der Vernunft als höchstes Gut jederzeit einleuchtet. Man hat die Aufklärungskultur mit Recht eine Kultur des Subjekts genannt, das sich selbst bestimmt und selbst verwirklicht. Die Folge waren eine Reihe von Emanzipationsbewegungen: der Bürger insgesamt, dann etwa der Juden, der Schwarzen, der Arbeiter und – nicht zuletzt – der Frauen. Als Ursache des Bösen und der Übel galten mangelnde Freiheit und Unwissenheit, die jedoch bis ins Unbewußte oder durch Aufdeckung von Fehlern im sozialen System aufklärbar seien.

Aber gerade das, was man mit einem Schlag loswerden will, lebt häufig unversehens in diesem Schlag weiter. Jede Apologie, diesfalls der Legitimität der Neuzeit, muß mit der Möglichkeit rechnen, daß ihre Argumente von denen des Feindes, wie Lessing sagt, nicht „unangesteckt"[8] geblieben sind. Hatten die Theologen die Vollkommenheit Gottes zu retten versucht, so führte und führt dessen Verabschiedung nicht ohne weiteres zur Preisgabe der Idee der Vollkommenheit, im Gegenteil: Der in vielem erfolgreiche Impetus der Aufklärung verdankt sich einem Fortschrittsideal, das imstande war und ist, bis zur Idee der Verwirklichung eines Himmelreiches auf Erden auszugreifen[9]: Der verdrängte Gott kehrt in anderer Gestalt wieder.

Das Prinzip Verantwortung bestimmt längst nicht nur die sogenannte säkulare Welt, sondern auch die Theologie und die Kirchen. Mündiges Christsein, Menschenrechte in der Kirche, politische Theologie im weiteren und feministische Theologie im engeren Sinne als „Kampf für Gerechtigkeit und für das Wohlergehen *aller ohne Ausnahme*"[10] sind die Marksteine auf diesem Weg. Einen bedeutsamen Akzent setzte die „Gott-ist-tot-Theologie" mit dem

---

[8] G. E. *Lessing*, Werke, hg. Von Herbert G. Göpfert, Darmstadt 1996, Bd. VIII: Theologiekritische Schriften III, Axiomata X, S. 149–159, Zit. S. 157 (zit. *Lessing*).

[9] Zu diesem Motiv ausführlicher: *Susanne Heine*, Die Sucht nach dem Himmelreich, in: Sucht und Sehnsucht, Dokumentation des 7. Würzburger Symposiums, hrsg. von Winfried Böhm/Martin Lindauer, Stuttgart 1995, S. 61–74.

[10] *Elisabeth Schüssler-Fiorenza*, Zur Methodenproblematik einer feministischen Christologie des Neuen Testaments, in: D. Strahm/R. Strobel (hrsg.), Vom Verlangen nach Heilwerden, Fribourg-Luzern 1991, S. 145 (Hervorhebungen im Zitat von mir).

Prinzip der Stellvertretung Gottes durch den Menschen, wie sich in Dorothee Sölles gleichnamigem Buch aus den 60er Jahren nachlesen läßt: Von Gott sei lange genug erwartet worden, etwas für uns zu tun. „Es ist nunmehr an der Zeit, etwas für Gott zu tun."[11] Daß die Ermächtigung menschlichen Handelns Hand in Hand geht mit der Entmachtung Gottes, wird noch einmal deutlich im sogenannten „linken" Flügel der feministischen Theologie. So macht etwa Elisabeth Schüssler-Fiorenza in ihrer feministische Hermeneutik dadurch Furore, daß sie das Handeln der Frauen als Gestalterinnen und Subjekte in biblischer Geschichte, somit die Emanzipation, als Maßstab für den Offenbarungscharakter eines biblischen Textes setzt.[12]

Mit dem Schlagwort der Emanzipation allein ist freilich noch nicht ausgemacht, was für ein konkreter Zustand als wünschenswert zu betrachten sei, und ob sich darüber ein Konsens finden ließe. Wer wüßte außerdem nicht, daß die besten Absichten häufig nicht die entsprechende Wirkung haben, und kein Verlaß darauf ist, daß das Böse am Ende doch das Gute schafft. Wenn sich auch im Ernst nicht daran denken läßt, die Errungenschaften der Neuzeit rückgängig zu machen, bleibt doch die Bilanz ambivalent, wenn Wohlstand zu Egoismus, Freiheit zu Gewissenlosigkeit, oder Chancengleichheit zu Leistungsdruck führen. Daher war der Diskurs der Aufklärungskultur immer von einer kultur- und zivilisationskritischen Opposition begleitet[13] mit entsprechenden Verfallstheorien, die jedoch lediglich die Kehrseite der Fortschrittsmedaille darstellen; die Fortschrittsidee blieb auch darin wirksam.

Wo die Vernunft als Quelle des Heils versiegt, bietet sich eine andere, scheinbar verläßlichere an: die Natur. Der neuzeitliche Naturalismus greift Momente der aristotelischen Ontologie heraus und versteht die Natur als eigenständige Kraft, die von sich aus die Gestaltfülle des Kosmos hervorbringt und, evolutionär weitergedacht, bis zur Vollendung vorantreibt. Die Rückkehr in den unverfälschten Naturzustand verspricht den Anschluß an kosmische Ordnungsprinzipien und vermeint damit das Problem des Bösen gelöst zu haben, daß die Natur das Moralproblem von vornherein gar nicht kennt. Dieser Naturbegriff wird in der Neuzeit zu einem auch das menschliche Bewußtsein umfassenden Prinzip, zur Idee

---

[11] *Dorothee Sölle*, Stellvertretung. Ein Kapitel Theologie nach dem „Tode Gottes", 4. A., Stuttgart 1967, S. 201; 205.
[12] *Elisabeth Schüssler-Fiorenza*, Zu ihrem Gedächtnis …, München 1988, S. 59 u. ö.; ebenso in: Dies., Brot statt Steine, Fribourg 1988, S. 201 u. ö.
[13] Zu den Ambivalenzen der Aufklärungskultur vgl. *Friedrich Rapp*, Fortschritt. Entwicklung und Sinngehalt einer philosophischen Idee, Darmstadt 1992 (zit. *Rapp*).

einer Bewußtseinsevolution mit dem Ziel des ganzheitlichen, vollkommenen Menschen, dem das Gute ins Herz oder – weniger poetisch – in die Gene geschrieben ist.

So schließt etwa die sogenannte New-Age-Philosophie die gesamte Kultur- und Geistesgeschichte der Menschheit an die Grundidee eines natürlichen Vervollkommnungsprozesses an. Das Universums besitze „eine natürliche Tendenz, die allen Dingen und Situationen von vornherein innewohnt", und die Wende zu einem neuen Zeitalter herbeiführe (Fritjof Capra[14]). Daß die Natur ihr Werk von sich aus zur Vollendung bringe, stellt auch das konstitutive Moment für C. G. Jungs Konzept des kollektiven Unbewußten dar, das von „Naturvorgängen" bestimmt sei, „die jenseits des Menschlich-Persönlichen liegen"[15], und von einem „potentiellen Gerichtetsein", das die „unbewußte Selbstregulierung"[16] der Gesamtpsyche steuere.[17] Diese Idee hat ebenfalls in Theologie und Kirche Eingang gefunden, wie etwa die Resonanz der tiefenpsychologischen Bibelauslegung (Eugen Drewermann) oder der sogenannte „rechte" Flügel des Feminismus zeigen. Unter dem Stichwort „matriarchale Spiritualität" wird gefordert, sich mit der Natur in – weiblichen – Einklang zu bringen (Gerda Weiler[18], Christa Mulack[19]). Und die Philosophin Luce Irigaray will der unbefleckten weiblich-göttlichen Materie in Gestalt einer weiblichen Gottheit ein sichtbares Zeichen setzen.[20]

Es würde freilich nicht weiterführen, diese beiden Fortschrittsideen – aus Bewußtsein und Freiheit und aus Natur und Entwicklung – vom christlichen Dogma her einer vernichtenden Kritik zu unterziehen. Denn nichts spricht dagegen, Verantwortung zu üben, um unbefriedigende Verhältnisse zu verbessern, und der Natur – endlich – auch ein eigenes Recht einzuräumen. Das Problematische ist vielmehr darin zu suchen, daß beide Varianten der Fortschrittsidee von einem monistischen Absolutheitsanspruch ausgehen – und einander entsprechend bekämpfen – , der dem keineswegs nachsteht, was der Theologie und ihrem Gott vorgeworfen wird. Vom

[14] *Fritjof Capra*, Wendezeit. Bausteine für ein neues Weltbild, München 1988, S. 34.
[15] *C. G. Jung*, Die Beziehungen zwischen dem Ich und dem Unbewußten, dtv-Taschenbuch, 1990, S. 18; 15.
[16] Ibid., S. 50; 63.
[17] Ibid., S. 116.
[18] *Gerda Weiler*, Matriarchales Bewußtsein, in: Tutziger Materialie 49, 1989, S. 29 ff.
[19] *Christa Mulack* in: Die Weiblichkeit Gottes. Matriarchale Voraussetzungen des Gottesbildes, 4. A., Stuttgart 1986; vgl. auch: *Dies.*, Natürlich weiblich. Die Heimatlosigkeit der Frau im Patriarchat, Stuttgart 1990.
[20] *Luce Irigaray*, Genealogie der Geschlechter, Freiburg 1989, S. 111 ff.; ebenso in: *Dies.*, Ethique de la différence sexuelle, Paris 1984.

menschlichen Handeln oder von der Natur anzunehmen, in ihnen wirke faktisch eine unbestechliche Teleologie, unterscheidet sich zwar inhaltlich, aber nicht in der Denkfigur von der Annahme eines faktisch wirkenden Gottes im Sinne schlechter Metaphysik. Denn dieses Telos trägt die Momente des Vollkommenen in sich, der endgültigen Lösung, der Erlösung des Menschengeschlechts, des definitiven Heils, bis zu chiliastischer Steigerung[21], wie die großen Ideologien der Neuzeit nur allzu deutlich zeigen, und ist von einem unverhohlenen Messianismus bestimmt.

Denn diese der Neuzeit, nicht nur den Glaubensgemeinschaften inhärente Vision vom endgültigen Heil ohne Böses und ohne Übel, dieses Pathos der Ganzheit, endet unausweichlich im Totalitären, im fanatischen Agieren und im Anspruch unbedingter Nachfolge derer, die ihrerseits von messianischem Selbstbewußtsein bestimmt sind. Der Religion der Vernunft, wo sie mehr versprochen hat, als sie halten konnte, tritt die Religion der Natur gegenüber, die sich des Vorteils rühmt, von der Schwäche und Unsicherheit menschlichen Handelns unbefleckt bleiben zu können. Die abgetanen Heilserwartungen früherer Zeiten kehren in verwandelter Form wieder, heften sich an faszinierende Ideen, die imstande sind, alle möglichen Erlösungshoffnungen zu bündeln und auf sich zu ziehen. Die messianische Struktur hält sich durch, die Inhalte ändern sich. Die Pädagogin Maria Montessori zum Beispiel erwartete die Erlösung vom Kind, heute ist es für manche das Wesen der Frau, das Zeitalter des Wassermanns oder die digitale Kommunikation, die mit nicht minder religiösem Pathos auftreten. Der kanadische Kommunikationstheoretiker Marshall McLuhan, dessen Werk „Understanding Media" 1964 erschien und 1994 neu aufgelegt wurde, genießt den Ruf eines der größten Propheten unseres Zeitalters. „The computer", so schreibt er, „promises by technology a Pentecostal condition of universal understanding and unity"[22], werde alle egoistischen und nationalen Interessen zunichte machen und die Welt als „global village" in beständigem Frieden einigen.[23] Das Menschenopfer, das vermieden sein wollte, erhält eine neue ethisch bedenk-

[21] Vgl. *Hans-Friedrich Geisser*, der die neuzeitlichen Perfektionspostulate als säkularisierte Gestalt des Chiliasmus interpretiert, in: Grundtendenzen der Eschatologie im 20. Jahrhundert, in: Konrad Stock (hrsg.), Die Zukunft der Erlösung. Zur neueren Diskussion um die Eschatologie, München-Gütersloh 1994.
[22] *Marshall McLuhan*, Understanding Media. The Extension of Man. With a new introduction by Lewis H. Laphan, Cambridge Mass. 1994, S. 80.
[23] Vgl. *Jozef Niewiadomski*, Extra media nulla salus?, in: Theologisch-praktische Quartalschrift, Heft 3, 1995, S. 227 ff.

liche Rechtfertigung, wenn bloß bedauernd zur Kenntnis genommen wird, alles habe eben seinen Preis, da die Natur um der Entwicklung zum Höheren willen alles dann minderwertig Genannte ausscheide. Es ist nicht weniger als Zynismus, wenn die betroffenen Individuen sich damit trösten sollen, der Hervorbringung einer besseren Art gedient zu haben. Das moderne Programm der Humanität verkehrt sich in sein Gegenteil, wo Fortschrittsidee und Heilsphantasien ebenso despotisch über Leichen gehen, wie man es dem Walten Gottes zum Vorwurf gemacht hatte. So kehrt das Verdängte in anderer Form wieder.

3. Grenzbewußtsein

Der Versuch, in *der* Vernunft oder *der* Natur letztgültige, der geschichtlichen Dimension enthobene Prinzipien zu finden, erweist sich durch dieses Vorgehen als Gottesersatz. Diese Aussage ist diagnostisch gemeint und nicht moralisch zum vordergründigen Zwekke der Verteidigung Gottes. Vernunft und Natur sind hingegen Bestimmungen des Menschen und mit diesem an die Geschichte der Gattung, der Menschheit und des Individuums gebunden. Als Bürger zweier Welten, um mit Kant zu sprechen, ist der Mensch einerseits ein Naturwesen, und besitzt er andererseits im Bewußtsein eine Selbstreflexivität, die beides unmöglich macht: im Stande natürlicher Unschuld zu verharren, oder aus Bewußtsein alles in den Griff zu bekommen. Die daraus resultierende Notwendigkeit, einerseits alles natürlich Gegebene zur bewußten Aufgabe zu erheben, und sich andererseits in dieses Gegebene fügen zu müssen, setzt gerade in jene Zerreißproben, denen die Aktivisten ebenso wie die Naturalisten entgehen wollen. Beide versuchen, in einen vor diesem geschichtlichen Grunddilemma liegenden unantastbaren Zustand zurückzukehren, das Problem durch dessen Verleugnung zu lösen.

Wenn der neuzeitliche Rekurs auf die Natur das unwandelbare Ganze in einer dem Bewußtsein vorausgesetzten Einheit sucht, wird die Vernunft dem Gang der Natur subsumiert. Dies scheint der Theologie zunächst dadurch besonders entgegenzukommen, daß nicht das menschliche Ich, sondern ein anderes, ein Nicht-Ich, das Zentrum der Aktivität bildet. Aber dieses selbsttätige Prinzip besitzt einen a-personalen Charakter, der mit der jüdisch-christlichen Überlieferung nicht kompatibel ist. Wird die Eigenständigkeit des seiner selbst bewußten Subjekts ausgeblendet, folgt daraus weiters die wesensmäßige Festschreibung geschichtlicher Zustände,

Mentalitäten und Charaktere[24], was für eine Orientierung des Handelns nichts austrägt, weil das Handeln selbst obsolet wird. Außerdem darf nicht übersehen werden, daß es immer die bewußte denkende Tätigkeit ist, die über die Natur unterschiedliche Theorien aufstellt, ontologische oder naturwissenschaftliche. Insofern kommt dem Bewußtsein zu, das für die menschliche Gattung spezifische Moment zu sein.

Nun muß jedes Denken, um überhaupt auf die Reihe zu kommen und Theorien bilden zu können, modellhaft von Prämissen ausgehen, die ohne Gültigkeitsanspruch ihre Funktion gar nicht erfüllen können. Dennoch handelt es sich dabei um Denkmodelle, die relativ zum endlichen Bewußtsein bleiben, um Setzungen, regulative Ideen, von denen nicht ohne weiteres ausgesagt werden kann, es käme ihnen eine immer und überall absolut gültige Bedeutung zu. Es geht vielmehr darum, unter den geschichtlichen Bedingungen der Gegenwart und aufgrund einer konkreten, geschichtlichen Vernunft einen Orientierungsrahmen[25] zu gewinnen. Denkmodelle wollen keine Totallösungen sein, sondern Lösungsversuche für bestimmte geschichtliche Situationen, indem die Vernunft angibt, „im Namen welcher verteidigungswürdigen Tradition sie urteilt"[26], wenn eine solche wie der Glaube an Gott in die Krise geraten ist. Denkmodelle und deren Prämissen können nie das Ganze einholen, auch nicht das Ganze des Ich, das über sich selbst nachdenkt, um noch einmal mit Kant zu sprechen. Das Ich, das denkt, bleibt sich selbst ein uneinholbar Vorausgesetztes – die Tätigkeit der Vernunft stößt an die Grenze.

Dieses Moment des Uneinholbaren hat mit der „Figur des anderen" zu tun, denn dieses Grenzmoment wird als „letztes Rätsel" erfahren, als etwas, das dem nachdenkenden Ich gegenüber ein „anderes" bleibt. Weder die Geschichte noch die Natur, weder meine eigene Biographie noch der eindeutige Sinn eines Wortes lassen sich zur Gänze einholen. Kein „Du" läßt sich völlig durchleuchten, entschlüsseln und aufklären, es bleibt anders, behält einen offenen Rest, eine letzte Fremdheit.

Dieses letzte Rätsel sogleich wieder mit einer unbefleckten Natur oder mit einer unfehlbaren Vernunft oder mit Gott zu identifizieren, um ihm Inhalte wie solche der christlichen Tradition zu unterschieben, hieße erneut, die Grenzmarkierung unzulässigerweise zu

---

[24] Ein Beispiel dafür ist C. G. Jung, den diese Ontologisierung geschichtlicher Momente in das Fahrwasser der nationalsozialistischen Politik geführt hat.

[25] Zum Begriff des Denkmodells vgl. *Willi Oelmüller*, Die unbefriedigte Aufklärung, Frankfurt a. M. 1979, S. 37; 101.

[26] Ibid., S. XXXVIII.

überschreiten. Das zu tun, verbietet die Vernunft insofern, als deren Grenzbewußtsein als Folge redlicher Betätigung vorausgesetzt wird. Die Aufklärungskultur steht vor der bleibenden Aufgabe, ihr Instrument, die Vernunft, darüber aufzuklären, wieweit sie „von der Heterodoxie des Feindes nicht unangesteckt" geblieben ist, will sie nicht selbst zur rigiden Orthodoxie werden.

4. Zur Sache kommen

Auch diese Probleme sind nicht neu. Lessing zum Beispiel hat sie schon Ende des 18. Jahrhunderts formuliert und nach Lösungen gesucht, die uns heute nicht mehr befriedigen können, im Grunde schon ihn selbst nicht befriedigt haben. Aber die Fragen, die er stellt, sind immer noch aktuell und immer noch weitgehend tabuisiert. Die Zukunft von Religion und Glauben wird davon abhängen, ob Theologie und Glaubensgemeinschaften bereit sind, auf die kritischen Fragen und die Zweifel, die Menschen ernsthaft bewegen, ebenso ernsthaft einzugehen und zwar unter den geschichtlich gewordenen Bedingungen des Jetzt und Heute. Und zugleich wird unsere zukünftige Lebensgestaltung davon abhängen, wieweit die sogenannten Säkularisten bereit sind, einen Diskurs über Gott und religiöse Fragen zuzulassen, mehr noch, sich daran vorurteilsfrei zu beteiligen. Was das bedeutet, soll in 3 Thesen benannt werden:

1. Der Streit um Legitimität entweder der Neuzeit – so Blumenberg – oder des theistischen[27] Glaubens, dem es um Gott geht, – so die Apologetik der religiösen Institutionen – führt nicht weiter, da er den wirklichen Gang der Geschichte nicht wahrhaben will nach dem Motto, daß nicht sein kann, was nicht sein darf. Damit werden entweder vergangene oder gegenwärtige Denk-und Lebensformen pauschal durchgestrichen. Dann muß Gott entweder verloren gehen, oder Gott darf nicht verloren gehen. Nur innerhalb einer solchen Alternative kann überhaupt von einer säkularisierten Welt gesprochen werden, die sich damit als Postulat einer bestimmten Idee von Aufklärung erweist. In Wirklichkeit sind keineswegs alle Menschen so religionslos, wie diese Idee unterstellt. Aber weil innerhalb einer solchen Alternative überhaupt kein Diskurs geführt werden kann, religiöse Fragen entweder als unaufgeklärt gelten, oder religiöse Zweifel verboten sind, lassen sich keine Kriterien finden für

---

[27] Der Begriff „Theismus" ist hier im alltagssprachlichen Sinne gebraucht, der damit den Glauben an einen persönlichen und eigenständig handelnden Gott meint.

die allerdings unausweichlich gewordene kritische Frage, was an den Religionen anerkennungswürdig und zustimmungsfähig ist und was der Kritik unterzogen werden muß. Ohne dem bleibt die religiöse Szene orientierungslos.

2. Schon Lessing hatte die Kirchen in sein kritisches Visier genommen, die nach wie vor auf Gewohnheit, auf religiöse Sozialisation, oder auf Durchsetzung ihrer Lehren mit Gewalt und Gewissensdruck bauen. Inzwischen ist der Spielraum für solche Handlungsformen entschieden geringer geworden, was für die Gesellschaft keinen Verlust bedeutet. Die Kirchengewalt beschränkt sich heute auf die von ihr abhängigen Mitarbeiter, und das trägt nicht zur Glaubwürdigkeit bei. Aber Lessing hat noch zwei weitere Momente erkannt, die bis heute relevant sind, ohne daß dies den notwendigen Diskurs gefördert hätte. Das ist einmal die Kritik an einer Theologie, die sich die Argumente ihrer Feinde zu eigen macht und damit sich selbst preisgibt. 1774 schreibt er: „Die Kanzeln, anstatt von der Gefangennehmung der Vernunft unter den Gehorsam des Glaubens zu ertönen" – das sind die Orthodoxen –, ertönen nun von nichts als von dem innigen Bande zwischen Vernunft und Glauben. ... Die ganze geoffenbarte Religion ist nichts als eine erneute Sanktion der Religion der Vernunft. Geheimnisse gibt es entweder darin gar nicht; oder wenn es welche gibt, so ist es doch gleichviel, ob der Christ diesen oder jenen oder gar keinen Begriff damit verbindet"[28] – das sind die sogenannten modernen Theologen. Auch eine fortschrittliche Vernünftigkeit kann die Glaubensaussagen und die Rede von Gott dem notwendigen Diskurs über die Sache entziehen, um die es geht.

Die andere Form solcher Ausweichmanöver besteht in einer von allen Traditionen und Institutionen emanzipierten Subjektivität, der der Glaube nur noch unmittelbar innerlich ist. Dies läuft dann entweder auf einen hermetischen Mystizismus hinaus, an dem andere nicht teilhaben können, oder auf eine Tyrannei der Intimität[29], wenn die Erleuchteten dennoch die Absicht haben, anderen etwas mitzuteilen. „Die Wahrheit läßt sich nicht so in dem Taumel unserer Empfindungen haschen", sagt Lessing.[30]

---

[28] *Lessing*, s. Anm. 8 , Bd. VII (Theologiekritische Schriften I und II): „Gegensätze des Herausgebers", S. 457–491, Zit. S. 461.

[29] Vgl. dazu die empfehlenswerte Studie des Soziologen *Richard Sennett*, Verfall und Ende des öffentlichen Lebens, Frankfurt a.M 1987 (amerik. Orig. 1974).

[30] *Lessing*, s. Anm. 8, Bd. V: Briefe, die neueste Literatur betreffend III, 49. Brief (2. August 1759), S. 165–172, Zit. S. 171.

3. Schließlich muß auch der Versuch scheitern, die Relevanz Gottes und der Schriften, die von Gott erzählen, aus reiner Vernunft mit Notwendigkeit zu begründen. Denn inzwischen hat sich herausgestellt, daß die Vernunft so rein gar nicht sein kann, vielmehr nicht weiter vorzustoßen vermag als bis zu jenem Grenzbewußtsein, von dem hier die Rede war. Als Vernunft eines endlichen Wesens unterliegt sie der geschichtlichen Gestaltgebung und bleibt sie daher auf die Geschichte verwiesen. Vernunftwahrheiten können keine Glaubenswahrheiten begründen, heißt es bei Lessing, und das bedeutet: Es kann keinen direkten Weg zum Ursprung der Offenbarungsreligionen geben ohne den Umweg über die geschichtliche Überlieferung. *Diese* wäre zum Gegenstand des Diskurses zu erheben, ohne Scheu und Scham, aber auch ohne Angst und vordergründige Apologetik, um zur Sache zu kommen, die dort geschrieben steht. Dann ließe sich in aller Freiheit, aber nicht ohne redliche Bemühung des Verstehens, sehen, ob sich daraus für die praktische Vernunft Erkenntnisse gewinnen lassen, die einem gelingenden Leben dienen. Dies nicht zuletzt um zu verhindern, daß menschliche Ideen absolut gesetzt und in totalitären Attitüden ausagiert werden.

Theologische Rede erweckt auch heute noch häufig den Eindruck, als habe sie sich nichts anderes zur Aufgabe gemacht, als Gottes erhabene Unschuld vor den Angriffen der gottlosen Welt, der Fragenden und der Zweifler zu retten, indem sie so tut, als könne sie eindeutige Aussagen darüber macht, wer Gott ist, was er denkt oder tut, wie wenn es sich im Falle Gottes um einen selbstverständlichen Gegenstand der äußeren oder der inneren Wahrnehmung handeln würde. Ein solcher Kurzschluß wird noch zusätzlich problematisch, wenn er sich in theologischen Formeln, in Lehraussagen, in Dogmen und in einer Fachsprache verdichtet, die Außenstehenden unverständlich bleiben muß. Demgegenüber wären die Fragenden und die Zweifler als notwendiger Anlaß für die Eröffnung jenes Diskurses zu sehen, der Gott wieder ins Gerede bringt.

Naive Regressionen führen ebenso wie Frage- und Denkverbote zu jener Verdrängung, die in der unrealistischen Alternative von Totalkritik oder Totalrechtfertigung landet, anstatt zu prüfen, was eine Überlieferung, die von Gottes Offenbarung redet, auch für heutige Probleme der Lebens- und Handlungsführung austragen könnte. Unter den Bedingungen der Verdrängung kann freilich nichts Weiterführendes geschehen und bleibt zu befürchten, daß der verdrängte Gott immer wiederkehrt in Heilsphantasien und Fortschrittswahn mit ihrem entsprechenden destruktiven Potential.

Dafür, daß das nicht geschieht, sind die Säkularisten wie die Glaubensgemeinschaften in gleicher Weise verantwortlich.

Damit ist mein Beitrag zu Ende, in der Sache, um die es geht, stehen wir jedoch noch am Anfang, da die Punkte, die vor 200 Jahren auf die Tagesordnung gesetzt wurden, immer noch zur Debatte stehen.

4

Die Probleme der Säkularisierung im orthodoxen Lebensraum

von Metropolit Damaskinos Papandreou

Vorab sei mir die Bemerkung erlaubt, daß ich zu den definitions-
scheuen Theologen gehöre und es daher nicht wage, die Säkularisierung zu definieren, auch nicht, die bereits gegebenen Definitio-
nen in der theologischen und philosophischen Literatur
miteinander zu vergleichen. Außerdem ist die Situation der orthodoxen Kirche in Europa so komplex, daß niemand den Anspruch
erheben kann, eine genaue und vollständige Beschreibung derselben geben zu können.

Innerhalb der orthodoxen Gemeinschaft, die heute eine Gemeinschaft von fünfzehn autokephalen und/oder autonomen Lokalkirchen ist, wird allgemein anerkannt, daß die einzelnen Kirchen jeweils auf konkrete gesellschaftliche Bedingungen mit einer
durchaus legitimen und großen Vielfalt von theologischen Ansätzen
reagieren. Die einzelnen orthodoxen Kirchen leben keineswegs
selbstgenügsam isoliert voneinander; vielmehr sind sie durch ein
starkes Band miteinander verbunden, das sich auf Lehre, Tradition
und Liturgie bezieht. Diese innere Verbindung kommt vor dem gemeinsamen eucharistischen Tisch zum Ausdruck. Trotz dieser Gemeinschaft besitzt jedoch jede einzelne Kirche den nötigen Frei-
raum, um den Zeitbedingungen und lokalen Traditionen, aber
auch ihrer Kultur entsprechend, ihr Ethos und ihre theologischen
Akzente zu entfalten.

Das Leben der orthodoxen Kirchen, besonders in Osteuropa,
wird häufig so unvollständig dargestellt, daß es der heutigen historischen Entwicklung in ihrer Komplexität nicht gerecht wird. Die
politische Revolution Anfang dieses 20. Jahrhunderts, die
vornehmlich eine soziale und wirtschaftliche Revolution war, hatte
in eindeutiger Weise ihre Auswirkungen auf die kulturellen und religiösen Bereiche der betroffenen osteuropäischen Länder gehabt.
Und ihr Gegenpol, die Revolution Ende der achtziger Jahre, hatte
sich dann in den einzelnen sozialistischen Ländern Osteuropas
durchaus unterschiedlich auf die Situation der Kirche ausgewirkt.
Eine Kirche, der man zum Beispiel Kollaboration mit dem kommunistischen Regime vorgeworfen hat, verlor vielfach ihre früheren

Privilegien und den damit verbundenen „Status". Andere wiederum, die zu den „Minderheitskirchen" gehörten, haben durch die politische Wende eine echte Befreiung erlebt, weil sie der „Mehrheitskirche" gleichgestellt wurden. Wieder andere Kirchen haben am Prozeß des Übergangs zu einer neuen Gesellschaftsordnung aktiv mitgewirkt, und als Folge davon hat man ihnen eine Rolle in der Gesellschaft zuerkannt.

I.

Fragen wir uns nun, welche Bedeutung die Säkularisierung für die orthodoxe Kirche hat. Zunächst seien einige einleitende Überlegungen und Bemerkungen erlaubt:

Die Interpretation der Säkularisierung beschränkt sich heute immer noch weitgehend auf eine Beschreibung; wir haben es noch nicht verstanden, sie vom theologischen Standpunkt aus genauer zu deuten und auszuwerten. Historisch gesehen ist die Säkularisierung eine Bewegung, die die Trennung vom religiösen und damit vom kirchlichen Einflußbereich auf den weltlich-säkularen Bereich gefordert hat, d.h. konkret, in der modernen westlichen Gesellschaft sollen Wertmaßstäbe, politische Behörden und soziale Einrichtungen dem Einfluß des Christentums entzogen werden. Letztlich geht es beim Begriff „Säkularismus" um eine westliche Ausdrucksform, hinter der sich Konflikte um verschiedene Formen der Macht und Kompetenzbereiche verbergen. Damit kann natürlich der Eindruck erweckt werden, die christliche Gesellschaft des Westens befinde sich in einer Krise und bedürfe einer grundlegenden Veränderung.

Die Säkularisierung ist eigentlich eine Verlagerung der bis anhin vorherrschenden und bestimmenden Werte; in letzter Analyse bringt sie ein neues Wertesystem mit sich. Weil die Säkularisierung besonders die „säkularen" Werte betonte und eine „neue" Kultur gestalten wollte, indem sie der säkularen Gesellschaft Autonomie zuerkannte, hat sie eine besonders starke kulturelle und soziologische Ausprägung erlangt. Aus östlicher Sicht ist die Säkularisierung eine Entwicklung der westlichen Kultur. Als eigentliche Ursache dieser Säkularisierung muß eine Art „Dichotomie" im Innern des christlichen Glaubens, d.h. eine Aufteilung zwischen Theologie und Spiritualität, erkannt werden, die sich seit dem Mittelalter abzuzeichnen begann. Im Kern dieser Dichotomie lag eine bestimmte Sicht von Gottes eigenem Selbst, begleitet von einem Verlust des organisch-ganzheitlichen und persönlichen Verständnisses der

Transzendenz. Für die Orthodoxie ist diese Dichotomie nur schwer nachvollziehbar. Viele Orthodoxe haben sich von dieser Debatte distanziert und wollen sich weder einmischen noch damit auseinandersetzen. (Ich gehöre allerdings nicht zu diesen Orthodoxen.) Sie erachten dieses Problem als eine im wesentlichen das theologische und kulturelle Erbe Westeuropas betreffende Angelegenheit. Für sie ist es nichts anderes als eine weitere Form der Distanzierung mit dem Westen. Parallel zur älteren theologischen Trennung geht es nun um eine intellektuelle und kulturelle Spaltung, die sich neuerdings zwischen dem Osten und dem Westen drängt.

Wie uns die geschichtlichen Tatsachen beweisen, hat natürlich die Säkularisierung auch vor den östlichen Staaten nicht Halt gemacht; sie erreichte ebenfalls die sich wandelnde Gesellschaft des Ostens. In den osteuropäischen Staaten ist sie allerdings nicht von theologischen Herausforderungen ausgegangen, sondern sie war vielmehr ideologisch motiviert und erhielt dadurch eine ausgeprägt politische Ausrichtung mit den entsprechenden, bekannten Auswirkungen. Die sozio-politische „Ideologie" ist für den Marxisten weder Spekulation noch Hypothese, sondern ein wirkliches und wirksames Instrument zur Veränderung der Gesellschaft. Daß die marxistische Ideologie den gesamten gesellschaftlichen Kontext in den vormaligen „Ostblockländern" grundlegend verändert hat, ist allgemein bekannt. Bei einer auf Grund der Säkularisierung erfolgten Reorganisation des staatlichen und damit auch des gesellschaftlichen Kontextes werden alle traditionellen Werte, herkömmlichen Institutionen und erprobten Erziehungsprogramme radikal in Frage gestellt. Ganz besonders trifft dies den religiösen Bereich, wenn die Religion zur „Privatsache" erklärt und die Kirche auf eine rein soziologische Größe reduziert wird. Zugunsten der Autonomie der Gesellschaft stellt die Säkularisierung die Autonomie des Glaubens und des religiösen Lebens selbst in Frage. Man könnte sagen, daß gleichsam eine Gesellschaft mit umgekehrten Vorzeichen entsteht: Unbedingte Treue und absoluter Gehorsam des Bürgers werden als Instrumente für das politische Etablissement benötigt, das eine Ideologie der Macht mit unverkennbaren Strukturen des Zwangs geworden ist. Mit anderen Worten werden Freiheit und Autonomie des Bürgers zugunsten der Staatsideologie geopfert. Die Säkularisierung Osteuropas, die aus diesem ideologischen Kontext heraus entstanden ist, vertritt – etwa im Unterschied zum Westen – eine äußerst unterschiedliche Ansicht bezüglich Geschichte und Tradition, Menschheit und Gesellschaft. Ihr Einflußbereich tangierte somit nicht nur die religiösen, kulturellen und intellektuellen Werte der Bürger, sondern auch den sozialen und politischen Kontext.

Die Vermittlung des Evangeliums sah sich somit einer Reihe von Schwierigkeiten gegenübergestellt.

II.

Bekanntlich ist es Europa in seiner langen Geschichte gelungen, seine Struktur und Gestalt zu bewahren – und dies trotz seiner Fähigkeit, immer wieder neue Ideen aufzugreifen und die Errungenschaften des menschlichen Geistes zu assimilieren, sogar wenn sie nicht aus Europa selbst hervorgegangen waren. Sein römisches juridisches und kulturelles Fundament gab ihm jene notwendige Elastizität, die in stets neuen Synthesen das humanistische Ideal der Griechen und das Streben der Christen nach Vollkommenheit harmonisch miteinander vereinte. Deshalb wurde Europa im Laufe der Zeit zur Hauptachse der unablässig stattfindenden Veränderungen und geistigen Errungenschaften der Menschheit, sei es durch die Annahme, Zusammenfügung und Entwicklung von Ideen der asiatischen oder afrikanischen Kulturen, sei es durch eigenes pionierhaftes, kreatives Suchen. Die geographische Verbindung Europas zum westlichen Teil Asiens und zu Nordafrika erwies sich in der Antike als außerordentlich bedeutsamer Faktor für die Begegnung und gegenseitige Beeinflussung der Kulturen. Europa zeigte hier eine wahrhaft einmalige assimilatorische Fähigkeit der selektiven Wahl und der bedeutsamen Integration der geistigen Errungenschaften der übrigen Kulturen in das Gefüge der eigenen europäischen Zivilisation. Der historische Prozeß der harmonischen und ausgewogenen Synthese dieser drei Größen – d. h. des griechischen Geistes, des römischen Erbes und des christlichen Glaubens – wurde nach und nach von der kirchlichen Tradition der letzten Jahrhunderte vervollständigt und führte zur allmählichen Umwandlung des römischen Weltreiches in das Reich des christlichen Erdkreises. Das Christentum prägte Europa und wurde selbst europäisch geprägt. Es bekam und hatte universale Bedeutung.

Gegen diese umfassende Einheit bildeten sich mit der Zeit Gegenbewegungen. Der Aufbau einer universalen Einheit war immer auch von Spaltungstendenzen begleitet. Von großer Bedeutung ist die Spaltung zwischen Ost und West (1054). Sie zeigt sich noch heute im theologischen, kulturellen und politischen Bereich. Was gegenseitige Befruchtung ermöglicht hatte, entwickelte sich getrennt und führte zu Spannungen. Neben der Trennung in verschiedene Kirchen und unterschiedliche Gesellschaften ist ein wachsendes Auseinandergehen zwischen Weltlichem und Christlichem festzustellen. Verschiedene Ideologien traten immer mehr als Konkurrenz zu Christentum und Kirche in der Interpretation der Welt auf. Das Christentum wurde zu einem Wertesystem „unter anderen". Der erste große Bruch in dieser christlichen Synthese entstand durch die Renaissance und den Humanismus. Diese beiden Strömungen strebten die Überwindung der traditionellen Prinzipien der christlichen Welt an, um eine zunehmende Loslösung der Gesellschaft aus dem Einflußbereich der kirchlichen Autorität zu erreichen. Die damit hervorgerufene vielfache Krise innerhalb der christlichen Welt (Reformation), aber auch im Dialog mit den neuen geistigen Strömungen Europas (Renaissance, Humanismus) ermöglichte eine fortschreitende Entfaltung von bis zu diesem Zeitpunkt zurückgewiesenen absolutistischen Tendenzen der staatlichen Autorität. Die Vision eines Staates ohne die Autorität der Religion und einer Gesellschaft ohne die Autorität der Kirche wurde von den Philosophen der Aufklärung systematisch weiterentwickelt und erhielt eine sichtbare Perspektive anläßlich der Französischen Revolution (1789). Die Idee eines Volksstaates und einer säkularisierten Gesellschaft basierte darauf, daß die Kirche und der christliche Glaube an den Rand gedrängt werden mußten, damit das Prinzip der vollkommenen Autonomie des Menschen gegenüber jeder transzendenten Autorität nachgewiesen werden konnte. Diese geistigen und sozialen Gärungen, die vor allem Westeuropa betrafen und dieses dementsprechend erschütterten, führten schließlich zu einer radikalen Infragestellung der Strukturen selbst, welche die europäische Kultur und Zivilisation ausmachen, nämlich des griechischen Geistes, des römischen Erbes und des christlichen Glaubens.

III.

Zu den Folgen der Säkularisierung im orthodoxen Lebensraum gehört die Fehlentwicklung nationalistischer Kirchen. Das zeitgenössische Denken in Westeuropa hat einerseits die Idee der Nation von der harmonischen Synthese mit dem christlichen Glauben isoliert, der innerhalb des geistigen Lebens der Kirche erfahren wird, und andererseits hat es die Tendenz des nationalen Selbstbewußtseins verabsolutiert, um nur noch dessen Besonderheit gegenüber den anderen Nationen innerhalb der Entwicklung einer übermäßigen staatlichen Autorität zu betonen. Die orthodoxe Kirche blieb von diesen neuen Ideen nicht verschont, denn die jüngsten orthodoxen Staaten eigneten sich diese Idee an und machten sie zum Kriterium für die erneute Festlegung des Verhältnisses zwischen Kirche und Staat. So wurde die nationale Besonderheit vom zeitgenössischen säkularisierten Staat als Hauptachse für die Stärkung der staatlichen Autorität und als Vorwand für die Loslösung der Lokalkirche von ihrem ökumenischen, d. h. weltumfassenden Selbstverständnis gebraucht.

Die kanonische Institution der Autokephalie in der Organisation und Verwaltung der einzelnen orthodoxen Lokalkirchen hat sich von ihrer funktionalen Beziehung zum ökumenischen Bewußtsein jeder Lokalkirche entfernt und ließ sich für die Stärkung der staatlichen Autorität gebrauchen, die jedoch völlig auf sich selbst bezogen ist. Dieses Selbständigwerden nährte mit jeder Form von Nationalismus und nationalem Rassismus die Begeisterung der jungen orthodoxen Staaten im 19. Jahrhundert. Schließlich zog sie aber die offizielle Verurteilung durch die große Synode von Konstantinopel (1872) auf sich. Diese lokale Synode bestimmte, daß die Kirchen von Griechenland, Russland, Serbien... – oder besser die griechische, russische, serbische... Kirche – autokephale (unabhängige) oder autonome (halbunabhängige) Kirchen in selbständigen oder halbselbständigen Ländern sind und daß sie genau festgesetzte Grenzen haben, nämlich jene des politischen Staates, und daß sie nicht wegen der Nationalität, sondern wegen des politischen Zustandes gebildet wurden. Es gibt nicht Nationen und auserwählte Völker, die inmitten anderer qualitativ und politisch niedriger stehender Völker existieren. Die nationalen Unterschiede gehen nicht auf organische, sondern auf äußerliche und historische Gründe zurück. Sie haben für die allumfassende christliche Bruderschaft nur eine relative Bedeutung und können kein absolutes Kriterium für rassische Unterschiede zwischen den Menschen und den Völkern abgeben. So müssen der sogenannte Nationalismus und Rassismus verurteilt werden. Sie sind hauptsächlich ein Ausdruck des nationalen Geistes und Charakters und des chauvinistischen Verlangens der verschiedenen Völker. Nach der eben genannten lokalen Synode bedeutet der nationale Rassismus „die am gleichen Ort erfolgende Konstituierung eigener rassischer Kirchen, die nur die gleichen Rassen akzeptieren, alle andersartigen aber ausschließen und nur von den Hirten der gleichen Rasse sich führen lassen". Man könnte diese Haltung durchaus als eine ekklesiologische Häresie bezeichnen.

IV.

In den Ländern der früheren Sowjetunion hat sich ein nationales Selbstbewußtsein als alternative Lösung zum Kommunismus entwickelt. Und diese Entwicklung geht einen gefährlichen Weg. Das nationale Selbstbewußtsein, losgelöst vom religiösen Selbstbewußtsein, ist nicht von den christlichen Idealen inspiriert. Die orthodoxe Kirche hat die Erfüllung ihrer Mission mit der Nation verbunden, doch hat sie sich nicht in den isolierenden Tendenzen der Nation verloren, sondern dieser vielmehr die Perspektiven ihres ökumenischen Bewußtseins weitergegeben. Die Idee der christlichen Ökumene übt keinen Einfluß auf das nationale Bewußtsein aus. Dies ist der Grund, weshalb sich heute das nationale Bewußtsein auf den Trümmern der ehemaligen Sowjetunion in derart radikaler, fundamentalistischer Weise entwickelt.

So fordert dieses extreme nationale Bewußtsein auch die Kirche heraus. Tatsächlich suchen heute die Atheisten von gestern die alternative Lösung in der Kirche. Es gibt die sogenannten Neophyten, die früher zu den Kommunisten gehörten und heute in fundamentalistischer Weise als Vorkämpfer einer Orthodoxie auftreten, die sie nicht einmal kennen. Der apostolische Glaube und sein Ausdruck wird auf eine exklusive Art mit ihren eigenen partikularen Formen praktiziert, und sie sind nicht in der Lage, außerhalb von ihren Grenzen eine andere spirituelle und ekklesiale Wirklichkeit anzuerkennen. Sie identifizieren sich selbst mit der orthodoxen Kirche und reden auch oft im Namen der orthodoxen Kirche. Genau hier liegt aber die Gefahr verborgen: Die Entwicklung des Nationalismus, der nationalistischen Gesinnung, wird oft mit ekklesialer Aktivität identifiziert, und in verschiedenen Regionen werden diese beiden Faktoren assimiliert.

Wenn sich das orthodoxe Ideal mit der Entwicklung des nationalen Bewußtseins vereint hätte, dann könnten wir heute über eine gewisse Erneuerung in den Kirchen der früheren Sowjetunion sprechen – ohne jeglichen nationalen Fundamentalismus. Und danach streben wir heute. Es wäre wünschenswert, wenn das christlich-orthodoxe Ideal das politische Leben und alle Bereiche der Gesellschaft inspirieren könnte. Der nationale Fundamentalismus zieht den religiösen Faktor an, will, daß dieser ihn unterstützt und gebraucht diesen im politischen Kampf. Die Schismen in der Ukraine sind dafür ein typisches Beispiel. Die nationalistischen Kräfte beeinflussen derart das religiöse Umfeld, daß sie die Religion sogar für ihre eigenen Zwecke einsetzen möchten und können. Tatsächlich benötigt die nationalistische Regierung in der Ukraine einen

Patriarchen, der die nationalistischen Ziele unterstützt. Aber wird die Kirche mitmachen, ohne dabei Einschränkungen machen zu müssen, die ihr Wesen und ihre Ausdrucksformen anbetreffen?

V.

Es ist wahr, daß die Säkularisierung auch eine starke kulturelle und soziologische Ausprägung hat, weil sie mit dem Eintreten für „säkulare" Werte, der Gestaltung einer neuen Kultur und dem Kampf um die Autonomie der Gesellschaft verbunden ist. Diese Feststellung ist eine Herausforderung, die vor allem an die orthodoxe Kirche gerichtet ist. Die orthodoxe Kirche ist die Trägerin der konstitutiven Elemente des christlichen Erbes Europas, und sie hat als solche einen besonderen Beitrag aus ihrer Tradition heraus zu leisten. Wir müssen zusammen die Beziehung zwischen dem „Ganzen" und dem „Teil" überdenken, und zwar so, daß wir gleichzeitig unseren Wurzeln treu und für neue Möglichkeiten verfügbar bleiben. Die orthodoxe Kirche hat die Aufgabe, daran zu erinnern, daß Teilaspekte und Teilwahrheiten niemals verabsolutiert werden dürfen. Der Beitrag zur Integration Europas muß daher gerichtet sein
1. auf die Wiederherstellung des Gleichgewichts zwischen allen fundamental geistigen Elementen der europäischen Zivilisation, so wie sie sich herausgebildet haben und zu allen Zeiten der europäischen Geschichte maßgebend waren, nämlich das griechische Denken, der römische Geist und der christliche Glaube, wobei darauf insistiert werden muß, daß sich der moderne Geist Europas in seiner diachronischen Dimension in dieser Synthese inkorporieren muß;
2. auf den Prozeß der Reinigung des geschichtlichen Gedächtnisses der europäischen Völker, welches durch die Vergangenheit beeinträchtigt wurde, wobei diejenigen Elemente, die die jeweilige nationale Identität und religiöse Eigenheit ausmachen, nicht eliminiert werden dürfen.

Nur auf Grund solcher Konzeptionen, die freilich in die Tat umgesetzt werden müssen, wird die wahre Integration der Völker in die Vision eines vereinten Europa möglich sein. Aber auch alle Dualismen und Polarisierungen, die die Geschichte Europas deutlich gekennzeichnet haben, müssen überwunden werden. Kardinal Ratzinger verweist zu Recht auf folgendes: „Als Inbegriff der Neuzeit erscheint schließlich zu Unrecht jene vollkommen autonomisierte Vernunft, die nur noch sich selbst kennt, damit aber blind geworden ist und in der Zerstörung ihres Grundes inhuman und schöpfungsfeindlich wird. Diese Art von Vernunftautonomie ist zwar Produkt des europäischen Geistes, aber zugleich ihrem Wesen nach als post-europäisch, ja anti-europäisch anzusehen, als die innere Zerstörung dessen, was nicht nur für Europa konstitutiv, sondern überhaupt Voraussetzung einer humanen Gesellschaft ist." Diese Trennung war sicherlich eine Folge der Ideen der neuen europäischen Rechtssysteme: Diese hielten sich „deshalb für universalisierbar … weil sie sich als Aufklärungsrecht aus der christlichen Grundlage gelöst hatten und nun als reines Vernunftrecht auftraten … Diese Rechtssysteme (müssen) gerade deshalb als gottlos und glaubenswidrig empfunden werden. Angesichts der Einheit des Ethischen und des Religiösen erscheinen sie als ein zugleich ethischer und religiöser Angriff, als Entfremdung nicht nur vom Eigenen, sondern vom Eigentlichen" (J. Ratzinger, Kirche, Ökumene und Politik, 1987, 207 Anm. 2; und 200).

VI.

Abschließend möchte ich meiner Hoffnung Ausdruck geben, daß die orthodoxe Kirche, die von der heutigen säkularisierten Lage der Welt herausgefordert ist, diese Wirklichkeit berücksichtigen, die Krise überwinden und in der Lage sein wird, ihrer geistigen Sendung gerecht zu werden. Denn sie hat die Aufgabe, den Problemen jeder Epoche nachzugehen und eine Lösung für sie zu finden. Die Kirche steht in organischer Beziehung zur Welt und zur Geschichte. Gerade weil die Kirche den Leib Christi darstellt, der uns der Menschlichkeit nach wesensgleich wurde und am Leben der Kirche und der Geschichte teilgenommen hat, existiert die Kirche nur als Inkarnation Jesu Christi in der Welt und der Geschichte. Die Kirche hat die Aufgabe, ihre Wahrheit, die nicht ein System von Ideen oder eine anhypostatische Wahrheit ist, sondern Christus selbst, immer wieder neu zu inkarnieren. Aus diesem Grunde haben die Kirchenväter nicht gezögert, ja sie haben es sich sogar zur Aufgabe gemacht, der Wahrheit des Evangeliums immer das Gewand der betreffenden Epoche und Kultur, das „Fleisch" der Geschichte zu geben – um der Erlösung der Menschen willen –, damit ihr Zeugnis glaubwürdiger werde. Die Kirche ist der Ort, der durch die Kraft des Heiligen Geistes uns immer wieder erlaubt, einerseits quellentreu und andererseits neuen Situationen verfügbar zu sein, durch unsere Teilnahme und Teilhabe an ihrem Leben zu verstehen, wie sich Wesen und Form zueinander verhalten, damit weder das Wesen relativiert wird – unter dem Vorwand der Anpassung in den wechselnden Situationen –, noch die Form, der legitime Ausdruck der Wahrheit, verabsolutiert wird. Die Wahrheit wird nämlich nicht verraten, wenn sie in jeder geschichtlichen Epoche neu inkarniert wird – um der Erlösung der Menschen willen –, sondern vielmehr dann, wenn sie wie eine Reliquie oder ein Museumsstück aufbewahrt wird, aus Angst, sie könnte von der Geschichte angetastet werden. Der Heilige Geist, der immer in der Geschichte lebt, ermöglicht diese kontinuierliche Inkarnation der Wahrheit in jeder Epoche, ohne daß die Quellentreue verraten und die wesentliche Kontinuität abgebrochen wird.

5

Glaubenskrise – erst recht in der postkommunistischen Gesellschaft

von Miklós Tomka

Bereits Jahre vor der Wende kamen überraschende Nachrichten aus dem wunderbaren „Morgenland", wo unter dem Schnee des Kommunismus ein Frühling des Christentums angebrochen sein sollte. Wie im Mittelalter, als man die Herrschaft eines asiatischen Presbyter Johannes erträumt-beschworen hatte, so behauptete man nun die verborgene Präsenz des Glaubens im Sowjetreich. Unter Berufung auf Angaben des Moskauer Patriarchates und der Zeitschrift *Der Spiegel* erwähnte Hans Küng Mitte der siebziger Jahre, daß „jeder dritte erwachsene Russe (Russen stellen etwa die Hälfte aller Sowjetbürger) und jeder fünfte erwachsene Sowjetmensch praktizierender Christ sein" soll[1]. In die gleiche Richtung wies eine Auswertung des International Social Survey Programme aus dem Jahr 1991, wonach die Russen religiöser wären als manche Gesellschaften im Westen Europas. Verräterisch ist allerdings eine weitere Behauptung der gleichen Studie, wonach die höchste Quote an Neubekehrten in den „White-Collar-Schichten", das heißt unter den Gebildeten und in der alt-neuen Herrschaftsklasse zu finden wäre[2]. Bei so gewichtigen und wissenschaftlichen Hinweisen ist es jedenfalls nicht verwunderlich, wenn auch in Kirchenkreisen manchmal der Jubelruf erschallt: „Ex oriente lux!". Klagen über Verwüstungen des Kommunismus im religiösen Bereich hört man aber nicht weniger: Die Orthodoxie als Kultur und als Kirchenorganisation sei in einer Krise. Die ehemalige DDR und auch Tschechien nennt man die atheistischsten Länder der Welt. Das ungelenke Verhalten der Amtskirche führt in der früher kommunistischen Region vielerorts zu innerkirchlichen Spannungen und zu Konflikten zwischen Kirche und Gesellschaft. Bei solch widersprüchlichen Befunden kann man sich bestimmte Fragen nicht ersparen. Wo enden die

---

[1] Küng, Hans: Christ sein. München – Zürich, R. Piper 1974. S. 52. (Die vom *Spiegel* zitierten Aussagen des Moskauer Patriarchen sprechen allerdings lediglich von Getauften und nicht von Praktizierenden.).
[2] Greeley, Andrew: A Religious Revival in Russia? *Journal for the Scientific Study of Religion* 1994 (33) 253–272.

Träume und wo beginnt die Realität? Gibt es überhaupt ernstzunehmende Beweise für einen religiösen Aufschwung in Ost-Mitteleuropa? Und falls im ehemaligen Ostblock tatsächlich eine religiöse Erneuerung existiert, worin besteht diese und wo führt sie hin? Und welche sind die unmittelbaren Aussichten der Religion im Umbruch nach dem Kommunismus?

Die Antwort kann in drei Thesen angeboten werden:

(1) Die Säkularisierung wird in Ost-Mitteleuropa jetzt nachgeholt.

(2) Eine tiefreichende Entchristlichung zeigt sich vor allem im Generationswandel. Und

(3) die vielfach beobachtete Restauration einer prämodernen Religion und Kirche verbaut noch zusätzlich den Weg in die Zukunft. Damit sollen die unmittelbar dominanten Zusammenhänge erfaßt werden. Die ganze Wahrheit sind sie aber nicht. Es gibt auch Gegentendenzen. Langfristig sind diese vielleicht sogar relevanter. Es gibt also trotz alledem eine Zukunft.

1. Eine doppelbödige Säkularisierung im Kommunismus und die Folgen.

Säkularisierung ist ein vielschichtiger Begriff[3]. Als gesellschaftswissenschaftliches Konzept ist sie nichtsdestoweniger relativ leicht und eindeutig faßbar. Die bestimmende Kraft, die hinter der Säkularisierung agiert, besteht in der Logik der unumkehrbaren gesellschaftlichen Entwicklung. Die Rationalisierung solcher Sachbereiche wie Technik, Wissenschaft, Politik, Wirtschaft, Kommunikation führt zu deren Verselbständigung und zur Behauptung ihrer Eigenständigkeit und Eigengesetzlichkeit. Sie setzen sich von anderen Sachbereichen, wie von der Familie, von der Moral usw. ab. Es gehört bereits lange zu unseren Alltagserfahrungen, daß wir uns in der Arbeit, im Umgang mit den Schwiegereltern, im öffentlichen Leben, im Urlaub usw. jeweils unterschiedlichen Ordnungen und Erwartungen beugen müssen. Das soziale System als unser Lebensraum und damit das Leben des Individuums ist in selbständige Segmente differenziert.

Zu einer früheren Zeit war die Welt der Menschen in eine orga-

---

[3] Vgl. u. a. Dobbelaere, Karel: Secularization: A Multi-Dimensional Concept. *Current Sociology* 1981 (29) 1–216. Kaufmann, Franz-Xaver: Religion und Modernität. Tübingen, J. C. B. Mohr 1989. Kerber, Walter (Hrsg.): Säkularisierung und Wertewandel. München, Kindt 1986.

nisch gegliederte, sinnhafte und als legitim empfundene einheitliche Ordnung gefaßt, deren höchster Garant die Religion war. Mit der Zeit haben immer mehr Teilbereiche, wie Politik, Wissenschaft, Wirtschaft usw. ihre Autonomie und damit eine ihrem Zweck entsprechende Ordnung und eine Selbstlegitimierung durchgesetzt, mehr oder weniger unabhängig von der umfassenden Geltung von Religion und Moral. Die Entstehung von – relativ – autonomen Teilsystemen machte übergreifende Integrations- und Regelmechanismen obsolet, oder schwächte zumindest deren Bedeutung. Das moderne soziale und kulturelle System ist nicht mehr in eine einheitliche Sinnordnung organisiert. Keine Institution besitzt darin eine totale, alles legitimierende, alles bestimmende, alles regulierende Funktion, – auch die Religion und auch die Kirche nicht. Selbst die Koordinierung der verschiedenen Lebensbereiche der modernen Gesellschaft erfolgt nach pragmatischen Prinzipien. Der Staat kann und soll dementsprechend weltanschaulich neutral werden und bleiben. Bevölkerungswachstum, das Bedürfnis nach mehr Information, die Tatsache der Globalisierung, die Eigengesetzlichkeit der technischen Entwicklung, ökonomische Gewinn- und Leistungslogik, Probleme der Umweltverschmutzung und viele weitere Bereiche und Phänomene existieren „vor" den moralischen Beurteilungen und können gegebenenfalls auch ohne solche auskommen. Sachzwänge und Sachrationalitäten sind als selbständige und wertfreie Faktoren anerkannt. Diese Entwicklung schränkt die früher allumfassende Zuständigkeit der Religion in der Gesellschaft wie auch im Leben des Individuums ein. Es entstehen immer mehr religionsfreie Lebens- und Sachbereiche. Menschen, die in ihrem eigenen Leben solche Bereiche bevorzugen, können auf Religion verzichten. Gesellschaftliche Regelungen erzwingen jedenfalls die Religiosität bzw. die Teilnahme am Leben der Kirche nicht.

In gesellschaftsgeschichtlicher Perspektive ist die Modernisierung, also der Übergang von einer einheitlichen und monozentrisch geordneten zu einer pluriformen Kultur und Gesellschaft, die Trägerin der Säkularisierung. Die Verstädterung, die Industrialisierung, die kulturelle Pluralisierung, die geographische und die soziale Mobilität schufen eine wachsende Anzahl von Alternativen, die ihrer internen Ordnung nach nicht unter das alte Einheitssystem der vormodernen bzw. der Dorfgesellschaft und einer christlichen Weltanschauung subsummiert werden konnten. Dieser Prozeß hat in den Ländern des Westens Jahrhunderte beansprucht und zu den bekannten Ergebnissen geführt. Die Auflösung einer prämodernen, organisch-hierarchischen Agrargesellschaft begann in Ost-Mitteleuropa gleichfalls vor längerer Zeit, ist aber – wegen der Übermacht der Landwirtschaft, aber auch wegen der geographisch und politisch marginalen Lage dieser Region – nur langsam vorange- schritten. Die Verzögerung der Modernisierung schuf soziale und kulturelle Spannungen. Ein Sprung in die Moderne wurde in der vorkommunistischen Zeit nicht geschafft. Der Sowjetherrschaft ist dadurch die einmalige Chance zugefallen, durch die Beschleuni- gung des sozio-ökonomischen Wandels zu einem plötzlichen Kul- turwandel nach eigener Façon beitragen zu können. Es gehört zu den Besonderheiten des kommunistischen Systems, daß in seinem Geltungsbereich nicht einfach ein rascher Nachvollzug der Säkula- risierung, sondern ein sozialer und kultureller Wandel sui generis erfolgte.

Weltgeschichtliche Entwicklungen konnte der Kommunismus nicht restlos aufheben. Er hat sich das aber zum Ziel gesetzt. Die Differenzierung des sozialen Systems wurde in der Tat durch totali- taristische Anstrengungen aufgehalten, oder sogar rückgängig ge- macht. Vollständig konnte der totalitäre bzw. später der autoritäre Parteistaat die Herrschaft über die Gesellschaft nie übernehmen. Statt der beabsichtigten monozentrischen ist eine dichotome Ord- nung entstanden. Diese zeigte sich einerseits im Tauziehen zwi- schen Staatsmacht und Gesellschaft, andererseits im Kampf zwi- schen der marxistischen Staatsideologie und der Tradition. Das kommunistische System schuf also eine Polarisierung unterschiedli- cher politischer Optionen, unterschiedlicher Beziehungen zur Tra- dition und unterschiedlicher Zugänge zur Macht, die sich bald auch in Klassendifferenzen und im unterschiedlichen sozio-ökonomi- schen Status manifestierten. Der Staat besaß die Mittel, die institu- tionellen Formen der gesellschaftlichen Selbständigkeit und der herkömmlichen Kultur zu vernichten und deren Reproduktion zu behindern. Er war aber nicht stark genug, um die Religion auszu- rotten und die Existenz der Kirche unmöglich zu machen. Die Kir- che wurde dadurch zum einzigen identifizierbaren institutionellen Gegenpol des Parteistaates. Oppositionelle Vorstellungen wurden auf sie projiziert. Die alles durchdringende Polarisierung verkör- perte sich in sichtbarer Form, stellvertretend im ideologischen Kampf und in Staat-Kirche-Differenzen. In der sozialen Struktur manifestierte sich die gleiche Polarisierung in der Marginalisierung der Nonkonformen, darunter vor allem – weil auch von der herr- schenden Macht am einfachsten identifizierbar – der bekennenden Christen.

Unter solchen Bedingungen konnte eine Säkularisierung im klas- sischen Sinn nicht zum Zuge kommen. Maßgeblich waren im Kom- munismus nicht die soziale Differenzierung und nicht die Entstehung separater und autonomer Teilsysteme und Lebensbereiche, sondern die Zerstörung der geerbten Sozialordnung und Kultur, eine Akkulturation. Maßgeblich waren weiterhin der politische Druck und Zwang und die systematischen Versuche der Umerziehung in der Schule und durch die Propaganda. Diese waren bemüht, jegliche kulturelle Eigenständigkeit zu behindern. Sie beeinträchtigten die autonome kulturelle Reproduktion mit Erfolg, konnten jedoch weniger eine eigene Kultur implantieren. Die Bilanz ist also negativ. Der Kommunismus produzierte Anomie, d. h. einen Mangel an moralischer und kultureller Ordnung. In der Entchristlichung zeigte sich dieser allgemeine Zerfall, nicht aber ein Relevanzverlust der Religion.

Das Kräftemessen zwischen politischer Despotie und den Autonomiebestrebungen der Gesellschaft zeitigte in verschiedenen Perioden unterschiedliche Ergebnisse. Die gewaltsame und mit der Besatzungsarmee der Sowjetunion ermöglichte Machtübernahme der KP hat ironischerweise zunächst zu einer Stärkung der Einheit der Gesellschaft geführt. Man war geeint im Widerstand gegen das aufoktroyierte politische System, das man für ein Provisorium hielt. Man beharrte also auf alten Werten, Tugenden und Idealen. Der Kommunismus erreichte zunächst, gerade in seinen brutalsten Jahren, genau das entgegengesetzte seiner Ziele. Das Volk konnte nicht gebrochen werden. Im Gegenteil. Es revoltierte. Erst mit der Niederschlagung der ungarischen und polnischen Revolutionen, wie auch schon früher des Berlinaufstandes wechselte die Perspektive. Der weltpolitischen Machtverteilung stimmten auch die Westmächte zu. Eine Systemveränderung von innen erwies sich 1956 als unmöglich. Die Fortführung der Praxis der vergangenen Jahre, eine direkte, konfrontative Opposition schien nunmehr selbstmörderisch. Die Menschen begannen nach neuen Überlebensstrategien, nach neuen politischen Verhaltensweisen zu suchen.

Die Machthaber wechselten ihre Politik gleichfalls. Sie nahmen zuerst die Revolutionen zum Anlaß, noch einmal große „Säuberungen" durchzuführen. In der Atmosphäre der Angst und der Verzweiflung konnte auch die „Sozialisierung der Landwirtschaft", also die Enteignung bäuerlichen Eigentums und die Schaffung landwirtschaftlicher Produktions-genossenschaften erzwungen werden. In Ungarn wurde die Bauernschaft in kürzester Zeit entwurzelt und zum Industrieproletariat gemacht. Die wichtigste traditionstragende Schicht wurde aufgerieben. Damit war das Rückgrat der Gesellschaft gebrochen. Der Parteistaat konnte seiner Macht sicher sein. Eine Regierungsfähigkeit war damit noch nicht gegeben. Mit Bayonetten kann man bekanntlich herrschen, nicht aber darauf sitzen.

Nach anderthalb Jahrzehnten nackter Gewalt zog also der Kommunismus samtene Handschuhe an. Der Staat nahm Westkredite auf und füllte die Geschäfte mit Waren. Das Fernsehen verbreitete sich und immer mehr Programme aus westlicher Produktion wurden ausgestrahlt. Die Menschen wurden zu mehr Arbeitsleistung angespornt und durch Konsumwerte fasziniert. Der „Gulaschkommunismus" machte Schule. In der gleichen Periode nahm allerdings die Häufigkeit der sozialen Probleme, wie Alkoholismus, Ehescheidungen, Selbstmorde u. a. m. rasch – und in einem weit höherem Ausmaß als in Westeuropa – zu. Streßbelastungen wurden unerträglich. Streß- und Nervenkrankheiten vermehrten sich. Schließlich zeigte sich seit Mitte der siebziger Jahre ein im internationalen Vergleich einmaliges Phänomen. In einer Reihe ost-mitteleuropäischer Gesellschaften, darunter in Ungarn, begann die durchschnittliche Lebenserwartung, als die kumulierte Folge all dieser Spannungen, sich zu verkürzen[4].

Seit den siebziger Jahren zeigte sich aber zunehmend, daß die Gesellschaft von keiner Staatsmacht endgültig besiegt und geknechtet werden kann. Eine neue Generation mit neuem Elan ist herangewachsen. Die Älteren haben auch gelernt, das System auszutricksen. Die Kultivierung der Gärten und der „Hauswirtschaften", deren Privatbesitz geduldet wurde, erbrachte bald einen höheren Produktionswert als die verstaatlichte Landwirtschaft mit 98 Prozent der gesamten landwirtschaftlichen Nutzfläche. Die private Bastelei und die Schattenwirtschaft mauserten sich zu ernstzunehmenden Konkurrenten der staatlichen Industrie und dem Dienstleistungssektor. Die Untergrundpublikationen brachen das Informationsmonopol der Regierung. Religiöse Basis- und Kleingruppen und bald auch die spirituellen Bewegungen unterliefen die staatliche Gängelung der Kirche. Diese Unternehmungen sind von den Menschen durchaus als legitime Entfaltungsweisen der Gesellschaft angesehen und bezeichnenderweise als „zweite Wirtschaft", „zweite Öffentlichkeit", „Basiskirche" genannt worden. Die Gesellschaft institutionalisierte ihre Autonomie dem Parteistaat gegenüber und leitete damit den Untergang des zentralistischen Systems ein.

Die Wende kann oberflächlich als ein Wandel der politischen und wirtschaftlichen Organisation und der Leitungsmechanismen oder auch als eine Rückkehr zur Marktwirtschaft, zur Rechtsstaatlich-

---

[4] Uemura, K. – Pisa, Z.: Trends in Cardiovascular Disease Mortality in Industrial Countries since 1950. *WH Statistical Quarterly* 1988 (41) 155–178 und WHO MONICA Project: Geographical Variations in Mortality from Cardiovascular Diseases. *WH Statistical Quarterly* 1987 (40) 171–184.

keit und zum Pluralismus angesehen werden. Etwas grundsätzlicher besteht die Wende im Freiheitszuwachs und im Wiederentstehen der autonomen Handlungsfähigkeit der Gesellschaft. In diesem Kontext hat die Entschlossenheit der Menschen, nach eigenen Werten leben zu wollen, eine Bedeutung. Und in diesem selben Kontext gewinnt die Religion als Glaube und als gemeinschaftsbildende Kraft ihre eigentliche Relevanz. Die Amtskirche hat in den meisten Ländern der Region der Wende lediglich verunsichert zugeschaut. Die christlichen Klein- und Basisgruppen waren aber die ersten nonkonformistischen (d. h. der kommunistischen Partei nicht untergeordneten) Vergemeinschaftungsformen, die das Organisationsmonopol des Staates aufbrachen. Ihre Mitgliederzahl betrug in Ungarn Ende der siebziger Jahre bereits um die hunderttausend. So kann der Verlauf des religiösen Wandels im Kommunismus gut eingeordnet werden. Die allgemeine kulturelle und politische Verunsicherung und die soziostrukturelle Zerrüttung der sechziger und der siebziger Jahre brachte eine rasante Entchristlichung größten Ausmaßes mit sich. Diese kam gegen 1978 zu einem Ende. Seit dieser Zeit kann – in einer Reihe ost-mitteleuropäischer Staaten übereinstimmend – eine Erholung der Religiosität beobachtet werden. Diese ist nichts mehr und nichts weniger als ein solider Ausdruck der zunehmenden Eigenständigkeit der Gesellschaft und der Revitalisierung einer Tradition, die der Kommunismus schon besiegt glaubte.

Der ost-mitteleuropäische religiöse Wandel der vergangenen vierzig oder fünfzig Jahre weicht in wesentlichen Punkten von Westeuropa ab. Mitte dieses Jahrhunderts war Ost-Mitteleuropa religiöser als die westliche Hälfte des Kontinents. Eine Erhöhung der religiösen Praxis in den spätvierziger-frühfünfziger Jahren charakterisierte beide Hälften Europas, wenn auch die Motive zum Teil vielleicht ungleich waren. Eine Entchristlichung, die einige stärker modernisierte Länder des Ostblocks (die damalige DDR, Tschechien, Ungarn, Slowenien) durchmachten, war von einer anderen Qualität als die Säkularisierung in Westeuropa. (Die Quote der Sonntagskirchgänger fiel zwischen 1950–1978 in der katholischen Bevölkerung Westeuropas von etwa 50 auf etwa 25 Prozent[5], in Ungarn dagegen von über 70 auf nur 8 Prozent[6].) Unterschiedlich ver-

---

[5] Die römisch-katholische Kirche und Europa. *Pro Mundi Vita Bulletin* 73., Juli–August 1973, und Zulehner, Paul M. – Denz, Hermann: Wie Europa lebt und glaubt I–II. Europäische Wertestudien. Düsseldorf, Patmos 1993.
[6] Tomka, Miklós: Religion und Kirche in Ungarn. Ergebnisse religionssoziologischer Forschung 1969–1988. Wien, Ungarisches Kirchensoziologisches Institut – Institut für Kirchliche Sozialforschung 1990.

liefen schließlich die Trends seit Ende der siebziger Jahre. Westeuropa erlebte eher die Beschleunigung der Entchristlichung. In Ost-Mitteleuropa gab es dagegen einen religiösen Aufschwung (Abb. 1.)

Abbildung 1

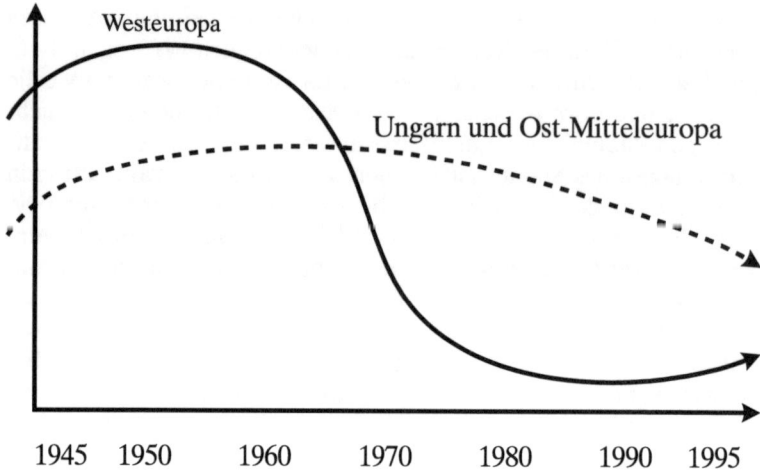

Der Verlauf der Religiosität in Ungarn (und in Ost-Mitteleuropa) und in Westeuropa in der zweiten Hälfte des zwanzigsten Jahrhunderts – unter Beachtung verschiedener Indikatoren des religiösen Lebens (darunter: Taufbereitschaft, kirchliche Eheschließungen und Begräbnisse, Kirchgangsfrequenz, Anmeldungen zum Priesteramt bzw. Priesterweihen, religiöse Identifikation bei Umfragen usw.)

Naive Optimisten schlußfolgern aus diesen Daten, daß (a) eine Konvergenz zwischen Ost und West immer sichtbarer wird, und vor allem daß (b) der religiöse Aufbruch auf den Ruinen des Kommunismus eine Widerlegung der Logik der Säkularisierung sei und auch für westliche Länder als Beispiel dienen könnte. Die beiden Aussagen sind inkompatibel. Die Konvergenzthese suggeriert eine Angleichung. Die Anti-Säkularisierungsauffassung dagegen postuliert die Unempfindlichkeit, oder sogar die Dominanz der ost-mitteleuropäischen religiösen Entwicklung den westeuropäischen Tendenzen gegenüber. Beide Thesen sind allerdings einig in der Annahme, daß die ost-mitteleuropäischen Aufwärtstrends anhalten werden. Diese Erwartung ist unbegründet. Sie widerspricht allen sozialwissenschaftlichen Prognosen. Die eigentlichen Verluste, die sich aus der Entstehung einer modernen Gesellschaft, oder, anders gesagt, aus der Freisetzung einer eigentlichen Säkularisierung ergeben, stehen noch aus. Und jene, die diese ost-mitteleuropäische Entwicklung als verheißungsvolles Modell empfehlen wollen, lassen die dahinter liegende gesellschaftliche Zusammenhänge außer acht.

Wenn es um Prognosen und um Zukunftspläne geht, darf man die unterschiedlichen Entwicklungsstufen der ost-mitteleuropäischen Gesellschaften nicht verschweigen. Der Weg in eine moderne und plurale Kultur ist nicht wenig von geschichtlichen Voraussetzungen abhängig. Bei diesen kann darauf hingewiesen werden, daß verschiedene Länder Ost-Mitteleuropas unterschiedliche Erfahrungen mit historischen Differenzierungsvorgängen gemacht haben, mit den Spannungen zwischen Kaisertum und Papsttum, mit der Entstehung der eigenständigen Sphären der Wirtschaft und der Wissenschaft in der Renaissance, mit der Reformation, der Aufklärung, der Revolution. Historiker und Politikwissenschaftler mögen geneigt sein, die ostkirchliche und die westkirchliche (und die islamische) Entwicklung einander gegenüberzustellen[7]. Für Sozialwissenschaftler wiegen die gegenwärtigen ökonomischen und soziokulturellen Unterschiede schwerer.

Durch die Zusammenfassung der Indikatoren des Wirtschaftssystems (darunter die relative Bedeutung der Landwirtschaft, der Industrie und des tertiären Sektors; die Entwicklung der Infrastuktur; der unternehmerische Geist; das pro-Kopf-Einkommen; die internationalen Wirtschaftsverbindungen), der Sozialorganisation (Größe, Stabilität und Relevanz der Familie; Funktionieren der Lokalgesellschaft; Verstädterung; Mobilität) und der Kultur (Traditionsbewahrung; nationale Gesinnung vs. Offenheit Europa und der Welt gegenüber; Art und Verbreitung der Religion) kann man gewisse Länder eher als modern, andere eher als prämodern einstufen. Die eher moderne ost-mitteleuropäische Region liegt halbmondförmig an der Westflanke des ehemaligen Ostblocks. Dazu gehören die – ehemalige – DDR, Tschechien, (vielleicht) die Westslowakei, Ungarn, Kroatien, Slowenien. Die weniger modernisierten Gesellschaften befinden sich weiter östlich.

Beide Ländergruppen handeln unter dem Druck der Anpassung an Europa und an die Welt mit deren technologischen, wirtschaft-

---

[7] Huntington, Samuel P.: Der Kampf der Kulturen. The Clash of Civilisations. Die Neugestaltung der Weltpolitik im 21. Jahrhundert. München-Wien, Europaverlag 1996.

lichen und kulturellen Standards. Die Grundkonstellation für die weniger modernisierten Länder besteht in der Notwendigkeit, ihre Verspätung einzuholen. Ähnlich vielen weniger entwickelten Ländern müssen sie einen schnellen Wandel durchlaufen. Die Nebeneffekte dieses Weges sind bekannt. Sie können in unserem Fall mit dem klassischen Säkularisierungsmodell beschrieben werden. Die Länder, die die „kommunistische Modernisierung" durchgemacht haben, sind in einer anderen Situation. Sie müssen jetzt zuerst ihre zerrüttete Gesellschaften auf ein neues Leben einstellen. Ihre Aufgabe ist der Übergang aus der Desintegration, aus der Anomie und der Apathie in eine plurale soziale und kulturelle Ordnung. Sie stehen vor der Aufgabe, zur gleichen Zeit die Zivilgesellschaft zu etablieren, also eine soziale Integrationsleistung zu vollführen, und die ansatzweise vorhandene Vielfalt zur Entfaltung zu bringen, also eine Differenzierung abzusichern. Die verschiedenen Teilaufgaben werden von verschiedenen sozialen Schichten wahrgenommen. Die Widersprüchlichkeit der Entwicklung führt zu Konflikten. Die der Moderne gegenüber am meisten aufgeschlossenen Gruppen haben wenig Verständnis für die Tradition und für die Religion. Die Säkularisierung, die in diesen Ländern jetzt stattfindet, ist zusätzlich mit der Religionsfeindlichkeit der Machteliten belastet. Umgekehrt betrachten die traditionsverbundenen und religiösen Gruppen die Modernisierung und die Entstehung einer hochdifferenzierten und pluralistischen Gesellschaft mit nicht wenig Mißtrauen. Dieses Verhalten prädestiniert sie geradezu dazu, Verlierer des Wandels zu werden.

2. Die Entchristlichung zeigt sich vor allem im Generationswandel

International gilt die Beobachtung, daß der Wertewandel nicht kontinuierlich, jedoch Generationswechseln entsprechend, in Sprüngen erfolgt[8]. In den stärker modernisierten Ländern des ehemaligen Ostblocks bestand die Modernisierung nicht zuletzt gerade in der Unterbrechung der kulturellen Kontinuität. Diese Unterbrechung war unmöglich bei den älteren Gruppen, die ihre Sozialisierung und Erziehung noch in der vorkommunistischen Kultur erhalten hatten, aber wohl möglich bei der jüngeren Generation. Der Bruch

---

[8] Noelle-Neumann, Elisabeth – Köcher, Renate: Die verletzte Nation. Über den Versuch der Deutschen, ihren Charakter zu ändern. Stuttgart, DVA 1987. Roof, Wade Clark – Carroll, Jackson W. – Roozen, David A. (Hrsg.): The Post-War Generation and Established Religion. Boulder, Westview 1995.

mit der früheren Kultur konnte auf zwei Ebenen bewerkstelligt werden. Auf der Makro-Ebene wurden die autonomen Vereine, Verbände, Parteien, Organisationen, Klubs usw. zerstört, also jenes Geflecht der Gesellschaft, das auf informelle Weise die Kulturübertragung geleistet hätte. Die formale Kulturübertragung durch die Schulen, Medien, berufliche und politische Bildung usw. bezog dagegen systematisch gegen die herkömmliche Kultur Stellung und arbeitete daran, diese durch eine neue zu ersetzen. Auf der Mikro-Ebene wurde die sozialisierende Funktion der Familie und des unmittelbaren menschlichen Milieus beeinträchtigt. Die außergewöhnlich heftige Mobilität schwächte bereits verwandtschaftliche und nachbarschaftliche Beziehungen. Die Erziehungswirkung der Familie, die bei der Weitergabe der Religiosität allgemein als sehr hoch angesetzt wird[9], wurde durch zwei Maßnahmen, durch die Veränderung der Stellung der Mütter und durch die Erhöhung des Bildungsniveaus, gemindert.

Die Rolle der Frau wurde im Kommunismus auf eine eigenartig widersprüchliche Weise umgestaltet. Die Einkommensverhältnisse wurden so verändert, daß die Berufstätigkeit der Frau eine wirtschaftliche Notwendigkeit wurde, selbst wo der Familienvater mehr als eine Stelle innehatte, d. h. 12 oder mehr Stunden arbeitete. Weil aber die meisten Väter tatsächlich mehrere Arbeitsstellen hatten, also kaum zum Schlafen nach Hause kamen, minderte die Berufstätigkeit die häuslichen Pflichten der Frau nicht. Die Frau wurde also nicht befreit. Die Kindererziehung geriet aber in die Hände des Staates. Dafür entstand bald ein System von Erziehungsinstitutionen, das in den siebziger und achtziger Jahren 17 Prozent der Kleinkinder zwischen 6 Monate und 3 Jahre, 80 Prozent der Kinder zwischen 3–6 Jahre, 56 Prozent der Schüler zwischen 6–10 Jahre und 19 Prozent der Schüler zwischen 10 und 14 Jahre ganztägig, 10 bis 12 Stunden hindurch versorgte. Dazu kamen die Internate für Oberschüler und für Studenten[10]. Die ideologische Bildung und Kontrolle begann mit Liedern und Texten bereits in der allerjüngsten Gruppe. Man sprach bald von einer „doppelten Erziehung": Elternhaus und die staatlichen Institutionen bemühten sich, einander genau entgegengesetzte Ziele und Werte den Kindern beizubringen. Noch Mitte der achtziger Jahre berichteten Lehrer der Grundschule über drakonische Strafen, die sie ihren religiösen Schülern erteilten. Die

[9] Morgenthaler, Christoph: Sozialisation und Religion. Gütersloh, Gütersloher Verlagshaus Gerd Mohn 1976. Vaskovics, Laszlo A.: Familie und religiöse Sozialisation. Wien, Notring 1970.
[10] Tomka, Miklós: Jugend in Ungarn. *Europäische Rundschau* 1983 (11) 135–142.

gleichen Lehrer bezeichneten die Eltern als das größte Hindernis ihrer pädagogischen Tätigkeit im weltanschaulich-moralischen Bereich[11]. Unter solchen Verhältnissen war es für niemanden eine Überraschung, daß die Schule tatsächlich persönlichkeitsformend wirken konnte. Umgekehrt heißt das, daß in Familien mit berufstätigen Müttern die Weitergabe der Religiosität weniger wirksam erfolgte als in Familien mit nicht berufstätigen Müttern (Tabelle 1). Die Ausweitung der Schulbildung wirkte auch auf eine zweifache Art. Die jüngere Generation konnte oft eine höhere Bildung erwerben als ihre Eltern. Sie wurde dazu erzogen, die ihr vermittelte Bildung, nicht aber die Erfahrung der Älteren zu schätzen. Und die Schulen vermittelten eine konsequent materialistische und eine traditions- und religionsfeindliche Erziehung. (1949 besaßen aus der 7 und mehr Jahre alten Bevölkerung lediglich 13,6 Prozent eine 8-Klassen- und weitere 4,5 Prozent eine Oberschul- oder eine akademische Bildung. 1990 hatten bereits 45 Prozent der 7jährigen und Älteren die 8-Klassen-Grundschule abgeschlossen, z. T. ergänzt mit einer Berufsausbildung und weitere 23,8 Prozent absolvierten die Oberschule, oder eine Hochschule bzw. eine Universität.) Die höhere Bildung allein zeigte keine nachweisbare Auswirkung auf die Weltanschauung, sofern die Eltern eine ähnliche Bildung besaßen. Wenn aber zwischen dem Bildungsstand der älteren und der jüngeren Generation eine Kluft bestand, wirkte diese sich nachteilig auf die familiäre religiöse Sozialisation aus (Tabelle 1).

Tabelle 1
Der Anteil der widerspruchsfrei an Gott glaubenden Menschen in Ungarn im Jahr 1991 – in Gruppen mit unterschiedlichem familiären Hintergrund (in %)

Der Anteil der widerspruchsfrei an Gott glaubenden Menschen unter jenen, deren Mutter – als sie selbst 11–12 Jahre alt waren –

– nicht berufstätig, oder im Haus oder Hof berufstätig war	40,5
– außerhalb des Hauses und Hofes berufstätig war	49,6
bzw. dessen Schulbildung sich	
– nicht wesentlich von der Schulbildung des Vaters unterscheidet	33,7
– wesentlich von der Schulbildung des Vaters unterscheidet	49,6

Anm.: 1. Daten aus dem International Social Survey Programme 1991. 2. Eine durch vier verschiedene Fragen konsequent wiederholte Glaubens-

---

[11] Gábor, László: Helyzetkép a világnézeti nevelésről. Általános iskolai tanárok véleményei. (= Situationsbericht über die weltanschauliche Erziehung. Meinungen von Grundschullehrern.) *Világosság* 1986 (27) 364–370.

bezeugung wurde als „widerspruchsfrei" eingestuft. 3. Die Ergebnisse wurden nach Altersgruppen und nach den Typen der A/Religiosität des Elternhauses standardisiert.

Die Bewertung der Generationsdifferenzen wird freilich dadurch erschwert, daß die neuen Ansichten der nachkommenden Generation gewöhnlich auch eine Verschiebung der weltanschaulichen Positionen beinhalten. Benützt man zur Messung der Religiosität die gleichen Kriterien für die ältere und für die jüngere Generation, so zeigt sich überall in Europa ein Schwund der Tradition. Der Anteil der früher in die Kirche gehenden Mütter war viel höher als der Anteil der die Kirche besuchenden Kinder. Die gleichen Menschen haben auch in ihrer Kindheit in einem höheren Ausmaß als heute den Gottesdienst besucht. Vergleicht man schließlich den Anteil der fest an Gott Glaubenden unter den jüngeren und den ältesten Erwachsenen, so zeigt sich von den älteren zu den jüngeren Jahrgängen eine bedeutende Abnahme. Das sind allgemeine Tendenzen. Die Bewahrung der Religiosität zwischen den Generationen liegt in Westeuropa bei etwa 50 bis 70 Prozent. In Polen (das nach unserer Einteilung in die prämoderne Ländergruppe gehört) wird die religiöse Tradition in 85–94 Prozent der Fälle bewahrt. Im stärker modernisierten Teil Ost-Mitteleuropas sieht es anders aus. In Slowenien und besonders in Ungarn ist die Tradierungsfähigkeit weit unterdurchschnittlich. In Ungarn ist der Anteil der jüngeren Menschen mit einem festen Glauben und einer regulären religiösen Praxis etwa nur ein Viertel so hoch wie der entsprechende Anteil in der ältesten Altersgruppe (Tabelle 2). Die Abwendung von der Religion innerhalb der Spanne von zwei Generationen ist somit in Ungarn ungefähr doppelt so stark wie in den Ländern Westeuropas.

Die Stärke bzw. die Schwäche der Tradierungsfähigkeit hat eine doppelte Konsequenz. Traditionsbewahrung heißt auch Konsensbewahrung. Wo dagegen die Tradition an die nachrückende Generation nicht oder nur zum Teil weitervererbt wird, dort werden Verständigungsschwierigkeiten zwischen den Generationen entstehen, und zwar in dem Augenblick, wenn die jüngere Generation artikulationsfähig wird. Solche Spannungen und die daraus stammenden Konflikte charakterisieren vor allem die moderneren Länder Ost-Mitteleuropas. Es ist nicht übertrieben, wenn wir bei den Älteren von einer religiösen Dominanz und Selbstverständlichkeit, bei den Jüngeren dagegen von der Selbstverständlichkeit der Religionslosigkeit und von dem Übergewicht des Laizismus sprechen. Die beiden Positionen prallen aufeinander. Die Differenz zeigt sich in allen Bereichen, angefangen in der Alltagsgestaltung, über die Begründung der Moral, bis hin zur sozialen Ordnung und zur Beurteilung der Staat-Kirche-Beziehungen. Die Generationen, die einander systematisch entfremdet wurden, finden jetzt keinen gemeinsamen Nenner.

Die andere Konsequenz ist prognostischer Natur. Manche Wissenschaftler behaupten, daß die Werte und Ideale in Ost-Mitteleuropa nicht viel anders als in der westlichen Hälfte Europas wären. Die Europäische Wertestudie kann in dieser Weise gelesen werden[12]. Die Aussage stimmt, wenn man nationale Durchschnitte vergleicht. Der Wandel und interne Spannungen werden damit allerdings verdeckt. Die Altersunterschiede werden übertüncht. Vor einem halben Jahrhundert waren die wirtschaftlich und sozial weniger entwickelten Länder Ost-Mitteleuropas religiöser als die meisten Länder Westeuropas. Diese Differenz ist noch heute sichtbar im Vergleich der älteren Generationen.

In Ost-Mitteleuropa hat aber inzwischen eine Entchristlichung ohnegleichen stattgefunden. Die ehemals kommunistischen Gesellschaften – besonders jene, deren frühere Tradition von der Modernisierung gebrochen wurde – sind somit oft mehr entchristlicht als traditionell laizistische Länder. Ein Vergleich der Nachkriegsgenerationen zeigt, daß Ost-Mitteleuropa aus einer besonders frommen zu einer besonders religionslosen Ecke Europas geworden ist. Das ist ein Faktum der Gegenwart. Damit ist aber auch die Zukunft angezeigt. Die älteren Jahrgänge scheiden aus dem öffentlichen Leben allmählich aus. Die Nachrückenden sind um vieles seltener religiös. Der Unterschied in der Religiosität der verschiedenen Generationen beherrscht den Wandel. In jeder Altersgruppe gibt es wohl eine bescheidene religiöse Erneuerung, also die bereits erwähnte Aufwärtstendenz. Diese ist aber viel schwächer als jener Verlust der Glaubenssubstanz und der Kirchenglieder, der sich aus dem Wechsel der Generationen ergibt. Die Entchristlichung zeigt sich in der Tat vor allem im Generationswechsel.

---

[12] Ester, Peter – Halman, Loek – de Moor, Ruud (Hrsg.): The Individualizing Society. Value Change in Europa and North America. Tilburg, Tilburg University 1994. Zulehner, Paul M. (Hrsg.): Kirchen im Übergang in freiheitliche Gesellschaften. Zur gesellschaftlichen Herausforderung der christlichen Kirchen in Ost(Mittel)Europa. Wien, Pastorales Forum 1994. Zulehner, Paul M. – Denz, Hermann: Wie Europa lebt und glaubt, a. a. O.

Tabelle 2
Indikatoren der Bewahrung der Religiosität zwischen den Generationen in verschiedenen Ländern Europas.

	Der Anteil der gegenwärtigen wöchentlichen Kirchgänger in Prozent jener...		Der Anteil jener, die mit fester Überzeugung an Gott glauben		Der Anteil der fest an Gott glaubenden unter 40jährigen in Prozent der fest an Gott glaubenden 60jährigen und Älteren
	deren Mutter früher genauso oft in die Kirche ging	die selbst früher genauso oft in die Kirche gingen	in der Generation der unter 40jährigen (in Prozent)	in der Generation der 60jährigen und Älteren (in Prozent)	
Deutschland					
– alte Bundesländer	58,3	53,5	23,0	36,9	60,0
– neue Bundesländer	36,0	41,9	6,7	16,4	40,9
Grossbritannien	70,7	37,4	19,7	33,2	59,3
Irische Republik	71,4	71,1	47,7	83,3	53,7
Italien	71,6	60,8	45,3	63,5	71,3
Niederlande	40,6	44,1	18,5	35,6	52,0
Norwegen	76,3	63,3	13,6	23,2	41,0
Österreich	...	...	20,0	41,9	47,7
Polen	100,3	93,8	64,4	76,0	84,7
Russland	...	...	8,9	24,7	36,0
Slowenien	...	...	18,4	40,7	45,2
Ungarn	30,3	23,2	12,4	56,1	22,1

Anm.: Daten aus dem International Social Survey Programme 1991.

3. Die Restauration einer prämodernen Religion
verbaut den Weg in die Zukunft

Die unterschiedliche Lebenserfahrung verschiedener Gruppen mündet in diametral entgegengesetzte Vorstellungen über die Demokratisierung, über die Zukunft, über die Aufgabe und Rolle der Religion und der Kirche. Wer die Gesellschaft nach Alter, nach Wohnort, nach der Schulbildung und nach dem Einkommen unterteilt und die weltanschauliche Gliederung der einzelnen Schichten oder Gruppen untersucht, kommt zu aussagekräftigen Ergebnissen. Die erste, allgemein bekannte Beobachtung liegt in der Tatsache, daß die praktizierenden Christen in Ungarn eher in den älteren, ländlichen, wenig gebildeten und nicht besonders reichen Schichten zu finden sind. Die ausdrücklich Nichtgläubigen dagegen können vor allem in den jüngeren Jahrgängen, in den Großstädten, unter Oberschulabsolventen und akademisch Gebildeten und in den höchsten Einkommensklassen gefunden werden. Etwas vereinfacht kann man von einer Unterklassen-Religiosität und einem Oberklassen-Laizismus sprechen. Ähnliche Tendenzen existieren auch außerhalb Ost-Mitteleuropas. Das herrschende Muster in Westeuropa ist aber eher die in den bäuerlichen und in den Oberschichten verankerte Religiosität und eine Entchristlichung, die sich vor allem von den „Blue-Collar-Gruppen", d. h. von den unteren Mittelschichten aus ausbreitet.

Eine wichtige Tatsache liegt in den modernisierten postkommunistischen Gesellschaften darin, daß die Religion weder in der unmittelbar greifbaren, den Alltag bestimmenden Tradition, noch im Geflecht der öffentlichen oder auch kirchlichen Institutionen eine eigenständige Größe ist. Das zeigt sich unter anderem darin, daß die Mehrheit der Bevölkerung in weltanschaulichen Fragen sich schweigend, quasi „neutral" verhält. Die Kraftprobe findet zwischen den zwei entgegengesetzten Gruppen, den praktizierenden Christen und den Nichtglaubenden und Atheisten statt. (Zu den „Praktizierenden" werden hier jene gerechnet, die im Monat mindestens zwei- bis dreimal, also „im Prinzip" jede Woche am Gottesdienst teilnehmen. Zu den „Nichtglaubenden und Atheisten" werden jene gerechnet, die sich bei mehreren Fragestellungen als solche bezeichnet haben.) Die Gruppen dazwischen vertreten nicht so sehr mittlere Positionen, sondern sind eher unentschlossen, haben in sich widersprüchliche Vorstellungen und artikulieren sich so wenig, daß sie im Prozeß der Ausgestaltung der öffentlichen Meinung fast als nichtexistent angesehen werden können. Im Endergebnis bilden die Jahrgänge unter 50, die in der Hauptstadt Lebenden, die Gebildeten und das reichste Drittel der Bevölkerung eine Subkultur, in welcher der Anteil der Nichtglaubenden und der Atheisten wesentlich höher ist als der Anteil der praktizierenden Christen. Ein Milieu mit umgekehrten Vorzeichen bilden die Dorfbewohner, die älteren Menschen und jene, die – meistens altersbedingt – nicht einmal eine Grundschulbildung besitzen. In diesem Milieu gibt es mehr praktizierende Christen als Nichtglaubende (Tabelle 3). Die weltanschauliche Polarisierung läßt sich leicht darstellen, wenn die Gesellschaft in jüngere und ältere, sowie in städtische und ländliche Schichten aufgeteilt wird. Die praktizierte Religiosität charakterisiert die relative Mehrheit bei älteren Menschen und auf dem Land. Hier liegt die soziale Basis der prämodernen religiösen Position. In der jüngeren Hälfte der städtischen Bevölkerung sind dagegen die praktizierenden Christen eine winzige Minorität (Abbildung 2). Das Bestehenbleiben ihrer sozialen und kulturellen Umwelt erfordert eine andere, dem Minderheitenstatus und allgemein dem Pluralismus konforme Denk- und Verhaltensweise.

Die Milieubildung hat um so mehr eine ausschlaggebende Bedeutung, als die kommunistische Herrschaft Jahrzehnte hindurch jede gesamtgesellschaftliche Kommunikation unterband. Die Gemeinschaften und Gruppen der Gesellschaft, Bruchstücke des früher organisch funktionierenden sozialen Systems, schufen statt eines öffentlichen Austauschs voneinander isolierte Existenzen. Diese wurden zwar durch die Erfahrungen, also durch die Realität, korrigiert. Allerdings blieben die Horizonte und damit die Realitätsperzeptionen der einzelnen Gruppen begrenzt und unterschiedlich. Der Kommunismus selbst blieb für manche Gruppen die Verkörperung von Unrecht und Unterdrückung, der man also mit allen Kräften und Mitteln widerstehen muß. Andere hatten vielleicht nie ein anderes System erlebt, akzeptierten also dieses als eine neutrale Gegebenheit. Der erste Typus hat sich besonders unter älteren Menschen und auf dem Lande erhalten und reproduziert. Der zweite bildet die Lebenswelt der jüngeren, städtischen und mobileren Menschen. Die Zielstellung der ersten Gruppe ist die Restauration einer ihrer Vorstellung entsprechenden Normalität. Die zweite Gruppe dagegen kann mit der ihr unbekannten, aber in ihren Augen um so mehr desavouierten Vergangenheit überhaupt nichts anfangen. Es muß aber nochmals betont werden, daß beide Gruppen sich nicht nur auf Werte und Ideen, sondern auf ihre Erfahrungen einer (begrenzten) sozialen Umwelt berufen können, sich also auch demokratisch legitimiert empfinden.

Es bleibt nicht bei Meinungsdifferenzen. Die beiden Vorstellun-

	Verteilung der erwachsenen Bevölkerung	Verteilung der praktizierenden erwachsenen Christen	Praktizierende Christen	Nicht Praktizierende und religiös Unentschlossene	Nicht-glaubende, Atheisten	Insgesamt
Alter (Jahre)						
18 – 29	19,3	8,3	8,3	52,7	39,0	100,0
30 – 49	37,9	22,9	11,8	51,8	36,4	100,0
50 – 69	34,6	51,0	28,7	59,1	12,2	100,0
70 und darüber	8,2	17,7	42,0	49,2	8,8	100,0
	100,0	100,0				
Wohnort						
Budapest	20,6	52,9	13,4	52,9	33,7	100,0
Andere Städte	30,3	30,2	19,3	48,9	31,8	100,0
Ländliche Siedlungen	49,1	55,6	21,6	58,4	20,0	100,0
	100,0	100,0				
Schulbildung						
Weniger als Grundschule	16,9	31,6	36,1	57,2	6,7	100,0
Grundschule	50,6	41,6	15,9	60,6	23,5	100,0
Oberschule	23,1	16,8	14,0	44,7	41,3	100,0
Hochschule, Universität	9,5	10,0	20,4	40,5	39,1	100,0
	100,0	100,0				
Pro-Kopf-Einkommen						
Untere Einkommensgruppe	39,2	45,4	22,4	55,6	22,0	100,0
Mittlere Einkommensgruppe	30,6	21,3	13,5	60,8	25,7	100,0
Obere Einkommensgruppe	30,2	33,3	21,3	45,1	33,6	100,0
	100,0	100,0				

Anm.: Daten aus dem International Social Survey Programme 1991.

Tabelle 3 (S. 80)

Der Anteil der praktizierenden Christen, der Nicht-Praktizierenden und religiös Unentschlossenen, sowie der Nichtglaubenden und Atheisten in verschiedenen Schichten und Gruppen in der erwachsenen Bevölkerung Ungarns (in %).

Abbildung 2

Die Verteilung der erwachsenen Bevölkerung Ungarns und die Verteilung der praktizierenden Christen – nach Alter (jünger als 50 Jahre alt / 50jährige und Ältere) und nach Wohnort (Stadt / Landgemeinde, Dorf).

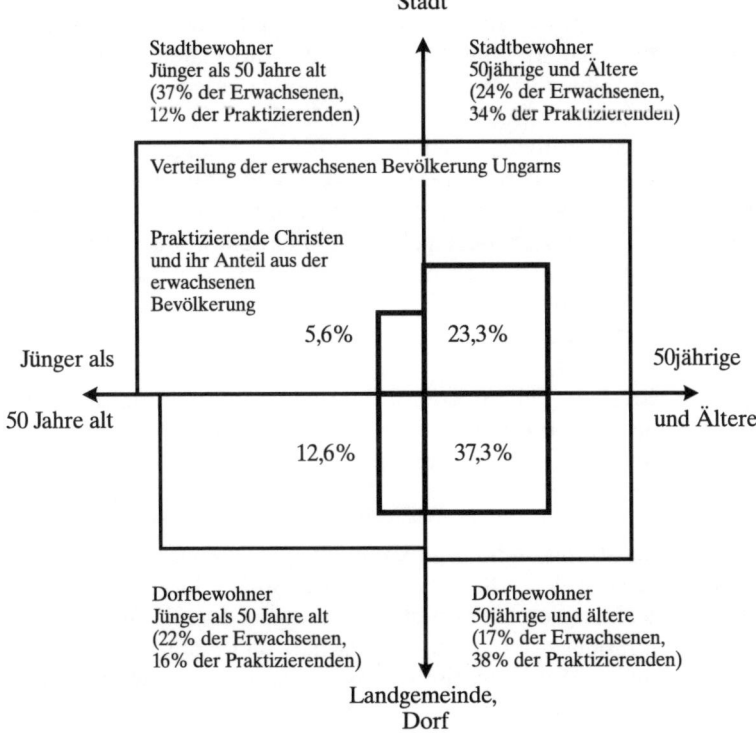

Stadt

Stadtbewohner
Jünger als 50 Jahre alt
(37% der Erwachsenen,
12% der Praktizierenden)

Stadtbewohner
50jährige und Ältere
(24% der Erwachsenen,
34% der Praktizierenden)

Verteilung der erwachsenen Bevölkerung Ungarns

Praktizierende Christen
und ihr Anteil aus der
erwachsenen
Bevölkerung

Jünger als

50 Jahre alt

5,6%   23,3%

12,6%   37,3%

50jährige

und Ältere

Dorfbewohner
Jünger als 50 Jahre alt
(22% der Erwachsenen,
16% der Praktizierenden)

Dorfbewohner
50jährige und ältere
(17% der Erwachsenen,
38% der Praktizierenden)

Landgemeinde,
Dorf

Anm.: Daten aus dem International Social Survey Programme 1991.

81

gen haben eine entgegengesetzte Beziehung zur modernen Gesellschaft und zur Zukunft. Es ist erfreulich, wenn die Verfolgung der Religion ans Ende gekommen ist. Eine für eine Generationsspanne geltende verbotene Überzeugung kann frei und offen vertreten werden. Das bislang Verschwiegene oder nur insgeheim Ausgesprochene findet wieder seine Sprecher. Unproblematisch ist diese Entwicklung trotzdem nicht.

Ost-Mitteleuropa findet jetzt zum jahrzehntelang geleugneten und bestrittenen Gott der Vormoderne zurück. Dieser Gottesglaube beruft sich auf eine Selbstverständlichkeit, die keinen Zweifel zuläßt. Von dieser Warte aus sind Relativierungen, ein Pluralismus im Glauben, die Tolerierung Andersdenkender, eigentlich die gesamte westliche Welt mit ihrer Moderne illegitim. Die Identitätssuche in Ost-Mitteleuropa schlittert nicht selten in Populismen und Fundamentalismen hinein. Es besteht die Gefahr, daß die neu vorgezeigte Religion lediglich ein Schlüsselwort für einen intransigenten Traditionalismus wird. Es ist dann nur natürlich, wenn die älteren, ländlichen und – allgemeiner – der modernen Entwicklung ferngebliebenen Gläubigen, Priester und Laien die jüngeren, städtischen, oder einfach moderneren Christen des Verrats bezichtigen. Sie werfen ihnen unzulässige „Relativierungen" vor, halten „progressive" Christen für gefährlicher, als Nichtglaubende. Umgekehrt beklagen die Jüngeren, daß eine vormoderne Religion, die die restlose Wahrheit zu besitzen glaubt und diese mit Macht und Kraft durchsetzen will, eine Gefahr für die Menschen und auch für die Zukunft des Glaubens darstellt. Außenstehende werden in der Tat verunsichert. Wem sollen sie glauben? Wer vertritt die christliche Botschaft authentisch?

Eine Rückkehr zur Vorkriegskultur ist freilich nur für einen Teil der Gesellschaft akzeptabel. Der religiöse Aufschwung kann auch nicht die früheren Höhen erreichen. Neben den Faktoren des Aufwärtstrends gibt es auch andere. Der benannte Aufschwung ist ja zum Teil nichts anderes als eine partielle (kulturelle) Wiederherstellung des status quo ante. Man kann ein sorgsam aufbewahrtes Gut endlich hervorholen. Ob man es noch benützen kann, ist eine andere Frage. Die Welt hat sich inzwischen verändert. Zwischen einer sich rasch modernisierenden Gesellschaft und einer vormodernen Auffassung von Religion gibt es einen Widerspruch, der Konflikte heraufbeschwört und die Reichweite der Religion begrenzt.

Die Alten und die Menschen auf dem Lande denken in Kategorien einer Religiosität, die in ihren Augen die einzige Tradition und die Überzeugung der Mehrheit ist und gerade deswegen keiner zusätzlichen Bestätigung bedarf. Für Stadtmenschen und für die Jüngeren ist Religion keineswegs automatisch ein Teil der Gesellschaft und deren Kultur, sondern eher eine eigenartige Ausnahme, die sich noch legitimieren und ihre Daseinsberechtigung noch erkämpfen muß. Ob die Mehrheit der Bevölkerung die Gläubigen und ihre Kirchen als Gesprächspartner akzeptieren wird, steht noch aus. Sie müssen sich jedenfalls zuerst in der profanen Öffentlichkeit vorstellen. Sie müssen ihre eigene Gesprächsbereitschaft demonstrieren. Sie sind es, die die Beweise erbringen müssen, wozu so ein Gespräch für die Gesellschaft von Nutzen sein sollte. Herrschaftliches Gehabe, Unversöhnlichkeit in Prinzipienfragen, Kampfstimmung und Schadenersatzforderungen mögen begründet sein. Vertrauensfördende Maßnahmen sind sie nicht. Ein Verharren in eigenen Denkmustern und im milieueigenen Stil tragen auch nicht dazu bei, die Kommunikation zu erleichtern. Es fragt sich freilich, wer überhaupt an einem Dialog ein Interesse hat. Traditionalisten, die die Welt restlos in Freund-Feind-Schemen zwingen, können mit einem Dialog wenig anfangen. Die ehemaligen Machthaber und ihre Nachfolger haben ihre Vorurteile und wichtiger noch, sie wollen ihren Alleinvertretungsanspruch nicht durch Dialoge schwächen. Der ungläubige, jüngere Teil der Gesellschaft scheint noch unentschlossen zu sein. Wird er abgeschreckt? Wird er angesprochen? Dieser mehrheitlich nicht religiöse Teil der Gesellschaft wird jedenfalls in einer sehr kurzen Zeit die Mehrheit stellen.

4. Nachwort: Die Geschichte ist nicht zu Ende

Sofern man diesen Überlegungen folgt, muß man feststellen, daß die religiöse Erneuerung der vergangenen Jahre in Ost-Mitteleuropa eine konfliktbeladene und befristete Entwicklung ist, die eine Krise des Glaubens birgt. Der größte Teil der Jugend ist religionslos erzogen worden und weiterhin areligiös. Diese Tatsache wirft ihre Schatten voraus. Dazu kommt, daß die Entstehung einer hochdifferenzierten modernen Gesellschaft bislang jede vormoderne Religion erschüttert und ihrer Bedeutung beraubt hat. Diese Herausforderung der Säkularisierung kommt auf Ost-Mitteleuropa jetzt zu. Auf neue Fragen einer neuen sozialen Konstellation kann man freilich unterschiedliche Antworten geben. Sollten aber die Christen – wie es jetzt häufig geschieht – auf einem vormodernen Traditionalismus beharren und ihre öffentlichen Ansprüche nicht aus dem Pluralismus, sondern aus ihrem vermeintlich einzigen Wahrheitsanspruch ableiten, so werden sie in der pluralen Gesellschaft nur auf

Unverständnis stoßen und sich selbst und ihrer Kirche Schaden zufügen.

Die Glaubenskrise in Ost-Mitteleuropa ist nach wie vor eine Tatsache. Die Abnahme der Zahl der Christen kann mit hoher Wahrscheinlichkeit für die Zukunft vorausgesagt werden. Es ist auch offensichtlich, daß die Alleinherrschaft der institutionellen Größe Kirche, also die religiös-kirchliche Hegemonie und Macht der Vergangenheit angehören. Soll aus all diesen Zusammenhängen auf eine bleibende religiöse Krise geschlossen werden, wo höchstens über das Ausmaß der Entchristlichung gerätselt werden kann? Solch eine Schlußfolgerung wäre übereilt.

Gewisse Formen sind überholt, nicht aber die Religion selbst. Die Moderne ist eine Epoche der Krise[13], die innigst auf ein befreiendes Wort, auf eine frohe Botschaft wartet. Die Möglichkeiten des Dienens sind unverändert. Die Konflikte des modernen Lebens bürden Lasten auf, die übernommen werden können. Vertrauensvorleistungen und Solidarität können mehr denn je erbracht werden. Kleingruppenfrömmigkeit blüht. Eine Übernahme öffentlicher Verantwortung – u. a. aus religiösen Motiven – wird von der Gesellschaft sehr positiv angesehen. Selbstlose Hilfeleistung in Not wird, wie eh und je, als eine Besonderheit der Christen verstanden und auch erwartet. Zur Stabilisierung einer Zivilgesellschaft bedarf die Moderne der Religion als Baumeisterin des sozialen Miteinanders. Sogar die Tatsache der wachsenden Komplexität unseres Lebens bringt keineswegs einfach die Verdrängung der Religion mit sich. Eine pluralismusunverträgliche Religion wird abgelehnt, dafür aber eine erwartet, die unter Annahme der Vielfalt eine moralische und soziale Integration (oder zumindest die Demonstration von deren Möglichkeit) zu leisten vermag[14]. Von der Religion und von der Kirche wird eine herrschaftsfreie Sozialverantwortung erwartet. Deren Praxis kann auch die Konditionen der gegenwärtigen religiösen Krise grundsätzlich ändern. Daß es hierbei nicht um leere Theorien geht, zeigt der Sozialhirtenbrief der ungarischen katholischen Bischöfe[15]. Die darin enthaltene scharfe Kritik wurde von allen Sei-

---

[13] Beck, Ulrich: Risikogesellschaft. Auf dem Weg in eine andere Moderne. Frankfurt, Suhrkamp 1986.

[14] Luhmann, Niklas: Die Funktion der Religion. Frankfurt, Suhrkamp 1977. Stark, Rodney – Bainbridge, William Sims: The Future of Religion. Berkeley, University of California Press 1985.

[15] Igazságosabb és testvériesebb világot! A Magyar Katolikus Püspöki Kar körlevele a hívekhez és minden jóakaratú emberhez a magyar társadalomról. (= Für eine gerechtere und geschwisterlichere Welt. Hirtenwort der Ungarischen Katholischen Bischofskonferenz über die ungarische Gesellschaft an die Gläubigen und an alle Menschen guten Willens.) Budapest, 20. August 1996.

ten widerspruchslos akzeptiert. Das Angebot eines umfassenden gesellschaftlichen Dialogs wurde ohne Ausnahme von allen Gruppierungen der Gesellschaft, darunter auch von Kirchengegnern, mit Freude angenommen. Die katholische Kirche Ungarns hat sich mit diesem Schritt profiliert, auch unter modernen und pluralen Bedingungen ihre Mission erfüllen zu können. Ihre Botschaft ist damit glaubwürdiger geworden. Es ist eine neue Chance für einen zeitgemäßen Glauben geboten worden. Für einen Glauben, der den Krisen gewachsen ist.

6

Religiöser Individualismus
in einer Welt ohne Zentrum

Globale und lokale Gemeinschaften im Zeitalter der Vernetzung

von J. C. Nyíri

Wie durch keine andere Entwicklung wird die geistige Verfassung der heutigen Welt durch das Entstehen und die Verbreitung der neuen Kommunikationstechnologien geprägt und verändert. Religiöse Bewegungen, Gruppen und Institutionen haben die Bedeutung dieser Entwicklung früh erkannt, und insbesondere die katholische Kirche ist bereits seit dem II. Vatikanischen Konzil in beeindruckender Weise bemüht, jene neuen Medien, die gleichsam unmittelbaren Kontakt mit den Gedanken und Gefühlen der Menschen herstellen und große Massen von Menschen gleichzeitig erreichen, auch für die Verkündigung der Frohbotschaft einzusetzen.[1] Die 1971 veröffentlichte Pastorale Instruktion *Communio et Progressio* über die sozialen Kommunikationsmittel hofft auf bessere menschliche Verständigung als Folge des sich immer mehr ausdehnenden global-multimedialen Austausches von Information; das Apostolische Schreiben *Evangelii nuntiandi*, Ende 1975 von Papst Paul VI. herausgegeben, fordert die Kirche nachdrücklich auf, sich der „mächtigen Medien" der sozialen Kommunikation auf allen Ebenen des Religionsunterrichtes und der pastoralen Tätigkeit zu bedienen.

In seiner Botschaft zum Welttag der sozialen Kommunikationsmittel (27. Mai 1990) schließlich schrieb Papst Johannes Paul II: „Mit dem Aufkommen von computergesteuerten Telekommunikationen und dem, was als Computer-Beteiligungssysteme bekannt ist, stehen der Kirche für die Erfüllung ihrer Sendung weitere Mittel zur Verfügung. Methoden der Erleichterung der Kommunikation

---

[1] Vgl. *Inter mirificar*. In diesem Abschnitt folge ich z. T. Formulierungen des Berichtes „Die christliche Botschaft im heutigen Zeitalter der Informatik", in: *Pfarrer & PC: Das interkonfessionelle Fachmagazin für den Computereinsatz im kirchlichen und missionarischen Bereich*, II, 1990. – Zu manchen Auswirkungen der entsprechenden Anregungen des Konzils insb. auf das katholische Ordensleben vgl. Joshua Meyrowitz, *No Sense of Place: The Impact of Electronic Media on Social Behavior*, New York: Oxford University Press, 1985, S. 353.

und des Dialogs zwischen ihren eigenen Mitgliedern können die Bande der Einheit zwischen ihnen stärken. Unmittelbarer Zugang zu Informationen macht es ihr möglich, ihren Dialog mit der heutigen Welt zu vertiefen. – In der neuen ‚Computerkultur' kann die Kirche die Welt leichter über ihre Glaubensauffassung informieren ... Sie kann deutlicher die Stimme der öffentlichen Meinung hören und in eine ständige Diskussion mit der sie umgebenden Welt eintreten ... Selbstverständlich muß sie sich auch selber bei ihrer immer dringlicheren Aufgabe der Evangelisierung der neuen Möglichkeiten bedienen, die menschliches Forschen mit der Computer- und Satellitentechnik zur Verfügung stellt." Vor allem die heranwachsende Generation, die jungen Menschen, werden, betont der Papst, in der Lage sein, diese neuen Werkzeuge zu verwerten. Er ruft sie auf, „für einen weiteren gespannten und intensiven Dialog unter all den verschiedenen Rassen und Klassen einzutreten, die auf unserer ‚kleiner werdenden Erde' leben". Man wolle an jenem Weltkommunikationstag beten, so endet die Botschaft, „um Weisheit beim Gebrauch der Möglichkeiten des Computerzeitalters ..., damit sie der menschlichen und transzendenten Berufung des Menschen dienen und damit den Vater ehren, von dem alle guten Dinge herkommen."[2]

Nun sind Kommunikationstechnologien keineswegs neutrale Träger von Botschaften. Sie beeinflussen den Inhalt der Mitteilungen; und wirken soziologisch strukturierend auf die Gesellschaft zurück, die sie verwendet.

Es ist fraglich, ob die heute bestimmend werdende interaktiv-multimediale, von vernetzten Computern getragene Kommunikation wohl den religionssoziologischen Typus der Kirche oder eher den Sektentyp oder gar den des religiösen Individualismus stärkt. Ich knüpfe im folgendem vor allem an die Formulierungen von Ernst Troeltsch an. Troeltsch spricht von den „drei Haupttypen der soziologischen Selbstgestaltung der christlichen Idee: die Kirche, die Sekte und die Mystik". Die Kirche ist die Institution, die „die Massen aufnehmen und der Welt sich anpassen kann, weil sie von der subjektiven Heiligkeit ... bis zu einem gewissen Grade absehen kann". Demgegenüber ist die Sekte „die freie Vereinigung strenger und bewußter Christen, die ... von der Welt sich scheiden, auf kleine Kreise beschränkt bleiben". Schließlich ist die Mystik „die Verinnerlichung und die Unmittelbarmachung der in Kult und Lehre verfestigten Ideenwelt zu einem rein persönlich-innerlichen Gemütsbesitz, wobei nur fließende und ganz persönlich bedingte

---

[2] Zitiert nach dem Auszug in *Pfarrer & PC*, II/1990, S. 7.

Gruppenbildungen sich sammeln können, im übrigen Kultus, Dogma und Geschichtsbeziehung zur Verflüssigung neigen". Troeltsch unterstreicht, daß „zu einer großen Massenwirkung" nur die Kirchen befähigt sind. Die Sekten nähern sich im Falle einer Massenausbreitung eben den Kirchen an. Die Mystik schließlich hat „Wahlverwandtschaft zur Autonomie der Wissenschaft und bildet das Asyl für die Religiosität wissenschaftlich gebildeter Schichten ...".[3] Die Mystik, schreibt Troeltsch, „verinnerlicht und relativiert die Heilswahrheit zu einem individuellen persönlichen Besitz, der unaussprechlich hinter den buchstäblichen Formen liegt ... [es] ergibt sich von diesem Standpunkt aus leicht der Verzicht auf alle und jede organisierte Gemeinschaft oder der Rückzug auf private Gesinnungsgemeinschaften rein persönlicher Art. Die Mystik droht mit der Konformität alle Gemeinschaft überhaupt aufzuopfern und verfällt leicht einem relativistischen Individualismus."[4] Troeltsch betont ganz entschieden, daß „das religiöse Leben auf der Stufe der Geistesreligion einer selbständigen, von den naturgegebenen Gliederungen unterschiedenen Organisation bedarf ... Ohne Gemeindeorganisation und ohne Kultus ist das Christentum nicht fortpflanzungs- und zeugungsfähig. Jeder Rückzug auf den bloßen freischwebenden Geist und seine organisationslose Selbstdurchsetzung ist eine Utopie."[5] So vermutet dann auch Troeltsch, daß „der radikale Individualismus ... bald ein Zwischenakt sein [wird] zwischen einer alten und einer neuen Kultur der Gebundenheit"[6]. Nun ist es freilich ein Problem, *wie* denn diese neue Kultur entstehen kann. Das, was die neuere Geschichte des Christentums zeigt, ist „eine immer mehr zunehmende Durchdringung der Lebensgehalte des Kirchentypus mit denen der Sekte und der Mystik".[7] Die Aufgabe der Zukunft, meint Troeltsch, besteht eben im gegenseitigen Annähern der drei soziologischen Grundformen und in „ihrer Vereinigung zu einem all diese Motive versöhnenden Gebilde". Die Auf-

---

[3] Ernst Troeltsch, *Die Soziallehren der christlichen Kirchen und Gruppen* (1912), *Gesammelte Schriften* Bd. I, 3. Aufl., Tübingen: J. C. B. Mohr (Paul Siebeck), 1923, S. 967.
[4] Ebd., S. 972.
[5] Ebd., S. 980. Troeltsch kommt hier auch noch auf die „Überlegenheit des Kirchentypus über den Sektentypus und die Mystik" zurück. Der Kirchentypus „ermöglicht die Unabhängigkeit des Gnadenbesitzes von den Leistungen der Individuen ... und ist darum allein fähig, eine Volksreligion mit den unumgänglichen verschiedenen Abstufungen der Mitglieder zu umhegen. Darin ist er der Sekte überlegen und vollends der Mystik."
[6] Ebd., S. 966.
[7] Ebd., S. 982.

gabe, betont Troeltsch, ist „soziologisch-organisatorischer Natur", und ist als solche „dringender ... als alle Aufgaben der Dogmatik".[8] Dieser letzte Hinweis läßt sich besonders klar aus einer Perspektive, die Robert Musil 1923 in seiner Spengler-Besprechung eröffnet hat, deuten. „Es ist eine alte und wie mir scheint recht unfruchtbare Streitfrage", schrieb hier Musil, „wie man Kultur und Zivilisation unterscheidet. Ich glaube, wenn man unterscheiden will, ist es am besten, Kultur zu sagen, wo *eine* Ideologie herrscht und eine noch einheitliche Lebensform, Zivilisation dagegen als den diffus gewordenen Kulturzustand zu definieren ... das Wachstum der Anzahl daran beteiligter Menschen [ist] die Hauptursache des Übergangs von Kultur in Zivilisation. Es ist klar, daß hundert Millionen Menschen zu durchdringen ganz andre Aufgaben stellt als hunderttausend. Die negativen Seiten der Zivilisation hängen zum größten Teil damit zusammen, daß diesem Volumen des sozialen Körpers seine Leitfähigkeit für Einflüsse nicht mehr entspricht ... Mit dem Wachstum der Zahl hält die geistige Organisation nicht Schritt: darauf sind achtundneunzig von hundert aller Zivilisationserscheinungen zurückzuführen. Keine Initiative vermag den sozialen Körper auf weitere Strecken zu durchdringen und empfängt Rückwirkung von seiner Totalität. Man kann tun, was man will, Christus könnte wieder auf die Erde niedersteigen: es ist ganz ausgeschlossen, daß er zur Wirkung käme."[9] Wir sind hier wieder bei dem Problem der Kommunikationstechnologie angelangt.

Infolge der bahnbrechenden Arbeiten des Jesuitenpaters Walter J. Ong[10] kann sich eine kommunikationsgeschichtliche Analyse des Christentums heute bereits auf sichere Grundlagen stützen. Die alttestamentlichen und urchristlichen Gemeinden sind noch Teil einer vorwiegend oralen Kultur. Bestimmend, sowohl auf soziologischer als auch auf kognitiver Ebene, ist die kollektiv-mündliche Tradition, Wahrheit soll auf unveränderter Weitergabe beruhen.[11]

---

[8] Ebd.

[9] Musil, „Geist und Erfahrung. Anmerkungen für Leser, welche dem Untergang des Abendlandes entronnen sind", *Gesammelte Werke in neun Bänden,* Reinbek bei Hamburg: Rowohlt, 1978, Bd. 8, S. 1057 f.

[10] Von denen ich hier neben dem zusammenfassenden Werk *Orality and Literacy: The Technologizing of the Word* (London: Methuen, 1982, deutsch: *Oralität und Literaltiät: Die Technologisierung des Wortes,* Wiesbaden: Westdeutscher Verlag, 1987) besonders das Buch *The Presence of the Word: Some Prologomena for Cultural and Religious History* (New Haven: Yale University Press, 1967) und den Aufsatz „Text as Interpretation: Mark and After", in John Miles Foley, Hrsg., *Oral Tradition in Literature* (Columbia: University of Missouri Press, 1986) hervorheben möchte.

[11] Vgl. dazu ausführlicher meine Zusammenfassung „Notes towards a Theory of Traditions", in J. C. Nyíri, Hrsg., *Tradition,* Wien: IFK, 1995, S. 7–32.

„Denn vor allem habe ich euch überliefert, was auch ich empfangen habe" (1 Kor 15,3). Obwohl in der Bibel keine *terminologische* Unterscheidung zwischen mündlicher und schriftlicher Überlieferung gemacht wird, wird die *funktionale* Differenz manchmal angedeutet: „Man las aus dem Buch, dem Gesetz Gottes, in Abschnitten vor und gab dazu Erklärungen, so daß die Leute das Vorgelesene verstehen konnten" (Neh 8,8). Quelle des Glaubens ist die *gesprochene,* nicht die verschriftlichte Sprache. „Denn der Buchstabe tötet, der Geist aber macht lebendig" (2 Kor 3,6). Die Botschaft wird *gehört,* und in der Botschaft gründet der Glaube, *fides ex auditu* (Röm 10,17–18). Natürlich wird das Christentum bald zu einer Religion des Buches, wie ja doch, um Jack Goody zu zitieren, „missionierende Religionen, die Religionen mit Absolutheitsansþruch, allesamt Religionen des Buches sind".[12] Dem gesprochenen Wort wird zwar nach wie vor ein besonderer Wert beigemessen: im Katholizismus u. a. der ungeschriebenen Tradition, im Protestantismus der Predigt. Aber die Geschichte des Christentums ist eben auch eine Geschichte der jeweiligen ständigen Bezugnahme zur Heiligen Schrift. Und in der Organisation der mittelalterlichen *Kirche* spielte die Schriftlichkeit freilich eine grundlegende Rolle. Nur durch das Medium der Schrift konnte die Kirche ihre Einheit aufrechterhalten; nur als Alleinbesitzerin einer praktisch-literarischen Bildung konnte die frühmittelalterliche Kirche eine politische Macht erringen; nur auf der Basis dieser Macht konnte die hierarchische Struktur der Kirche voll ausgebildet werden.[13] Mit dem Allgemeinerwerden des Lesen- und Schreibenkönnens beginnt die Geschichte der mittelalterlichen Ketzereien; mit dem Buchdruck entsteht der Protestantismus. Und mit dem Protestantismus beginnt der Zerfall der mittelalterlichen Einheitskirche in neuzeitliche Landeskirchen.

Der Protestantismus zeigt bekanntlich eine starke Tendenz zur Sektenbildung, zunächst aber keine ausgeprägte Richtung zur individuellen Religiosität. Einer der Gründe dafür dürfte darin liegen, daß das *laute Lesen,* und damit auch die Sitte des *Vorlesens* von religiösen Schriften in kleineren Gruppen, etwa im engeren oder weiteren Familienkreise, bis zum Ende des achtzehnten Jahrhunderts teilweise noch bestehen blieb. Die Wende – eine Art von *Leserevolution* – hängt mit dem Übergang vom *intensiven* zum *extensiven* Lesen zusammen. Wie Rolf Engelsing schreibt: „Bis zum Ende des

---

[12] Jack Goody, „Einleitung", in Goody, Hrsg., *Literalität in traditionalen Gesellschaften*, Frankfurt/M.: Suhrkamp, 1981, S. 9.
[13] Vgl. hierzu besonders die Schriften von István Hajnal, etwa den Aufsatz „Le rôle social de l'écriture et l'évolution européenne", *Revue de l'Institut de Sociologie Solvay*, Bruxelles, 1934, v. a. S. 24 ff.

18. Jahrhunderts war der typische Gewohnheitsleser ein intensiver Leser, der eine kleine Auswahl von Büchern oder ein einziges Buch immer wieder las, seit dem Ende des 18. Jahrhunderts ein extensiver Leser, der zahlreiche Bücher las und ein einzelnes selten oder überhaupt nicht wieder vornahm."[14] Das intensive Lesen war andächtig; das extensive eher kritisch.

Extensives Lesen konnte vorherrschend werden, als Bücher im allgemeinen wesentlich billiger und durch *Zeitungen* weitgehend ergänzt wurden. Zeitungen, und schon gar die sich auf die Telegrafie stützenden Tageszeitungen ab Mitte des neunzehnten Jahrhunderts, bestehen aus Informations*fragmenten*; sie können aber auch besondere Einzelperspektiven geltend machen, etwa die einer Partei oder die einer lokalen oder religiösen Gemeinde. Gruppen und Sekten gewinnen damit ein weites Wirkungsfeld, wobei indessen das extensive Lesen auch eine Quelle für die individuelle Einstellung, auch im religiösen Bereich, ermöglicht – gewissermaßen aber auch erzwingt. In einem literalen Zeitalter, und besonders im späten Zeitalter des Buchdruckes vermehren sich Texte und Inhalte ständig; wie sich Goody und Watt ausdrücken, wird das kulturelle Erbe, „sofern [es] ein bestimmtes Individuum betrifft ... zu einem Palimpsest aus Schichten von Überzeugungen und Einstellungen ... Vom Standpunkt des einzelnen Intellektuellen ... aus kann der Anblick endloser Möglichkeiten und Entdeckungen ... eine Quelle großer Anregung und Gegenstand großen Interesses sein; doch wenn wir die sozialen Folgen einer solchen Orientierung betrachten, wird deutlich, daß sie jene Entfremdung begünstigt, die für so viele westliche Autoren und Philosophen seit dem letzten Jahrhundert kennzeichnend ist."[15]

Der Aufsatz von Goody und Watt wurde 1963 veröffentlicht, und die Autoren konnten darin bereits auf die Tatsache hinweisen, daß unsere Gegenwart freilich nicht mehr vom Buchdruck, sondern in zunehmendem Maße von den neuen Kommunikationsmedien – sie erwähnen Rundfunk, Film und Fernsehen – beherrscht werde. Diese Medien, meinen Goody und Watt, zeigen nicht mehr „die abstrakte und vereinzelnde Qualität des Lesens und Schreibens", son-

---

[14] Rolf Engelsing, „Die Perioden in der Lesergeschichte der Neuzeit: Das statistische Ausmaß und die soziokulturelle Bedeutung der Lektüre", *Archiv für Geschichte des Buchwesens* 10 (1969), cols. 958 f.

[15] Jack Goody und Ian Watt, „Konsequenzen der Literalität", in Goody, Hrsg., *Literalität in traditionalen Gesellschaften*, S. 89. – Ich führe hier noch die Formulierung Klaus Haefners an, laut der bei die Informationsexplosion mit ihrem – jetzigen – täglichen Zuwachs von 10 Millionen Druckseiten „den einzelnen Menschen in eine relativ willkürliche Ecke seiner informationellen Umwelt geschleudert" hat (*Die neue Bildungskrise*, Reinbek bei Hamburg: Rowohlt, 1985, S. 31 f.).

dern stellen vielmehr eine Wiederkehr der „direkten persönlichen Interaktion" dar. „Es könnte sogar sein", heißt es weiter, „daß diese neuen Kommunikationsmodi, die Bild und Ton ohne jede räumliche und zeitliche Beschränkung übermitteln, zu einer neuen Kultur führen, einer Kultur, die weniger nach innen gewandt und weniger individualistisch sein dürfte als die literale Kultur und die etwas von der relativen Homogenität der nicht-literalen Gesellschaft haben dürfte."[16] Demgegenüber betont Walter J. Ong, daß die gegenwärtige Mündlichkeit „post-typographisch [ist], ein individualisiertes Selbstbewußtsein verkörpernd, das sich mit Hilfe der Schrift und des Buchdruckes entwickelte und mehr Reflektivität, historischen Sinn und organisiertes Zielbewußtsein besitzt, als es in präliteralen oralen Kulturen möglich war."[17] Es zeichnen sich im Bereich der neuen elektronischen Medien hinsichtlich deren soziologischer und psychologischer Wirkungen offenbar verschiedene, ja entgegengesetzte Tendenzen ab. Ihr Verständnis setzt Unterscheidungen zumindest in bezug auf die Arten des Mediums und auf die konkreten geschichtlichen Abschnitte ihres Einsatzes voraus.

Rundfunksendungen bedeuteten zunächst Sendungen auf der Mittel- und Langwelle, bzw. auf der Kurzwelle. Mittel- und Langwellensendungen haben Reichweiten von einigen hundert bis einigen tausend Kilometern; sie sind die idealen Träger der an die eigenen Staatsbürger gerichteten nationalstaatlichen Programme. Kurzwellensendungen sind interkontinental, wobei aber der Empfang extremen Qualitätsschwankungen unterliegen kann. Kurzwelle war bis in die 1980er Jahre das Medium der internationalen politischen Propaganda; Mittelwelle beherrscht, Kurzwelle versucht zu überzeugen. Das Erlebnis, über welches der klassische Philologe Eric Havelock in seinem Buch *The Muse Learns to Write: Reflections on Orality and Literacy from Antiquity to the Present* berichtet – er hörte 1939 in Toronto, zusammen mit vielen anderen, eine durch Straßenlautsprecher vermittelte Radioansprache Hitlers und konnte sich dem „oralen Zauber" des Redners, der doch Tausende von Meilen entfernt war, nicht entziehen[18] –, dürfte eine Kurzwellensen-

---

[16] Ebd., S. 97.
[17] Ong, *The Presence of the Word*, S. 301 f. – „With telephone, radio, television and various kinds of sound tape", schrieb später Ong, „electronic technology has brought us into the age of ‚secondary orality'. This new orality has striking resemblances to the old in its participatory mystique, its fostering of a communal sense, its concentration on the present moment, and even its use of formulas … But it is essentially a more deliberate and self-conscious orality, based permanently on the use of writing and print, which are essential for the manufacture and operation of the equipment and for its use as well" (*Orality and Literacy*, S. 136).
[18] *The Muse Learns to Write*, New Haven: 1986, S. 31 f.

dung gewesen sein. UKW-Sender schließlich erreichen bloß die unmittelbare Umgebung, dafür sichern sie aber eine gute Empfangsqualität und sind billig. Das lokale Rundfunkwesen – dezentralisierend, demokratisch – wurde durch UKW-Technik ermöglicht.

Fernsehen ist zunächst eine nationale Angelegenheit, zu aufwendig für die lokale Gemeinde, andererseits ohne die Möglichkeit, Staatsgrenzen wirksam zu überschreiten; ein Gegenstand politischer Kämpfe und politischer Monopolisierung.[19] Mit dem Billigerwerden von Studioausrüstungen beginnt das Zeitalter des lokalen, mit der Satellitentechnik jenes des transnationalen bzw. globalen Fernsehens.[20] Daß der Zusammenbruch des kommunistischen Systems in Osteuropa nicht unabhängig von letzterer Entwicklung war, leuchtet ein. Und das gleichzeitige Bestehen eines globalen und lokalen Fernsehens stellt bereits eine erste anfängliche kommunikationstechnologische Grundlage der überragenden politischen Umstrukturierung unserer Gegenwart dar: des Funktionsschwundes vom modernen, territorialen, zentralisierten Staat. Mit dem Zeitalter des lokalen Fernsehens – wo in die lokalen Sendungen natürlich immer wieder Programme eines größeren Netzes eingegliedert werden – beginnt schließlich, vor allem in Nordamerika, die eigentliche Geschichte der elektronischen Kirchen. Wie die einschlägigen Forschungen eindeutig beweisen, gehören die Zuschauer der missionierenden Fernsehprogramme meistens auch einer lokalen religiösen Gemeinde an, ihre Bindungen sind translokal und lokal zugleich.[21] Allerdings sind die entsprechenden lokalen Gemeinden in der Regel keine formalen kirchlichen Institutionen; die sich im Leben der elektronischen Kirche beteiligenden sind der Überzeugung „that their faith can be built up from a variety of sources and in a variety of ways"; sie besitzen „an ever-widening awareness that faith traditions and experiences outside [their] own exist, and can be authentic".[22] Die sich im Medium des Fernsehens entfaltende elektronische Kirche ist also weder eine Kirche im herkömmlichen Sinne – dazu fehlt ihr die feste Hierarchie, Struktur und Dogmatik, noch ist sie eine Sekte – dazu ist sie zu offen und tolerant, noch stellt sie einen Rahmen dar für eine mystisch-indivi-

---

[19] Vgl. dazu besonders: George H. Quester, *The International Politics of Television*, Lexington, Mass.: Lexington Books, 1990.

[20] Vgl. besonders Monroe E. Price, *Television, the Public Sphere and National Identity*, Oxford: Clarendon Press, 1995, sowie Farrel Corcoran – Paschal Preston, Hrsgg., *Democracy and Communication in the New Europa*, Cresskill, N.J.: Hampton Press, 1995.

[21] S. M. Hoover, *Mass Media Religion: The Social Sources of the Electronic Church*, Newbury Park: SAGE Publ., 1988, S. 211 ff. und 226 f., vgl. auch das von William Martin geschriebene Vorwort.

[22] Ebd., S. 207 f.

duelle Religiösität – fördert sie doch eben ein besonders intensives *kollektives Nachdenken.* Es zeichnet sich hier m. E. zum ersten Mal, freilich in einer noch anfänglichen Gestalt, jenes von Troeltsch erhoffte neue Gebilde ab, welches die soziologischen Grundformen christlicher Religiösität, die im wesentlichen zugleich die Grundformen jeder literalen Religiösität sind, einander annähert. Radikalisiert wird nun dieser Prozeß der Annäherung im Medium des Internets. Die Computervernetzung ist multimedial und *interaktiv.* Und während die elektronische Kirche in erster Linie ein nordamerikanisches Phänomen ist und spezifisch amerikanische Züge aufweist, ist die Vernetzung *global.* Die umwälzenden Auswirkungen der elektronischen Vernetzung zeigen sich zunächst in den Dimensionen von Wissenschaft, Unterhaltung, Wirtschaft und Politik. Politische Funktionalität verlagert sich nach oben auf die globale und nach unten auf die lokale Ebene, wobei die beiden Ebenen durch die Vernetzung unmittelbar Anschluß zueinander haben; nationale Kultur und nationalstaatliche Politik verlieren an Funktion. Die Kultur des Netzes ist postliteral und schon aus diesem Grunde unempfänglich für kanonische Fixierungen des national-kulturellen Erbes; sie ist dezentralisierend und antiautoritär und schon dadurch gegen jegliche scharfe Trennung von Hochkultur und populärer Kultur eingestellt.

Es leuchtet ein, daß Kommunikationsmuster das Selbstverständnis der Gesellschaft jederzeit grundlegend beeinflussen und daß vom jetzigen Wandel dieses Selbstverständnisses auch die religiösen Gemeinschaften nicht unberührt bleiben können. Eine charakteristische Äußerung aus den Anfangsphasen des Umbruchs veröffentlichte etwa die Zeitschrift *Pfarrer & PC* 1990: „Die jüngste Vergangenheit hat uns gelehrt", hieß es dort, „daß Obrigkeit nicht endlos sinnlos verordnen kann; ‚Wir sind die Benutzer' schallt es schon jetzt zurück bei allerlei kuriosen Verordnungen von oben. Die da unten lassen sich nicht mehr einschüchtern. Die Autonomie dessen, der einen eigenen PC hat und die Macht der kleinen Maschine kennt – diese Autonomie läßt sich nicht zurückdrehen."[23] Autonomie und Pluralität kennzeichnen die religiöse Szene, wie sie sich am globalen Computernetz von heute eröffnet. Eine ausgeprägte und straffe Präsenz hat dort etwa die römisch-katholische Kirche; aber unzählige andere Konfessionen, Kirchen, Sekten und Diskussionsgruppen sind ebenfalls gegenwärtig. In ihrem Aufsatz

---

[23] *Pfarrer & PC* 3/I. Das Zitat stammt aus dem Vortrag Werner Küstenmachers, gehalten auf dem Symposion „Droht der Kirche das Computer-Schisma" am 19. Febr. 1990 in der Evangelischen Akademie in Mühlheim an der Ruhr.

„The Unknown God of the Internet" heben O'Leary und Brasher etwa hervor, daß das „Religion Forum" von Compuserve eine gemeinsame *message board* für katholische und orthodoxe Christen hat, hingegen eine besondere für evangelische Protestanten, die „Christianity" heißt; es gibt *message boards* mit Bezeichnungen wie „Pagan/Occult" und „New Age" und eine sehr lebendige, die den Titel „Interfaith Dialogue" trägt, und so weiter und so fort.[24] Typische Benützer des Internets – und wir alle werden, ob wir es wollen oder nicht, bald zu typischen Benützern des Internets werden – bewegen sich frei von *site* zu *site*; sie *surf*en und *scannen* die verschiedensten Informationen; Verbindungen zwischen Zusammenhängendem und Unzusammenhängendem werden ständig neu erstellt; Fragen nach Autor oder Autorität spielen dabei im allgemeinen keine bedeutende Rolle.

Ich komme zum Schluß und möchte zunächst bemerken, daß es nicht nur im Urwald der Urzeiten, sondern auch im Dschungel des Internets Furcht und Ehrfurcht, Ohnmacht und Glück gibt; ich sehe nicht ein, warum man dem heutigen elektronisch-postmodernen Zeitalter das Potential, proto-religiöse Gefühle zu erwecken, schlechthin absprechen sollte. Zweitens muß ich darauf hinweisen, daß jene Wege, die sich die Benützer während ihrer Streifzüge durch das Internet bahnen, meistens ganz und gar individuelle sind.[25] Dies legt die Vermutung nahe, daß insofern das dominante soziale Kommunikationsmedium von heute und morgen zum Boden irgendwelcher religiösen Regungen werden kann, diese in die Richtung eines religiösen *Individualismus* zeigen dürften. Drittens gilt es indessen zu erkennen, daß wir ja vorläufig nur sehr wenig über die Soziologie, Psychologie und Logik des Internets wissen. Aber wir ahnen, daß sowohl die gesellschaftliche Arbeitsteilung als auch die ungleiche Verteilung vom menschlichen Talent gewisse Hierarchien auch im an sich demokratischsten Medium erzeugen muß; wir vermuten, daß man ganz ohne feste Punkte auch im Fluß der hypertextuellen Kommunikation nicht weiterkommt[26]; wir fühlen die Sehnsucht nach Bindung und Verwurzelung auch innerhalb

---

[24] Stephen D. O'Leary – Brenda E. Brasher, „The Unknown God of the Internet: Religious Communication from the Ancient Agora to the Virtual Forum", in Charles Ess (Hrsg.), *Philosophical Perspectives on Computer-Mediated Communication*, Albany: SUNY Press, 1996, S. 248 ff.

[25] Vgl. hierzu auch: Hermann Lübbe, „Netzverdichtung oder das Ende der sogenannten Massengesellschaft", in H. Lübbe – Bernd Neumann, *Informationsgesellschaft – Quo vadis?* (= *Aktuelle Fragen der Politik*, Nr. 36, St.Augustin: Konrad Adenauer Stiftung, 1996).

[26] Ganz wichtig hierzu ist, von der spezifischen Perspektive des gegenwärtigen Themas aus betrachtet: Phil Mullins, „Sacred Text in the Sea of Texts: The Bible in North

der großen Freiheit des Cyberspace; und schließlich lassen sich einleuchtende Argumente dafür formulieren, daß die elektronische Interaktion letzten Endes doch immer wieder durch Interaktionen in einer real-physischen Welt begründet, ergänzt, ja ersetzt werden muß.[27] Wir können nicht beschreiben, wie sich die virtuelle Kirche gestalten wird, aber wir können vorhersagen, daß es sie geben wird.

American Electronic Culture", in Charles Ess, Hrsg., *Philosophical Perspectives on Computer-Mediated Communication.*

[27] Vgl. dazu besonders: G. Raulet, „Die neue Utopie. Die soziologische und philosophische Bedeutung der neuen Kommunikationstechnologien", in M. Frank – G. Raulet – W. Reijen, Hrsgg., *Die Fragen nach dem Subjekt,* Frankfurt/M.: 1988. Siehe auch etwa den Bericht von Joshua Quittner, „Back to the Real World", *TIME,* 17. April 1995. S. 42.

II

WEGE UND IRRWEGE
DER SUCHE NACH GOTT

7

Mensch und Religion

Philosophisch-anthropologische Grundlagen

von Emerich Coreth

1.

Wir fragen nach dem verlorenen oder verloren gemeinten Gott, nach dem Ende oder der Zukunft von Glaube und Religion. Wir fragen danach im Dunkel unserer Zeit, inmitten eines weltgeschichtlichen Wandels, der vieles erschüttert und in Frage stellt, damit aber in besonderer Weise die Religion betrifft.

Zum Wandel unserer Zeit nur eine kurze Vorüberlegung: Daß die spezifische Neuzeit zu Ende geht, wissen wir schon lange.[1] Aber nicht nur die Neuzeit, sondern die ganze europäisch-abendländische Kultur in ihrer bisher einigermaßen geschlossenen Gestalt geht zu Ende. Weltgeschichte beginnt erst: als Geschichte der einen Menschheit in der zur Einheit kommenden Welt.[2]

Durch Jahrtausende gab es eine Vielfalt gesonderter Geschichtsverläufe einzelner Kulturräume, u. a. unsere europäisch-abendländische Geschichte in einem global gesehen eng begrenzten Raum. Einen Übergang bildet die Neuzeit, in der es zur weltweiten Vorherrschaft europäischer Mächte kommt. Das ist – oder war – das Wesen der Neuzeit; und das ist grundsätzlich vorbei. Ein neues Zeitalter bricht an, das noch keinen Namen hat. Die Welt wächst zusammen, die Menschheit kommt zu engerer Einheit der einen Welt und einer gemeinsamen Geschichte.

Man spricht heute viel von „Globalisierung" der Welt und sieht sie fast allein unter wirtschaftlichen und politischen Aspekten, bedenkt aber kaum, wie sehr sie den Menschen selbst betrifft. Durch moderne Technik, Information und Interaktion auf allen Gebieten ist eine völlig einmalige *Uniformierung* der Lebens- und Arbeitsbe-

---

[1] Dazu bes. R. Guardini, Das Ende der Neuzeit, Basel 1950; schon lange zuvor O. Spengler, Der Untergang des Abendlandes, 2 Bde., München 1918/22; A. Toynbee, Kultur am Scheidewege, Wien-Zürich 1949, u. a.

[2] Weiter ausgeführt und begründet in meinem Beitrag: Metaphysik am Ende der Neuzeit? in: Metaphysik in un-metaphysischer Zeit (Tagungsbericht, hrg. v. E. Coreth), Düsseldorf 1989, 11–26.

dingungen der Menschen im Gange, dadurch auch eine Vereinheitlichung ihrer Denk- und Verhaltensweisen in aller Welt. So etwas, auch nur Vergleichbares gab es noch nie. Es ist ein völlig neues Phänome der Weltgeschichte, das eine Veränderung des Bewußtseins der Menschen bewirken muß.

Dem steht gegenüber, daß die technische Uniformierung zugleich eine geistige *Pluralisierung* fördert, da sich verschiedene kulturelle, religiöse und weltanschauliche Traditionen und Intentionen begegnen und durchdringen, in Verbindung oder Widerstreit treten, so daß die gesamte Gesellschaft, etwa in unserem Kulturraum, kaum noch von gemeinsamen Grundüberzeugungen getragen ist.

Der Prozeß globaler Uniformierung in Verbindung mit geistiger Pluralisierung steht aber unter der vorherrschenden Tendenz zur *Säkularisierung* aller Lebensbereiche. Es ist eine wissenschaftlich und technisch beherrschbare Welt. Glaube und Religion verlieren für viele an Bedeutung, man meint, ohne sie auskommen zu können. Sind sie zum Sterben verurteilt? In dieser Welt scheint für Gott kein Platz mehr zu sein. Behält Nietzsche recht: „Gott ist tot. Gott bleibt tot. Und wir haben ihn getötet"?[3]

Zugleich ist aber die moderne Welt selbst in schwere Krisen geraten. Der einstige Glaube, daß allein materieller Fortschritt die Welt verbessert und die Menschheit beglückt, ist tief erschüttert. Man mußte erkennen, daß der Fortschritt überall an Grenzen stößt, daß er die eigentlich menschlichen Probleme nicht löst, sondern weltweit neue, ungeheure Probleme schafft. Damit bricht eine Leitidee der ganzen Neuzeit zusammen; auch ein Symptom für das Ende der Neuzeit und nicht nur der Neuzeit. Aber was kommt nach?

Von dieser Frage und den Problemen unserer Zeit sind alle Weltreligionen in gleicher oder ähnlicher Weise betroffen. Sie kommen in dieser zur Einheit strebenden Welt einander näher, ihre Lebensräume unterscheiden oder durchdringen sich; sie sind gemeinsam von dieser pluralisierten und säkularisierten Welt bedroht. Müssen sie da nicht gemeinsam die Frage stellen, was sie überhaupt sind und wollen, was eigentlich – vor allen Unterschieden der Konfessionen – der Sinn und Wesensgrund der Religion als solcher ist. Das ist eine Frage, die nicht an ein Glaubensbekenntnis gebunden ist, sondern ihm zuvor eine philosophische Begründung verlangt: warum und wozu überhaupt Religion?

---

[3] F. Nietzsche, Die fröhliche Wissenschaft, 3. Buch, Nr. 125.

Es ist doch ein merkwürdiges, im Grunde erstaunliches Phänomen: die Macht des *Religiösen in der Menschheit.* Religion ist ein allgemein menschliches und spezifisch menschliches Phänomen. Wir kennen keine Kultur, mag sie noch so alt und fremd oder uns nahe vertraut, noch so primitiv oder hochentwickelt sein, in der es keine Religion gäbe oder gegeben hätte. Das ist geschichtlich bezeugt. Sicher gab es immer auch Zweifel und Unglaube an der konkreten Religion und Kritik an ihrer kultischen Praxis. Aber eine Kultur ohne Religion gibt es nicht. Wir wissen auch, daß Religion nicht auszurotten ist, weder durch theoretische Religionskritik (Feuerbach, Marx u. a.) noch durch politische Gewalt (atheistischer Diktatur); das haben wir in unserer Zeit eindrucksvoll erlebt. Muß das nicht im Wesen des Menschen liegen, daß seine Transzendenz, sein Bedürfnis nach Religion nicht zu ersticken ist, sondern zäh am Leben bleibt oder immer neu zum Leben erwacht?

Religion ist aber nicht nur ein allgemein menschliches, sondern auch ein spezifisch menschliches Phänomen. Es bestehen, wie die Forschung zeigt, manche, auch überraschende Ähnlichkeiten zwischen menschlichem und tierischem Verhalten. Dagegen gibt es aber keinerlei Analogien zu dem, was für den Menschen Religion bedeutet. Sie ist ein ausschließliches Spezifikum des Menschen, muß also im Wesen des Menschen gründen, d. h. in dem, was den Menschen eben zum Menschen macht und von allem anderen unterscheidet.

3.

Der Mensch lebt in dieser Welt, an Bedingungen der Natur gebunden und darauf angewiesen. Trotzdem ist er nicht fraglos eingebunden in das Naturgeschehen, nicht allein davon bestimmt und darin geborgen. Er ist davon eigenartig losgelöst und abgehoben, wie schon Max Scheler formuliert hat, nicht umweltgebunden, sondern umweltfrei und damit weltoffen,[4] besser seinsoffen,[5] nicht an be-

---

[4] M. Scheler, Die Stellung des Menschen im Kosmos (1928), 7. Aufl., Bern 1966. Seine Kennzeichnung des spezifisch menschlichen Verhaltens ist zutreffend und in neuerer philosophischer Anthropologie allgemein anerkannt; vgl. A. Gehlen, A. Portmann, H. Plessner u. a. Dagegen verlangen die Auffassungen (des späten Scheler) von Geist und Person wie die Tendenz zu einem Naturpantheismus kritischen Vorbehalt.
[5] Nicht nur offen für die „Welt", wenn man sie im Sinne der Phänomenologie (Husserl, Heidegger) versteht, sondern darüber hinaus offen für das Sein, im Sinne der

stimmte Umweltbedingungen gebunden noch auf ein bestimmtes Umweltverhalten festgelegt. Der Mensch ist vielmehr freigegeben an den weiteren Horizont seiner Welt, der Wirklichkeit überhaupt, und darin freigegeben an die eigene Freiheit, aus der er sein Leben in der Welt selbst zu gestalten hat. Dieses ursprünglich wesenhafte Frei-gegeben-sein ist das, was ich die *„Grundfreiheit"* als konstitutiven Wesenszug des Menschen nennen kann.[6]

Sie liegt schon dem Bewußtsein und der Vernunfteinsicht zugrunde, sie ist die Bedingung alles menschlichen Denkens und Sprechens. Es ist nur dadurch möglich, daß im Bewußtsein des Menschen das Sein sich selbst reflektiert und zu sich selbst kommt, das gewinnt, was seit Hegel „Bei-sich-sein" heißt.[7] Nur dadurch können wir vom jeweils faktisch Gegebenen Abstand nehmen, vom Einzelnen einen allgemeinen Wesensgehalt abheben, den wir begrifflich erfassen und sprachlich zum Ausdruck bringen. Der vermittelnde Schritt vom Einzelnen zum Allgemeinen macht unser Denken und Sprechen erst möglich. Er setzt die Grundfreiheit schon voraus.

Sie hat sich aber über die Erkenntnis der Vernunft selbst zu „vermitteln" zum ausdrücklichen Vollzug der Wahl- und Handlungsfreiheit. Erkenntnis hat immer und wesenhaft eine vermittelnde Funktion, einen erhellenden, Orientierung gebenden Sinn, Werte und Ziele des Handelns aufzuzeigen. Sie fordert freie Stellungnahme, Entscheidung und Verantwortung heraus.

Bedeutet aber das, was wir in diesem Sinne „Grundfreiheit" nennen, nicht schon eine wesenhafte Transzendenz des Menschen? Er transzendiert, d. h. er übersteigt die materielle Welt, er durchbricht auch die naturhaft notwendige Gesetzlichkeit, sosehr er biologisch daran gebunden bleibt, er geht darüber hinaus durch sein Bewußtsein und Erkennen, sein Wollen und Handeln, d. h. durch sein geistiges Leben, dem diese Transzendenz eigen ist.

Gesamtwirklichkeit. Vgl. E. Coreth, Metaphysik, Innsbruck (1961), 3. Aufl. 1980 (= Met); Was ist der Mensch?, Innsbruck (1973), 4. Aufl. 1986 (= WM); Grundriß der Metaphysik, Innsbruck 1994 (= GM).

[6] Vgl. WM 60–62, 89 f.; GM bes. 186–190, u. a.

[7] Vgl. G. W. F. Hegel, WW (Glockner) XI 44; ders., Die Vernunft in der Geschichte, hrg. v. J. Hoffmeister, 5. Aufl., Hamburg 1966, 55 f., u. a. Dazu GM 109–111; 184 f.

4.

Darin – und gerade dadurch – erfahren wir aber auch die *Bindungen* und Beschränkungen unseres Daseins: im Leib, in der Welt, in der Geschichte.[8] Wir erleben unseren Leib nicht nur als Medium des Geistes und seiner Freiheit, sondern auch als Last und Widerstand, seine Schwäche, seine Triebe, seine Hinfälligkeit in Krankheit und Tod. Unsere Welt ist nicht nur Lebensraum, sondern auch Bedrohung durch Kräfte, denen wir ausgeliefert sind. Die ganze menschliche Geschichte ist eine Abfolge von Elend und Not, von Schuld und Verbrechen, Unrecht, Mord und Krieg. Der Einzelne ist diesen Mächten unterlegen, die schicksalhaft in sein Leben einbrechen. Zugleich erleben wir darin die eigene Begrenztheit, unser Versagen aus Schwäche und Schuld.

Das alles gehört zur Bedingtheit und Begrenztheit menschlichen Daseins. Man kann es in dem Wort *„Kontingenzerfahrung"* zusammenfassen. Manche sehen das Wesen oder den Ursprung der Religion in dem, was man *„Kontingenzbewältigung"* nennt. Sicher erwecken diese Erfahrungen der Abhängigkeit und Ausgeliefertheit, der Begrenztheit und Bedrohtheit die Sehnsucht nach Hilfe und Schutz, den Aufblick zu höheren, göttlichen Mächten, von denen wir Segen erhoffen und erflehen.

Aber ist das alles? Wie kommt denn der Mensch dazu, nach höheren Mächten auszuschauen, sie zu verehren und ihnen zu vertrauen, kurz gesagt: an Gott zu glauben und zu ihm zu beten? Das kann nicht nur in negativer „Kontingenzerfahrung" liegen, sondern setzt auch positive *„Transzendenzerfahrung"* voraus. Worin besteht sie?

5.

Hier zeigt sich wieder ein Phänomen, das philosophisch-anthropologisch sehr aufschlußreich ist und das ich mit dem Stichwort des *Unbedingten im Bedingten* bezeichnen möchte. Es meint den Anspruch des Absoluten, den wir in unserem ganzen geistig-personalen Leben erfahren. Er kann hier nur in knappen Hinweisen aufgezeigt werden.[9]

Schon die menschliche Erkenntnis steht immer und notwendig unter dem unbedingten *Anspruch der Wahrheit.* Wenn ich nach etwas frage, will ich wissen, was und wie es ist. Und wenn ich etwas

---

[8] Vgl. WM bes. 129 f.
[9] Näher ausgeführt und begründet in: Met bes. 122–126; GM 58–63

weiß und als wahr behaupte, weiß ich nicht nur, wie es mir scheint oder wie ich es meine, sondern wie es selbst ist und deshalb nicht nur für mich, sondern für jedes vernünftige, der Wahrheit fähige Subjekt gilt, und sich in seiner Seinsgeltung vor allem behauptet, was ist. Was wahr ist, hat unbedingte Geltung und steht dadurch in einem grundsätzlich unbegrenzten Geltungshorizont: Es gilt für jeden und vor allem, was überhaupt ist.

Um häufigen und naheliegenden Einwänden oder Mißverständnissen zu begegnen, sei hier nur gesagt: Das bedeutet natürlich nicht den Ausschluß möglichen Irrtums. Formale Unbedingtheit des Anspruchs auf Wahrheit ist nicht dasselbe wie inhaltliche Richtigkeit oder gar Vollständigkeit der Erkenntnis. Aber eine noch so einzelhafte und kontingente, sogar belanglose Erkenntnis kann einfachhin wahr sein: es ist so. Jeder, der sie verneint, ist im Irrtum. Und wenn ich sie als wahr behaupte, dann erhebe ich damit einen Anspruch auf unbedingte Geltung, setze also diesen noch so bedingten Inhalt in einen unbedingten, deshalb grundsätzlich unbegrenzten Geltungshorizont: als Unbedingtes im Bedingten.

Ebenso steht unser Wollen und Handeln unter dem unbedingten *Anspruch des Guten*, dessen, was sein soll. Wir erfahren es in dem, was wir Gewissen nennen. Hier zeigt sich ein spezifisches Phänomen, das in der Antike schon *Sokrates* klar erkannt und als göttliche Stimme des „daimonion" vernommen, in der Neuzeit vor allem von *Kant* wieder deutlich hervorgehoben hat: der unbedingte Wert des Sittlichen. Wenn ich eine sittlich verbindliche Pflicht erkannt habe und weiß, was ich tun soll oder nicht tun darf, so weiß ich, daß dieses Sollen, das Gebot oder Verbot, durch keinen anderen Wert, etwa des Angenehmen oder praktisch Nützlichen u. a., aufgehoben oder aufgewogen werden kann. Ich darf auf keinen Fall, um nichts in der Welt betrügen, stehlen oder morden. Es ist ein unbedingter Anspruch, der nicht relativierbar ist, nicht zum Mittel für einen anderen Zweck herabgesetzt werden kann.

Das gilt auch dann, wenn die einzelne Tat noch so bedingt und begrenzt ist, als belanglos erscheinen mag. Hier zeigt sich wieder die Unbedingtheit in aller Bedingtheit und Beschränktheit des menschlichen Lebens. Es steht unausweichlich in einem Horizont unbedingter Geltung des Guten: wieder als Unbedingtes im Bedingten.

Besonders deutlich tritt diese Eigenart noch im *personalen Bezug* zum anderen Menschen hervor. Da begegnet mir ein gleichartiges und gleichwertiges geistig-personales Wesen, mit dem ich in Beziehung trete, mich sprachlich verständige und in gemeinsamem Handeln verbinde. Das ist nur möglich und sinnvoll, wenn ich den anderen als Menschen in seinem eigenen personalen Sein und Wert anerkenne, die unbedingte, nicht relativierbare Geltung seines Personseins achte, sein eigenes Recht wahre, ihm Verständnis und Wohlwollen entgegenbringe.

Dieser Anspruch des personalen Wertes besteht immer, obwohl der andere jeweils ein einzelner endlicher Mensch ist, mit allen Grenzen seiner Eigenart und Fähigkeit, mit Schwächen, Versagen und Schuld, also wieder ein unbedingter Wert in bedingter und begrenzter Gestalt. Trotzdem bleibt der unbedingte Wert des personalen Selbstseins bestehen, also wieder: als Unbedingtes im Bedingten.

6.

Diese Phänomene können zeigen, was die *Transzendenz* des Menschen bedeutet. Er steht immer und in allem unter dem Anspruch des Unbedingten, er vollzieht sich selbst in einem unbegrenzten Horizont, bezogen auf das Absolute, im Ausgriff auf das Unendliche. Geistiges Sein und Wirken ist ausgezeichnet durch unbeschränkte Offenheit, durch einen Wesensbezug auf das Absolute, das Unendliche. Aber der Mensch als endliches Wesen kann im eigenen Sein und Wirken den unendlichen Horizont des Wahren und Guten nie voll einholen, er kann sein endliches Wesen nie aufheben, seine Begrenztheit nicht abschütteln, um wahrhaft unendlich zu werden. Daher das *„unendliche Streben"*,[10] der Erkenntnisdrang vom Fragen des Kindes bis zum grenzenlosen Forschen der Wissenschaft, das Streben nach Leistung und Erfolg, nach Lebenserfüllung und Sinngebung, nach Liebe und unendlichem Glück – ein Sehnen und Streben, das in dieser Welt nie endgültige Erfüllung finden kann.

Das ist die *conditio humana*, die Wesensverfassung des endlichen Geistes, der an Leib und Welt gebunden ist, dennoch in der Spannung zwischen Bedingtem und Unbedingtem, Endlichem und Unendlichem steht. Dem Geist als Geist, d. h. als Vernunft- und Freiheitswesen, ist Unendlichkeit eigen. Menschliches Sein und Wirken bleibt zwar immer aktuell endlich. Doch ist ihm potentielle, besser *virtuelle Unendlichkeit* eigen.[11] Es ist die wesenhafte Hinordnung

---

[10] So bei J. G. Fichte, Wissenschaftslehre 1794/95, aber in der ganzen Geschichte des Denkens bezeugt: bei Platon und den Neuplatonikern, Augustinus, Bonaventura und Meister Eckhardt, Pascal, Schelling, Kierkegaard bis in neuere Philosophie, erst recht in religiösen und theologischen Werken.

[11] Vgl. Met 269–272; 529–537; GM 112–115; 217 f.

auf das Unendliche, die in jedem geistigen Akt immer schon als Bedingung seiner Möglichkeit unthematisch mitvollzogen wird. Die Transzendenz erweist sich so als transzendentale Bedingung geistigen Lebens. Wobei „transzendent" und „transzendental" durchaus nicht dasselbe bedeuten. Transzendent heißt (objektiv) übersteigend, transzendental im Sinne Kants auf die (subjektiven) Bedingungen der Möglichkeit eines bewußten Aktes reflektierend. Kant wollte transzendental aufweisen, daß transzendente Erkenntnis nicht möglich ist. Hier zeigt sich dagegen, daß die Transzendenz auf das Absolute die transzendentale Bedingung der Möglichkeit unseres gesamten geistig-personalen Selbstvollzugs ist.

Daraus folgt weiter, daß Transzendenz, jetzt im Sinne virtueller Transzendenz, aber auf das Absolute selbst, auf Gott hin, nicht etwas ist, das zum ansonsten voll konstituierten Wesen des Menschen nachträglich noch hinzukommt oder hinzukommen kann, vielleicht bei besonders veranlagten, metaphysisch oder religiös begabten Menschen, sondern daß sie dasjenige ist, was das geistige Wesen des Menschen ursprünglich *konstituiert*. Der Mensch ist nur Mensch als geistig-personales Wesen in der Welt durch diese wesenhafte Hinordnung auf das Absolute, auf Gott. Und er wird umso mehr wahrhaft Mensch, je mehr er diese immer schon unthematisch mitgewußte, mit-bejahte Hinordung thematisch macht, d. h. die Transzendenz auf Gott ausdrücklich in Bewußtsein und Freiheit vollzieht.

7.

Das aber ist *Religion*: der ausdrückliche, bewußte und freie Vollzug der wesenhaften Transzendenz des Menschen auf Gott oder das Göttliche hin, die gesamtpersonale Aktuierung dieser Beziehung, die im geistig-personalen Wesen des Menschen immer schon nicht nur angelegt, sondern implizit wirksam ist und den Menschen zum Menschen macht.[12] Daraus ergeben sich einige Folgen, die ich nur noch knapp andeuten kann:

1) Religion ist etwas, das im Wesen des Menschen gründet, d. h. nicht in einer besonderen Fähigkeit, einem religiösen Apriori oder religiösen Gefühl, sondern in der *Ganzheit* des menschlichen geistig-leiblichen Wesens.[13] Die Religion enthält immer und notwendig

---

[12] Vgl. Met 537–545; GM 218–222.
[13] Seit Schleiermacher bis zu R. Otto und neuerer Religionsphilosophie wird immer

ein intellektuelles Erkenntnismoment, so wenig es auch reflexiv entfaltet sein mag. Sie besteht in willentlich freien Akten des Glaubens und der Verehrung, des Vertrauens und der Hingabe. Weil aber die Religion die personale Ganzheit betrifft, kommt es zu deren Mitschwingen im religiösen Gefühl, d. h. der emotionalen Resonanz der leib-geistigen Wesenseinheit des Menschen, ohne daß darin allein das Wesen des Religiösen läge.

2) Weil aber der Mensch ein leiblich-geistiges Wesen ist – Geist im Leib, Geist in der Welt – drücken sich die geistigen Akte *im äußeren Tun* und Verhalten aus: schon in Worten der Sprache des Gebets, in leiblichen Haltungen der Ehrfurcht und Handlungen kultischer Verehrung, auch in der religiösen Gemeinschaft in gemeinsamem Beten und Opfern, Singen und Feiern. Dies alles hat wieder, weil die Religion den ganzen Menschen betrifft, sich entsprechend auszuwirken im Leben und Handeln des Einzelnen und der Gemeinschaft.

3) Es geht hier um die Religion im allgemeinen, nicht um bestimmte Inhalte des Glaubens und Formen religiösen Tuns. Ich spreche daher nicht vom spezifisch Christlichen, sosehr ich mich dazu bekenne und christlicher Philosoph sein will. Doch muß hier noch betont werden, daß es – allgemein, in allen Religionen – auch *Fehlformen* des Religiösen gibt: Aberglauben, widersinnige Kultformen bis zu unmenschlich grausamem Verhalten im Namen der Religion. Das sind Verzerrungen, Verkehrungen des wahrhaft Religiösen, nicht das Wesen, sondern das „Unwesen" der Religion.

Es gibt aber auch eine spezifische Gefahr des Religiösen, die mehr oder weniger alle Religionen bedroht: die Gefahr falscher Absolutsetzungen. Weil es um Gott und seinen heiligen Willen geht, legt es sich nahe, auch zeitbedingteLehren, Gebote und Verhaltensweisen im Namen Gottes absolut zu setzen. Dann aber wird der religiöse Glaube zur falschen Ideologie, zu blindem und starrem, auch brutalem Fanatismus, den wir aus der Geschichte und – leider auch – aus der Gegenwart kennen.

Doch möchte ich zum Abschluß nur nochmals betonen, daß Religion im Wesen des Menschen, genauer in der Transzendenz seines geistig-personalen Wesens begründet, daher unüberholbar und unüberwindbar ist. Die Transzendenz gehört sosehr zum Wesen des Menschen, daß man eigentlich nicht ernsthaft vom Menschen spre-

---

wieder nach einem spezifischen Konstitutivum des Religiösen gefragt, sei es ein religiöses Gefühl oder ein spezifisch religiöses Apriori. Ich halte das phänomenologisch, auch transzendental-philosophisch für verfehlt, weil die ganze geistig-personale Konstitution des Menschen apriori transzendent, auf das Religöse hingeordnet ist.

chen kann, ohne von Gott zu sprechen. Eine philosophische Anthropologie, die sich in der Immanenz verschließt, ist ein Torso. Der Mensch ist nicht nur „In-der-Welt-sein" (Heidegger), sondern im tiefsten Wesen „Sein zu Gott", „Sein auf Gott hin", und das kommt im religiösen Glauben und Tun zur freien und ausdrücklichen, das Leben bestimmenden, ihm Sinn gebenden Entfaltung – denn, wie Blaise Pascal sagt, mit dessen Wort ich schließen möchte: „Der Mensch übersteigt unendlich den Menschen".

8

Gottesgedächtnis im Zeitalter kultureller Amnesie

von Johann Baptist Metz

Wenn ich recht sehe, dann stehen im Hintergrund der „geistigen Situation unserer Zeit"[1] zwei Zeitbotschaften einander gegenüber. Es ist zum einen die aus den biblischen Traditionen herkünftige Botschaft von der befristeten Zeit, vom „Ende der Zeit", von der Zeit mit Finale und zum andern die Botschaft von der Zeit ohne Finale, sozusagen von der Ewigkeit der Zeit, die sich an den Grenzen der Moderne prominent schon an den Namen Friedrich Nietzsches knüpft und die sich immer deutlicher in der Dekonturierung, in der Ambiguität und Diffusion unserer „postmodernen" Lebenswelt manifestiert; als „Pilger ohne Ziel", als „Nomaden ohne Route" kennzeichnet z. B. Z. Bauman den „postmodernen" Menschen.[2] Es gibt heute viele „postmoderne" Identitätsbilder, die wie ein populärer Reflex auf diese Botschaft von der Zeit ohne Finale wirken: neuerwachte Seelenwanderungsvorstellungen, die aus fremden Kultur- und Mythenwelten ebenso hilflos wie ungeniert importiert werden, Wiedergeburtsträume und vermeintliche Reinkarnationserfahrungen usw.

Beide Botschaften konvergieren in der Temporalisierung aller bisherigen Ontologie und Metaphysik. Unterschiedlich freilich sind die Folgerungen. F. Nietzsche und schließlich auch M. Heidegger mit seinem Jahrhundertthema „Sein und Zeit" empfehlen bekanntlich den Rückgang in die vorsokratischen Denk- und Mythenwelten Griechenlands.[3] Die christliche Zeitbotschaft hingegen fußt auf der

---

[1] Formulierung in Anklang an K. Jaspers, 1931.

[2] Vgl. Z. Bauman, Postmoderne Ethik, Hamburg 1995, 357 ff. Dramatischer formuliert bereits F. Nietzsche (unter der Voraussetzung, daß man seine Botschaft vom Tod Gottes in der „Fröhlichen Wissenschaft" als Botschaft von der Zeit, von der Zeit ohne Finale versteht) die bekannten Sätze: „Wohin bewegen wir uns? Fort von allen Sonnen? Stürzen wir nicht fortwährend? Und rückwärts, seitwärts, vorwärts, nach allen Seiten? Gibt es noch ein oben und unten? Irren wir nicht wie durch ein unendliches Nichts?" (= Werke ed. Schlechta II, 127).

[3] Nietzsche wiederholt mit seinem „abgründigsten Gedanken" bewußt einen frühgriechischen Mythos, den von der „ewigen Wiederkehr des Gleichen". Immer noch lesenswert dazu K. Löwith, Nietzsches Philosophie der ewigen Wiederkehr des Gleichen, Stuttgart 1956 (Erstausgabe 1935).

Strukturierung der Zeit durch das Gedächtnis, durch das geschichtliche Eingedenken, in dem der Name Gottes als eschatologischer Name, als bleibendes Ende der Zeit erzählt wird.

Nun ist freilich das geschichtliche Eingedenken, an das die christliche Gottesrede hier gebunden wird, eine eigentlich „schwache" Kategorie. Was erinnert werden muß, bleibt allemal vom Vergessen bedroht, bleibt der Gefahr des Versiegens, des Verbrauchtwerdens der Ressourcen des geschichtlichen Eingedenkens ausgesetzt, bleibt der Furie des Vergessens ausgeliefert, kann schließlich im Vergessen des Vergessens zum Verschwinden gebracht werden, so daß auch nichts mehr vermißt wird. Wo die Theologie diese im geschichtlichen Eingedenken erzwungene Nichtidentität ihrer Gottesrede ein für allemal hinter sich bringen wollte, würde sie sich schließlich an die Stelle Gottes selbst setzen und ihn so am hartnäckigsten vergessen.

Die an das geschichtliche Eingedenken verwiesene christliche Gottesrede ist eine konstitutionell gefährdete Rede. Gegenüber dieser Gefahr hilft auch nicht einfach der Verweis auf die kultische Anamnese (vorweg in der Eucharistie), die dem Schicksal des Vergessens „sakramental"-symbolisch widersteht. Denn eine kultische Anamnese ohne jede Form anamnetischer Kultur unter den feiernden Menschen würde die Bindung des Kults an die Passionsgeschichte Jesu („gelitten unter Pontius Pilatus"; „in der Nacht, da er verraten wurde ..." –) lockern, ja preisgeben, und sie könnte – wie bilder- und symbolreich auch immer – nur noch als geschichtsferner Mythos gefeiert werden.

In unserer gegenwärtigen Situation ist das christliche Gottesgedächtnis herausgefordert, sich in ein reflexives Verhältnis zu seiner konstitutionellen Bedrohtheit zu bringen. Die „Gotteskrise" berührt den Kern des Gottesthemas.

Es sind vor allem zwei Signaturen der geistigen Situation unserer Zeit, die dieses reflexive Verhältnis erzwingen. Zum einen ist es die im Zuge der Botschaft von der Zeit ohne Finale heraufziehende und immer mehr sich ausbreitende kulturelle Amnesie, in der die Menschen immer weniger ihr eigenes Gedächtnis und immer mehr nur noch ihr eigenes Experiment sind und in der alle herkünftigen Obligationen in selbstentworfene Optionen aufgelöst werden. Zum andern ist es die heute immer mehr sich durchsetzende Auffassung vom strikt „posttraditionalen" Charakter unserer „avancierten" Gesellschaften, wonach „am Ende des 20. Jahrhunderts keine traditionsdefinierte Sittlichkeit mehr (existiert.), in deren Namen man eine in die Krise geratene Moderne wieder in ihre Schranken verweisen könnte ... Die avancierten Gesellschaften haben längst damit begonnen, die kulturellen Bedingungen ihrer Existenz selbst zu produzieren."[4]

Friedrich Nietzsche suchte einen Schlußstrich unter das Christentum zu ziehen: „Alle Möglichkeiten des christlichen Lebens, die ernstesten und lässigsten, die harm- und gedankenlosesten, und die reflektiertesten sind durchprobiert, es ist Zeit zur Erfindung von etwas Neuem ..."[5]. Und er knüpfte seine „neue Art zu leben" an den Triumph der kulturellen Amnesie, die unsere „postmoderne" Landschaft prägt und in der die traditionsbestimmten Religionen und Weltanschauungen immer mehr zu verschwinden drohen. „Bei dem kleinsten aber und bei dem größten Glücke ist es immer eins, wodurch Glück zum Glücke wird: das vergessen können ... Wer sich nicht auf der Schwelle des Augenblicks, alle Vergangenheiten vergessend, niederlassen kann, wer nicht auf einem Punkte wie eine Siegesgöttin ohne Schwindel und Furcht zu stehen vermag, der wird nie wissen, was Glück ist ..." Das Urbild des Glücks wäre also die Amnesie des Siegers, seine Bedingung das mitleidlose Vergessen der Opfer. Das ist nun in der Tat völlig konträr zum biblischen Bundesdenken, zu der in diesem Bundesdenken geforderten anamnetischen Solidarität, wie überhaupt zur Bedeutung der memoria, speziell der memoria passionis, die in das christliche Verständnis von Frieden und Glück eingewoben ist. Die Gottesvision biblischer Traditionen steht gegen den Versuch, das Glück der Menschenkinder um den Preis der Amnesie zu definieren. Diese Gottesvision ist nämlich mit einer ganz bestimmten Erinnerung verbunden. Ich kennzeichne sie hier abgekürzt als memoria passionis, als Leidenserinnerung, die immer auch die Leiden der Anderen, die Leiden der Fremden und – unbedingt biblisch – selbst die Leiden der Feinde erinnert und bei der Beurteilung, beim Umgang mit der eigenen Leidensgeschichte nicht vergißt. In solchem Eingedenken fremden Leids buchstabiert sich die biblische Gottesrede, die Rede vom Gott Abrahams, Isaaks und Jakobs, der auch der Gott Jesu ist.[6] Dieses Eingedenken fremden Leids – als historisch-ethische Kategorie – hat ein verschwindendes Dasein im Zeitalter kultureller Amnesie.

Der gegenwärtige Triumph der Amnesie fußt auf verschiedenen Säulen. Eine davon ist – nach meiner Auffassung – die Theologie selbst. Hat sie für ihre Anschauung der Geschichte nicht immer viel

---

[4] H. Dubiel, Ungewißheit und Politik, Frankfurt 1994, 149.
[5] Dieses und das nachfolgende Nietzsche-Zitat habe ich meinem Aufsatz „Zwischen Erinnern und Vergessen" (Graz 1995) entnommen.
[6] Vgl. dazu meinen Text „Im Eingedenken fremden Leids. Zu einer Basiskategorie christlicher Gottesrede (Münster 1996).

zu „starke" Kategorien benützt, die alle geschichtlichen Verletzungen, alle klaffenden Wunden, alle Untergänge und Katastrophen viel zu schnell überdeckten und ihrer Gottesrede den Schmerz des Erinnerns ersparten? Müßte nicht zumindest eine Katastrophe wie die von Auschwitz wie ein Ultimatum für einen allzu geschmeidigen theologischen Umgang mit der Geschichte wirken? Müßte nicht wenigstens jetzt die Frage nach dem Ort und Rang des Erschreckens mitten im Logos der Theo-logie auftauchen? Müßte nicht wenigstens jetzt die Theologie davon überzeugt sein, daß auch sie nicht alle Wunden heilt? Daß es ihr nun endgültig verwehrt ist, die Identität des Christentums – noch einmal – wie Platons Ideen zu denken oder – im modischen Schwenk von der Geschichte zur Psychologie – nur noch wie einen geschichtsfernen gnostischen Erlösungsmythos?

Gewiß, auch die moderne Wissenschaft bricht nicht den Bann der hier bezeichneten kulturellen Amnesie. In unserer Zivilisation ist Wissenschaft der Inbegriff der Normalität, und in diesem Sinn kann von ihr gesagt werden, daß auch sie alle Wunden heilt und keinen Schmerz des Erinnerns kennt. Speziell im Blick auf die Geschichtswissenschaft möchte ich dies anmerken: Wenn ich recht sehe, so hat sich seit dem sog. deutschen Historikerstreit in der Geschichtswissenschaft der Standpunkt der „Historisierung" des Nationalsozialismus und seiner Verbrechen mehr oder minder durchgesetzt. Gewiß, diese Katastrophe darf nicht einfach aus der Geschichte herausgenommen werden, sie darf nicht zu einer Art negativem Mythos stilisiert werden, nicht zu einer Tragödie *beyond history,* denn gerade dadurch würde der Standpunkt der Verantwortung, der Scham und der Umkehr aufgelöst. Im Blick auf Auschwitz bleibt für mich freilich die Frage, wie ein Grauen, das sich der historischen Anschauung immer wieder zu entziehen droht, gleichwohl im Gedächtnis behalten werden kann. Das gelingt vermutlich nur einer Historiographie, die ihrerseits von einer anamnetischen Kultur gestützt ist, einer Gedächtniskultur also, die auch um jenes Vergessen weiß, das noch in jeder historisierenden Vergegenständlichung herrscht.

„Wissenschaft heilt alle Wunden": Gilt das schließlich nicht auch für große und einflußreiche Teile unserer zeitgenössischen Philosophie? „Israel und Athen oder: Wem gehört die anamnetische Vernunft?" Mit einem so überschriebenen Text sucht Jürgen Habermas mir gegenüber zu verdeutlichen, daß der anamnetische Geist des biblischen Zeitdenkens inzwischen längst in das Vernunftdenken der europäischen Philosophie eingedrungen ist.[7] So wäre also zu-

---

[7] In: J. B. Metz u. a., Diagnosen zur Zeit (Düsseldorf 1994), 51 ff.

mindest mit dem Rüstzeug zünftiger europäischer Philosophie den Gefahren kultureller Amnesie zu widerstehen. Aber ich zweifle. Warum z. B. kommt bei Habermas selbst die Katastrophe von Auschwitz nur in seinen „Kleinen politischen Schriften" vor – und dort bekanntlich in ebenso dezidierter wie einflußreicher Weise –, nicht aber, und zwar mit keinem Wort, in seinen großen philosophischen Schriften zur kommunikativen Vernunft? Auch die Kommunikationstheorie heilt offensichtlich alle Wunden! Wie aber wäre dann verallgemeinerungsfähig noch von dem zu sprechen, was Unheil blieb, was nicht geheilt werden kann, was nicht hinter dem Schild kultureller Amnesie verschwinden darf, was sich nicht in fugendichte Normalität einschließen läßt? Wie wäre von dem zu sprechen, was, wenn überhaupt, eine andere Art der Vergebung bräuchte als die Vergebung durch die Zeit, die angeblich alles heilt, oder als die Vergebung durch die Theorie, die alle Wunden schließt?

Freilich, es bleibt etwas, wenn sich vermeintlich alle Wunden geschlossen haben. Was bleibt, ist schwer zu beschreiben. Es ist eine seltsame Art des Vermissens, die sich dagegen wehrt, daß der Schmerz der Erinnerung sich völlig beruhigt, sei es „rein theoretisch", sei es psychologisch, sei es ästhetisch, sei es gedenkritualistisch oder eben auch „religiös". Worum handelt es sich? Sind es am Ende Spuren von Gottesvermissungen in der Zeit der Gotteskrise? Man wird diese Vermissungen am Heute am wenigsten verstehen, wenn man sie, wie üblich, zu einer typischen Befindlichkeit der jeweils älteren Generation macht. Weit eher zeigen sich diese (zuweilen gänzlich sprachlosen) Vermissungen gerade bei der jüngeren Generation; aus ihnen nährt sich die Skepsis der Jungen, ihre Indifferenz, zuweilen auch ihre Wut gegenüber dem, was die Älteren ihnen als „die" Erfahrungen, als „die" Sicht der Dinge, als „die" Lehre aus der Geschichte anbieten, aufdrängen und zum Kanon der Normalität erheben. Symptomatisch dafür ist für mich die gegenwärtige Diskussion in meiner Heimat um Daniel Goldhagen und sein Buch über „die ganz gewöhnlichen Deutschen und der Holocaust". Die nahezu einmütige – und nach den Kriterien zünftiger Historiographie durchaus berechtigte – Kritik der Experten konnte gleichwohl die Beunruhigung gerade vieler junger Menschen über das Ausmaß der Schuldgeschichte nicht besänftigen.

Das Eingedenken fremden Leids bleibt eine fragile Kategorie in einer Zeit, in der sich die Menschen am Ende nur noch mit der Waffe des Vergessens, mit dem Schild der Amnesie gegen die immer neu hereinstürzenden Leidensgeschichten und Untaten wappnen zu können meinen: Gestern Auschwitz, heute Bosnien und Ruanda und morgen? Doch selbst dieses Vergessen ist nicht ohne Folgen.

Was mich z. B. in der Situation „nach Auschwitz" immer besonders tief berührt und beunruhigt hat, war das Unglück, war die Verzweiflung derer, die diese Katastrophe überlebt haben. So viel sprachloses Unglück, so viele Selbstmorde! Hier sind offensichtlich Menschen an der Verzweiflung am Menschen gescheitert, an dem, wozu Menschen gegenüber Menschen „fähig" sind. So hat Auschwitz die metaphysische und moralische Schamgrenze zwischen Mensch und Mensch tief abgesenkt. So etwas übersehen nur die Vergeßlichen. Oder die, die vermeintlich erfolgreich vergessen haben, daß sie etwas vergessen haben. Aber auch sie bleiben nicht ungeschoren. Die Wunde klafft. Denn man kann auch auf den Namen des Menschen nicht beliebig sündigen. Nicht nur der einzelne Mensch, auch die „Idee" des Menschen und der Menschheit ist offensichtlich verletzbar, ja zerstörbar. Nur wenige bringen die gegenwärtigen Humanitätskrisen, den sog. „Werteverfall" – zunehmende Taubheit gegenüber „großen" Ansprüchen, Solidaritätsverfall, anpassungsschlaues Sich-Kleinmachen usw. – mit dieser und mit den nachfolgenden inzwischen ebenso der kulturellen Amnesie anheimfallenden Katastrophen in Verbindung.

Es gibt nicht nur eine Oberflächengeschichte der Gattung Mensch, sondern auch eine Tiefengeschichte, und die ist durchaus verletzbar. Gewinnen schließlich die Gewalt- und Vergewaltigungsorgien der Gegenwart nicht etwas von der normativen Kraft des Faktischen? Zersetzen sie nicht – hinter dem Schild der Amnesie – das „zivilisatorische Urvertrauen"[8], jene moralischen und kulturellen Reserven, in denen die Menschlichkeit gründet? Wie verbrauchbar und verbraucht sind diese Reserven? Vollzieht sich hier vielleicht der Abschied von dem Menschenbild wie es uns bisher geschichtlich vertraut war? Könnte es sein, daß dem Menschen im Bann dieser kulturellen Amnesie nicht nur Gott abhanden gekommen ist, sondern daß er immer mehr sich selbst abhanden kommt, in dem abhanden kommt, was wir bisher emphatisch seine „Menschlichkeit" genannt haben? Was also bleibt, wenn wir immer wieder erfolgreich alle Wunden geschlossen haben? Der Mensch? Welcher Mensch? Die Berufung auf „das Humanum" ist selbst höchst abstrakt; sie entspringt nicht selten einer naiv-optimistischen Anthropologie, der die Frage nach dem Bösen und der „Theodizeeblick" in die Geschichte der Menschheit längst abhanden gekommen ist.

Nietzsche spricht in diesem Zusammenhang bekanntlich vom erhöhten Menschen, vom Übermenschen. Dessen trivialste Verwirklichung ist vermutlich die naheliegendste und keineswegs abgewen-

---

[8] Formulierung K. L. Naumann.

det: der künftige Mensch als computerisierte Intelligenz, die keines Gedächtnisses mehr bedarf, weil sie von keinem Vergessen bedroht ist, eine Intelligenz ohne Geschichte, ohne pathische Praxis und ohne Moral …

Religion, substantiell, ist Widerstand gegen kulturelle Amnesie. Das gilt im besonderen auch für das Christentum. Die Kirche ist – als Institution – vor allem akkumulierte Erinnerung, langfristiges Gedächtnis, „Elefantengedächtnis", in dem vieles, allzu vieles gespeichert ist, befreiendes und belastendes. Die Theologie steht nicht – sozusagen in teilnahmsloser Beobachterposition – außer oder über diesem Gedächtnis. Ihre kritische Kompetenz gewinnt sie dadurch, daß sie das von der Kirche repräsentierte Gottesgedächtnis immer wieder daraufhin befragt, ob und inwieweit es zum Eingedenken fremden Leids wird, ob und inwieweit sich das dogmatische Gedächtnis der Kirche nicht zu sehr vom Leidensgedächtnis der Menschen entfernt hat.

Mit diesem Leidensapriori (wenn ich es hier so nennen darf) befragt die Theologie schließlich nicht nur kritisch die religiösen Institutionen; sie befragt mit ihm auch unsere sog. „posttraditionalen" Diskursgesellschaften, ob sie denn mit den nun traditionsentkoppelten Verständigungsformen über eine Logik des Marktes bzw. des Tausches und der Konkurrenz wirklich hinauskommen.[9]

Der Amerikaner Samuel Huntington spricht in seinem „Clash of Civilizations?"[10] davon, daß die globalen Konflikte von morgen nicht nur durch politische Machtblöcke definiert sein werden, sondern durch den Konflikt von Zivilisationen bzw. Kulturen. Die These ist bekanntlich umstritten, die in ihr enthaltene Frage jedoch von einiger Brisanz. Der Konflikt des kulturellen Westens mit anderen Kulturen, z. B. und vor allem mit der des Islam, läßt sich durchaus beschreiben als Konflikt zwischen betont gedächtnisgeleiteten und betont diskursgeleiteten „modernen" Kulturwelten. Dabei wird deutlich, daß gedächtnisgeleitete Kulturen gegenüber den diskursgeleiteten erkennbare Nachteile haben. Sie haben Modernisierungshemmungen besonderer Art; sie lähmen die Neugierde, verdächtigen das Experiment, ritualisieren ihre Lebenswelt und sind allzu sehr auf reine Wiederholung bedacht; fundamentalistische Verstrickungen liegen besonders nahe. Doch was wären Kulturen ohne jegliches verbindliches Gedächtnis, Kulturen, die ausschließlich diskursorientiert sind, Kulturen, in denen es nur ein diskursiv

---

[9] Vgl. dazu meine Überlegungen zu „Religion und Politik auf dem Boden der Moderne" (Frankfurt 1996).
[10] In: Foreign affairs 72 (1993), 22–49.

beherrschtes, aber überhaupt kein die Diskurse leitendes Gedächtnis mehr gibt? Wären in ihnen schließlich die Menschen noch etwas anderes als das offene Experiment ihrer selbst, Menschen, die in den von ihnen inszenierten Beschleunigungsturbulenzen immer mehr auch sich selbst abhanden zu kommen drohen? Wie soll der europäische Westen auf der Basis kultureller Amnesie die bevorstehenden Herausforderungen und Konflikte bestehen können? An der Rettung eines kulturellen Gedächtnisses, geleitet vom Eingedenken fremden Leids, hängt die Zukunft der europäischen Moderne ebenso wie die Anerkennung der Würde fremder Kulturwelten.

9

Eros und Christentum –
ein Spannungsfeld mit Zukunft?

von Hanna-Barbara Gerl-Falkovitz

Die Frage nach „Eros und Christentum" verspricht Aufrendes – in welchem Rahmen aber steht diese Frage? Man könnte ein Fallbeispiel vermuten, inwiefern spezifisch das Christentum den Zeitgenossen verloren habe, weil es auf dem Gebiet des „Eros" als nicht kompetent erscheint. Doch handelt es sich nicht um ein Fallbeispiel, sondern – in anderem Gewand – um die Frage des gesamten Kongresses, um die Suche nach dem verlorenen Gott. Diese Suche – so der Einsatz des Gedankens – ist auch eine Suche nach dem verlorenen Eros. Insofern ist schon im Grundansatz darauf hinzuweisen, daß es nicht nur eine *memoria passionis* (im Sinne von J. B. Metz) gibt, sondern auch eine *memoria amoris*. Und es kann als eine wesentliche Aufgabe der Religion und insbesondere der christlichen gelten, eine solche *memoria amoris* gegenwärtig zu halten. Die Stelle wird sachlich zu erörtern sein, wo sich *passio* und *amor* verbinden.

Dem belesenen, aber auch dem unbelesenen Zeitgenossen, sofern er fein empfindet, sitzt der Verdacht im Nacken, den Friedrich Nietzsche scharfzüngig formuliert hatte: Daß das Christentum dem Eros Gift zu trinken gegeben habe; er sei zwar nicht daran gestorben, aber zum Laster entartet. Dieses unterschwellige Empfinden teilen wohl viele, auch ohne den Autor gelesen zu haben. Die Frage bedrängt heute unausgesprochen oder bewußt, ob mit der unterstellten Nichtkompetenz des Christentums im Erotischen nicht vielleicht das Schönste im Leben aus der Zuständigkeit der Religion weggeglitten sei. Da, wo das Leben eigentlich ins frei Schweifende, ins Heitere und ins Göttliche überginge, stehen im Bewußtsein des Zeitgenossen kirchliche Ausrufezeichen, Verbotstafeln, Fragezeichen, Einschränkungen. Und doch wäre genau diese vermeintliche Tabuzone, in der so viel verboten erscheint, so etwas wie der Baum im Paradies, dessen Früchte sich gerne pflücken und genießen ließen. Aber – so noch immer das Bewußtsein des Zeitgenossen – das Christentum, spezifisch in seiner kirchlichen Form, habe davor nichts anderes als Warnungen entwickelt.

So ist rückzufragen, ob das Spannungsfeld des Eros tatsächlich verraten wurde. Die These lautet, daß das Christentum, wenn es tatsächlich an den für so viele verlorenen Gott erinnert, wesentlich auch eine Erinnerung an dieses Kraftfeld zu sein hat.

I.

Zunächst sei der Eros kurz im vorchristlichen Raum betrachtet. Hat die Unterstellung Nietzsches recht, daß der griechische Eros von sich her etwas uneingeschränkt Göttliches gewesen sei? Vom vorchristlichen Raum aus ist sinnvollerweise dann in den biblischen, also in den jüdischen und christlichen Raum überzugehen.

Der Dichter Alkman (7. Jh. v. Chr.) hat ein Fragment hinterlassen, welches das griechische Lebensgefühl der Zeit trifft: „…gliederlösendes Verlangen. Sanfter als Schlaf und Tod, so trifft ihr Blick. Ohne alle Falschheit ist ihr Liebreiz. Asti Melusa aber gibt mir keine Antwort, sie hält den Kranz gleich einem Stern, der aus dem Himmel fällt, dem strahlenden, gleich einem Zweig aus Gold, gleich einer zarten Feder…"[1] Diese Annäherung liest sich, ins weibliche Empfinden gewendet, im Fragment 31 von Sappho: „Wenn ich dich erblicke, geschieht es mit einem Mal, daß ich verstumme. Bewegungslos liegt die Zunge, feines Feuer hat im Nu meine Haut durchrieselt, mit den Augen sehe ich nichts, ein Dröhnen braust in den Ohren, der Schweiß bricht mir aus, mich befällt ein Zittern aller Glieder, bleicher als dürre Gräser bin ich, bald schon einer Toten gleich bin ich anzusehen."[2]

Was ist Eros? Eros ist die Anziehung zwischen Frau und Mann – der einfachste Tatbestand –, und zwar die geschlechtliche Anziehung. In dem Fragment des Alkman spielt eine „Oben"-Erfahrung mit: Kranz, Gold, Feder bleiben etwas Zartes, Antwortloses, das nicht verdinglicht wird. Bei Sappho ist dieselbe Erfahrung bereits ins Leibliche gewendet: als geschlechtliche, unwiderstehliche Begeisterung, als Näherung, die sehnlich gewünscht wird. Zugleich wird die Nähe unerträglich und will wieder in die Ferne entschwinden. Das Auswägen von Nähe und Ferne gelingt nicht. Von Anfang an wirkt in der erotischen Empfindung zwischen Frau und Mann etwas Unbestehbares, eine Spannung, eine im Grunde genommen „rasende" Dynamik, die mit dem Wort „mania" bei Platon abge-

---

[1] Georg Britting (Hg.), Lyrik des Abendlands, München (Hanser) 1974.
[2] Ebd.

deckt wird[3] – Eros ist „Wahnsinn" gemäß dem „Phaidros". Um genauer einzukreisen und griffig zu machen, daß auch die Griechen mit dem Eros nicht einfach etwas unbeschwert sich selbst Genügendes geschaffen haben, sei das Spannungsfeld anhand des „Symposion" von Platon in zwei Skizzen angedeutet. In der sechsten Rede im „Symposion", also gegen Ende des Gastmahls, wird von der Zeugung des Eros berichtet, die ein Licht auf seinen spannungsreichen und nicht auszubalancierenden Charakter wirft. So wird die Entstehung des Eros aus einer doppelten Anlage gezeigt: aus dem Vater Poros (Erwerb) und der Mutter Penia (Armut). Der Erwerb ist selbst ein Gott, der sich vom Göttergastmahl am Geburtstag der Aphrodite betrunken und vollgegessen im Rausch des Selbstverlustes wegschleppt, in das Gras legt und zu schlafen beginnt, während die Armut, keine Göttin, in Lumpen gekleidet und von der Entbehrung gezeichnet, heranschleicht, um einige Brosamen zu gewinnen, dabei ihre Gelegenheit erspäht, sich auf den schlafenden Erwerb stürzt und ihn vergewaltigt. In dieser Nacht wird Eros empfangen.[4]

Zum Eros gehört zweierlei; seine ganze Doppeldeutigkeit kommt in dieser Genese zum Ausdruck. Er ist Kind des „kecken Jägers"[5], Sohn von Überfluß, Luxus, Selbsterfüllung und auf der anderen Seite Sohn von Bedürftigkeit, Unstillbarkeit, Nie-Befriedetheit, Not, Brauchen, Ausgeliefertsein. Eros ist aus diesem Grund ein Zwittergott. In der künstlerischen Abbildung ist er zum einen von souveräner Unappellierbarkeit – ihm widersteht nichts, die ganze Götterwelt ist ihm unterworfen, sogar Aphrodite –, ein Gott, der selbst keiner Unterwerfung bedarf. Auf der anderen Seite ist er kindlich mit der Grenze zum Infantilen. Er wird als kleiner Knabe dargestellt: So kann er nie zur Rechenschaft gezogen werden, hat keine Gründe für sein Verhalten, kombiniert nach Laune, sucht seine Ziele in der Form des nicht Zurechnungsfähigen. Er ist sowohl unverantwortlich wie gleichzeitig keiner Rechtfertigung bedürftig. In dieser Zwitternatur ist etwas angelegt, was das „Symposion" in nicht weniger als sieben aspektreichen Reden entfaltet. Wesentlich bleibt die Unbeherrschbarkeit des ganzen Gebietes, ein unvereinbarer Widerspruch, der nicht einfach in sich versöhnt werden kann. Eros wird weder in der Ehe ganz befriedet noch im Vorfeld des Pubertären und der wechselnden Bindungen. Es gibt keine Lösungen, die dem Kind-Gott in seiner ganzen Abgründigkeit gerecht werden.

---

[3] Josef Pieper, Gottgeschenkte mania. Eine Platon-Interpretation, in : IKZ Communio 3 (1994), 260–270. – Ders., Begeisterung und göttlicher Wahnsinn. Über den platonischen Dialog „Phaidros", München (Kösel) 1962.

[4] Das Gastmahl, oder von der Liebe, 202 E.

[5] 203 D.

Wer sich auf Regeln verläßt, ist verlassen – das erotische Spiel hat keine genauen Regeln. Das ist ein erster Blick auf den Eros, von dem Nietzsche meinte, er wäre nur von seiner heiter-gelungenen Größe abgefallen und vergiftet worden. Der Befund, wenn man ihn genau ins Auge faßt, läßt vielmehr noch etwas anderes frei – wie zu lesen in der Schlußrede des „Symposion", der Rede, die ein „Beau" dieses Kreises um Sokrates hält. Alkibiades nämlich gibt aus seiner geschlechtlichen Erfahrung etwas zum Besten, das er selbst nicht einordnen kann.[6] Er habe Sokrates eingeladen – mit eindeutig homoerotischem Hintergrund –, bei ihm ein Gastmahl einzunehmen: Er versucht, Sokrates betrunken zu machen. Die Ekstase des Rausches, die notwendig ist, um in den Bereich des Gottes überzugehen, wird beschworen. Sokrates will aber vielmehr, statt sich dieser Ekstase hinzugeben, dem bereits betrunkenen schönen jungen Mann gegenüber etwas anderes kenntlich machen. Denn nun kommt keineswegs der Eros in seiner Zwitteranlage, in seinem Geben und Nehmen, Bedürfen und Überfließen zur Sprache oder zur Tat, sondern Sokrates kennt offensichtlich, ohne es an dieser Stelle deutlich zu entfalten – über die biologische, die psychische und schlechthin ekstatische Anziehung des Eros hinaus – eine Liebe im Geist, die keineswegs ein Vermindern des Entzückens ist, sondern eine Liebe, die sich als Ekstase der Klarheit und als Ekstase des Geistigen äußert. So bleibt die Begegnung körperlich abstinent, und doch begreift Alkibiades seinen Lehrer um so mehr als „göttlich".

Im „Phaidros" jedoch[7] wird Sokrates über den Bios hinaus, über unerträgliche Sehnsucht, Erfüllung und neue Sehnsucht hinaus, über Hunger und Stillung hinaus jene Ekstase entfalten, die wesentlich „mania" ist, ein „Aus-sich-Herausgerissenwerden", das auf merkwürdige Weise zugleich ein „Zu-sich-Kommen", ein „Sich-Beruhigen" und ein „Sich-Auftun" im Geiste ist. Die Spannung wird damit von innen nach oben angelegt, von „oben" wird beflügelt. Das war wohl die höchste Entfaltung des Themas bei Platon: Daß die alte Zwitternatur, das Herausfordernde und zugleich Unbestehbare des Eros wesentlich dadurch geläutert und in die Höhe gehoben werde, indem die Liebe nicht eigentlich über den Bios verfüge, sondern etwas zu Wort kommen lasse, was vom Bereich des Geistigen ausgehe.

Damit zeigt sich, daß Eros nichts Einheitliches und Befriedendes sein kann, sondern eine zuweilen zerreißende Spannung aufbaut,

---

[6] 215 A–221 E.
[7] Phaidros, oder vom Schönen, 243 E–256 B.

die auch bei den Griechen nicht nur einfach zu bestehen ist, zu deren Bestehen vielmehr verschiedene Anstrengungen gehören. Und Sokrates hat über Zwischenstufen einen Weg nach oben gezeichnet, in dem nicht mehr einfach der leibliche Vollzug, der auch in der Schlußrede des Symposions völlig unterbleibt, das Tragende ist, sondern wo ein Öffnen, ein Berühren und ein „Aus-sich-Herausgerissenwerden" von oben her geschieht.

II.

Die zweite Memoria bedeutet eine Umwendung dieses Gedankens auf das hin, was der biblische Bereich offenlegt.

Etwa 400 Jahre vor dem „Symposion", im 8. bis 6. Jh. v. Chr., werden in Israel Lieder niedergeschrieben, teils Hochzeitslieder, teils aber auch einfach Freundschaftslieder. Sie wurden in das Alte Testament in acht Kapiteln – als kürzestes Buch der Bibel – unter dem Sammelnamen „Hoheslied" eingefügt. Dieses Hohelied bildet in Inhalt und Form Ungewohntes im Alten Testament und steht in einem bis heute offenen Auslegungshorizont, wobei die Auslegungen häufig den Text so bändigen, daß er die Liebe zwischen Mensch und Gott beschreibt. Sowohl die jüdische wie die christliche Mystik versuchten, den Zwiegesang, der hier stattfindet, in dieser Weise zu überhöhen – sicher nicht ganz zu Unrecht.[8] Ursprünglich aber, wie Othmar Keel[9] aufgewiesen hat, geht es aber doch wohl um den Eros zwischen einem jungen Mann und einer jungen Frau (die übrigens in der Einheitsübersetzung sofort als Braut und Bräutigam vorgestellt werden, was im Text nicht steht).

Im Hohenlied werden vor allem zwei hebräische Termini für „Liebe" gebraucht, die eine neue Betrachtung eröffnen. Es beginnt mit dem klingenden Satz: „Er küsse mich mit dem Kuß seines Mundes, denn deine Liebe ist süßer als Wein." Keel hat darauf aufmerksam gemacht, daß immer dann, wenn im atmosphärischen Zusammenhang mit Wein, Frucht, gegenseitiger Schönheit von „Liebe" die Rede ist, im Hebräischen das Pluralwort „dodim" verwendet wird. „Dodim" kommt überall dort vor, wo die Öffentlichkeit noch am Sich-Einüben und Begegnen dieser beiden teilhat. Die Töchter Jerusalems werden genannt, der Marktplatz, auf dem das Annähern

---

[8] Origines, Zwei Homilien zum Hohen Lied, Einsiedeln (Johannes) 1987. – Hugo von St. Victor, De amore sponsi ad sponsam. Dt. in: Paul Wolff (Hg.), Die Viktoriner. Mystische Schriften, Wien 1936.
[9] Othmar Keel, Das Hohelied. Zürcher Bibelkommentare, hg. v. H. H. Schmid / S. Schulz, Zürich ²1992.

und Sich-Zeigen stattfindet: All das hat noch die Form von „dodim“. Jean Paul hat dafür in anderem Zusammenhang das schöne Wort „Tutti-Liebe“ geprägt: Das Orchester der Möglichkeiten ist sozusagen besetzt, aber im Grunde genommen ist die Beziehung noch nicht zur Einzigkeit umgeschmolzen. „Dodim“ ist die Haltung einer noch pubertären, bereits suchenden, aber noch nicht entschiedenen Einstimmung auf das Gegenüber. Ist doch das Schöne, das Serene, das Beschwingende des Rausches eben jener Ekstase gemeint, die noch nicht in eine Entscheidung übergegangen ist.

In der Tat wird nun aber das Hohelied (und zwar schon im Kapitel 3, vor allem aber in Kapitel 4 und 5) auch terminologisch wechseln. Im 4. Kapitel wird die junge Frau, die bis dahin eben im Vorfeld dieser Beziehung war (genau wie er), nämlich im gegenseitigen Gefallen, auch im Aufrufen der anderen, die ihren Freund bewundern sollen, zu einer anderen Terminologie kommen. Es beginnt damit, daß der Geliebte über die Hügel springt, an ihrer Klinke rüttelt und sie bittet, aufzumachen. Zum ersten Mal wechselt auch die Szene von dem bisherigen Außenbereich des Marktplatzes – wie Simone Weil es genannt hat – in den Bereich des Brautgemaches. Er will nach innen eindringen, sie ziert sich. Es kommt eine doppelte Abweisung: Sie sei schon ausgekleidet, könne nicht mehr aufstehen, die Schuhe seien ausgezogen, sie könne sich die Füße nicht mehr schmutzig machen. Dieses zögerliche Verhalten veranlaßt ihn, wegzugehen. In diesem Moment geschieht ein terminologischer Wechsel. Denn sofort springt die Frau auf, sucht ihn, rennt auf die Gassen, schreit und findet ihn nicht mehr. In diesem Zusammenhang fällt der Wechsel von „dodim“ als jener „Tutti-Liebe“ zu „ahaba“, was in der griechischen Form „agape“ fast wörtlich wiederkehrt. „Ahaba“[10] ist jene Liebe, in der sich in jeder Sprache „Herz“ auf „Schmerz“ reimt. Hier begegnen sich Eros und ein ausgesprochenes Leiden, das sich von der Wortwahl und von der eigentlichen Abfolge der Situation her noch deutlicher machen läßt. Die Frau trifft auf die Wächter, die sie nach ihrem Geliebten ausfragt, während die Wächter sie prügeln und ihr das Gewand herunterreißen, sie also bloßstellen. Und die Liebende, die nun zum ersten Mal in der Gestalt von „ahaba“ liebt, nämlich ihn und keinen anderen, läßt alles mit sich geschehen. Das Bild ist klar: Die junge Frau wird mit einer Dirne verwechselt, denn sie ist fast unbekleidet, hat in der Eile des Aufspringens nur einen Mantel umgeworfen.

„Ahaba“ ist jene Liebe, die bis zur Grenze der Bloßstellung und selbst darüber hinausgeht. Sie läuft dem nach, den „einzig meine

---

[10] A. Haldar, Artikel „ahab“, in: ThWAT I, 108.

Seele liebt". Diese Liebe geht an die Grenze der Verworfenheit und des Mißverständnisses, ja sie geht in die Verworfenheiten, in die nächtlichen Gassen hinein, und sie geht dorthin, wo die Wächter als Normen sind und sich die Liebe trotzdem nicht vor der Verwechslung schützt. „Ahaba" ist jene Hingabe, die bis zur Preisgabe bereit ist, sich auszuliefern. Sie ist der Wechsel aus dem Plural des Liebens in den Singular. Und nie ist der Plural eine Konkurrenz zum Singular, denn diesen gibt es nur einmal, den Plural mag es hundert Mal gegeben haben. Auch der Liebende wird von dieser Gewalt ergriffen, denn es wird aufgezählt, er hätte 60 und 80 Frauen wie Salomon und unzählige Frauen nebenher (6,8), aber nur „eine ist meine", die eine Taube (6,9). Der Singular zerstört den Plural, „ahaba" zerstört „dodim".

Nun ist verschwunden, was Wein, Atmosphäre, Gesang, In-Dienst-Nehmen des Eros für die eigene Steigerung bedeutet. Nunmehr ist Eros in der Gestalt des Todes da, während er vorher in der Gestalt des Rausches da war. Es ist die letzte Form und Steigerung der Liebe in diesem biblischen Buch, daß solche Liebe an den Tod und die Unterwelt grenzt und davor keine Furcht hat – genauer: Sie hat Furcht, aber die Furcht stößt sie nicht mehr aus der Liebe heraus. „Ahaba" ist jene Liebe, die bis ins Unerfüllte lieben muß, was Kierkegaard im 19. Jahrhundert noch einmal entwickelt.[11] Sie ist das Exzessive, wo nicht mehr im Besitzen und Genießen, sondern im Verlieren geliebt wird. „Ahaba" ist die Liebe, die ins Leere leben und ins Leere lieben muß – im 4. Kapitel findet die Frau ihren Freund nicht mehr. Angedeutet wird die Erfahrung, daß die Liebe nicht etwas gibt, sondern sich selbst zu geben hat, und eben das entspricht der Erfahrung des Todes. Hier ist Untergang durch eine Übermacht, von der auch Alkman und Sappho wußten, ebenso wie Platon in der Gestalt des Sokrates davon sprach, allerdings von jener Übermacht, die er mit dem Geistigen gleichsetzt, also einem göttlichen Bereich, der von oben her zugreift.

Das Unterscheidende des Biblischen scheint, daß hier nicht schicksalhafte Übermacht von oben einbricht, sondern Übermacht, die im zwischenmenschlichen Bereich angesiedelt ist; daß Mann und Frau selber mit dieser ungeheuren Kraft gegenseitiger Herausforderung und des Selbstverlustes, als Protagonisten dieser Faszination, auftreten, nicht einfachhin das Göttliche. Zwischen Frau und Mann ist die Urebene dieses Verlustes, die Hingabe bis zur Preisga-

---

[11] Sören Kierkegaard, Furcht und Zittern, übers. v. Liselotte Richter, Hamburg (Rowohlt) 1964, 37–42; die Passage beginnt mit den berühmten Worten: „Ein Jüngling verliebt sich in eine Prinzessin …"

be, erfahrbar. „Ahaba" ist Lieben, das von sich wegführt. Am Ende dieses Weges wird der Geliebte wieder gewonnen, was aber im 4. Kapitel nicht deutlich ist. Das Weggehen und Weggeben seiner selbst geschieht nicht unter den Auspizien, sich irgendeinmal wiederzufinden. Hier ist die Stelle, wo die Ordnung der Liebe in die Unordnung übergeht und von außen, aber auch vom eigenen Empfinden als Unordnung wahrgenommen wird – nicht nur von den Außenstehenden, sondern auch als Frage von innen: „Darf ich so lieben? Darf ich mich weggeben? Darf ich in den Gassen suchen?"

III.

Aus diesem Bestand einer Liebe zwischen Mann und Frau, einer Urkraft, die mit dem Tod und der Unterwelt und der Härte der Verlusterfahrung verbunden ist, speist sich auch eine christliche Terminologie. Die Frage ist, ob die Memoria einer solchen Liebe dem Christentum den verlorenen Gott wiederzufinden hilft. Drei Hinsichten seien versucht; sie sind wieder Erinnerungen, aber nicht nur Erinnerungen nach rückwärts, sondern sie enthalten zugleich eine Perspektive nach vorne.

1) Das Christentum hat versucht, „dodim" (die „Tutti-Liebe" Jean Pauls), das noch pubertäre, hormonell angereicherte Verhalten des Sich-Produzierens auf dem Marktplatz – Simone Weil mit ihrer „Sprache des Marktes"! – relativ einzubinden. (Das versucht übrigens wohl jede religiöse Kultur.) Es sieht „dodim" als eine Suchphase, die noch geläutert werden muß, bis sie tatsächlich in eine eindeutig singuläre Beziehung übergeht. Das ist die Form, in der Eros in der Gestalt der Ehe gelebt wird. Zwei Leistungen setzte das Christentum durch, die heute bedrücken mögen, aber zunächst einmal als Leistungen zu sehen sind: Zum einen, daß die Ehe monogam wird – hier wird der Singular wirklich erzwungen. Und zum zweiten, daß sie unauflöslich wird, was den Ernst der Hingabe durch die Unauflöslichkeit betont. Es öffnet aber den Horizont des Eheverständnisses, daß damit Eros oder „dodim" nicht einfachhin verschwunden oder sogar kastriert wären. Es gibt eine Stelle, von der selten gesprochen wird: von dem Vollzug der Ehe als jenem Zueinander von Frau und Mann, wo die ursprüngliche Heiterkeit, Freiheit, Spontaneität und Göttlichkeit des Eros gewahrt ist. So merkwürdig das klingt, ist das im Gedanken des *Sakraments* der Ehe enthalten. Dabei ist auszugehen von der Ursprungsbedeutung des Sakraments, daß im Vollzug der geschlechtlichen Einung, im Vollzug der Liebe

auch auf ihrer leiblichen Ebene die Epiphanie Gottes stattfindet. Ehe ist jenes Sakrament, das nicht vom Priester gespendet wird, sondern das sich die beiden Liebenden im Akt ihrer geschlechtlichen Vereinigung spenden. Jedes Sakrament ist nichts anderes als Epiphanie Gottes im sinnlichen Zeichen. Auch in der Ehe trifft genau dieser Terminus zu: Gott erscheint in der Liebe dieser beiden. Es ist ungemein wichtig für das einbegreifende Gedächtnis des Christentums, das auch Judentum und Griechentum inkulturiert, daß eheliche Liebe in der Form dieses unverwaltbar freien und spontanen Aktes nicht etwas „Ungöttliches" erlaubt, das gerade noch eingeräumt wird, sondern daß der eheliche Akt die Präsenz, die Anwesenheit Gottes in der Liebe dieser beiden ist. Insofern muß der eheliche Akt auch nicht zum „liturgischen" Akt umgestaltet werden, was ja manchmal die Versuchung war (den Rosenkranz nebenher zu beten, was so einige dieser merkwürdigen Entwicklungen waren).

Ein derartiges Verständnis der Ehe trägt nicht notwendig eine Distanz zum Protestantismus ein. Luther hatte zwar die Ehe aus der Sakramentenzahl entfernt; trotzdem bestünde eine Möglichkeit, auch von Luther her, die Epiphanie Gottes im leiblichen Bezug der beiden zu sehen, nämlich dergestalt, daß Luther die Taufe als jenes Ursakrament verstand, aus dem sich der gesamte Lebensvollzug des Christen speist. So gesehen würde die Taufe eigentlich den christlichen „Rahmen" auch jener freien, ungehinderten und beseligenden göttlichen Kraft des Erotischen in der Ehe bedeuten.

Die Frage ist zu stellen, ob in der Ehe wirklich nur Domestikation empfunden wird; ob vielmehr in diesem Wechsel aus dem Plural in den Singular, in der Bindung der beiden an eine unauflösliche, alle Negativitäten bestehende Klarheit des Zueinanders nicht doch das ausgedrückt sei, was „ahaba" eigentlich von sich selber her erzwingt – das Weglassen des Vielen, das Einlassen auf Einen, die Liebe in der Form auch des Schmerzes und möglicherweise die Liebe auch in Form einer Untergangserfahrung, und zwar nicht nur der ekstatisch-schönen, sondern auch der alltäglich-abfordernden Untergangserfahrung. Könnte nicht doch klarer christlich vermittelt werden, daß die Ehe, gerade im geschlechtlichen Zueinander, der Ort Gottes ist?

2) Eine zweite Möglichkeit des Eros ist im Christentum kultiviert, diesmal außerhalb einer sakralen Institution. Diese andere Form des Zueinanders unter Christen ist im Abendmahlsaal grundgelegt. Jesus hatte in seinen Abschiedsreden ein Wort benutzt, das eine

große Tradition gewann, mittlerweile aber leider im Bewußtsein, also auch in der Memoria, ziemlich verschwunden ist – nämlich das Wort „philoi". „Ich nenne euch nicht mehr Sklaven („douloi"), [...] sondern Freunde („philoi") (Jo 15,15)." Das Wort „philia" begründet ein Verhältnis, mehr als das – eine Beziehung zwischen Christen, und zwar im Auftrag der letzten Reden Jesu. Amicitia ist eine Form des Amor, die zwar die geschlechtliche Beziehung als leibliche nicht aktiviert, aber letzten Endes das Ruhen in einem gemeinsamen Verstehen bedeutet. Freunde sind von einem Dritten gekennzeichnet, auf das hin sie ihren Weg gemeinsam gehen, ja die Kraft des Dritten vereinigt sie.[12] Freundschaft ist das Entbinden des Besten, was man ist – die ausdrückliche Herausforderung eines Optimum am Gegenüber. Auch an dieser Stelle ist eine Kraft des Erotischen gegeben, die zwar nicht von der Leibbezogenheit ausgeht, aber doch von dem Gedanken des Gemeinsamen gespeist ist. Diese Bindung meint ein Begleiten, eine Wegstrecke der Gemeinsamkeit, die von der Anziehung eines gemeinsamen dritten Zieles her gekennzeichnet ist. Recht gesehen war es wohl die Aufgabe der Orden, solcherart Freundschaft zu leben. Die Orden sind nicht Vergesellschaftung von Singles, sondern von Anfang an als Ordnungen in Freundschaft angelegt waren (gegen die Lebensweise der Eremiten).

Anzuregen wäre, daß das Christentum eine Kultur der „philia" zurückgewinnt oder sich neu erarbeitet, und zwar – um präzise zu werden – eine Kultur der „philia", die keiner Institutionalisierung bedarf. Freundschaft ist etwas Freies, zugleich aber auch ein Auftrag vom Abendmahlsaal her. Ob es nicht eine Kultur der Freundschaft braucht, die gerade in der heutigen Krise sowohl der Ehe wie des Alleinseins eine Antwort auf das allen notwendige Element der Beziehung gibt? Wie wird Beziehung gelebt zwischen denen, die keine unmittelbar leibliche Beziehung haben und sie nicht wünschen? Gäbe es eine „philia" wiederzuentdecken, und zwar unter dem Gesichtspunkt Jesu, wo Männer mit Männern, Frauen mit Frauen, Männer mit Frauen eine Kultur der Freundschaft leben, die nicht verdächtigt werden müßte als eine Verdrängung des Erotischen, sondern als ein Leben genau unter diesem großen Aspekt, wie er im Abendmahlsaal eröffnet wurde?

Es gibt große Beispiele von großen Freundschaften im Christentum. Sie sind kaum in der Memoria, und das ist bedauerlich. Klara

---

[12] Vgl. die Artikel amor/amicitia in: Augustinus-Lexikon, hg. v. Cornelius Mayer, Bd. I., Basel–Stuttgart (Schwabe und Co.) 1986. – „Klassisch" ist der Zisterzienser und „Bernhard des Nordens" Aelred von Rivaulx/Rieval (ca. 1110–1167) mit seinem Werk: Über die geistliche Freundschaft, Trier 1978.

und Franz fallen ein, Johanna Franziska von Chantal und Franz von Sales. Hier stockt die Rede schon.[13] Niemand sei ungefragt dazu ernannt – aber möglicherweise ist die Beziehung zwischen Adrienne von Speyr und Hans Urs von Balthasar ähnlich einzuordnen.[14] Es gibt hier Konjunktive. Vielleicht hätte auch die Beziehung Rahners zu Rinser so etwas sein können – lassen wir den Konjunktiv so stehen. Aber damit die Christenheit in der Lage ist, Beziehungen dieser Art ohne Verdächtigung, und zwar ohne die Verdächtigung einer Verdrängung einerseits und ohne Verdächtigung einer heimlich oder unterschwellig doch anders gelebten Freundschaft andererseits zu entwickeln, bedarf dies eines gemeinsamen Verstehens dessen, was Freundschaft heißt. Sie ist mehr als Partnerschaft. Noch einmal: Sie ist eine Form des Eros, die nicht von der leiblichen Beziehung ausgeht, aber doch von der gegenseitigen, näherhin durch ein Drittes, einen Dritten erweckten Anziehung auf ein gemeinsames Ziel hin, was sehr wohl zu den Beflügelungen des Erotischen gehört.

3) „Ahaba" tritt uns als „Agape" im Ersten Johannesbrief entgegen und gehört wohl zu dem mißverständlichsten Wort, das Johannes überliefert hat: „Gott ist die Liebe" (1 Jo 4,9). Voraus geht ein „ozeanisches" Reden um Liebe, ein kreisendes Reden, in dem das Wort „Liebe" unter der Form der Agape immer erneut auftaucht. Das hat zu dem Reden von Gott als dem „lieben Gott" geführt. Wenn vorhin verstanden worden ist, daß die Braut im 4. Kapitel des Hohenliedes aus der selbstgefälligen und selbststeigernden Liebe der „dodim" in die schmerzliche Liebe des Sich-Abhandenkommens und des Selbstverlustes wechselt, dann wird deutlich, daß mit Agape nicht die zahnlose, wohlwollende Liebe eines weltenthobenen, alles verzeihenden Gottes gemeint sein kann. Die Epiphanie Gottes in der Agape ist vielmehr präzise und auch präzise vor dem Hintergrund des Hohenliedes zu lesen.

Bernhard von Clairvaux hat im 12. Jh. Gott mit der Frau verglichen, die auf die Gassen rennt und nach der Menschheit schreit und

---

[13] Selbstverständlich gibt es mehr Freundespaare; sie sind nur zu wenig im christlichen Bewußtsein, so etwa Basilius und Gregor von Nazianz, Hieronymus und Paula, Teresa von Avila und Gracian etc. Vgl. dazu: Liebesbriefe hinter Klostermauern. Zeugnisse geistlicher Freundschaft, hg., eingeleitet und z. T. neu übersetzt von Sabine Spitzlei, Freiburg (Herder) 1990.
[14] H. U. v. Balthasar, Erster Blick auf Adrienne von Speyr, Einsiedeln (Johannes) 1986. – Ders., Unser Auftrag. Bericht und Entwurf. Einführung in die von A. v. Speyr gegründete Johannesgemeinschaft, Einsiedeln (Johannes) 1984. – Elio Guerriero, Hans Urs von Balthasar. Eine Monographie, Einsiedeln (Johannes) 1993, 4. Kap.

sie nicht findet.[15] Tatsächlich läßt sich der Begriff „Agape" auf den Begriff „ahaba" zurückführen. Es ist Gott, der die Frau auf den Gassen vorstellt, sich den Mantel herunterreißen läßt. Es ist Gott, der um den Menschen schreit und leidet und der die Bewegung der Preisgabe vollzogen hat. Hier ist die sachliche Stelle, an der sich Passio mit Amor berührt. Hier ist die sachliche Stelle, an der der lateinische Dichter Ovid in seiner „Liebeskunst" das Wort prägt: „Amare amare est" – „Lieben ist bitter". Gott liebt uns mit einer Bitterkeit, so Bernhard von Clairvaux, die dem Schmerz der Frau im Hohenlied gleichkommt.

Von daher ist eine Theologie zu befragen, die heute modisch geworden ist, nämlich die Frage, warum Gott sich je habe erlauben können, seinen Sohn für alle „schlachten" zu lassen, jenes Blutopfer einzufordern und im Sinne einer Abzahlung an die Gerechtigkeit die Blutstropfen zu zählen, die da zu Boden fallen.[16] Vor dem Hintergrund des Gesagten handelt es sich hierbei um ein grandioses Mißverständnis dessen, was mit Agape ausgedrückt ist. Um mit Bernhard zu antworten, geht es ganz im gegenteiligen Sinne nicht um Gerechtigkeit, die ein Schlachtopfer fordert, sondern um die Preisgabe Gottes selbst, wozu das Preisgeben seines Sohnes gehört, wie es bei Paulus so genau formuliert wird. Und dieses Weggeben bis ins Sinnlose und Maßlose und Mißverständliche führt zur Verwechslung der Liebe mit der Prostitution, wie im 4. Kapitel des Hohenliedes steht – und eben dasselbe geschieht Gott in solcherart Theologie: daß ihm nämlich vorgehalten wird, er hätte eigentlich seinen Sohn nicht ausliefern dürfen. So ist Gott in die äußerste Verwechslung seiner Liebe mit eingetreten. Weil er eine Liebe gelebt hat, die der Menschheit unverständlich bleibt, da sie mit ihm zu rechten beginnt, ob es eigentlich so viel „Verschwendung" gebraucht hätte.

Als Abraham seinen Sohn opferte – darauf hat Ida Friederike Görres hingewiesen – hielt im letzten Moment ein Engel den Arm Abrahams auf. In bezug auf Golgotha fährt sie fort: „Doch diesmal hing kein Widder mehr im Strauch."[17] In Golgotha war die Bewegung der Liebe bis zum Ende gegangen. So daß der Vater nicht den Sohn in einem Rechenschaftsbericht über die Tilgung bestimmter Schuldbestände vernahm. Sondern seine Agape hat hier den Ursprungssinn des Hohenliedes: daß der Vater sich selber auf die Wei-

---

[15] Bernhard von Clairvaux, Commentaria in Cantica Canticorum, in: Sämtliche Werke. Lat./dt. Hg. v. G. H. Winkler, Innsbruck (Tyrolia) 1994.

[16] Paradigmatisch dafür Eugen Drewermann.

[17] Ida Friederike Görres, Abraham, in: Görres, Der verborgene Schatz. Gedichte, Frankfurt (Josef Knecht) 1949, 65.

se abhanden kam, daß er das Letzte gab, worüber er verfügen konnte, daß er sich verschwendete, „gratis", aber auch „frustra" – also nochmals umsonst und bis ins Mißverständnis hinein umsonst. Dieses große „Umsonst" der Liebe Gottes, das sich auch an unserem Begreifen bricht, ist die Stelle, an der die Horizonte der Agape geöffnet werden.

Wenn das Christentum für die Zukunft eine Bedeutung hat, dann hat es sie wohl in der Form, daß es die Memoria an solche Agape offenhält – präziser formuliert: daß es die Memoria an die Gesamtgestalt des Eros offenhält. Um den Eros nicht zu töten in seiner gesamten Spannung von der Leiblichkeit, auch der „dodim"-Sphäre, über die große „philia", die Anziehung durch das gemeinsame Ziel, bis hin zur einzigen Liebe, selbst in der Gestalt der Preisgabe und des Schmerzes, bedarf es wohl des ganz großen Gestus, den die Bibel hat. Die biblische „Erotik" umfaßt auch die griechische Erfahrung. Sie läßt sich nicht nur von innen nach oben formulieren, sondern eben auch zwischenmenschlich bis zur Vollgestalt des erotischen Reifens. Nach oben gibt es eine Hingabe, aber auch zwischen den Menschen. Ob die kirchlichen Dokumente das für das Alltagsverständnis genügend klarmachen, bleibt eine Frage, die hier nicht angeschnitten ist und damit nicht beantwortet sein will. Aber daß in der Tiefe des jüdisch-christlichen Gedächtnisses, in seiner besten Überlieferung, die Liebe nicht verstümmelt, sondern ins Göttlich-Große geöffnet ist, sei hier behauptet.

Was damit hoffentlich verständlich wird, ist, daß Liebe nicht eine Frage der aufgeklärten Moral und der sexuellen Revolution ist. Wer sichert die Spannung des Erotischen? Wer sichert das Ungesicherte, wenigstens von den Bedingungen her, zwischen Selbstgewinn und Selbstverlust? Denn: Der Grundgestus der ahaba/agape ist von uns nicht ganz allein zu leisten, weil er wesentlich auch eine Überforderung darstellt. Wer will sich schon gerne verlieren und nicht vielmehr gewinnen im Lieben? Es ist die Frage, wenn die Religionen im heutigen Bewußtsein abhandenkommen (und hier sind Judentum und Christentum gemeinsam gemeint), in denen dieser riesige Gestus des Liebens und Leidens von Gott selbst vollzogen wird, wieviel gelingt eigentlich noch an diesem Hingeben und Weggeben der Liebe? Können wir das von uns aus allein? Ist der Memorizid – die Löschung des kulturellen Gedächtnisses –, ist der Theozid – die Löschung Gottes – nicht auch ein Erozid, die Löschung des Eros? Heute ist gegen Nietzsche zu formulieren, daß es der Instant-Sex ist, die Verflachung zur ungöttlichen Banalität, die dem Eros Gift zu trinken gegeben hat.

10

Religiöser Indifferentismus und Monotheismus

von Franz Kardinal König

In unserem vom Christentum durch Generationen geprägten Europa stellt sich heute ernsthaft die Frage, ob Religion noch Zukunft habe oder wie weit der Gottesglaube – heute zur Gottesfrage geworden – das Welt- und Menschenbild von morgen noch bestimmen werde. Glaubenskrise und Säkularisierung apostrophieren dieses Bild. In unserer säkularisierten Welt eines vorwiegend westlichen Europas, in anderen Kontinenten ist die Situation zum Teil wieder ganz anders, steht der Mensch mit seiner Frage nach dem Sinn des Lebens vor vielen Fragezeichen. Die Antworten auf solche Fragen sind verschieden. Sie konvergieren zumeist in der Feststellung: „Transzendieren ja, aber Transzendenz nein", wie es der Philosoph Ernst Bloch in seinem ‚Prinzip Hoffnung' ausgedrückt hat. Und das wurde später zur Parole: „Religion ja, Gott nein."

Ein Atheismus mit seinem Widerspruch nicht nur gegen die Erkennbarkeit, sondern gegen die Existenz Gottes selber ist durch zwei Weltkriege, durch das Scheitern einer rassistisch-rationalistischen Ideologie, durch den Zusammenbruch des kommunistischen Imperiums in große Schwierigkeiten gekommen. In der Form des Agnostizismus, Skeptizismus hat er den Prozeß einer europäischen Säkularisierung im Sinne der Aufklärung und der französischen Revolution weiterhin beeinflußt.

Das 2. Vatikanische Konzil ist ausführlich auf die Formen eines praktischen Atheismus eingegangen, um zu zeigen, wie dadurch der religiöse Indifferentismus (Gleichgültigkeit) gefördert wurde. Religiöse Indifferenz ist eine Lebensform, als ob es keinen Gott gäbe. Denken wir dabei an die naturwissenschaftlichen und technischen Forschungen, wo Gott weder bejaht noch verneint wird, um damit einem a-religiösen Klima zu entsprechen (a-religiös im Sinne von nicht-religiös). Der Konzilstext spricht aber auch davon, daß ein Teil der Verantwortung für das Entstehen eines modernen Atheismus mit seiner agnostischen Ausprägung auch bei den Christen, bei der Kirche selber zu suchen sei. „Der Atheismus allseitig betrachtet", so der Konzilstext, „ist nicht eine ursprüngliche und eigenständige Erscheinung, er entsteht vielmehr aus verschiedenen

Ursachen, zu denen auch die kritische Reaktion gegen die Religionen und in einigen Ländern v. a. gegen die christliche Religion zählt. Deshalb können an dieser Entstehung des Atheismus die Gläubigen einen erheblichen Anteil haben, sofern man sagen müsse, daß sie durch Vernachlässigung der Glaubenserziehung, durch mißverständliche Darlegung der Lehre oder auch durch Mängel ihres religiösen, sittlichen, gesellschaftlichen Lebens das wahre Antlitz Gottes und der Religion mehr verhüllen als offenbaren." Soweit der Konzilstext zur Mitschuld der Christen am Atheismus.

Im Fahrwasser der Aufklärung wuchs in der zweiten Hälfte des vorigen Jahrhunderts und an der Wende zu unserem Jahrhundert neben der Theologie und unabhängig von ihr eine eigene Religionswissenschaft, die der philosophischen Evolutionsthese (Entwicklungslehre) verpflichtet blieb. Damit vertrat man die Meinung, das Christentum sei eine Religion wie alle anderen, sei so gut oder so schlecht wie alle anderen Religionen. Erst später erkannte man, daß eine monotheistische Gottesidee, der Glaube an einen Gott, Schöpfer des Himmels und der Erde, gerade für die religiösen Fragen von entscheidender Bedeutung bleibe. Heute stehen wir vor dem Phänomen, daß sich eine vordergründige religiöse Indifferenz in einem merkwürdigen Gegensatz zu einem tiefliegenden Interesse, ja zu einer religiösen Sehnsucht des Menschen befindet, wie sie sich heute in einer Vielzahl neuer religiöser Bewegungen und Sekten offenbart. Die Menschen unserer Tage erfahren das religiöse Defizit in weiterer Sicht auch als ein menschliches Defizit, denn – wie das Konzil meint – „die Wahrnehmung und Anerkennung der einen höchsten Gottheit durchtränkt das Leben der Menschen mit einem tiefen Gefühl der Geborgenheit und des Glückes".

Zu diesem Gegensatz zwischen religiösem Indifferentismus und religiöser Sehnsucht unserer Tage ergeben sich nun einige Überlegungen, die ich vorlegen möchte:

1. Wenn wir das Buch der Geschichte der Menschheit und ihrer Kulturen aufschlagen, so stellen wir fest: Überall und zu allen Zeiten haben sich Menschen suchend, fragend, bittend an ihre Gottheit, an ihre Götter gewandt, um damit auch indirekt oder direkt die Sinnfrage ihres Lebens zu beantworten, eine Orientierung des Lebens zu finden. In diesem Zusammenhang wiederum eine Feststellung des 2. Vatikanischen Konzils: „Die Menschen erwarten von den verschiedenen Religionen eine Antwort auf die ungelösten Rätsel des menschlichen Daseins, die heute wie eh und je die Herzen der Menschen am tiefsten bewegen. Was ist der Mensch? Was

ist Sinn und Ziel des Lebens? Was ist der Weg zum wahren Glück? Was ist jenes letzte unsagbare Geheimnis, aus dem wir kommen und wohin wir gehen?" Damit erinnert das Konzil aber auch, daß alle Religionen in ihrer Verschiedenheit des Kultes und der Ausdrucksformen etwas besitzen, was ihnen allen gemeinsam ist, nämlich die Frage nach dem Sinn und dem Geheimnis des Lebens.

Auf die Verwurzelung der Religion im menschlichen Leben finden wir heute entsprechende Hinweise bei den Vertretern der Psychotherapie. Ich denke hier z. B. an Viktor Frankl als Vertreter der Existenzanalyse. In seinem Buch ‚Der unbewußte Gott – Psychotherapie und Religion' weist er darauf hin, daß er aufgrund seiner praktischen ärztlichen Erfahrung eine „unbewußte Religiosität" im Menschen erkenne und dies im Sinne einer „unbewußten Gottbezogenheit" verstehe. Das sei, so meint er, eine immer wieder latent bleibende Beziehung zum Transzendentalen, jenseits unserer Welt, in der wir leben.

So sind es heute also nicht mehr nur die christlichen Apologeten oder Fundamentaltheologen, sondern – für unsere Zeit vielleicht noch wirksamer – die Psychotherapeuten, die uns sagen, daß der Mensch ein Wesen ist, das über sich hinausreicht. Er reicht über sich hinaus durch das Bewußtsein, unterwegs zu sein, frei zu sein und dafür Verantwortung zu tragen.

2. Angesichts unserer säkularisierten, religiös indifferenten Umwelt hat man oft übersehen, daß Religion v. a. mit dem Menschen selber und der menschlichen Gesellschaft zu tun hat. Man hat Religion zu ausschließlich als ein wissenschaftliches, intellektuelles Gedankengebäude verstanden. Der religiöse Glaube braucht zwar ein religiöses Wissen, das sich in vielen Büchern finden läßt, das allein aber genügt nicht, denn Religion wurzelt letztlich im Menschen selber und ist so eine existentielle Frage des Menschen, die ihn zutiefst selber angeht, die nicht nur seinen Kopf angeht, sondern sein Herz berührt. Religion ohne Mensch ist etwas Totes, ein leeres Haus ohne Bewohner. Alle hinterlassenen religiösen Spuren in der Geschichte, in ihrer Vielfalt der Deutung, müssen mit dem in Verbindung gebracht werden, von dem sie stammen, d. h. mit dem Menschen. Mit Recht sagt man daher heute: Die Wissenschaft der Religion ist eine Wissenschaft des religiösen Menschen. Und das heißt wiederum, daß sich der Mensch in der Vergangenheit und der Gegenwart, in allen Kulturepochen der Weltgeschichte, von religiösen Mächten, einem höchsten Wesen abhängig wußte und abhängig weiß und das Ziel seines Weges daher in einer anderen Welt erahnt und sucht. Wenn daher persönliche Erfahrung in der eigenen

Religion fehlt, nicht vorhanden ist, und das geht heute oft auch die Familien an, dann ist die große Fülle religionsgeschichtlichen, religionswissenschaftlichen Wissens sehr oft ein totes Wissen. Erst in Verbindung mit der persönlichen Erfahrung, mit persönlicher Religiosität im Sinne christlichen Glaubens und eines persönlichen Gebetes kann religiöses Wissen zu einer großen Bereicherung und Orientierung des Lebens werden. Eine Gottesvorstellung, über die man nur diskutiert, ein Gott, zu dem man nicht betet, ist daher sehr weit weg.

3. Ein dritter Gesichtspunkt ist die Spannung zwischen Gleichgültigkeit und Sehnsucht. Die steigende Zahl neuer religiöser Bewegungen und Sekten hat zweifellos viele Probleme in sich. Aber es ist ein deutlicher Hinweis darauf, daß die Antworten der Politik, der Wirtschaft und der Wissenschaft die Frage nach dem Sinn des Lebens für den einzelnen letztlich nicht beantworten können. Und ohne eine solche Antwort für den einzelnen werden Politik, Wirtschaft und Wissenschaft selbst orientierungslos. Und hier muß aber die Frage gestellt werden, wie weit erreicht die christliche Botschaft der Kirche heute den Menschen überhaupt noch?

4. Religiöse Indifferenz ist nicht selten ein Zeichen persönlicher Unsicherheit, die ihre Ursache in einer großen Unwissenheit auf dem Gebiet des Religiösen hat. Verstärkt wird diese innere und äußere Gleichgültigkeit durch ein negatives Bild bei uns, der katholischen Kirche, der christlichen Kirchen in der Öffentlichkeit. Menschliches Versagen, soweit es den Tatsachen entspricht, wird heute verallgemeinert und erfährt kein Korrektiv durch das Wissen um eine Glaubensgemeinschaft, wie es das Konzil sagt – „Die Kirche ist eine komplexe Wirklichkeit, die aus menschlichem und göttlichem Element zusammenwächst". Dieses Kirchenbild, das die Kirche über sich selbst sagt, das fehlt.

Was folgt daraus? Das 2. Vatikanische Konzil hat die Kirche aus der Defensivstellung des vorigen Jahrhunderts herausgeführt gegenüber der Welt von heute mit allen ihren Problemen (Papst Johannes, der die Fenster damals geöffnet hat). Dies weist uns heute einen Weg in die Welt, wie sie ist. Es ist der Weg des Dialogs, den Paul VI. in seinem Rundschreiben ‚Ecclesiam suam' in seiner Bedeutung für Kirche und Welt besonders hervorgehoben hat. Der Dialog, in dem es nicht nur um die Gottesfrage, sondern ebenso auch um Fragen, Probleme, Schwierigkeiten usw. des Menschen von heute geht. Daher kommt in unseren theologischen Fächern der Fundamentaltheologie besondere Bedeutung zu. Dieser Hinweis des Konzils auf den Dialog war etwas Neues im Bereich der katholischen Kirche, denn in der europäischen Geschichte gab es bis dahin auf Seiten der katholischen Kirche wenig Anlaß, sich mit solchen Fragen, bzw. sich mit solchen Aufgaben weltweit auseinanderzusetzen, obwohl der theologische Dialog ja zunächst in der evangelischen Kirche in Europa am Beginn unseres Jahrhunderts begann. Das Christentum war trotz der Spaltungen (11. Jahrhundert, 16. Jahrhundert) praktisch das einigende Band, das dem europäischen Kontinent das Gepräge gab. Geschichte und Geographie Europas wurden aber auch zum historischen Schauplatz spannungsreicher Begegnungen v. a. der drei großen monotheistischen Religionen, der Juden, Christen und Moslems. Europa und das Christentum – ich spreche als Vertreter der katholischen Kirche – haben aus der Geschichte gelernt und wissen heute um die Bedeutung dieses interreligiösen Dialoges gerade in Verbindung der drei monotheistischen Religionen, die durch Geographie und Geschichte vor besondere Aufgaben gestellt sind. Das Konzil hat seine Mitarbeit zum Religionsgespräch durch die Gründung von zwei päpstlichen Räten zur Förderung der christlichen Einheit sowie zur Förderung des Dialogs mit allen nicht-christlichen Religionen angeboten. Ich spreche also hier nicht über den ökumenischen Dialog, sondern über den interreligiösen Dialog – Gespräch mit den nicht-christlichen Religionen. Auf diesem Weg hat das Konzil sozusagen in Fortsetzung diese Bereitschaft angeboten. Innerhalb der großen Weltreligionen nehmen aber die drei großen monotheistischen Religionen Judentum, Christentum und Islam, einen besonderen Stellenwert ein. Denn nur ihnen ist der Glaube an den einen persönlichen Gott, den Schöpfer des Himmels und der Erde, gemeinsam. Aus europäischer Sicht wird dieser Dialog in Zukunft von besonderer Bedeutung sein. Hier sind viele Möglichkeiten bis jetzt noch zu wenig genutzt. Das Gespräch mit den Vertretern der jüdischen Religionen ist relativ weit gediehen, der Dialog mit den Moslems ist höchstens am Anfang.

So gesehen ergibt sich, und das von der einen Seite, wo man es gar nicht erwartet, eine neue Herausforderung für die heute festgestellte religiöse Indifferenz. Ich meine das religiöse Gespräch, den religiösen Dialog, ich meine darüber hinaus den interreligiösen Dialog und jenen, der sich auf die drei monotheistischen Religionen beschränkt. Johannes Paul II. hat in diesem Zusammenhang vor zehn Jahren bereits ein interessantes Treffen auf seine Einladung hin mit den nicht-christlichen Religionen vorbereitet und später wiederum in Assisi eines mit den drei monotheistischen Religionen. Ein solcher interreligiöser Dialog als Zeichen religiösen Interesses in unserer Welt dient einerseits der gegenseitigen Verständigung, andererseits dem Abbau vorhandener Spannungen, Gegensätze, Vorurteile und damit dem Frieden. Ein solcher Dialog bedarf besonders des Respektes gegenüber der religiösen Welt des Gesprächspartners sowie der Aufrichtigkeit. Die Gefahr einer Vermischung der Religionen ist, wie die Erfahrung ja beweist, keinesfalls gegeben. Ein solcher Dialog ist aber auch ein Ansporn, die eigene Religion jeweils besser und tiefer zu verstehen und kennenzulernen. Ich erinnere hier dabei an die Gottesfrage als Mittelpunkt aller Religionen, als Voraussetzung für die Frage nach Christus. Jeder ernsthafte Dialog verlangt aber Wissen und führt sohin zur existentiellen Frage eines jeden Menschen nach seinen eigenen religiösen Wurzeln. So stellt gerade die Begegnung mit fremden Kulturen, das Gespräch mit anderen Religionen den Agnostiker, den religiös Indifferenten heute schließlich wieder vor die Frage: Und was hältst Du selbst von der Religion, von Deiner eigenen Religion?

11

Über den Glauben und die Lebenserfahrung des heutigen Menschen

von Radim Palouš

Für den Menschen von heute, den Angehörigen einer Welt der Kunststoffe und anderer technischer Produkte, stellt der Glaube eine menschliche Leistung dar, die nicht der Welt, in der er lebt, entstammt, sondern der ihr erst zusätzlich gegeben wurde. Noch unlängst dachte der moderne Mensch, eines der Haupthindernisse des religiösen Glaubens seien die nicht mehr aktuellen Ausdrucksmittel und der veraltete Ritus. Die Modernisierung der Sprache im Gottesdienst hat jedoch die Begegnung mit dem Mysterium eher erschwert: Säkularisierte familiäre und leichtsinnige Begrüßungsworte oder Predigten lenken von den religiösen Tiefen ab – ganz entgegen den Erwartungen kirchlicher Reformbemühungen. Die traditionelle Ausdrucksweise und der traditionelle Ritus sind aber gleichwohl nicht der einzige unbestrittene Grund, warum der Glaube aus dem modernen Menschenleben rasch verschwindet.

Die Sprache verweist nämlich auf den Kontext, wo Erfahrung stattfindet. Man kann den Philosophen Foucault oder Derrida nicht zustimmen, wenn sie meinen, daß die sprachliche Verständigung in den Bereich der Sprache eingeschlossen und die Bedeutung der Wörter ausschließlich durch ihre Beziehung zu den anderen Wörtern gekennzeichnet sei. Demzufolge würde keine Erfahrungsreferenz existieren, die Realität an sich nichts bedeuten, ja diese würde ihren Sinn erst von den Menschen, die über sie sprechen, erhalten. Deshalb heben sie die Benennung aller Lebewesen durch Adam (Gen 2,19–20) als ein bedeutungsvolles Ereignis hervor: Das Wesen ohne Name bedeute nichts, erst in einer sprachlichen Struktur bekomme es eine Bedeutung. Die Erfahrung wäre dementsprechend nur als ein sprachliches Ausdrucksmittel artikulierbar, wobei schlußendlich die Sprache wiederum nur auf die Sprache verweist. Sicher kann man ein Sprachsystem fast völlig geschlossen aufbauen, man kann die Wörter wieder nur auf die anderen Wörter beziehen und so innerhalb dieser Beziehungen „verstehen". Auf solche Weise kann man letztendlich jedoch nicht nur mit den konstruierten Sprachen, z. B. mit einer Computersprache, umgehen, sondern auch mit hoch komplizierten Sprachsystemen – mit der Bibel oder den Schriften eines Karl Marx zum Beispiel. Ein Wort kann man nämlich auf die Menge anderer Wörter, eine Aussage auf den Komplex anderer Aussagen beziehen – und doch würde man dadurch übersehen, welchen Sinn dieses Wort eigentlich im Ganzen hat. Dieses „Was-für-einen-Sinn-es-hat" verweist nämlich nicht auf andere Wörter und Aussagen eines geschlossenen Sprachsystems, sondern auf den übergreifenden, der gelebten Erfahrung innewohnenden Gesamtsinn, es verweist auf die Begegnung mit der Welt, mit der Realität, in der wir leben. Dieser Sinn besitzt immer eine Erfahrungsreferenz. Bloße Wortreferenz kann ihren Benützer dazu befähigen, daß er in einem gegebenen Sprachsystem gut operiert. Es sind Beispiele von Atheisten bekannt, die, sagen wir aus opportunen Gründen, an religiösen Veranstaltungen teilnehmen und dadurch die Sprache des Glaubens, z. B. die der Bibel, gut benutzen lernen: Sie sprechen passende Sätze an passenden Stellen aus. Von seinem Wesen her ist der Glaube aber kein geschlossenes, in ein sprachlich Endliches einschließbares System, sondern er ist radikal offen – Gott, den Nächsten und der Welt gegenüber. Glauben bedeutet nicht nur die Wörter verstehen, es bedeutet nicht nur eine Beziehung zwischen einer Aussage und dem Rest des sprachlichen Universums herstellen, glauben bedeutet vielmehr sich grundsätzlich der Erfahrung öffnen.

Es geht nicht darum, das Sprachsystem in die außersprachliche Wirklichkeit zu verlegen, es geht auch nicht um den Unterschied zwischen der Welt der Sprache und der Welt außerhalb von ihr, sondern es geht eher darum, daß ein reflexives Verständnis auf ein vorreflexives zurückweist. Beides kann sprachlich artikuliert werden, muß es aber nicht. Die Sprache ist hier kein Unterscheidungsmerkmal. Der Mensch steht – wie jedes Wesen auf dieser Welt – immer schon in der natürlichen Welt, die artikuliert und sinnvoll ist. Unsere Reflexion konstituiert die Welt nicht aus dem Nichts, sondern sie interpretiert, nimmt daran teil – und sei es auf schöpferische Weise –, was schon vor unserer menschlichen Reflexion vorhanden war. Unser – wie man sagen könnte – vorreflexiver Aufenthalt enthält schon die Beteiligung am Sinn (Erlebnisse des Lebens und des Todes, des Guten und Bösen, Günstigen und Ungünstigen), oder aber an seinem Fehlen, an der Leere (auch so kann sich der Sinn ankündigen), das Wirklichkeit ohne Werte, Respekt und Liebe darstellt. Diese unsere vorreflexive Welt bezeichneten Husserl und seine Nachfolger als „Lebenswelt" oder „natürliche Welt". Sie ist durch ihre Gegebenheit, besser gesagt Vorgegebenheit, charakterisiert. Diese Lebenswelt sichert unserem bewußten Urteilsvermögen einen Kontext und damit auch die Wahrhaftigkeit und Erfahrungstiefe unserer religiösen Aussagen. Die religiösen Aussagen über religiöse Erfahrungen gelten nur, solange wir das Mysterium in der natürlichen Welt wahrnehmen. Sogar die historische Behauptung, Jesus sei Messias, ist nur im Rahmen des vorreflexiven Verständnisses einer Welt, die verfiel und Rettung erwartete, annehmbar. Denjenigen, die diese Erfahrung nicht erleben können, scheint die Erlösung durch Jesus eine unglaubwürdige Erfindung. Revelatorische Ereignisse setzen diese vorreflexive Erfahrung voraus. Um diese nämlich überhaupt als eine religiöse Revelation verzeichnen zu können, muß da schon der Hintergrund solch eines natürlichen, vorreflexiven Verständnisses für die Ereignisse vorhanden sein, der schließlich für die Welt Gottes, für das Dasein von Sakralem, Gutem, Sinnvollem sensitiv und empfänglich ist. Erst dank dieses „natürlichen" Verständnisses für die Wirklichkeit kann ein bestimmtes historisches Ereignis als Offenbarung verstanden werden. In einer wertlosen, sinnlosen Welt erkennt man die Offenbarung nicht. Ein in Überfluß lebender Mensch kann die Fülle der Belohnung kaum erleben. Der Mensch einer sinnlosen Welt – ist er ansonsten auch durchaus sensibel – sieht nämlich den Schrecken der industriellen Exploitation der Natur nicht mehr. Primitive animistische Gemeinschaften dagegen sollen ziemlich leicht den christlichen Glauben angenommen haben – sicher nicht deswegen, weil sie dafür theologisch ausgerüstet wären, sondern weil sie noch heute in einer Welt leben, in der Gott in der Ordnung der Natur präsent ist.

Wenn der moderne Mensch sich in der Glaubenskrise befindet, dann sind daran nicht der veraltete Ritus und die veraltete Sprache schuld, sondern die Veränderungen in der vorreflexiven Erfahrung, die dem natürlichen Verstand zugrunde liegen. Die Glaubenskrise ist eine Krise des natürlichen Verstands.

Der durchschnittliche Mensch von heute begegnet in der industriell entwickelten Gesellschaft keiner herrlichen Natur mehr, er sieht keinen Gottes Ruhm verkündenden Himmel mehr, er fühlt keine Heiligkeit der Schöpfung, eine Heiligkeit, die alltäglich gelebt wird, auch außerhalb des Kirchenraumes. Manche Repräsentanten der gegenwärtigen philosophischen Moderne formulieren dieses Fehlen theoretisch als sinnlose Welt. Sie fassen sie dabei genauso auf, wie es die Naturwissenschaftler des 19. Jahrhunderts getan hatten: als ein zufälliges Aggregat der Materie in Bewegung, das bloß kausale, keinesfalls aber finale, teleologische, moralische Gesetze beherrschen. Diese Welt steht dann dem Menschen bloß noch dienend zur Verfügung und hat dementsprechend nur eine utilitäre Bedeutung. Nicht mehr Gott ist die Quelle aller Werte auf dieser Welt und in der Natur, sondern der Mensch.

Der Mensch von heute besitzt eine andere vorreflexive Erfahrung als seine Vorfahren: Die Welt Gottes ist heute lediglich Angelegenheit der frommen Naivität oder subjektiver Emotionen. Vergeblich ruft der heilige Paulus aus der Tiefe der Geschichte zu uns, daß wir nicht wie die Heiden nur nach unseren Vorstellungen leben sollten (Eph 4,17). Die schon mit dem Dreißigjährigen Krieg einsetzenden und in den beiden Weltkriegen endenden apokalyptischen Devastationen unterstützten die sogenannte wissenschaftliche Weltanschauung über eine sinnlose, moralisch indifferente Welt. Die in den letzten Generationen immer stärker in Vergessenheit geratene Vorstellung, daß Gott diese Welt schuf, wurde darüber hinaus durch die Tatsache verstärkt, daß sich unsere Umwelt rasch veränderte und sich immer noch ändert: Sie ist nicht mehr von der Natur und ihren Gaben geprägt, sondern von menschlichen Artefakten überfrachtet. Nicht mehr die Schöpfungen Gottes, sondern menschliche Erzeugnisse sind es, die die primäre Referenz unserer Erfahrungen bilden. Auch jene Produkte, die grundsätzlich an das Wunder natürlichen Aufkommens gebunden sind – die Lebensmittel pflanzlichen oder tierischen Ursprungs etwa –, sind heute eher erzeugt als gepflanzt oder gezüchtet, vor allem aber ist es ihr Konsum, der von einem wie auch immer noch natürlichen Ursprung völlig abgeschnitten ist.

Jahrtausende lang lebten die Menschen in der Natur und nahmen die Welt als Anwesenheit Gottes überall um sich herum wahr. Der Angehörige heutiger Moderne lebt in einer Welt eigener Produkte, er vergaß dabei die Gaben Gottes und verherrlichte seine eigenen Zwecke. Die Wirklichkeit büßte das Mysterium ein, und wir Menschen selbst wurden in der Folge zur Quelle aller Sinnstiftungen. Eine Welt, in der nur der Mensch Sinn stiftet und dabei ausschließlich seiner eigenen Willkür folgt, ist jedoch eine absurde Welt. Die verschüttete Wirklichkeit der ursprünglichen Welt Gottes, in der sich der Mensch nicht als ein vom Kosmos in die Kälte der absurden Flucht vertriebener Fremder fühlt, sondern in der er zum natürlichen Mitbewohner eines gemeinsamen Welt-Heims würde, wiederzuentdecken, sollte nun zur Aufgabe jener religiösen Bestrebungen werden, die sich auf die Suche nach der verlorengegangenen moralischen Ordnung machen.

Wir müssen nicht nur die Hülle unserer Konzepte, sondern auch die Hülle unserer Erfahrungen aufbrechen. Die Welt hat nicht aufgehört, die Welt Gottes zu sein, nur wir haben aufgehört, dies wahrzunehmen. Der nüchterne Verstand steht hier nicht gegen den emotionsbeladenen Glauben, im Gegenteil. Der natürliche Verstand sieht die moralische Welt der Schöpfungen Gottes ein und er selbst ist es, der das Wunder des Glaubens vorbereitet. Der Glaube ist Aneignung der sinnhaften Welt, der Welt der Werte, der Schönheit, des Guten und Weihevollen, der Welt Gottes. Romantisch gesinnte Kritiker der Modernität beschuldigen allein den Verstand, als ob Glaubensverlust, Säkularisierung und die darauffolgende Devastation der Welt das Resultat unserer Orientation auf das Verständnis wäre, als ob die Lösung nur in der Rückkehr zur vorrationalen Form des Erlebnisses bestehen könnte. Die Krise der Moderne besteht aber nicht in allzu hoher „Verständigkeit", sondern im Unglück, das einige Engel – freilich vollkommene Wesen, wie uns die religiöse Literatur zu belehren weiß – zum Abfall von Gott verführt hat. Abfall von Gott, Selbstliebe, Anbetung eigener Herrlichkeit, Vergessenheit, daß wir Gott angehören und Ihm untergeordnet sind, heißen die Ursachen hierfür. Kein allzuvieles Räsonieren, sondern Trunkensein von unserer Einzigartigkeit, von unseren eigenen Werken hindert uns daran, unsere Heimstätte in der Welt Gottes einzunehmen.

Die neuzeitliche Wissenschaft ist spekulativ angesetzt. Induktion und Empirismus wurden erst ausgeschöpft (siehe Bacon). Im Gegensatz dazu liegt der Religion die direkte Begegnung mit dem Heiligtum der geschaffenen Welt zugrunde. Die Welt der Natur bietet die unmittelbare Erfahrung der Welt Gottes: Die Majestät des täglichen und nächtlichen Himmels, die Gebirge, Wälder, Flüsse und das Meer konnten die Menschen als Wunder der Schöpfung erleben. Die Primitiven huldigten in der Sonne keiner toten Kugel, sondern einem Heiligtum der Natur. Es gab auch Orte, die besonders stark mit sakralem Fluidum ausgestattet wurden ("genius loci"). Judentum und Christentum wandten sich aber von den sakralen Stätten im freien Raum immer mehr den sakralen Stationen im Verlauf der Geschichte zu und vernachlässigten teilweise das Heiligtum des Raumes. Für diese Art Trivialisierung unserer Erdoberfläche müssen wir jetzt büßen. Im Alten Testament ist ja der Sinn für Gottes Anwesenheit nicht bloß in der Geschichte, sondern auch in der Natur belegt (siehe z. B. Psalmen). Der Kampf der Propheten Jahwes gegen die Propheten Baals wurde nicht etwa deshalb ausgetragen, weil die Erstgenannten das für die Baalpropheten existierende Heiligtum der Natur und der Naturerscheinungen nicht anerkannt hätten: Beiden war die Heiligkeit der Natur bewußt. Die Abneigung der Propheten Gottes des Vaters richtete sich vielmehr gegen den Götzendienst, gegen die Vergöttlichung der Objekte der Natur. Ihnen ging es um die Hervorhebung des Tages, des Jahres und des

Lebens aus dem monotonen Kreislauf, um die offene Zielsetzung dieser auf Gott.

Jene grundlegende Situation der Eingliederung des Menschen in die allmächtige Natur Gottes, die sowohl den Primitiven als auch dem Volk Israel, sowie eigentlich aller Menschheit seit Jahrtausenden vertraut war, verschwand und veränderte sich erst in letzter Zeit. Vor allem in der zweiten Hälfte des 20. Jahrhunderts verließ die Menschheit ihre einstige natürliche Welt. Heutzutage bedarf nicht die menschliche Gesellschaft des Schutzes, sondern die Natur ist zu schützen. Die Welt hat die Heiligkeit verloren. Nicht einmal diejenigen, die um den Naturschutz bemüht sind, tun es der Selbständigkeit und um der frommen Bewahrung der Natur wegen. Selbst Ökologen des Club of Rome sprechen eher von der Selbstbewahrung des Menschen; sie verteidigen die Natur als Gottes Schöpfung nicht, die kopflose Exploitation der Natur halten sie zwar für selbstmörderisch, jedoch nicht für unmoralisch.

Wenn sich die Gläubigen als Diener aller Bedürftigen bezeichnen, sollten es gerade sie sein, die sich im Bezug auf die Natur von Nehmenden zu Gebenden verwandeln. Es ist doch eine lang bewährte christliche Erfahrung, daß uns, wenn wir uns bemühen, andere zu beherrschen, nur eine tote Schale in den Händen bleibt, sei diese nun Gott, Mensch oder Welt. Es gilt vom Beherrscher- und Eroberertum zur Welt der Schönheit und des Dienstes zu konvertieren – die Welt bietet sich uns doch nicht in der Armut eines gequälten Sklaven dar, sondern, Gottes Ruhm predigend, in all ihrem Reichtum.

Gottes Ruhm im Kosmos oder in den restlichen Räumen unberührter Natur zu entdecken, ist auch für einen modernen Menschen, der inmitten der Artefakte industrieller oder anderer menschlicher Herstellung, inmitten einer Welt der städtischen Bauten und Neonlichter, des Asphalts, der Kunststoffe und Konserven lebt, nicht unmöglich. Komplizierter ist es, die Botschaft Gottes in den menschlichen Artefakten zu finden. Es geht doch um Erzeugnisse solcher Mechanismen, die unserer unmittelbaren Erfahrung weit entfernt sind. Wir gewinnen sie ohne große Mühe, genießen sie, ohne direkte Verdienste an ihrer Herstellung zu haben, und legen oder werfen sie ohne viel Reue ab. Die vorreflexive Erfahrung unserer Lebenswelt heißt: ausnützen und wegwerfen. Und gerade hier zeigt sich ein Feld für die religiöse Umkehr: Wir müssen nicht nur unsere Ansichten, also Reflexion, sondern hauptsächlich unseren ganzen Lebensstil, die Modifikation unserer Beziehung zur heutigen, vom Menschen geschaffenen Welt ändern. Wir müssen Rücksicht und Respekt nicht nur der Natur gegenüber gewährleisten, sondern auch einer ausgeleerten Blechdose. All diese toten Teilhaber an unserer gemeinsamen Welt besitzen ihre Würde und Ehre und verdienen es, daß man mit ihnen respektvoll umgeht – vielleicht so, daß man sie mit sparsamer Pflege dem Kreislauf der Natur zurückgibt, damit sie dem Leben wieder angeboten werden können, damit ihnen wieder Leben eingehaucht werden kann. Die Dinge sind sinnvoll, und man muß mit ihnen sparsam umgehen, nicht nur im Rahmen eines Utilitarismus, der sich bloß auf unsere Bedürfnisse bezieht, sondern sie sind als Existenz in unserer Welt selbst sinnvoll – und diese ihre Sinnhaftigkeit ist nicht nur beigefügt und metaphorisch, während sie „in Wirklichkeit" eigentlich tot und sinnlos sind. Man kann sagen, daß uns die Welt der ausgenützten und verwaisten Produkte mehr braucht als die Welt der Natur – wir müssen sie dem Leben zurückgeben.

Der Mensch ist Teil eines einzigen Ganzen – des Alls, und dieses All ist nach seinem Wesen homogen, „ge-formt", d.h. mit einer Form. Das bezieht sich keineswegs ausschließlich auf die Weisheit westlicher religiöser (christlicher) Provenienz. Ich habe gelesen, daß die eben erwähnte Wirklichkeitsanalogie – sei es aus biologischer, physikalischer, chemischer, mathematischer oder aus welcher Sicht auch immer – auch in den östlichen Philosophien heimisch ist. Das Tao, das Brahman oder das Symbol des kosmischen Gewebes, das „Tantra", dürften dasselbe bedeuten, was manche in der Physik als „bootstrap" – das Schnüren, also Verbinden (siehe das Buch von F. Capry: The Tao of Physics) bezeichnen, also das dynamische Leben in der Verknüpftheit, die generierenden Formationen dank tätigender Tätigkeit. Die einst inerten Objekte der neuzeitlichen Wissenschaft hätten nur im Rahmen dieser lebendigen Gestaltung und Selbstgestaltung klar zu werden, doch wir berechnen sie durch Konstatieren im Rahmen der Wahrscheinlichkeitsüberlegungen und -berechnungen und werten sie dabei ab. Die außermenschliche Wirklichkeit hat also etwas wesentlich Gemeinsames mit dem Menschen, denn auch er funktioniert nicht in einem rein kausalen Sinn des Wortes, sondern lebt durch Selbstgestaltung, in Möglichkeiten und wahrscheinlichen Schritten, in irgendeiner Ähnlichkeit mit der Wahrheit nämlich.

Der Mensch ist ein unwiederholbares Schicksal, und zwar ein jeder mit einer eigenen Geburt, seinem Leben und seinem Tod. Das gilt übrigens für jede Existenz. Ein habilitierter Astronome behauptet, daß nicht einmal zwei Planeten identisch seien, geschweige denn ganze Planetensysteme (siehe Fokker, A. D.: Ein Menschenwesen im kosmischen Drama sein). Das ist ein Faktum auch für Sterne und Galaxien. Jedes Mitglied dieses kosmischen Dramas hat seine einzigartige Rolle und erfüllt damit seine Aufgabe, seine Sendung, seinen Sinn. Also alle – Sterne wie wir – sind Mitspieler und können aus dem Karren des Schicksals nicht aussteigen. Eine kategorische Forderung tritt auf: seinen Sinn treu erfüllen, damit das Drama gut endet, und die Vorsehung nicht stören.

Nicht nur daß die Dreieinigkeit Kosmos, Erde, Leben ein unteilbares, korrelatives und sich gemeinsam entwickelndes System bildet, wie es ein Geologe (Cilek, V.: Imago mundi) konstatiert, dieses „System" ist darüber hinaus eine geheimnisvolle, für den Menschen unerschöpfliche Schatzinsel, ein gelobtes, „uns in die Erbschaft gegebenes" Land. In ihm und mit ihm leben bedeutet, das Land immer wieder und immer neu zu entdecken. Es bietet sich zu Expeditionen an, die Reichtum und Pluralität diverser Ansichten feststellen. Auch diese Feststellungen stehen dem Leben dieser Insel dermaßen zu, daß sie verändernde Wirkung haben. So bedeutet die Entscheidung, auf diesem und nicht auf einem anderen Weg zur Wahrheit zu finden, die Teilnahme an der Weltschöpfung, nicht nur bloße Widerspiegelung der objektiven Realität, wie es etwa die fehlgeschlagene marxistische Gnoseologie behauptete. Das bedeutet aber keinesfalls, daß man gegenüber dem Drama sich nicht demütig verhalten wird. In den griechischen Tragödien nahm schließlich der „Theoros"-Zuschauer an der Danksagung an die Götter auch teil, um ihnen dafür zu danken, wie es „mit uns allen" auf dem Theater ausgefallen war. Auch die Erinnerung, die „Anamnesis", ist eine schöpferische Tat: Etwas Einstiges ist gerade jetzt geboren: Die Welt veränderte sich. Eine wahre Ansicht – genauso wie eine Erinnerung – ist eine neue Schöpfung in dem freigelegten Raum, ist eine freie Tat, nicht aber willkürlich und eigenwillig. Die Bestrebung nach der wahren Erkenntnis ist also eine Tat der Verantwortung. Sie ist die Tat, d. h. freies Schaffen, ein Aufbruch. Sie ist die Verantwortung, d. h. Vertrauen in eine Begegnung mit der Wirklichkeit, die Überzeugung, daß die Wirklichkeit und ich einander entgegengehen, das Vertrauen in die Homogenität der Welt, wenn ich selber etwas homogen tue.

Jahrhunderte lang nahmen die Gläubigen die Heiligkeit der Welt, in der sie lebten, wahr. Die Prediger brauchten auf die Realität der Welt Gottes nicht besonders aufmerksam zu machen. Sie bemühten sich eher, die Aufmerksamkeit der Gläubigen vom Echo Gottes in der Natur, das übrigens auch den Heiden vertraut war, der Aufforderung Gottes in der Geschichte zuzuwenden. Der moralische Sinn des Kosmos trat in Erscheinung, und man erzählte über ihn in Märchen und Mythen. Heutzutage ist es notwendig, diese moralische Bedeutung der von Gott geschaffenen und vom Menschen mitgestalteten Welt wieder aufzunehmen und zu erneuern. Die Heiligkeit der Welt ist unseren Zeitgenossen nämlich nicht selbstverständlich. Das Verständnis für die Welt Gottes zu erneuern – so heißt die Aufforderung für diejenigen, die sich verantwortlich fühlen, Apostel der religiösen Botschaft zu sein.

12

Religiöser Fundamentalismus – Gottes
einzige Antwort auf eine säkularisierte Welt?

von Klaus Kienzler

„Religion macht wieder angst", schrieb im März 1995 Jan Roß in der Frankfurter Allgemeinen Zeitung: „In Algerien werden Ausländer und Intellektuelle von fanatischen Muslimen umgebracht. Christliche Eiferer schießen in den Vereinigten Staaten auf Ärzte an Abtreibungskliniken. Sekten treiben ihre Anhänger in den Massenselbstmord. Geheime Gesellschaften, so ist in allen Illustrierten zu lesen, treten den langen Marsch durch die Institutionen an. Militante Nationalkirchen schüren im Osten Europas den ethnischen Haß. Und spätestens seit der Weltbevölkerungskonferenz von Kairo ist der Öffentlichkeit die bedrohliche Vorstellung einer unheiligen Allianz zwischen dem Papst und den Mullahs geläufig, die gemeinsam die Geburtenkontrolle verteufeln", so Jan Roß.[1] Warum macht Religion angst?

1. Religiöser Fundamentalismus

Fundamentalismus und Ideologie

„Fundamentalismus" ist die letzte große Ideologie des ausgehenden Zweiten Jahrtausends – konnte man kürzlich in der ARD hören. Wenn es nur so wäre – die eben angeführte Reihe von angstmachenden Phänomenen wird man kaum auf Anhieb samt und sonders über den Leisten Ideologie schlagen wollen. Wenn es nur so wäre, dann hätte man es einfacher mit dem Fundamentalismus, in unserem Jahrhundert, wo man herrschende und auslaufende Ideologien zuhauf studiert, analysiert und mit mehr oder weniger Erfolg therapiert hat. Fundamentalismus eine Ideologie? eher schon das Nerv- oder geistige Zentrum der Ideologien. Die alten Ideologien waren nach fundamentalistischen Grundmustern gestrickt. Die Zeit der Ideologien scheint vorbei. Sie haben in der heutigen Welt keinen

---

[1] J. Roß, Wie im Himmel also nicht auf Erden, in: FAZ Nr. 60 vom 11. März 1995; vgl. H. v. Stietencron (Hg.), Angst und Religion (Schriften der Katholischen Akademie in Bayern, Bd. 139). Düsseldorf 1991.

Platz mehr. Sind auch ihre Strickmuster passé? Ideologien waren bisher vor allem „Weltanschauungen", Anschauungen der Welt, die sich als falsch herausgestellt haben. Die Welt ist eine andere geworden, konsistent, wie sie eben ist, so daß sich Anschauungen oder Illusionen über sie kaum mehr halten. Geblieben sind die „Anschauungen", jetzt nicht mehr so sehr welthaltig, dafür geistig, politisch oder religiös. Anschauungen sind zunächst beliebig. Doch wenn sie geistig, politisch oder religiös aufgeladen werden, sind sie nicht weniger hart, aggressiv und totalitär als die Weltbilder der alten Ideologien. Das Magma der Ideologien ist geblieben – der fundamentalistische Geist. Es bahnt sich seinen Weg durch die geistige Welt unserer Zeit.

Begriff des Fundamentalismus

Damit hängt auch zusammen, genau zu sagen, was „Fundamentalismus" sei. Es gibt eine Unmenge von Definitionsversuchen. Ideologien sind verfestigte, gestaltgewordene Fundamentalismen. Sie lassen sich im allgemeinen eingrenzen und beschreiben. Der fundamentalistische Geist, der dahinter steht und arbeitet, ist schwerer zu fassen. Er ist in seinen Strömen und Bewegungen zu verfolgen, so wie die Bahn des Magmas sorgsam zu verfolgen ist, um die Gefahrenherde rechtzeitig zu erkennen und einzugrenzen. Fundamentalistische Bewegungen sind komplexe Gemengelagen, die es aufmerksam aufzudröseln gilt.

Mein Interesse gilt dem Religiösen Fundamentalismus.[2] Fundamentalismen sind nicht nur religiösen Ursprungs. Sie sind ein Gemisch vielfältiger Faktoren. Fundamentalismen treten politisch, gesellschaftlich, kulturell, religiös u. a., aber auch in individueller Ausprägung in Erscheinung. Die obige Anhäufung willkürlich herausgegriffener fundamentalistischer Erscheinungen kann das veranschaulichen. Deshalb hat sich die Fundamentalismusforschung zurecht in vielfache Felder der Beobachtung ausdifferenziert. Neben den individualpsychologischen und konfessionellen Untersuchungen möchte ich nur drei Forschungsrichtungen nennen, die mir besonders wichtig erscheinen: die politische, empirisch-sozialwissenschaftliche und religionswissen-schaftliche Fundamentalismusforschung.

Die politischen, nationalen und religiösen Erscheinungen von Fundamentalismus machen ohne Zweifel am meisten angst. Sie

---

[2] K. Kienzler, Der religiöse Fundamentalismus. Christentum, Judentum, Islam. München 1996.

sind genau zu beobachten. Ich möchte dazu nur auf die Reihe von Büchern des französischen Politologen Gilles Kepel aufmerksam machen, der in „Revanche de Dieu" die politischen Aufbrüche fundamentalischer Bewegungen und ihre Ausbreitung im Islam, Judentum und Christentum darstellte und in seinem jüngsten Buch „Allah im Westen" die Reperkussion in Amerika und Europa verfolgte.[3] Für den Islam und den deutschen Sprachraum wären natürlich Basam Tibi u.a andere zu nennen.

Martin Odermatt hat eine interessante und diskussionswürdige religionswissenschaftliche und religionspsychologische These vorgetragen. Er meinte festzustellen, daß fundamentalistische Erscheinungen fast ausschließlich in den Regionen der jüdischen, christlichen und islamischen Religion auftreten. Er zog daraus den bedenkenswerten Rückschluß, ob der Grund dafür nicht der diesen drei Religionen gemeinsame, wenn auch weitgehend konkurrierende Monotheismus sei. Aus verschiedenen Gründen kann ich mich dieser Feststellung M. Odermatts nicht ganz anschließen. Doch seine Rückbindung der Fundalismen an das monotheistische Gottesbild gibt seinem Thema: „Ein Gott – eine Wahrheit – eine Moral?" ohne Zweifel eine gewisse Konsistenz.[4] Er macht darauf aufmerksam, diese Zusammenhänge nicht aus den Augen zu verlieren.

Vor die Aporie gestellt, mit einer brauchbare Definition für die vielfältigen Erscheinungen des Fundamentalismus arbeiten zu können, hat der Ordinarius für die Geschichte des modernen Christentums, Martin E. Marty, Professor der Divinity School in Chicago, im Jahre 1988 der Forschung eine neue Grundlage gegeben. Marty schlug eine historische und empirische Aufarbeitung des Phänomens vor. Daraus ist in den USA ein umfangreiches, staatlich gefördertes Forschungsprogramm geworden, an dem über hundert Wissenschaftler in allen Kontinenten seit Jahren arbeiten. Kürzlich ist der deutschen Öffentlichkeit eine Zusammenfassung der Ergebnisse durch R. Scott Appleby, Leiter des Fundamentalismus-Projektes der American Academy of Arts and Sciences, vorgestellt worden.[5] Die Forschergruppe ging von der Zielsetzung aus: fundamentalistisch religiöse Gruppen müßten zum Gegenstand methodischer Beobachtung gemacht werden. Denn auch Fundamentalismus ist

---

[3] G. Kepel, La Revanche de Dieu. Dt.: Die Rache Gottes. Radikale Moslems, Christen und Juden auf dem Vormarsch. München 1991; ders., Allah im Westen. Die Demokratie und die islamische Herausvorderung. München u. a. 1996.

[4] M. Odermatt, Der Fundamentalismus. Ein Gott – eine Wahrheit – eine Moral? Einsiedeln 1992.

[5] Martin M. Marty und R. Scott Appleby, Herausforderung Fundamentalismus. Radikale Christen, Moslems und Juden im Kampf um die Moderne. Frankfurt 1996.

eine soziale Erscheinung und kann wie alle anderen durch Beobachtung kritisch untersucht werden. Es handelt sich um Gruppen, die auf eine Herausforderung des überlieferten Glaubens reagieren, traditionelle Auffassungen selektiv verteidigen, exklusive Bewegungen bilden, in Opposition zu sozialen oder politischen Mächten stehen, den Relativismus sowie Pluralismus bekämpfen, Autorität verteidigen und gegen den Evolutionsgedanken antreten, kurzum: um Gruppen, die gegen die Moderne zurückschlagen – fighting back ist ihre Gemeinsamkeit.[6]

Religiöser Fundamentalismus – der Fall Salman Rushdie

Alle genannten Facetten, Aspekte und Forschungsmethoden u. v. a. m. müssen in Anschlag gebracht werden, um den Fundamentalismus einigermaßen zu verstehen. Mir geht es darum, den „religiösen" Aspekt bei den politischen, empirischen, sozialwissenschaftlichen u. a. Beobachtungen nicht zu vergessen. Er ist ein Aspekt unter vielen; aber bei einer Reihe von Erscheinungen sehr virulent.

Die Ereignisse etwa um Salman Rushdie dürften zeigen, daß sein Fall zwar äußerst komplex ist, aber eben auch eine fundamental religiöse Komponente hat: Ende 1988 kündigte sich die Affäre um den britischen Schriftsteller indischer Abstammung und islamischer Herkunft Salman Rushdie und um sein Buch *Die Satanischen Verse* an. Die Imame des englischen Bradford, die die ersten öffentlichen Bücherverbrennungen veranstalteten, gehörten zum intellektuellen Kern einer islamistischen Gruppe, der „Djamáat-i-islami", gegründet von Abu l-Ála al-Maududi († 1979), einem fundamentalistischen Ideologen Pakistans. In ihren Augen war Rushdie, den man der Lästerung des Propheten beschuldigte, die beispielhafte Verkörperung eines Menschen muslimischer Herkunft, der gegen die von den Imamen erlassene Gemeinschaftsordnung verstoßen hatte. Das war die schlimmste Versuchung für die indisch-pakistanische Jugend in Großbritannien, die, wenn sie seinem Beispiel folgte, Gefahr lief, zu verwestlichen und, durch ihre „Gotteslästerung" und ihre „Abtrünnigkeit", sich der sozialen Kontrolle der Imame zu entziehen. Solange sich die Affäre auf Großbritannien beschränkte, war sie ein Test für die Fähigkeit der Imame, einem westlichen Staat politische Konsequenzen abzuringen: Sie forderten das Verbot des Buches, wofür sie im Gegenzug versprachen, die Unruhen in den Ghettos zu beenden.

---

[6] Siehe H. G. Kippenberg, in: ebd., 232.

Als sich Ayatholla Khomeini der Sache persönlich annahm, hatte er andere Ziele. Er ordnete die Ermordung des Schriftstellers Salman Rushdie an, den er der Gotteslästerung beschuldigte, weil er angeblich in seinem Roman *Die Satanischen Verse* den Propheten verunglimpft hatte. Die iranische Politik versuchte zu diesem Zeitpunkt, seine ideologische Führungsposition in der islamischen Welt zurückzugewinnen und die Niederlage gegen den Irak zu überwinden. Doch Khomeini hatte zu hoch gepokert. Großbritannien konnte das Todesurteil über einen seiner Bürger nicht akzeptieren. Diese spektakuläre Einmischung eines Mullah in die Angelegenheiten eines anderen Landes führten jedoch paradoxerweise dazu, daß sich islamische Bewegungen „von unten" der Sache annahmen und in den islamischen Ländern zu ihrer machten. Die Rushdie-Affäre war der letzte Versuch des im Jahre 1989 verstorbenen Khomeini, den Dschihad auf internationales Terrain zu tragen. Mit Hilfe der aggressiven Anti-Rushdie Bewegungen setzte er die europäischen Staaten, in denen große muslimische Bevölkerungsgruppen leben, politisch unter Druck, indem er sie zu Gewalttätigkeiten anzustacheln suchte. Zugleich förderte er die Destabilisierung der Staaten des indischen Subkontinents, der Heimat Rushdies. Dort kam es bei Ausschreitungen zu zahlreichen Todesopfern.

Die Rushdie-Affäre stellt in unserer Sicht auf besonders anschauliche Weise einen fundamentalistischen Fall des Islam dar. Andere Erscheinungen des Islam, die wir verfolgen und fundamentalistisch einordnen, entziehen sich weitgehend unserem Verständnis. Aber auch zum Fall Salman Rushdies gehört offensichtlich die Unvereinbarkeit der Standpunkte: Der Westen kann und will das Todesurteil nicht hinnehmen und nicht begreifen. Die islamischen Befürworter zeihen dafür den Westen der Ignoranz des Islam und der einseitigen Parteinahme für einen Gotteslästerer. Hier gilt es, auf die religiösen Hintergründe zurückzukommen, um zu erkennen, warum der Islam sich in einer solchen Weise beleidigt fühlt, und zu verstehen, wo im Islam fundamental Tendenzen und Gefahren zum Fundamentalismus vorliegen. Damit ist jener „Fundamentalismus" gemeint, den wir im Westen mit dem Namen verbinden. Dafür ist der Fall Rushdie in der Tat ein exemplarischer Vorgang. Denn auf dem Hintergrund spielt gewiß die schwelende Auseinandersetzung des Islam mit dem Westen eine bedeutsame Rolle. Gewiß sind bei der Angelegenheit auch eine Reihe politischer Faktoren im Spiel. Gewiß wurde die Affäre von gefährlichen islamistischen religiösen Gruppen gepusht. Das alles wird bei der Beschreibung des Fundamentalismus berücksichtigt werden müssen.

Im Fall Salman Rushdies geht es aber letztlich auch um eine

grundsätzliche Auseinandersetzung der Religion des Islam hinsichtlich seiner Fundamente. Es geht also um ein Kapitel jenes „Fundamentalismus", der originär zur Theologie des Islam selbst gehört (usuliyun) und nicht mit dem agitatorischen und politischen Fundamentalismus vorschnell verwechselt werden sollte. Der Islam fühlt sich in seinen Fundamenten (usul) selbst angegriffen, vor allem dort, wo Salman Rushdie in den *Satanischen Versen* nach der Meinung der Theologen die Entstehung des Koran, die heilige Schrift, und die Persönlichkeit des Propheten Muhammed, ein hohes Gut der islamischen Tradition, diffamiert.

Bei allen Erscheinungen, die wir mit einigem Recht fundamentalistisch nennen und die religiösen Hintergrund verraten, handelt es sich im allgemeinen um sehr komplexe Phänomene. Dabei ist es nicht leicht, die originär religiösen Motive herauszuschälen. Ich möchte es im folgenden anhand dreier Stichworte versuchen: Eindeutigkeit – Entschiedenheit – Endgültigkeit. Es sind Stichworte, die nicht von vornherein religiös koloriert sind; es sind aber Stichworte, die im religiösen Verhalten von Menschen und in den meisten Religionen ebenfalls einen hohen Stellenwert haben. Werden nun diese allgemein menschlich relevanten Stichworte mit religiöser Bedeutsamkeit aufgeladen, dann kommt es zu jenem Gemisch, das für viele fundamentalistische Erscheinungen charakteristisch ist und explosiv zu werden vermag. Ich kann nur mit Stichworten und exemplarischen Vorgängen arbeiten, die zudem alle den drei großen monotheistischen Religionen (Judentum, Christentum, Islam) und aus der neuesten Zeit entnommen sind. Sie sollen wenigstens einen Eindruck der Komplexität und zugleich Aktualität des Phänomens Fundamentalismus vermitteln.

2. Gottes einzige Antwort in einer säkularen Welt?

a) Eindeutigkeit oder zurück zum Ursprung

Der Fall Nasr Hamid Abu Zaid

Nasr Hamid Abu Zaid nennt den Islam eine „Textkultur". Und das in der Vieldeutigkeit des Wortsinnes. Der Islam basiert in allen seinen Ausformungen auf *dem* Text, dem „Koran". Dieser Text ist die Grundlage der Religion des Islam. Islam ist aber auch die Vielheit der Ausprägungen in kulturelle Gestalten bis hin zu nationalen Identitäten. Mit dem Fall Abu Zaid hat der Kampf um diesen Text, das Grundbuch des Islam, und seine Ausprägungen einen vorläufigen Höhepunkt erreicht.

Am 14. Juni 1995 verkündete ein Kairoer Richter die Nichtigkeit der Ehe von Nasr Abu Zaid und seiner Ehefrau Ibithal Ynes, Französin und Professorin für französische Literatur in Kairo. Das Gericht argumentierte, Abu Zaid sei islamischer Apostat, also Abtrünniger, und im Islam sei eine gültige Ehe mit einem Apostaten nicht möglich. Daß Abu Zaid ein islamischer Abtrünniger sei, lieferte das Gericht gleich mit. Das Gerichtsurteil ist mit entsprechenden Beschuldigungen wie „Apostasie", „Häresie" und „religiöser Heuchelei" gespickt. Eine angesehene ägyptische Zeitung verkündete nach dem Urteil triumphierend: „Das Zeitalter der Säkularisten ist in Ägypten zu Ende". Abu Zaid, der zuvor schon mit dem Tod bedroht worden war, ging mit seiner Frau in die Niederlande ins Exil, von wo aus er seitdem in Europa und Amerika Vorträge hält und in Leiden doziert.

Der akute Anlaß für diese Vorgänge war Abu Zaid's Publikation von 1992: „Islam und Politik. Kritik des religiösen Diskurses"[7], ein Buch, das in diesem Jahr auch in deutscher Übersetzung erschienen ist. Abu Zaid ist Professor an der Kairoer Universität. Er ist zuerst Literaturwissenschaftler und Linguist, der seine Ausbildung in Ägypten und in Amerika erhalten hat. Aus dieser Perspektive untersucht er auch den Text des Koran.

Abu Zaid wurde einmal gefragt: „Wie lesen Sie den Koran?" Er antwortete: „Ich lese den Koran als einen göttlichen Text. Er wurde von Gott einem menschlichen Propheten geoffenbart. Der Koran ist uns in einem bestimmten Raum, in einer bestimmten Zeit vor 15 Jahrhunderten und in Arabisch, also in einer menschlichen Sprache geoffenbart. Um seine Botschaft zu verstehen, muß ich ihn auslegen. Dabei ist meine Methode die sprachwissenschaftliche Analyse".[8]

Abu Zaid hatte mit seinen Forschungen immer schon Schwierigkeiten an der Kairoer Universität. Aber erst nach und nach eskalierten die Ereignisse. Sein bislang bedeutendstes Buch „Mafhum an-nass" (zu übersetzen mit „Der Begriff des Textes") erschien 1990. Darin setzt er sich ausführlich mit dem Koran als Text auseinander und mit den traditionellen Koranwissenschaften. Es ist kein spektakuläres Buch, sondern für ein Fachpublikum geschrieben. In der islamisch wissenschaftlichen Öffentlichkeit fand er dafür weithin Anerkennung.

---

[7] Erschienen im dipa-Verlag Frankfurt.
[8] Publik-Forum Nr. 1 vom 12. Januar 1996.

Aber dieses Buch von 1990 war noch nicht der Anlaß für die späteren Turbulenzen, obwohl sich Abu Zaid darin am intensivsten mit dem Koran als Text beschäftigt hatte. Abu Zaid geht als Literaturwissenschaftler und Linguist an den Koran heran. Für ihn stellt der Koran einen Text dar, mit dem ich wie mit anderen Texten linguistisch – analytisch, semantisch und semiotisch – umgehen kann. Dieses Vorgehen stellt zunächst die Autorität Allahs als Offenbarungsträger des Koran nicht in Zweifel. Abu Zaid stellt nur „die andere Seite" heraus, wie er sagt, daß jeder Text ein Text ist, der von Menschen (vielleicht nicht konzipiert, aber) niedergeschrieben und ediert wurde. Auch der Koran ist Gotteswort in Menschenwort – würden wir westlich theologisch sagen. Jeder Text muß, so seine Forderung, deshalb der wissenschaftlichen Untersuchung zugänglich sein oder zugänglich gemacht werden. Es ist der notwendige Umweg, den jede wissenschaftliche Beschäftigung mit einem Text gehen muß. Wir behaupten von keinem anderen Text, daß unser Verstehen unmittelbar dem Text oder gar der Absicht des Verfassers entspricht. Nur die Koranexegese erweckt weitgehend diesen Anschein. Wenn ein Text alle die Phasen der Untersuchung durchlaufen hat, dann mag sich der Wissenschaftler die Frage nach dem Charakter des heiligen Textes stellen. Damit beschäftigt sich Abu Zaid allerdings kaum; denn das ist Sache der islamischen Theologie. Aber mit seinem Vorgehen hat Abu Zaid natürlich bereits eine Aussage getroffen, die Anstoß erregt: die Einlinigkeit bzw. Eindeutigkeit des Korantextes ist so nach weithin traditionell islamischem Verständnis angefragt bzw. problematisiert.

Abu Zaid geht weiter: Die arabische Kultur sei vor allem Text-Kultur, eine Kultur dieses Textes des Koran. Der Koran hat nicht nur die Religion gestiftet, sondern die Kultur der arabischen Welt hervorgebracht. Nach der weithin verbreiteten Meinung beruhe diese allerdings auf der Eindeutigkeit des Textes. Dagegen ist Abu Zaid wiederum um „die andere Seite dieses Textes" bemüht. Kultur ist und Kulturen sind bestimmte Interpretationen der sie begründenden Texte. Die arabische Welt ist deshalb darauf angewiesen, nicht nur die Text-, sondern auch die Interpretations-Kultur zu pflegen. Das sei aber kein Mechanismus, so daß sich eine Kultur wie die islamische einlinig oder eindeutig aus dem Text ableiten lasse. Die Sprache des Korans, wie die jedes anderen Textes, sei „nicht in sich selbst deutlich", sondern zu ihm müsse der „gedankliche und kulturelle Horizont des Lesers" hinzutreten, um den Text zu verstehen und seine Bedeutung zu erzeugen. Die Interpretation „decodiere" den Text und erfülle damit erst seine Bestimmung und Bedeutung. In dieser Sichtweise eröffnet sich ein jeder Text wie auch der Koran erst durch die schöpferische Interpretation den bedeutsamen Dimensionen, die Kulturen zu stiften vermögen.

Erst als Abu Zaid die Konsequenzen aus seinen Erkenntnissen in seinem 1992 erschienen Buch „Kritik des religiösen Diskurses" zog, kam es zu dem besagten Eklat. Dazu kam, daß das Buch nun auch für ein größeres arabisches Publikum geschrieben war. Das Buch kritisiert den herrschenden religiösen Diskurs, d. i. den Umgang mit dem Koran, auf allen Ebenen, also überall dort, wo man sich auf den Koran religiös, exegetisch und theologisch, wissenschaftlich, kulturell oder politisch beruft. Abu Zaid kritisiert nicht, daß der Koran zur Grundlage für das alles dienen kann, sondern die Weise, wie er der Argumentation dient. Dies vor allem dort, wo alle namhaften Differenzen des Textes und der Interpretation getilgt oder übergangen werden: Nach ihm übergeht der herrschende religiöse Diskurs die genannten literarischen Differenzen des Textes, er überspringt vor allem die historische Entfernung vom Text. Er reklamiert im Gegenteil für sich, die Absicht des göttlichen Textes unmittelbar erkennen und ermitteln zu können. Die Folge davon ist, daß er meint, die Fragen und Probleme der Gegenwart mit dem einlinigen Rekurs auf den vergangenen Text beantworten zu können. Nach Abu Zaid trage dieser Umgang mit dem Koran zur Entfremdung des Menschen und zur Verschleierung der realen Probleme der Gegenwart bei. Er wendet sich vor allem gegen die populär gewordene Meinung, alle realen Krisen in den islamischen Gesellschaften, ja der Menschheit insgesamt, beruhten auf der „Entfernung vom Wege Gottes", also auf dem Abweichen von dem Primärtext Koran und seinen klaren Bestimmungen. Für Abu Zaid dagegen sind das Ausflüchte, sie sind gerade ein Zeichen der Unfähigkeit, mit dem Koran angemessen umzugehen. Sie sind die Flucht, reale Probleme in den Bereich des Absoluten und Unbekannten abzuschieben.

Kampf um Eindeutigkeit (von Texten u. a.)

Mein erstes Stichwort zur Charakterisierung des religiösen Fundamentalismus war „Eindeutigkeit". Dazu habe ich ein Fallbeispiel herausgegriffen, das exemplarisch für viele Eindeutigkeiten stehen mag, die Fundamentalisten vor Augen schweben. Zudem war der Fall auf den Islam bezogen. Es darf aber keinen Zweifel geben, daß das Problem der Eindeutigkeit des Textes, in theologischer Fachsprache Verbalinspiration genannt, auch im Christentum nicht ausgestanden ist.

Schließlich scheint es, als ob der Kampf um die heiligen Texte zwischen den Religionen erst begonnen hätte. Wie wird er ausgehen, der Kampf um die heiligen Bücher der Bibel, von AT und NT, und des Koran, die sich ja voraussetzen und sich vielfach überlagern, wenn sich die Religionen ikonoklastisch verhalten, wie sich die herrschende Koranexegese zeigt?

Der Islam erkennt Judentum und Christentum bekanntlich als Buch-Religionen an. Was geschieht aber, wenn die Bücher miteinander in Konkurrenz geraten? Die Aussage von den Buchreligionen im Koran war tolerant gemeint. Das ist sie schon lange nicht mehr. Wir stehen erst am Anfang auch dieser Konfrontation.

Aber so jung ist die Auseinandersetzung um die Texte selbstverständlich nicht. Zwischen Judentum und Christentum hält sie etwa schon so lange an, wie das Christentum alt ist. Noch vor einer Woche ist es einem meiner Studenten herausgerutscht, wie er selbst gestand, von dem „alttestamentlichen Gott" zu sprechen, der ein richtender und grausamer Gott sei. Auf meine Rückfrage konnte sich das Seminar darauf einigen, daß wir es sind, die Christen, die uns dieses Bild von dem alttestamentlichen Gott gezimmert haben, angefangen von Markion über die Jahrhunderte hinweg. Warum? Wir gehen nun von einem durch Jesus Christus eindeutig geoffenbarten Gottesbild aus, das jenes alttestamentliche überholt, es zweideutig macht (aber Jesus ist offensichtlich ohne den Gott des AT auch nicht zu begreifen) und es möglicherweise herabsetzt.

b) Entschiedenheit oder „historia docet (unfehlbar)"

Was geschieht, wenn eine „Eindeutigkeit", die ohne Zweifel wünschenswert ist (für den Islam wie für das Christentum und für jede Lebensorientierung), nicht mehr direkt und ohne Umwege erreicht wird. Entscheidungen müssen fallen. Religionen können sich nicht mit der Einstellung „laisser faire" oder „Anything Goes" begnügen; bei Lebensorientierungen gilt dasselbe. In einer solchen Situation erhebt sich sofort die Forderung nach „Entschiedenheit". Mein zweites Stichwort. Wie aber zu solcher Entschiedenheit kommen? Wie klare Entscheidungen treffen?

Neue Diskussion um die Unfehlbarkeit

Ich wechsle den Schauplatz völlig, um mich dem zweiten Stichwort der Entschiedenheit zuzuwenden. Ich gehe zum Christentum und zur katholischen Kirche über. Dabei handelt es sich zunächst nicht um einen Vorgang der Tragweite von eben. Es handelt sich um die neu entfachte Diskussion um die Unfehlbarkeit in der katholischen

Kirche nach der Erklärung „Sacerdotalis Ordinatio", mit der der Papst das Priesteramt der Frau ausschloß. Es geht mir auch nicht um die Sachproblematik der Frauenordination, sondern um Überlegungen zu einem Vorgang, der zu dieser Entscheidung geführt hat. Ziel der Erklärung war ohne Zweifel die Entschiedenheit in einer strittigen Frage gewesen.

Zwischenbemerkung: Von der Eindeutigkeit zur Unfehlbarkeit

Dazu zunächst eine Zwischenbemerkung, die den Anschluß zum Bisherigen bilden kann. Zuvor ging es um die Heiligkeit des Koran, um die Unberührbarkeit und Eindeutigkeit des heiligen Textes des Islam. Diese Eigenschaften des Koran hatte Salman Rushdie in seinen „Satanischen Versen" angefragt und damit den Islam tief verletzt. Rushdie hatte einen Verdacht über den Koran ausgesät und diesen zugegebenermaßen mit allen Mitteln seiner Kunst genützt. Ein Verdacht, der begründet ist. Rushdie stützt sich auf die von Anfang an verbürgte Episode um die 53. (Verse 19–21) Sure des Koran, wo Muhammed auf drei vorislamischen Göttinnen zu sprechen kommt. Von diesem Text existieren in der Tat zwei Versionen: eine erste Version, in der Muhammed auf Druck seiner Zeitgenossen in Mekka tatsächlich von drei Göttinnen sprach, den er aber unter dem Druck seiner Gläubigen sofort wieder zurücknehmen mußte, weil er damit gegen den Monotheismus verstoßen hätte. Und dann die heutige zweite und spätere Version. Muhammed erklärte die erste Version damit, daß ihm diese Offenbarung vom Satan eingegeben worden war. Damit ist aber ein Verdacht geschürt: Wenn dies in einem Fall eine realistische Möglichkeit war, und es gibt andere Verdächte im Koran, daß menschlich irrige oder sogar satanische Verse in den Koran eingingen, wer kann dann garantieren, daß dies prinzipiell nicht sein könne und alles reine Offenbarung Gottes sei.

Im übrigen fing die christliche Bibelkritik auf ganz ähnliche Weise an, die uns seit etwa 300 Jahren beschäftigt und inzwischen nicht mehr wegzudenken ist. Es waren zunächst Banalitäten wie Aussagen der Bibel, daß der Hase ein Wiederkäuer oder die Sonne am hellichten Tag stehen geblieben sei, die in der Zeit der Aufklärung den Verdacht schürten, das könne doch wohl keine von Gott offenbarte Wahrheit sein, sondern ein menschlicher Irrtum. Wie aber solchen Verdächten begegnen, wenn sie noch so banal sind? Das Christentum ging den Weg der wissenschaftlichen Exegese. Damit wurde die Bibel und die christliche Offenbarung für die Wissenschaften geöffnet. Damit wurde aber ein unumkehrbarer Schritt getan.

Aus den Wissenschaften, vor allem den Bibelwissenschaften, erhoffte man sich danach also Gewißheit. Diese Gewißheit, die für den Glauben lebensnotwendig ist, war nicht mehr unmittelbar am heiligen Text der Bibel abzulesen. Diese neue Situation brachte natürlich ein Element der Beunruhigung für den Glauben mit sich: Sollte man die notwendige Gewißheit, auch des Glaubens, den Wissenschaften überlassen dürfen? Angemessener war sicherlich eine Glaubensinstanz, die eben jene oder, noch besser, eine tiefere Gewißheit garantieren konnte, als es die Wissenschaften versprachen. Vor diesem Hintergrund ist das Dogma der „Unfehlbarkeit" von 1870 zu würdigen. Mit ihm war die gesuchte Instanz gefunden und sichergestellt. Ein genauerer Blick auf dieses Dogma zeigt, daß es in der Tat alle allergischen Fragen zwischen Offenbarungstext und Glaubenswahrheit differenziert zu regeln sucht. Die Unfehlbarkeit ist in der katholischen Kirche zur letzten Entscheidungsinstanz geworden.

Der Fall „Sacerdotalis Ordinatio"

Soweit der Hintergrund für den neuerlichen Vorgang von „Sacerdotalis Ordinatio". Das Apostolische Schreiben wurde am 22. Mai 1994 veröffentlicht. Es setzte eine heftige Diskussion ein, zum einen um das Thema der Frauen und ihrer Verweigerung des Priesteramtes, zum anderen um die Aussage des Papstes, damit sei die Frage der Frauenordination „endgültig" entschieden. Die Diskussion erreichte eine solche Stärke, daß sich der Vatikan am 18. November 1995 bemüßigt sah, eine Erklärung nachzuschieben mit der entscheidenden Aussage: „Diese Lehre (von „Sacerdotalis Ordinatio") erfordert eine *endgültige* Zustimmung, weil sie, auf dem geschriebenen Wort Gottes gegründet und in der Überlieferung der Kirche von Anfang an beständig gewahrt und angewandt, vom ordentlichen und universalen Lehramt *unfehlbar* vorgetragen worden ist". Doch damit entbrannte die Kontroverse erst recht, jetzt aber um die „Unfehlbarkeit", die nun von Rom herangezogen worden ist. Der Stand dieser Diskussion ist vor einem größeren Publikum kaum mehr zu referieren.[9] Deshalb nur einige wenige Bemerkungen, die auf den Hintergrund des Vorganges aufmerksam machen wollen.

Rom beruft sich zur Begründung der Aussage vom Ausschluß der Frauen vom Priesteramt also auf die Schrift und die Tradition. In der Schrift ist aber zum Thema wirklich keine schlagende Begründung zu finden, die in der Sache eine Entscheidung herbeiführen

---

[9] Vgl. etwa K. Nientiedt in „Herder-Korrespondenz" 50 (1996), 461–466.

könnte. Die Last liegt also letztlich auf der Geschichte der Kirche oder der Tradition. Deshalb wird in der Erklärung größter Wert gelegt zu betonen, diese Lehre sei in der Tradition der Kirche von Anfang an beständig gewahrt und sozusagen lückenlos vertreten worden. Es ist also der Rückgriff auf das Zeugnis der Geschichte und Tradition, die die angemahnte unfehlbare Wahrheit verbürgt: „historia docet" – offensichtlich unfehlbar. Mit anderen Worten findet hier eine bemerkenswerte Verlagerung statt: Was die Schrift nicht mehr zu leisten vermag, wird auf die Geschichte verlagert. Die Tradition wird zur entscheidenden Stütze der unfehlbaren Wahrheit. Ob das ein großer Fortschritt ist?

Zunächst sei auf eine andere zu bemerkende Wende aufmerksam gemacht. In früheren Zeiten waren die Stützen für das Männern vorbehaltene Priestertum in der Tat zum einen die Heilige Schrift, zum anderen aber die Theologie in Verbindung mit der Philosophie und Anthropologie. Letztere Argumente wurden fallen gelassen, weil sie gegenüber den Frauen offensichtlich nicht mehr angebracht erschienen. Damit kristallisiert sich die Last der Begründung aus der Tradition nur umso mehr heraus.

Unfehlbare Wahrheiten aus der Geschichte oder aus der Tradition zu begründen, sind aber ein sehr problematisches Unterfangen. Es dürfte ein immer sehr schweres Unternehmen sein, einen historisch kontinuierlichen und lückenlosen Beweis zu führen. Zumal zum fraglichen Thema. Z.B. ist etwa in der Sache von einer ganz anderen Tragweite, nämlich in der Frage der Apostolischen Sukzession, in der Vergangenheit immer wieder eine solche Beweiskette postuliert worden, bis man sich in jüngerer Zeit eingestehen mußte, daß es selbst darin Lücken gibt. Ich möchte einen Unterschied hervorheben: Der Offenbarungstext der Bibel ist Heilige Schrift; er hat eine besondere Qualität. Tradition scheint mir nicht im selben Maße Heilige Geschichte zu sein, aus der ebenso wie aus jener Offenbarungs- und Glaubenswahrheiten geschöpft werden können.

Bisher war ich der Auffassung, daß die Unfehlbarkeit des Papstes strikte Glaubenswahrheiten verbürge. Ich weiß nicht, ob es Zufall oder was sonst war, daß die Dokumente zu „Sacerdotalis Ordinatio" durchgehend davon sprechen, die fragliche unfehlbare Lehre sei „tenenda", nirgends aber von einem „credenda" reden, wie es ansonsten üblich ist. Um es etwas salopp auszudrücken, für mich macht es schon einen Unterschied, ob eine Wahrheit zu „glauben" ist, „credenda", oder mir gesagt wird, was ich von ihr zu halten habe, „tenenda".

Welche Last auf dem Traditionsbeweis für das Priesteramt ruht, kann eine Aussage von Kardinal Ratzinger zusätzlich verdeutlichen. Der Kardinal gab nach „Sacerdotalis Ordinatio" einen umfangreichen Kommentar zu dem Schreiben im „Osservatore Romano" ab. Im übrigen qualifizierte er damals das Schreiben als nicht unfehlbar im formalen Sinne. Er fügte die interessante Bemerkung an: „Der Papst legt sich selbst eine Grenze auf: Er weiß es als seine Pflicht, den Grundentscheid herauszustellen; ... er überläßt der Theologie die Aufgabe, die anthropologischen Implikationen dieses Entscheids zu erarbeiten und sie im Kontext des heutigen Streits um den Menschen zur Geltung zu bringen ...". Mit anderen Worten beruht die fragliche Entscheidung allein auf dem Traditionsbeweis; mit ihr wird aber auch Wesentliches zu den Frauen gesagt. Es scheint mir allerdings sehr bedenklich, etwas zum Wesen der Frau zu sagen, ohne Rücksicht auf Philosophie, Anthropologie und Humanwissenschaften u. a. zu nehmen.

Es war ein denkwürdiges Ereignis, als Rom 1990 wohl zum ersten Mal öffentlich aussprach, was die Theologen schon länger geäußert hatten, daß sich das Lehramt auch schon einmal geirrt hat („Instruktion über die kirchliche Bedeutung der Theologie"). Damit kehrt aber eine Problematik zurück, die ich schon im Zusammenhang mit dem Koran ansprach. Auch hier hat sich ein Verdacht eingestellt und erhärtet, mit dem umgegangen werden muß. Wenn sich das Lehramt in seiner Berufung auf die Tradition schon einmal oder mehrmals geirrt hat, wer garantiert dann letztlich die Unfehlbarkeit? Wie gesagt, das I. Vatikanische Konzil hat dazu ein System von Regeln und Instanzen vorgeschrieben und das II. Vatikanische Konzil hat diese aktualisiert. Wahrscheinlich wird die Kirche nicht daran vorbeikommen, eine Dogmenkritik in ihr zuzulassen, wie sie eine Bibelkritik in der Theologie institutionalisiert hat.

Entschiedenheit durch Traditionalismus

Es ist zugegebenermaßen ein sehr enger Ausschnitt, den ich wählte, um das Stichwort der „Entschiedenheit" zu erläutern. Aber analoge Beobachtungen wären überall dort zu verfolgen, wo es um Vorgänge geht, die wir mit Traditionalismus kennzeichnen: Dort wird eine notwendige Entscheidung durch den Rückgriff auf eine bestimmte Geschichtsauslegung oder Tradition als bereits entschieden sichergestellt. Traditionalismus ist natürlich ein wichtiges Thema in der katholischen Kirche. Aber nicht nur dort, sondern in allen Religionen, und darüber hinaus in vielen fundamentalistischen Bewegungen und Lebensanschauungen.

Traditionalismus im starken Sinne hat oft eine gefährliche Schlagseite, die nur angedeutet werden kann: Traditionalismus bemächtigt sich der Geschichte oder einer bestimmten Tradition in einem eindeutigen Sinn. Religiöser Traditionalismus zumal. Es kommt zu regelrechten Geschichts-Besetzungen. Das große Symbol dafür ist für mich derzeit die Auseinandersetzung um „Auschwitz". Ich hielt mich dort im Oktober für eine Woche auf. Auschwitz wird derzeit von Symbolen beherrscht. Da sind auffällig viele Fahnen und Flaggen, die dort auftauchen, polnische und jüdische vor allem. Dann sind es die religiösen Symbole von Kreuz und Davidsstern, um die seit geraumer Zeit eine erbitterte Auseinandersetzung stattfindet. Symbole können sehr totalitär sein. Sie besetzen einen Ort oder ein Geschichtsereignis eindeutig und schließen andere aus. Besonders bedrückend ist die Situation auf dem weiten Feld des sogenannten „Scheiterhaufens", hinter dem sogenannten „Weißen Block", wo Edith Stein ihr Leben ließ. Dort wurden über das weite Feld bunt nebeneinander große weiße Kreuze und Davidsterne in den Boden gerammt. Die Situation ist explosiv. Auschwitz ist zum Schauplatz des Kampfes um Symbole geworden. Dahinter steht aber die historische, religiöse und nationale Auseinandersetzung um die Bemächtigung eines verheerenden Geschichtsereignisses. Dort finden im buchstäblichen Sinne (Geschichts-) Besetzungen statt.

Ich will es bei diesen Andeutungen belassen. Auschwitz ist nur ein, wenn auch höchst symbolbeladener Platz unter vielen anderen. Von hier wird das Gewaltpotential – auch politisch – wenigstens erahnbar, das solche Vorgänge von Geschichtsbesetzungen bisweilen aus sich entlassen – in allen Religionen und Traditionalismen.

c) Endgültigkeit oder das Erzwingen des Gottesreiches

Ich habe immer wieder die Auffassung vertreten, daß die Kontrolle über die beiden bisher genannten fundamentalistischem Gefährdungen, Schriftverständnis und Traditionalismus, im Judentum auf bewundernswerte Weise garantiert ist: Schrift und Tradition, Bibel und Talmud, regulieren sich gegenseitig. Das Judentum bedarf über diese Selbstregulierung hinaus keine Instanz wie ein Lehramt. Ausnahmen gibt es natürlich auch im Judentum.

Aber für eine andere Erscheinung scheint das Judentum besonders anfällig zu sein: für den Messianismus, oder wie Franz Rosenzweig es nannte: „für das Erzwingen des Gottesreiches". Rosenzweig dachte zwar zunächst an das Erzwingen des Gottesreiches durch das eindringliche Gebet zu Gott. Die fundamentalistische Variante dazu ist aber das Erzwingen des Gottesreiches nötigenfalls auch mit Gewalt. Diesen Sachverhalt versuche ich mit dem Stichwort der „Endgültigkeit" wiederzugeben. Wenn ich dazu das Beispiel vom Kampf um das Land Israel, Eretz Yisrael, anführe, so soll dieses wiederum exemplarisch verstanden sein für die vielen Gefechte um Gottesreiche oder Gottesstaaten – oder wie immer – in den Religionen und in fundamentalistischen Gruppen.

Der Kampf um das Land Israel

Nach dem Sechstagekrieg vom Juni 1967 brach in Israel grenzenloser Jubel aus. Israel hatte einen triumphalen Erfolg zu verzeichnen: Das Westjordanland, die Sinai-Halbinsel und die Golan-Höhen waren erobert. Die Grenzen der von Israel besetzten Gebiete deckten sich nun in etwa mit denen des verheißenen Landes der Bibel. Wenn dieser Sieg auch von den Streitkräften eines säkularen Staates errungen worden waren, führte er doch zur Renaissance religiöser und messianischer Vorstellungen, die bisher nur in extremen Kreisen geträumt worden waren.

Rav Zvi Yehuda Kook, der Sohn des einflußreichen askenasischen Großrabbiners Rav Kook (1865–1935) und zugleich dessen Nachfolger, hatte noch Mitte Mai 1967 in einer Predigt ausgesprochen, was sich später als prophetisch erweisen sollte: „‚Sie haben mein Land geteilt‘. Fürwahr, das stimmt. Wo ist unser Hebron? Werden wir es einfach vergessen? Und wo ist unser Schechem [Nablus], wo unser Jericho? Wo sind sie? Das ganze Ostjordanland gehört uns! Jeder Zoll, jedes Ar … gehört zum Land Israel. Dürfen wir denn auch nur einen Millimeter davon preisgeben?"

Drei Wochen später hatte die israelische Armee all diese Städte sowie die Jerusalemer Altstadt und den größten Teil des biblischen Jerusalem erobert. Für Rav Kook und seine Anhänger hatte die Armee des säkularen Staates einen göttlichen Ratschluß ausgeführt, nach dem die Grenzen des Staates mit denen des Gelobten Landes zusammenfallen sollten. Eine Stimme dazu nach dem Sechstagekrieg: „Die greifbare, konkrete Rückkehr in die geliebten Städte des Angedenkens und die sehnsüchtig begehrten Landschaften der Vorfahren symbolisierte die Heimkehr in das ‚LAND'. Ideologisch gesehen, führte diese Rückkehr zu einer Reaktualisierung der religiösen und begrifflichen Bedeutungskomponenten von ‚LAND' … Der Sechstagekrieg scheint das Moment zu sein, wo das säkulare Konzept eines Staates Israel durch das religiöse Konzept eines Landes für die Juden ersetzt wurde …" (Gideon Aran, aus: G. Kepel, Rache Gottes, S. 221–223). Die „Kookisten" erklärten 1967 zum Jahr eins des Zeitalters der Erlösung. Seither ist die Idee von „Eretz

Israel" oder „Groß-Israel", das „Land" der biblischen Verheißung, zur fixen Idee ultraorthodoxer Kreise geworden.

Zuerst möchte ich ganz deutlich sagen: das Thema des Landes gehört zu den Grundsäulen des jüdischen Glaubens. Das ist zwar eine außergewöhnliche Besonderheit des Judentums. Aber daran gibt es kein Vorbeikommen, ohne die jüdische Religion insgesamt zu diskreditieren. In irgendeiner Weise wird man sich mit dieser ‚Tatsache' jüdischen Glaubens arrangieren müssen, will man mit ihm ins Gespräch kommen.

Nur, wo ist das Gelobte Land? Welches sind seine Grenzen? Die Bibel macht dazu an verschiedenen Stellen zwar unterschiedliche, aber scheinbar auch konkrete Aussagen. Sind es realistische Aussagen? Aber da sie sich in der hebräischen Bibel so sehr voneinander unterscheiden – welchen Wirklichkeitskern haben sie? Ein näheres Hinsehen macht bald deutlich: Es sind Aussagen der „Verheißung", eschatologische Verheißungen. Das Land ist das Land der Verheißungen. Das heißt nicht, daß die Tatsache des Landes mit dem gegenwärtigen Glauben nichts zu tun habe. Im Gegenteil: Das Land war und bleibt wesentlicher Bestandteil des jüdischen Glaubens, Bezugspunkt des Judentums bis heute und gerade auch heute. Doch bleibt die Differenz zwischen dem Land der Verheißung und dem realistischen Anspruch auf ein konkretes Land. Die ultraorthodoxen Gruppen scheren sich wenig darum. Sie nehmen den einen oder anderen biblischen Text für bare Münze. Wenn wir im allgemeinen sagen können, im Judentum bestehe kaum die Gefahr des fundamentalistischen Schriftverständnisses, dann gilt dies nicht im Bestehen von Ansprüchen auf das verheißene Land, die in der hebräischen Bibel vermeintlich verankert sind – so wenigstens in jüdisch fundamentalistischen Kreisen.

Welche Bibeltexte begründen denn nun einen derartigen Anspruch? Etwa die Verheißung an Abraham im Buch Genesis: „An jenem Tage schloß der Herr mit Abram einen Bund und sprach: Deinem Geschlecht gebe ich dieses Land, vom Bach Ägyptens bis an den großen Strom, den Euphrat-Strom" (Gen 15,8).— Nach dieser Verheißung gehörte dem Volk Gottes mehr oder weniger der ganze Vordere Orient.

Das Buch Deuteronomium wird noch konkreter, wenn Mose an sein Volk die Botschaft Gottes ausrichtet: „Ziehet nach dem Gebirge der Amoniter und zu allen ihren Nachbarn in der Araba, auf dem Gebirge, in der Niederung, im Südland und am Gestade des Meeres, in das Land der Kanaaniter und zum Libanon, bis an den großen Strom, den Euphrat-Strom. Seht ich übergebe euch das Land: gehet hinein und nehmet das Land in Besitz, von dem ich euren

Vätern Abraham, Isaak und Jakob geschworen habe, daß ich es ihren Nachkommen geben wolle" (Dtn 1,7f). Und kurz darauf sogar: „Jeder Ort, darauf eure Fußsohle treten wird, soll euer sein; von der Wüste bis zum Libanon und von dem großen Strom, dem Euphrat-Strom, bis an das westliche Meer soll euer Gebiet reichen" (Dtn 11,24).— Demnach hätte Gott dem auserwählten Volk nicht nur das Bild eines Groß-Israel vom Euphrat bis zum Mittelmeer gezeigt, sondern zugleich damit die ausdrückliche Aufforderung verbunden, jeden Fuß dieses ‚Landes‘ in eigenen Besitz zu nehmen.

Realistischer ist da schon das Prophetenbuch Ezechiel, wenn dort die des Landes Grenzen folgendermaßen angegeben werden: „Das ist die Grenze des Landes im Norden: vom großen Meer in Richtung Hetlon bis Lebo-Hamat, Zedad, Berota, Sibrajim, das zwischen dem Gebiet von Damaskus und dem Gebiet von Hamat liegt, und bis Hazar-Enan am Rande des Haurangebirges. Die Grenze läuft also vom Meer nach Hazar-Enan, wobei das Gebiet von Damaskus und Zafon und ebenso das Gebiet von Hamat im Norden liegt. Das ist die Nordgrenze. Im Osten bildet der Jordan die Grenze zwischen Gilead und dem Land Israel (von Hazar-Eman), das zwischen dem Haurangebirge und Damaskus liegt, bis hinab zum östlichen Meer und Tamar: Das ist die Ostgrenze. Die Südgrenze im Negeb: von Tamar bis zu den Quellen von Meribat-Kadesch und dem Bach, der ins große Meer fließt. Das ist die Südgrenze im Negeb. Im Westen bildet das große Meer die Grenze bis zur Höhe von Lebo-Hamat. Das ist die Westgrenze" (Ez 47,15–20; vgl. Numeri 34,1–15).

Aber selbst die Landbeschreibung des Propheten Ezechiel wird man nicht historisch und landeskundlich interpretieren dürfen. Viele der genannten Orte sind gar nicht mehr bekannt. So viel läßt sich am Idealbild des Landes bei Ezechiel noch erkennen: Das Land ist nun sehr viel kleiner geworden. Wenn man die Nordlinie auf die Höhe von Homs-Tripolis verlegt, dann reicht aber das Idealland im Norden und im Süden immer noch viel weiter, als es in den besten Zeiten des König David je umschloß. Nach Osten dagegen ist es in sehr schmalen Grenzen gehalten. Mit anderen Worten ist aus den Angaben der hebräischen Bibel zu den tatsächlich von Gott gewollten Grenzen, wenn er denn solche festlegen wollte, sehr wenig historisch und realpolitisch abzuleiten.

Im Falle der biblischen Grenzen des Landes wird aber ein fundamentalistisches Schriftverständnis gefährlich. Es nährt messianische Utopien eines „Eretz (Land) Israel". Mit diesem gefährlichen Gedankengut machte sich 1984 jene jüdische Untergrundorganisation, die dem Führerkreis der „Gush Emunim" nahestand, ans Werk, den

Felsendom und die Al-Aqsa-Moschee auf dem Tempelberg in die Luft zu sprengen. Das Attentat wurde verhindert. Das unermeßliche Reservoir von „Eretz Israel" oder Groß-Israel befeuert aber bis heute die extreme Siedlerbewegung. Ein Teil dieser Bewegung ist seit 1967 in der „Groß-Israel-Bewegung" beheimatet. Ihre Anhänger stützten ihre Forderungen vor allem auf geographische, historische und strategische Argumente. Allerdings blieb diese Gruppe im gesetzlichen Rahmen. Eine große Zahl ihrer Anhänger wechselte aber in das Lager von extremen Rechten. Schließlich wären in diesem Zusammenhang auch die „Getreuen des Tempelberges" zu nennen. Sie fordern die Beendigung der Verwaltung des Tempelberges durch die Muslime. Sie streben die Errichtung des dritten Tempels nach salomonischem Vorbild an. Noch Ende der 80er Jahre haben sie eine spektakuläre Aktion geplant. Sie versuchten tatsächlich den Grundstein für den dritten Tempel Salomos auf dem Tempelberg zu legen. Danach wollten sie die Omar- und Al-Aqsa Moschee entfernen. Die israelitische Polizei hat auch dieses groteske Vorhaben gestoppt. – Nicht verhindern konnte die israelische Polizei den traurigen Höhepunkt dieser Entwicklung, wie bekannt, die Ermordung des Ministerpräsidenten Yitzaq Rabin am 4. November 1995. Der Mord geht auf das Konto der genannten fundamentalistischen Bewegungen.

Erzwingen des Reiches Gottes auf Erden

Ich habe die angeführten Ereignisse unter das Stichwort „Endgültigkeit" gestellt. Es ist das Erzwingen von Verheißungen. Sie betreffen das Judentum. Es ist im Judentum das leidvolle Thema des Messianismus und von Eretz Yisrael. Aber nicht nur im Judentum. Analoge Motive stehen wohl hinter allen religiösen Anstrengungen, ,Gottesreiche' oder ,Gottesstaaten' auf Erden zu errichten. Die Utopie eines 1000jährigen Reiches gehört übrigens schon in das Arsenal des klassischen Fundamentalismus Amerikas; es ist einer der „Five Points of Fundamentalism", der „Fundamentals" oder der Magna Charta der fundamentalistischen Kirchen in den USA, seit den 20er Jahren.

Auch hier mag die Andeutung symbolischer Orte für alle anderen Plätze stehen, an denen unter diesem Zeichen Auseinandersetzungen um eine Wirklichkeit stattfinden, die eine letzte Endgültigkeit erzwingen wollen. In den Städten Jerusalem und Hebron findet dieser Kampf statt. Es ist interessant zu sehen, daß sich hier der Anspruch auf Endgültigkeit mit dem anderen Anspruch auf ein eindeutiges Ursprungsrecht verbindet: Bei Jerusalem ist dies der Fall, da sich die Juden selbstverständlich als rechtmäßige Besitzer der Stadt ansehen; aber auch die Moslems berufen sich unter anderem auf die Sure 17 des Koran, der ihnen mit den Worten Muhammeds einen Anspruch auf diese Stadt verbürgt. Nicht weniger explosiv ist die Lage in Hebron. Für viele Juden ist Hebron das Symbol ihres Ursprungs, das mit allen Mitteln zu halten ist, da dort Abraham, der Urvater des jüdischen Glaubens, verehrt wird. Für die Moslems gilt aber dasselbe. Wie aus allen Verwicklungen und Ansprüchen herauskommen? Ich weiß es nicht. Wohl nur mit einem gesundem Realismus für das Machbare und mit einer Portion Geduld in die Vorläufigkeit der Zeit und in das Kommen der verheißenen Endgültigkeit.

3. Was ist wirklich religiös am Fundamentalismus?

Mir ist nur zu bewußt, daß meine Bemerkungen Anfragen hinterlassen: Sind es letztlich wirklich religiöse Motive, die hinter den fundamentalistischen Erscheinungen stehen? Sind es letztlich nicht doch politische, kulturelle oder nationale Motive und Interessen, gerade der auch von mir genannten Vorgänge, die diesen zugrunde liegen? Und dann die vielen anderen fundamentalistischen Phänomene, die ohne Zweifel besser als im Rückgang auf religiöse Fundamentaldebatten auf andere Weise erklärt werden können?

Das alles sei zugestanden. Man wird bei jedem fundamentalistischen Ereignis sehr genau hinschauen müssen. Man wird das religiöse Element nur vorsichtig herauslösen können. Und in jedem Ereignis wird man eine andere Wirkweise des religiösen Elements feststellen. Drei Weisen der Einmischung scheinen mir aber plausibel: Einmal gibt es ohne Zweifel den religiösen Fanatismus, der sich auch größerer Massen bemächtigt. Zum anderen gibt es ein offensichtliches Sich-zu-Nutze-machen religiöser Überzeugungen, um ganz andere Ziele der Macht o. a. zu verfolgen, etwa gewisse Weisen der Propaganda, die aber leicht durchschaubar sind.

Die gefährlichste Mischung scheint mir dort vorzuliegen, wo man die Grenzen nicht mehr unterscheiden kann, weder der außenstehende Betrachter noch der involvierte Gläubige. Es sind jene Phänomene, denen man einen religiösen Gehalt überziehen kann, wie der Wolf den Schafspelz. Etwa in der Art, daß es wiederum sehr irdische Zwecke sind, die zugrunde liegen, die aber religiös koloriert werden können. Dann treten jene gefährlichen Situationen ein, um die es mir weitgehend ging, daß Interessen, die ansonsten – für sich allein – möglicherweise nicht genügend Überzeugungskraft besitzen, um sie durchzusetzen, nun aber religiös aufgeladen, aufgeheizt und mit dem religiösen Glaubensstandpunkt verbunden werden können. Dann erhalten meine Stichworte eine ganz eigene Brisanz: Forderungen und Ansprüche bekommen den Charakter (religiöser) Eindeutigkeit, Entschiedenheit und Endgültigkeit. Die Interessen erhalten nun eine neue, religiöse Qualität; sie sind religiös legitimiert. Die Fundamentalisten sind der Auffassung, sie sind ihres Glaubens wegen oder gar durch besondere Berufung Gottes verpflichtet, diese Ziele – nötigenfalls mit Gewalt – durchzusetzen.

13

Fundierter Glaube – Begründete Zweifel

Kirchliche Verkündigung in einer pluralistischen Gesellschaft

von Josef Imbach

Worte können überzeugen, Beispiele reißen mit. Deshalb möchte ich ohne lange Worte zu verlieren mit einem Beispiel beginnen: „Da ist" erklärt Iwan Karamasow seinem Bruder Aljoscha, „ein stinkendes Wirtshaus, da kommen die Leute zusammen und setzen sich in eine Ecke. Ihr ganzes bisheriges Leben haben sie sich nicht gekannt [...]. Na, und worüber werden sie reden, wenn sie sich gerade für diesen einen kurzen Augenblick im Wirtshaus getroffen haben? Doch über nichts anderes als über die Weltfragen: Gibt es einen Gott, gibt es eine Unsterblichkeit? Und die nicht an Gott glauben, sie werden über den Sozialismus und über den Anarchismus reden, über die Umgestaltung der ganzen Menschheit nach einer neuen Ordnung; weiß der Teufel, was dabei herauskommt, das sind doch alles die gleichen Fragen, nur vom anderen Ende her gesehen. [...] Ist es nicht so?"[1]

Natürlich ist es so. Lediglich die Akzente haben sich verschoben. Gott steht nicht mehr an erster Stelle, aber solange man eigens betonen muß, daß mit dem Tod alles aus ist, geistert er irgendwie doch noch in den Köpfen. Statt von Sozialismus und Anarchismus spricht man von Solidarität, von einer gerechteren Gesellschaftsordnung oder vom alternativen Lebensstil, vom Elend der Tiere auch, und von den Menschenrechten. Und von der Politik, an der nun einmal kein Weg vorbeiführt, wenn man nicht nur das kollektive Bewußtsein, sondern auch an der Verfahrenheit der Welt etwas ändern will. Obwohl es bei all diesen Themen, zumindest einschließlich, auch um die *absolute* Zukunft der Menschheit geht, ist man sich dabei längst nicht immer bewußt, daß man sich im Grunde mit der allerersten Katechismusfrage herumschlägt: Wozu sind wir auf Erden?

Daß die Agnostiker diese Frage ein bißchen kurios finden, und die Atheisten die Antwort darauf unter Umständen sogar für schädlich halten, ist (entsprechend dem jeweiligen eigenen Standpunkt) ihr gutes oder schlechtes Recht. Wenn aber Christen und Christinnen mit diesem Grund-Satz über die Bestimmung des Menschen

---

[1] F. M. Dostojewski, Die Brüder Karamasow (Winkler), München 1958, 315.

und das Ziel der Geschichte nichts mehr anfangen können, wirft das ein paar heikle Fragen auf, zumal wenn sie dazu noch eine ganze Reihe anderer fundamentaler Glaubensinhalte als nichtssagend empfinden. Daß dieses Phänomen inzwischen besorgniserregende Ausmaße annimmt, belegen viele neuere Umfragen – nicht nur im deutschen Sprachraum.[2]

Angesichts dieser Sachlage verdecken die Kirchenleitungen ihre Ratlosigkeit manchmal mit dem Hinweis, daß diese Entwicklung mit der zunehmenden Migration, dem gegenwärtigen Massentourismus und der globalen Medienvernetzung zusammenhänge; daß die ständig variierenden Denk- und Verhaltensmuster einer laizistisch argumentierenden und pluralistisch orientierten Öffentlichkeit leider nicht aus der Welt geschafft werden könnten (die einstmals als *delireamentum*, als Wahnsinnsidee verleumdete Gewissensfreiheit wurde ja inzwischen, mühsam genug, rehabilitiert[3]); und daß es angesichts solcher Gefahren gelte, mutig die ganze Glaubenslehre zu verkünden, ohne Wenn und Aber, auf klare, eindeutige Weise. Bibelkundige verweisen hier gern auf den zweiten Brief an Timotheus, in welchem dieser beschworen wird, „das Wort zu verkünden, ob man es hören will oder nicht" (2 Tim 4,2), oder auf die an Titus ergangene Mahnung, „die gesunde Lehre" (Tit 2,1) und die „Wahrheit unverfälscht" (2,7) zu verbreiten. Man versteht den Überlieferungs- und Vermittlungsprozeß als Weitergabe einer Lehre, die man Satz für Satz wiederholen und weitergeben kann, ähnlich wie man ein Schmuckstück in einer Schatulle über Generationen hin vererbt.

Ohne Frage haftet dieser Beschreibung etwas Karikaturhaftes an. Aber bekanntlich überzeichnen Karikaturen bloß Züge, die tatsächlich vorhanden sind.

Die ganze Lehre also gilt es zu verkünden! Aber kann oder muß man sich diese auch aneignen? Die Frage klingt provozierend. Doch ich stelle sie ja nicht, sondern übersetze sie bloß. Der ursprüngliche Wortlaut findet sich in der zweiten Abteilung des zweiten Teils der *Summa theologica* des hl. Thomas von Aquin: *Utrum*

---

[2] Vgl. u. a. Der Spiegel, Abschied von Gott. Was glauben die Deutschen?, Nr. 25 / 1992, 36–57; M. Ebertz, Was die Deutschen heute glauben. Christentum, Kirche und religiöse Sehnsüchte aus soziologischer Sicht, in: Christ in der Gegenwart Nr. 25 / 1996, 205–206; Autori vari, La religiosità in Italia. Inchiesta fatta dai docenti dell'Università Cattolica Milano, Milano 1995.

[3] H. Denzinger, Kompendium der Glaubensbekenntnisse und kirchlichen Lehrentscheidungen. Verbessert, erweitert, und ins Deutsche übertragen und unter Mitarbeit von Helmut Hoping herausgegeben von Peter Hünermann, Freiburg – Basel – Rom – Wien [37]1991 (lateinisch/deutsch), 758 (Nr. 2730); vgl. dagegen Vaticanum II, Erklärung über die Religionsfreiheit, *Dignitatis humanae*, Nr. 2.

omnes aequaliter teneantur ad habendum fidem explicitam – kann man wirklich alle *Christifideles* in gleicher Weise dazu verpflichten, sich sämtliche Glaubenslehren anzueignen und diese zu bejahen?[4] Für die *minores* oder *simplices*, die einfachen Gläubigen, genügt nach Thomas die Kenntnis der Grundwahrheiten, weil in diesen ja die ganze Entfaltung der Lehre enthalten ist und daher implizit mitbejaht wird. Hinsichtlich dieser Grundwahrheiten trifft Thomas noch eine weitere Unterscheidung. Was beispielsweise das Christusbekenntnis betrifft, genügt es, wenn die *minores* über jene Wahrheiten instruiert sind, welche die Liturgie an den kirchlichen Feiertagen erhellt. Von den *maiores* hingegen, den mit der Verkündigung Betrauten, erwartet Thomas schon, daß sie darüber „mehr oder weniger", nämlich entsprechend ihrem Stand und ihrer Stellung, Bescheid wissen. Daß eine solche Differenzierung durchaus realistisch ist, geht unter anderem daraus hervor, daß weder die verschiedenen lehramtlichen Instanzen noch die Theologen sich untereinander über die genaue Anzahl der Dogmen einig sind.

Damit ist nun aber bereits *ein* Grund benannt, weshalb sich die religionspädagogischen Bemühungen in erster Linie nicht darauf richten können, die ganze Lehre zu verkünden. Der 1992 erschienene *Katechismus der katholischen Kirche* ist deswegen nicht überflüssig. Als Grundlage und Bezugspunkt hat er für die Vermittlung der Frohbotschaft zweifellos seine Bedeutung. Anderseits gilt nicht minder, was die (inzwischen schon fast wieder vergessene) Gemeinsame Synode der Bistümer in der Bundesrepublik Deutschland in ihrem Beschluß über die Ökumene unterstreicht: „Die katholische Kirche verlangt von ihren Mitgliedern nicht, daß sie alle Ausprägungen und Ableitungen in der Geschichte des gelebten und gelehrten Glaubens in gleicher Weise bejahen."[5]

Viele Umfragen belegen, daß immer mehr Getaufte nur mehr eine recht lose Bindung zur Kirche unterhalten (über die Ursachen können wir hier nicht diskutieren). Längst gilt es nicht mehr als religiöse Bildungslücke, wenn jemand nicht weiß, was eine Kreuzwegstation ist. Aber auch die Kenntnis der alten biblischen Geschichten und des Ablaufs des Kirchenjahres gehören nicht mehr zum allgemeinen Bildungsgut. Fast schon muß man sich fragen, ob sich nicht auch die Ökumene in absehbarer Zeit von selbst totläuft, weil die wesentlichen Unterschiede zwischen katholisch und protestantisch

---

[4] 4 Thomas von Aquin, STh II-II, q.1, a.6.
[5] Gemeinsame Synode der Bistümer in der Bundesrepublik Deutschland, Beschluß: Ökumene, Nr. 3.2.3., in: Offizielle Gesamtausgabe, Bd. 1, Freiburg – Basel – Wien 1976, 780.

nur noch für eine Minderheit von Interesse sind. Wer angesichts dieser Tatsache auf die Präsenz der Massen bei Papstbesuchen oder auf das Interesse an basiskirchlichen Aktionen verweist, aber gleichzeitig die Kirchenaustritte (und die Gründe dafür) übersieht, spielt mit gezinkten Karten.

Statt den herrschenden kirchlichen und gesellschaftlichen Pluralismus für die gegenwärtige Situation verantwortlich zu machen und dabei wehleidig dem Präteritum oder dem Plusquamperfekt zu verfallen und es dabei bewenden zu lassen, sollte man die Lage endlich ernst nehmen. Für die Verkündigung bedeutet das, daß sie sich zunächst auf die Aussage des Zweiten Vaticanums über die „Hierarchie der Wahrheiten"[6] besinnen und sich wieder auf die zentralen Inhalte des christlichen Glaubens konzentrieren muß. Im Unterschied zu Rupert Lay will ich damit nicht behaupten, daß man sämtliche Dogmen der Kirche auf zwei Sätze reduzieren könne, nämlich: „Gott liebt mich". Und: „Jesus ist die Inkarnation des Göttlichen."[7] Aber eine Grundlage könnte das schon sein – auch für die überfällige Revision einiger brenzliger ekklesiologischer Fragen.

Die schon erwähnte Rede von der „Hierarchie der Wahrheiten" besagt, daß es Heilswahrheiten gibt, die zum Minimalwissen der Gläubigen gehören sollten. Darüber hinaus schließt diese Aussage ein, daß nicht allen kirchlichen Lehräußerungen zu jeder Zeit die gleiche Bedeutung zukommt. Und schließlich impliziert sie, daß die existentielle Betroffenheit der einzelnen Getauften angesichts bestimmter Offenbarungswahrheiten von sehr unterschiedlicher Intensität sein kann, was ja faktisch auch zutrifft. Das ist genauso normal wie die Tatsache, daß die einzelnen Menschen sich nun einmal von je unterschiedlichen Spiritualitäten angezogen fühlen. Daß die Präferenzen sich im Lauf eines Lebens ändern können, versteht sich von selbst.

Weit problematischer als das verbreitete existentielle Desinteresse an manchen weniger zentralen Lehräußerungen ist die Tatsache, daß anscheinend die Zahl jener wächst, die sich schwer tun mit Offenbarungswahrheiten, welche konstituierend sind für den christlichen Glauben, wie etwa die Lehre von der Gottheit Jesu, von der Erlösung der Menschheit oder von der Auferweckung der Toten.

Hier müßte man zuerst einmal nach den Verstehensvoraussetzungen einer solchen Ablehnung fragen (worüber die üblichen Erhebungen bekanntlich keine Auskunft geben). Nur so wäre ein Urteil

---

[6] Vaticanum II, Dekret über den Ökumenismus, *Unitatis redintegratio*, Nr. 11.
[7] R. Lay, in: Die Zeit, Nr. 35 vom 23.8.1996.

darüber möglich, *was* tatsächlich ‚geleugnet' wird. Als Testfall würde sich das Dogma von der Päpstlichen Unfehlbarkeit hervorragend eignen. Ich selber habe eine solche Umfrage im Rahmen eines Kurses für theologische Erwachsenenbildung durchgeführt, der zum größten Teil von praktizierenden Katholiken und Katholikinnen besucht wurde, die gegenüber der kirchlichen Glaubenslehre im allgemeinen keine *wesentlichen* Vorbehalte anmelden (anders verhält es sich auf dem Gebiet der Sittenlehre). Rund ein Drittel von ihnen war der Ansicht, daß auch päpstlichen Verlautbarungen wie Enzykliken und Ansprachen Unfehlbarkeitscharakter eigne. Das aber ist nun doch zuviel des Schlimmen; es ist eine glatte Häresie. In manchen Fällen sieht sich die Verkündigung allerdings nicht bloß Mißverständnissen ausgesetzt. Immer häufiger geschieht es, daß Getaufte sich der Zustimmung zu bestimmten Glaubenssätzen enthalten, die sie durchaus im Sinne der Kirche verstehen. Daß diese Haltung keineswegs zum Bruch führen muß, hat Josef Ratzinger 1976 in einem Vortrag am Beispiel der römischen Primatslehre aufgezeigt.[8]

Dabei betont er, daß die Lateinische Kirche von den seit dem 11. Jahrhundert von Rom getrennten Ostkirchen *keine ausdrückliche Anerkennung* des 1870 auf dem Ersten Vaticanum definierten Dogmas vom Jurisdiktionsprimat des Papstes verlangen müsse. Zur Herstellung der vollen Kirchengemeinschaft würde es genügen, wenn die Ostkirchen diesen Glaubenssatz nicht als häretisch qualifizierten, sondern auf sich beruhen ließen. Auf die gesamte Glaubenslehre angewandt besagt diese Äußerung, daß jemand, der sich in einzelnen Fragen des Urteils enthält, nicht ipso facto außerhalb

---

[8] Vgl. J. Ratzinger, Die ökumenische Situation. Orthodoxie, Katholizismus und Reformation, in: Theologische Prinzipienlehre, München 1982, 203–214; 209; kursiv von mir: „Rom muß vom Osten *nicht mehr an Primatslehre fordern, als auch im ersten Jahrtausend formuliert und gelebt wurde.* Wenn Patriarch Athenagoras am 25.7.1967 beim Besuch des Papstes in Phanar diesen als Nachfolger Petri, als den ersten an Ehre unter uns, den Vorsitzer der Liebe, benannte, findet sich im Mund dieses großen Kirchenführers der wesentliche Gehalt der Primatsaussagen des ersten Jahrtausends, und *mehr muß Rom nicht verlangen.* Die Einigung könnte hier auf der Basis geschehen, daß einerseits *der Osten darauf verzichtet,* die westliche Entwicklung des zweiten Jahrtausends *als häretisch zu bekämpfen,* und die katholische Kirche in der Gestalt als rechtmäßig und rechtgläubig akzeptiert, die sie in dieser Entwicklung gefunden hat, während umgekehrt der Westen die Kirche des Ostens in der Gestalt, die sie bewahrt hat, als rechtgläubig und rechtmäßig anerkennt." Der Vortrag wurde nach mehrmaliger Publikation in verschiedenen Sprachen nochmals in einem Sammelband veröffentlicht, was Ratzinger bereits als römische Glaubensbehörde, was wohl bedeutet, das er auch in dieser Funktion noch zu seiner damals vertretenen Ansicht steht. Zu der damit angesprochenen Problematik vgl. H. Fries / K. Rahner, Einigung der Kirchen – reale Möglichkeit. Erweiterte Sonderausgabe, Freiburg – Basel – Wien 1985, 42 f.

der Kirche steht. Es versteht sich ja wohl von selbst, daß ein Prinzip, das man auf eine ganze kirchliche Gemeinschaft anwendet, auch auf die Situation der einzelnen Glaubenden übertragen werden kann. Nicht nur der gesellschaftliche und konfessionelle Pluralismus setzt dem Glauben zu. Immer mehr Noch-Kirchenmitglieder gelangen über die Begegnung mit anderen Religionen zu neuen Erkenntnissen und damit oft auch zu Überzeugungen, für die sie beim besten Willen keinen Abstellplatz finden innerhalb des römischen Lehrgebäudes. Und nicht wenige unter ihnen fragen sich dann, ob ihnen dieses überhaupt noch eine heimelige Wohnstatt bieten könne.

Damit wiederum hängt zusammen, daß der eigene Glaube als absoluter Bezugspunkt in Frage gestellt wird, sobald man sich Rechenschaft gibt, daß auch andere Religionsgemeinschaften einen Gott verkünden, der den Seinen Halt gewährt, ihnen ein Ziel verheißt und ihrem Leben Sinn verleiht. Angesichts der Tatsache, daß es weder für die eigene bislang vielleicht selbstverständlich bejahte religiöse Weltsicht noch für andere damit konkurrierende Glaubensüberzeugungen handfeste Beweise gibt, sind verschiedene Reaktionen möglich. Man kann sich jeden Zweifel versagen; alle Andersdenkenden sind dann schlechtweg verblendet, schlimmstenfalls ganz einfach bösartig und damit zum vornherein im Unrecht. Diese Haltung bezeichnen wir gewöhnlich als Fundamentalismus. Oder aber man erkennt irgendwann, daß nicht nur gegenüber anderen, sondern auch gegenüber manchen eigenen, bislang selbstverständlichen Positionen ernsthafte Bedenken angebracht sind (die dann auch vorgebracht werden).

Von ganz anderer Tragweite und Qualität sind jene Zweifel, welche nicht bloß einzelne Inhalte, sondern die Grundlage nicht nur des christlichen, sondern des Gottesglaubens überhaupt betreffen und die mit der Omnipräsenz von unüberschaubarem Elend und unverschuldetem Leid zusammenhängen. Im Gedanken an Auschwitz und im Gedenken an die Opfer beginnen wir vielleicht zu verstehen, daß keine Theodizee die Argumente entkräften kann, die Albert Camus in seinem Roman *Die Pest* und in seinem Essai *Der Mensch in der Revolte* und, vor ihm, Dostojewskis Iwan Karamasow vorgetragen haben. Kann man es den Betroffenen verübeln, wenn sie angesichts eigener existentieller Leiderfahrungen spekulative Erwägungen zum Zweck der Rechtfertigung Gottes als zynisch empfinden? Aber auch die den Leidenden gegenüber aus christlichem Geist heraus geübte Solidarität vermag die mit allem Elend nun einmal verbundene Frage nach Gottes Einzigkeit, Güte, Allmacht oder Gerechtigkeit nicht zu beantworten. Meines Erachtens bilden das Böse und das Leid in der Welt das einzige ernstzunehmende Argument, das gegen die Existenz Gottes und damit zugunsten jener Weltanschauungen spricht, die dualistische, agnostische oder atheistische Alternativen vorschlagen. Die Dennoch-Glaubenden sind sich hoffentlich bewußt, daß sie hier mit einem *Mysterium tremendum* konfrontiert sind.

Manche von ihnen werden gleichzeitig bedauern, daß der Begriff *Mysterium* in kirchenamtlichen Dokumenten und in der theologischen Diskussion oft sehr leichtfertig verwendet wird, dann nämlich, wenn gerade wieder einmal Mangel herrscht an vorformulierten Argumenten oder wenn man damit Fragen abblockt, statt sich ihnen zu stellen.

Übrigens dürfte es sich inzwischen herumgesprochen haben, daß die gängigen ,Beweise' für die Wahrheit der christlichen (später dann der katholischen) Lehre manchmal ein bißchen manipuliert waren. Das gilt nicht nur für literarische und historische Fälschungen (Stichworte: Zweiter Thessalonicherbrief[9]; Konstantinische Schenkung[10]), sondern auch für die Untermauerung mancher Lehrmeinungen mittels einer etwas forcierten Schriftauslegung (Stichwort: Ketzerverbrennung[11]). Die Tatsache, daß das Lehramt seine Schlüsselgewalt zuweilen überstrapazierte, trägt gewiß mit dazu bei, daß die heutigen lehramtlichen Verlautbarungen nicht unkritisch zur Kenntnis genommen werden (Stichwort: Frauenordination). Dies um so mehr, als eine demokratisch strukturierte Gesellschaft und eine pluralistisch orientierte Öffentlichkeit bewirken, daß man auch von den kirchlichen Autoritäten erwarten darf, daß sie nicht dekretieren ohne überzeugend zu argumentieren. Es geht dabei um das Spannungsverhältnis zwischen Amtsautorität und Sachkenntnis. Wenn diese zu wünschen übrig läßt, führt das unvermeidlich dazu, daß die kirchlichen Lehräußerungen vermehrt ange-

---

[9] Der unbekannte Verfasser, der sich als Apostel Paulus ausgibt, warnt seine Leserschaft davor, sich aus der Fassung bringen zu lassen von einem „prophetischen Wort oder einer Rede oder einem Brief, der *angeblich* von uns [Paulus] stammt" (2 Thess 2,2)!

[10] Das *Constitutum Constantini*, nach welchem Konstantin der Große Papst Silvester I. und damit dem Römischen Stuhl u. a. das Imperium über das Abendland verliehen haben soll, wurde vermutlich um die Mitte des 8. Jahrhunderts abgefaßt.

[11] In seiner am 15. Juni 1520 erlassenen Bulle *Exurge Domini* verurteilt Leo X. die Äußerung Martin Luthers: „Daß Häretiker verbrannt werden, ist gegen den Willen des Geistes"; vgl. H. Denzinger, Kompendium der Glaubensbekenntnisse und kirchlichen Lehrentscheidungen. Verbessert, erweitert, und ins Deutsche übertragen und unter Mitarbeit von Helmut Hoping herausgegeben von Peter Hünermann, Freiburg – Basel – Rom – Wien [37]1991, 492 (Nr. 1483).

zweifelt werden. Und dann heißt die Devise: Weniger Kommandos und mehr Kompetenz, und zwar Sach- und Sprachkompetenz! Was die letztere betrifft, möchte ich behaupten, daß hier vieles im argen liegt. Nicht nur die Professoren, sondern auch die Pastoren sind oft einfach unfähig, das kirchliche Vokabular zu übersetzen oder auch nur angemessen zu erklären. Wendungen wie „Erbsünde", „Erlösung", „Heil", sind zu leeren Worthülsen geworden. Das führt dann zu dem Paradox, daß Aussagen des christlichen Glaubens nichts mehr aussagen. Wo dies zutrifft, gibt man den Menschen Stroh statt Weizen.

Die zwar immer noch vielbeschworenen, gleichzeitig jedoch stets restriktiver interpretierten Äußerungen des Zweiten Vaticanums waren nur möglich, weil die Theologen damals Klartext redeten, statt die offiziellen Gebetsmühlen zu drehen. Spätestens seit 1989, dem Jahr der Veröffentlichung der Kölner Erklärung[12], ist die Versuchung wieder größer, sich aus Angst vor römischen Interventionen hinter vorgestanzten Formeln zu verstecken. Inzwischen ist ja aktenkundig, daß ein Theologe, der den Mut hat, anstehende Probleme zu benennen, von seinem Bischof schon mal gesteckt bekommt, „daß man in Rom seine Bücher lese"[13], was vermutlich nicht zum Zweck der Weiterbildung geschieht. Damit will ich nicht sagen, daß die Gottesgelehrten allein schon deshalb im Recht seien, weil sie sich mit dem lieben Gott manchmal besser verstehen als mit ihrem Bischof. Aber wer hier heraushört, daß die römischen Instanzen die Glaubensverkündigung nicht nur überwachen (was ja ihre Pflicht ist), sondern gelegentlich auch etwas behindern, erliegt keiner akustischen Täuschung.

Gewiß mag der Vorwurf bisweilen zutreffen, daß die Verkündigung unglaubwürdig wirke, weil sich im Christentum das Schwergewicht vom Existieren auf das Dozieren verlagert habe.[14] Daß das tätige Glaubenszeugnis noch am ehesten überzeugt, bedarf wohl keiner Erläuterung. Die Sache wird jedoch problematisch, wenn dieses Glaubenszeugnis (vor allem das der „Heiligen") gezielt für propagandistische Zwecke eingesetzt wird. Denn religiös motivier-

---

[12] Wider die Entmündigung – für eine offene Katholizität („Kölner Erklärung"); Text in: Herder-Korrespondenz 43 (1989) 127–129.

[13] Vgl. P. Eicher (Hrsg.), Der Klerikerstreit. Die Auseinandersetzung mit Eugen Drewermann, München 1990, 326.

[14] So E. Drewermann, Jesus von Nazareth. Befreiung zum Glauben (Glauben in Freiheit, Bd. 2), Walter Verlag, Zürich und Düsseldorf 1996, 397, der dabei vor allem die kirchlichen Amtsträger und die Zunft der Theologen im Blick hat: „Was der Mann aus Nazaret wollte, was keine *neue* Lehr*form*, sondern eine neue *Lebens*form; nicht ein göttlich beglaubigtes Dozieren, sondern ein durch tieferes Vertrauen in Gott vermenschlichtes Existieren wollte er ermöglichen."

tes Sozialverhalten und aus Glauben erwachsende Selbstlosigkeit gibt es bekanntlich nicht nur im Christentum. Genau hier aber unterscheiden sich aufgeschlossene Juden, Hindus, Muslime oder Christen nicht mehr von ihren fundamentalistischen Glaubensgenossen und -genossinnen. Sie alle glauben an Gott und vertreten die Überzeugung, daß das Leben grundsätzlich schützenswert sei. Aber sobald sich das Gespräch darum dreht, wer oder wie dieser Gott sei, und welchen Schutzes welches Leben bedürfe, geraten sich ein frommer Sufi und ein fanatischer Mufti genauso in die Haare wie Erzbischof Degenhardt und Eugen Drewermann.

Das zeigt uns, daß auch auf der Ebene der tätigen Gottes- und Menschenliebe und damit des bezeugten Glaubens Theorie und Praxis nicht als einander ausschließende Alternativen zu betrachten sind, was ja schon von der Etymologie her deutlich wird. Bekanntlich bedeutet das griechische *theoria* nicht nur Schauspiel, sondern auch und vor allem Forschung, Untersuchung, Ermittlung. Darüber hinaus bezeichnet der Begriff auch die aus diesem höchst aktiven Prozeß sich ergebenden Einsichten. Theorie hat ursprünglich etwas mit Durchblick und Durchschauen zu tun; das Gegenteil davon ist demnach nicht die Praxis (zu Deutsch: die Handhabung oder Ausübung), sondern die Verschleierung, die Mystifikation, die Camouflage, und, wenn diese Mittel bewußt eingesetzt werden, die Irreführung und Täuschung.

Aufgrund unserer bisherigen Überlegungen drängt sich die Frage nach den *Chancen der heutigen Glaubensverkündigung* geradezu auf.

Diese hat ihrem Wesen nach werbenden, oder, wie man gemeinhin zu sagen pflegt, missionarischen Charakter. Daraus ergibt sich, daß sie nur fruchtbar sein kann, wenn sie von der Theorie ausgeht. Mit diesem Begriff jedoch bringe ich *zunächst* nicht die Glaubenslehre in Verbindung. Vielmehr meine ich damit das Anschauen und, wenn irgend möglich, auch Durchschauen der Lebenssituation der Empfänger und Empfängerinnen der christlichen Frohbotschaft (die ihrerseits, und zwar seit ihren Anfängen, *auch* das Ergebnis einer kritischen Schau darstellt!). Solches Sehen bildet die Voraussetzung für das Urteilen, aus dem dann das Handeln erwachsen muß. Den Evangelisten zufolge hat sich auch Jesus bei der Verkündigung des Gottesreiches immer wieder dieses bewährten Dreischrittes bedient. So *blickt* er den Zöllner Zachäus zunächst *an*; dann beginnt er zu *ahnen*, was in diesem Menschen vorgeht, und schließlich *bittet er* ihn um Gastfreundschaft und *versöhnt ihn* mit Gott und seiner Vergangenheit (Lk 19,1–10). Ein andermal läßt Jesus seinen Blick über die Volksmenge gleiten, er hat Mitleid mit den

Menschen, und dann erst lehrt er sie lange *und* fordert hinterher seine Jünger auf, ein paar Brote und zwei Fische mit diesen Leuten zu teilen (Mk 6,30–44). Verkündigung der Lehre *und* die Verteilung des Lebensnotwendigen, Predigt *und* Praxis, wie wir heute sagen würden, gehören offenbar aufs engste zusammen, und sind deshalb *beide dem Handeln zuzurechnen!*

Wenn die Verkündigung einen Akt ganzheitlichen Handelns darstellt, versteht es sich von selbst, daß diese ein An- und Überschauen und ein Beurteilen der Lage voraussetzt. „Sobald ihr im Westen Wolken aufsteigen seht, sagt ihr: Es gibt Regen. Und es kommt so. Und wenn der Südwind weht, dann sagt ihr: Es wird heiß. Und es trifft ein. Warum könnt ihr dann die Zeichen dieser Zeit nicht deuten? Warum findet ihr nicht schon von selbst das rechte Urteil" (Lk 12,54–57; vgl. Mt 16,2f.)?

Dieser Lukastext setzt all jene ins Unrecht, welche unter Außerkraftsetzung grundlegender anthropologischer Gesetzmäßigkeiten in die blaue Luft hinein überzeitliche und allgemeingültige ‚Wahrheiten' proklamieren, die sich bei näherem Hinsehen als *leere* Spekulationen erweisen, welche angesichts der jeweiligen sozialen und gesellschaftlichen Verhältnisse wie Seifenblasen zerplatzen. Sicher redet am Evangelium vorbei, wer dieses auf ein paar psychologische oder anthropologische Erkenntnisse reduziert. Ebenso sicher aber ist, daß man das Evangelium Jesu zur Ideologie verformt, wenn man meint, es unabhängig von menschlichen Erfahrungen und gesellschaftlichen Situationen verkünden zu können.

Daran erinnert, zumindest indirekt, die Konzilskonstitution *Lumen gentium* mit dem Hinweis auf die Bedeutung des Glaubenssinnes der Gläubigen: „Durch ihn dringt es [das gläubige Gottesvolk] mit rechtem Urteil immer tiefer in den Glauben ein und wendet ihn im Leben voller an."[15] Dieser Glaubenssinn, dessen Bedeutung schon die Kirchenväter (Hieronymus, Augustinus, Eusebius …) erkannt und den später Thomas von Aquin, Melchior Cano, John Henry Newman oder Matthias Joseph Scheeben als theologisches Erkenntniskriterium ernstgenommen haben, hat seinen existentiellen Platz *vor* dem *consensus fidelium*, jener Übereinstimmung in Glaubens- und Sittenfragen, die aus dem Glaubenssinn der Gläubigen erst folgt.[16] Obwohl dem kirchlichen Lehramt die Letztentscheidung in Sachen Glaubens- und Sittenlehre zukommt, ist dieses *magisterium* dem Glaubenssinn der Gläubigen insofern doch nach-

---

[15] Dogmatische Konstitution über die Kirche, *Lumen gentium*, Nr. 12.
[16] W. Beinert (Hrsg.), Lexikon der katholischen Dogmatik, Freiburg – Basel – Wien 1987, 200f (Lit.).

geordnet, als die mit dem Lehramt Beauftragten den von der kirchlichen Gemeinschaft gelebten und geglaubten Glauben ja nicht stiften, sondern ‚nur‘ rein bewahren und vermitteln sollen. Daher versteht es sich von selbst, daß Diskussionen nicht abgeblockt werden dürfen, bevor sie richtig begonnen haben – und daß allein schon aus diesem Grunde ein Bischof sein Pflichtenheft auf gröbste Weise vernachlässigen würde, wenn er sich einbildete, ein von einer großen Mehrheit aktiver Gläubiger getragenes Kirchenvolksbegehren als *quantité négligeable* unter den Tisch kehren zu dürfen.

Nun eignet aber dem Glaubenssinn der Gläubigen nicht nur eine wahrheits*bezeugende*, sondern auch die wahrheits*findende* Funktion. Angesichts der Tatsache, daß der Glaube lebens- und situationsbezogen bleiben muß, wäre es skandalös, wenn man die Welterfahrung der Gläubigen im theologischen Erkenntnisprozeß ignorieren wollte. Die Befreiungstheologie hat nicht zuletzt deshalb ein so gewaltiges Echo ausgelöst, weil überzeugte Christen und Christinnen die Zeichen der Zeit wahr-genommen, sie analysiert und dabei unter anderem erkannt haben, daß „das Reich Gottes nicht indifferent ist gegenüber den Welthandelspreisen"[17]. Die berechtigten Anliegen der feministischen Theologie stoßen bei einem Großteil des Kirchenvolkes nur deshalb auf offene Ohren, weil die Frauen sich irgendwann zu fragen begannen, warum sie in der Kirche bloß statistisch vorkommen, obwohl sie in der Bibel auch in Hauptrollen auftreten. Und ein Eugen Drewermann hat mit seiner tiefenpsychologischen Methode nicht einfach eine Marktlücke entdeckt; vielmehr deckte er ein Defizit in der Verkündigung auf, das man in der kirchenamtlichen Buchführung bislang unter der Rubrik Verschiedenes zu verstecken pflegte.

Daß man bei solchen Erkundungsfahrten manchmal in stürmische Gewässer gerät, läßt sich nicht vermeiden. Den Synoptikern zufolge sahen sich schon die Jünger Jesu mit dieser Erfahrung konfrontiert (vgl. Mk 4,35–41parr) und gerieten darob in Panik. Nur so erklärt sich die Frage: „Warum habt ihr solche Angst? Habt ihr noch keinen Glauben" (Mk 4,40parr)? Wer in der Verkündigung steht, müßte sich vielleicht vermehrt darauf besinnen, daß es neben der „glücklichen Schuld" (von der in der Osternacht die Rede ist) auch einen heilsamen Zweifel gibt, dem der Glaube immer wieder ausgesetzt sein kann. Darum weiß schon das Neue Testament: „Ich glaube; hilf meinem Unglauben" (Mk 9,24)!

---

[17] So die Gemeinsame Synode der Bistümer in der Bundesrepublik Deutschland im Beschluß *Unsere Hoffnung*, in: Offizielle Gesamtausgabe, Bd. 1, Freiburg – Basel – Wien 1976, 97 (I,6).

Wie das? Glaube und Skepsis unter einem Dach, in einer Stube, gar im selben Bett?! Da hat wohl nicht nur der Pfarrer Bedenken. Doch ausgerechnet die römische Glaubenskongregation attestiert ihm, daß hier keine Ehedispens vonnöten ist. Denn nur im Fall der *pertinax dubitatio*, der *hartnäckigen* und somit böswilligen Zweiflerei, droht Canon 751 des Römischen Kirchenrechts mit Exkommunikation. Und bedeutet so indirekt, daß wir uns wohl daran gewöhnen müssen, daß selbst ein fundierter Glaube sich gelegentlich mit begründeten Zweifeln herumzuschlagen hat.

Die werden auch mit Hirtenworten und Herdenbriefen nicht einfach ausgeräumt. Denn obwohl den Kindern des Lichts in religiöser Hinsicht nicht die gleiche Eigenständigkeit zusteht wie den Kindern der Welt, läßt sich nicht verhindern, daß auch ihren Gedanken manchmal Flügel wachsen. Statt diese Flügel zu stutzen, sollte man den Gedanken die Richtung weisen. „Willst du ein Schiff bauen", sagt Antoine de Saint-Exupéry, „rufe nicht die Menschen zusammen, um Pläne zu machen, die Arbeit zu verteilen, Werkzeuge zu holen und Holz zu schlagen, sondern lehre sie die Sehnsucht nach dem großen, endlosen Meer!"

Das Christentum ist nicht nur eine Torheit und ein Skandal, wie Paulus meint und Kierkegaard bis zur Ermüdung wiederholt, sondern gleichzeitig und vor allem eine Frohbotschaft, die, wenn als solche gelebt und verkündet, die Gedanken von selbst dahin lenkt, wo uns Menschenkindern eine stille Ahnung von Glück erwächst und wo die sanfte Schönheit der Liebe erstrahlt.

So befremdlich es zunächst scheinen mag, in der Verkündigung kommt weder das Dogma noch die Doktrin an erster Stelle. Um es in Anlehnung an Antoine de Saint-Exupéry zu sagen: Willst du die Menschen zum Glauben führen, dann überschütte sie nicht mit Lehren und erteile ihnen keine Lektionen, rede nicht zu ihnen vom Lohn und drohe ihnen nicht mit der Strafe, sondern wecke in ihnen das Verlangen nach Gott und die Sehnsucht nach seinem Reich!

14

Abrahamische Ökumene

Zur weltpolitschen Notwendigkeit eines Miteinanders von
Christen, Juden und Muslimen*

von Karl-Josef Kuschel

Hat es nicht etwas Abenteuerliches, in dieser Zeit für eine Ökumene zwischen Juden, Christen und Muslimen einzutreten? Die Zeichen der Zeit stehen doch auf Konfrontation. In Deutschland bren-
nen Häuser von Muslimen, werden jüdische Friedhöfe wieder mit
Nazi-Symbolen geschändet. Islamische Fundamentalisten toben
sich in vielen Ländern dieser Erde terroristisch aus. Und alle Welt
schaut nach wie vor mit großen Ängsten und großer Hoffnung nach
Israel, demjenigen Land in der Welt, in dem wie keinem anderen
die Traditionen und Interessen von Judentum, Christentum und Islam aufeinanderprallen. Juden und Palästinenser bekämpfen sich
seit der Gründung des Staates Israel 1948 bis aufs Blut und können
zu keinem dauerhaften Frieden kommen. Auch das seit September
1993 bestehende erste historische Friedensabkommen zwischen Pa-
lästinensern und Israelis hat noch wenig Annäherung gebracht. Die
Herzen der Menschen hat es nicht erreicht. Im Gegenteil: Nach
Tausenden von Toten auf beiden Seiten, nach so vielen Opfern des
Terrorismus und der Intifada, wird es Generationen dauern, bis die
tiefen Gefühle des Mißtrauens, der Verbitterung und des Hasses ab-
gebaut sein werden...

Bruderzwist im Hause Abraham statt ökumenischer Geschwisterlichkeit: das scheint die brutale Realität unserer Tage – ob in
Israel, Bosnien oder im Kaukasus. Niemand macht sich Illusionen
über das Gewaltpotential in allen Religionen. Aber wer die Welt
nicht den religiösen Fanatikern und terroristischen Fundamentalisten überlassen will, wer nicht will, daß friedliche Koexistenz von
Gewaltpredigern und Haßtreibern zerfetzt wird, kommt nicht darum herum, einen Kontrapunkt zu setzen. Einen Kontrapunkt er-
stens gegen einen gewalttätigen und friedensunfähigen Fanatismus,

---

* Grundlage dieses Beitrags ist meine umfangreiche monographische Studie: K.-J.
Kuschel, Streit um Abraham. Was Juden, Christen und Muslime trennt – und was sie
eint. München 1994. Taschenbuch-Ausgabe München 1996 (Serie Piper Nr. 2288). Zur
Vertiefung der hier nur skizzenhaft angedeuteten Problematik sowie zur Einordnung
und zum Beleg vieler Zitate sei auf dieses Buch verwiesen.

der in den meisten Ländern soziale, ökonomische und psychologische Ursachen hat. Einen Kontrapunkt zweitens auch gegen einen lähmenden und unpolitischen Fatalismus, wider die Einstellung, daß in Sachen Trialog zwischen Judentum, Christentum und Islam nichts mehr zu machen und die Machtergreifung von Fundamentalisten unaufhaltsam sei. Trialog – eine naive Illusion? Eine schöne Phrase für Sonntagsreden?

Ich sage im Gegenteil: Alle drei Religionen haben ihre Friedensenergien noch nicht verbraucht, ja vermutlich noch nicht einmal voll entdeckt. Am Ursprung aller drei Religionen liegt nämlich ein Wärmestrom von Friedensenergie bereit, welche durch den Fanatismus und Exklusivismus auf allen Seiten immer wieder zugeschüttet wurde und wird. Und diese Quelle heißt: Abraham. Diese Quelle heißt: Abraham, Hagar und Sara, Stammeltern der drei Religionen Judentum, Christentum und Islam. Der Jerusalemer jüdische Theologe Shalom Ben Chorin hat zu Recht festgestellt: „Es ist mir kein politischer Konflikt bekannt, dessen Wurzeln 4000 Jahre zurückreichen; das aber ist der Fall im Land der Verheißung, das unlösbar mit der Erwählung Israels zusammenhängt. Von hier aus, von der Urgeschichte der Juden und Araber, der feindlichen Brüder, ist die Problematik der Gegenwart zu erfassen, zu zeigen, daß es sich hier nicht nur um archaisches Sagengut handelt, sondern zugleich um fortwirkende Spannung zwischen verwandten Völkern." In der Tat: Es war kein Zufall, sondern kalkulierter Symbolakt, daß noch im Februar 1994 in Hebron am Grabe Abrahams und Saras 29 betende Muslime erschossen wurden – durch einen jüdischen Siedler, der in seinem religiös-politischen Fanatismus den Friedensprozeß torpedieren wollte.

Es ist also an der Zeit, die Ursprünge noch einmal bewußt zu machen, nicht rückwärts starrend, sondern im Interesse von Gegenwart und Zukunft. Es ist an der Zeit, der Friedensunfähigkeit von Juden, Christen und Muslimen stärker als früher theologisch auf den Grund zu gehen, um dann Chancen für eine ökumenische Verständigung der Zukunft auszuloten – ohne alle Nivellierung der Geltungsansprüche. Machen wir uns klar: In allen drei Religionen ist Abraham der Vater des Glaubens, das heißt, ist Abraham Urbild glaubender Existenz vor Gott:
– Das Judentum führt sich zurück auf die Linie Abraham-Sara-Isaak-Jakob, der nach einem Gotteskampf Israel genannt wird.
– Das Christentum führt sich zurück auf Jesus Christus, von dem es schon im ersten Satz des Neuen Testamentes (Mt 1,1) heißt: Stammbaum Jesu Christi, des Sohnes Davids, des Sohnes Abrahams.

– Der Islam – grundgelegt in der Verkündigung des Propheten Mohammed – führt sich zurück auf die Linie Abraham-Hagar-Ismael.

Anders gesagt: Ohne Abraham, Hagar und Sara kein Judentum, kein Christentum und kein Islam. Alle drei Religionen wollen den Glauben des Urvaters und der Urmütter wieder neu zum Leuchten bringen. Für alle drei ist dieser Abraham und seine Form glaubenden Vertrauens auf den überraschend handelnden Gott vorbildlich. Ich will kurz zusammenfassen, worin die überragende Bedeutung Abrahams für alle drei Traditionen besteht.

1. Abraham und das Judentum

Warum hat schon das Volk Israel, aber dann auch das Judentum auf Abraham nicht verzichten wollen? Warum nennt jeder Jude mit Stolz Abraham seinen Vater und sein Volk Nachkommen unseres Vaters Abraham? Warum so viel Interesse an dieser seltsamen Gestalt, den schon die Genesis einen Fremden und Halbbürger im damaligen Kanaan nennt, der gar kein Israelit war, sondern ein Mann aus Mesopotamien, der in das spätere Palästina einwanderte und der sein ganzes Leben lang wußte, daß er ein Wanderer und ein Heimatloser blieb? Antworten gibt es darauf viele. Eine besonders bewegende hat im Januar 1996 der derzeitige israelische Staatspräsident Ezer Weizman gegeben. In seiner Rede vor dem Bundestag wies er darauf hin, daß Abraham – wie alle großen Ereignisse und Gestalten der Bibel – in jedem Juden lebendig, gegenwärtig ist:

„Das Schicksal hat es gewollt, daß ich und die Angehörigen meiner Generation in einer Zeit geboren wurden, in der Juden in ihr Land zurückkehrten und es neu aufbauen konnten. Ich bin nun nicht mehr ein Jude, der in der Welt herumwandert, der von Staat zu Staat ziehende Emigrant, der von Exil zu Exil getriebene Flüchtling. Doch jeder einzelne Jude in jeder Generation muß sich selbst so verstehen, als ob er dort gewesen wäre – dort bei den Generationen, den Städten und den Ereignissen, die lange vor seiner Zeit liegen ... Zweihundert Generationen sind seit den historischen Anfängen meines Volkes vergangen, und sie erscheinen mir wie wenige Tage. Erst zweihundert Generationen sind vergangen, seit ein Mensch namens Abraham aufstand, um sein Land und seine Heimat zu verlassen und in ein Land zu ziehen, das heute mein Land ist. Erst zweihundert Generationen sind vergangen, seit Abraham die Machpelah-Höhle in der Stadt Hebron kaufte, bis zu den schweren Konflikten, die sich dort in meiner Generation abspielten.

Erst hundertundfünfzig Generationen sind vergangen von der Feuersäule des Auszugs aus Ägypten bis zu den Rauchsäulen der Shoah. Und ich, geboren aus den Nachkommen Abrahams im Lande Abrahams – war überall mit dabei. Ich war ein Sklave in Ägypten und empfing die Thora am Berge Sinai, und zusammen mit Josua und Elijah überschritt ich den Jordan. Mit König David zog ich in Jerusalem ein..."

Lebendige Vergangenheit. Gleichzeitigkeit mit allen Zeiten – das macht das Spezifische des jüdischen Gedächtnisses aus. Und Abraham? Von ihm hing zu viel ab, als daß man auf ihn hätte verzichten können. Was? Antwort: Gottes Zusage für ein konkretes Land und für das Aufblühen eines konkreten Volkes. Abraham ist unverzichtbar, weil er Zeuge und Bürge unverzichtbarer, unkündbarer Verheißungen, ja Bundesverpflichtungen Gottes an Israel ist.

Da ist – zum einen – die Bundeszusage Gottes, Israel werde ein großes Volk (12,2) werden, dessen Nachkommenschaft zahlreich werden wird wie der Staub auf der Erde und wie die Sterne am Himmel. Begreiflich, daß gerade in den Katastrophen seiner Geschichte dem Volk Israel diese Erzählungen als Hoffnungsanker unverzichtbar waren. So wie Gott Noah zugesagt hatte, die Schöpfung nicht wieder zu vernichten, so hat Gott Abraham ein für allemal versprochen, sein Volk für alle Zeiten zu segnen, komme, was da wolle. Israel kann darauf vertrauen: In Abraham bleibt das Volk für alle Zeit von Gott bewahrt. Wenn es sich an Abraham hält, wird es nicht untergehen – der Bund ist nicht gekündigt.

Eines der eindrucksvollsten Zeugnisse für diese Grundüberzeugung eines Juden, daß der Bund Gottes mit Israel trotz aller geschichtlichen Katastrophen ungekündigt ist, hat Martin Buber gegeben. Noch am 14. Januar 1933 – wenige Wochen vor Hitlers „Machtergreifung" – führte er einen Dialog mit dem christlichen Theologen Karl Ludwig Schmidt im Jüdischen Lehrhaus in Stuttgart. Und Martin Buber führte aus:

„Ich lebe nicht fern von der Stadt Worms, an die mich auch eine Tradition meiner Ahnen bindet; und ich fahre von Zeit zu Zeit hinüber. Wenn ich hinüberfahre, gehe ich immer zuerst zum Dom. Das ist eine sichtbar gewordene Harmonie der Glieder, eine Ganzheit, in der kein Teil aus der Vollkommenheit wankt. Ich umwandle schauend den Dom mit einer vollkommenen Freude. Dann gehe ich zum jüdischen Friedhof hinüber. Der besteht aus schiefen, zerspellten, formlosen, richtungslosen Steinen. Ich stelle mich da rein, blicke von diesem Friedhofsgewirr zu der herrlichen Harmonie herüber, und mir ist, als sähe ich von Israel zur Kirche auf. Da unten hat man nicht ein Quäntchen Gestalt; man hat nur die Steine und die

Asche unter den Steinen. Man hat die Asche, wenn sie sich auch noch so verflüchtigt hat. Man hat die Leiblichkeit der Menschen, die dazu geworden sind. Man hat sie. Ich habe sie. Ich habe sie nicht als Leiblichkeit im Raum dieses Planeten, aber als Leiblichkeit meiner eigenen Erinnerung bis in die Tiefe der Geschichte, bis an den Sinai hin.

Ich habe da gestanden, war verbunden mit der Asche und quer durch sie mit den Urvätern. Das ist Erinnerung an das Geschehen mit Gott, das allen Juden gegeben ist. Davon kann mich die Vollkommenheit des christlichen Gottesraumes nicht abbringen, nichts kann mich abbringen von der Gotteszeit Israels.

Ich habe da gestanden und habe alles selber erfahren, mir ist all der Tod widerfahren: all die Asche, all die Zerspelltheit, all der lautlose Jammer ist mein; aber der Bund ist nicht aufgekündigt worden. Ich liege am Boden, hingestürzt wie diese Steine. Aber aufgekündigt ist mir nicht.

Der Dom ist, wie er ist. Der Friedhof ist, wie er ist. Aber aufgekündigt ist uns nicht worden." (Der Jude und sein Judentum, Gerlingen 1993, S. 555)

Und da ist – zum zweiten – die Verheißung, das Volk werde in einem bewohnbaren Land leben. Seltsame Dialektik des Handelns Gottes: Gott wählt sich ausgerechnet den Fremden, den Nichtbesitzer, um ihn mit einer Heimat zu beschenken. Der Habenichts wird zum Landbesitzer, der Fremde zum Bewohner einer geschenkten Heimat. Das Land ist Gottesgeschenk. Der Sinn dieser Geschichte? Israel soll ein für allemal daran erinnert werden: Das Land Kanaan ist nichts Selbstverständliches und Verdientes, sondern beruht auf Gottes freier Zusage allein, ist reines Geschenk der Gnade Gottes.

Durch Abraham – zum dritten – sagt Gott allen Völkern der Erde Segen zu. Schon von Abraham an sind damit das Volk Israel und die Völker der Welt theologisch verbunden. Partikularismus und Universalismus – sie bilden eine spannungsvolle Einheit. D. h. Abraham ist der Vater Israels, aber zugleich auch der Stammvater und Segensmittler für die Welt der Völker. Gottes Segen für Abraham ist kein exklusiver Besitz Israels, ist kein Volkssegen für Israel allein. Gottes Segen reicht über Israel hinaus auch an andere Völker. Ausdrücklich heißt es schon zu Beginn der Abraham-Erzählungen in Genesis 12:

„Ich werde dich zu einem großen Volk machen, dich segnen und deinen Namen groß machen. Ein Segen sollst du sein. Ich will segnen, die dich segnen; wer dich verwünscht, den will ich verfluchen. Durch dich sollen alle Geschlechter der Erde Segen erlangen." (12, 2 f.)

Das heißt konkret: Der Gott, wie ihn die Bibel uns verkündet, will sich den anderen Völkern offensichtlich nun einmal nicht anders als durch Abraham bzw. Israel vermitteln. Abraham/Israel wird damit zum Segen für alle Geschlechter der Erde, wenn sich diese Geschlechter zu ihm segnend, d.h. anerkennend, freundschaftlich verhalten, und zum Fluch, wenn umgekehrt. Ein gegenseitiges Bedingungsverhältnis zwischen Abraham/Israel einerseits und den Völkern andererseits ist damit geschaffen. Das Schicksal der Völker hängt mit dem Schicksal Israels zutiefst zusammen.

Und schließlich ist – zum vierten – mit der Gestalt Abrahams unlösbar ein bestimmtes Glaubensverständnis verbunden. Abraham zeigt, was Glauben an Gott bedeutet und verlangt. Bekanntlich wird ja Abraham im Verlauf seiner Geschichte einiges von Gott an Glauben zugemutet:

Allein auf das Wort Gottes hin läßt er alle seine natürlichen Bindungen hinter sich, Familie und Heimat, und macht sich auf ins Ungewisse: „Zieh weg" (12,1).

– Trotz offenkundiger körperlicher Unmöglichkeit soll er auf die Nachkommensverheißung Gottes vertrauen: „Sieh doch zum Himmel hinauf und zähle die Sterne" (15,5).

– Trotz quälend langen Wartens, trotz des langersehnten Wunsches, einen Sohn zu bekommen, soll er ausgerechnet dieses Kind wieder hergeben – in Form eines Menschenopfers: „Nimm deinen Sohn, deinen einzigen, den du liebst" (22,2).

Schaut man in die Ur-Texte, fällt auf, wie sehr Gottvertrauen bei Abraham mit Befreiung, Loslösung, auf dem Weg sein identisch ist, beginnt doch seine Geschichte nicht zufällig mit dem programmatischen Wort: „Zieh weg. Zieh weg aus deinem Land und von deiner Verwandtschaft und aus deinem Vaterhaus." Seither zieht Abraham, wie er später selber sagen wird, ins Ungewisse (20,13), ins Offene einer Zukunft mit allen Unwägbarkeiten. Seine Geschichte steht damit im Gegensatz zu der eines anderen großen Wanderers der antiken Kultur, Odysseus, der am Ende nach Ithaka, sein Heimatland, zurückkehren durfte. Anders Abraham. Er – so hat der französische Philosoph Emanuel Levinas einmal zu Recht gesagt – verläßt sein Vaterland für immer, um nach einem unbekannten Land aufzubrechen – ohne Aussicht auf Rückkehr. Steht Odysseus archetypisch für eine Lebensbewegung zurück ins Selbe und Bekannte, so Abraham für eine Lebensbewegung ins Offene und Unbekannte. Die Schlüsselworte abrahamischer Existenzform lauten denn auch: weggehen, auswandern, herumziehen, aufbrechen, weiterziehen – und dabei unter Umständen in Abgründe geraten, wie keine Geschichte eindrücklicher zeigt als das sogenannte Isaak-Opfer (hebr.: Akeda).

Kein Wunder, daß jüdische Autoren unseres Jahrhunderts wie Eli Wiesel in dieser ungeheuerlichen Szene, wo Vernichtung und Rettung so dicht beieinanderliegen, ein Ur-Bild jüdischen Schicksals insbesondere nach der Erfahrung des Holocaust sahen. Israel wie Isaak mit dem Messer an der Kehle, um dann weiterzuleben mit dem Todesschatten im Gefolge. Eli Wiesel begriff, daß diese Geschichte von Abraham und Isaak höchst aktuell ist: „Wir haben Juden gekannt, die wie Abraham ihre Söhne im Namen dessen, der keinen Namen hat, dahinsinken sahen. Wir haben Kinder gekannt, die wie Isaak die Opferung am eigenen Leibe erlitten haben, und andere, die wahnsinnig wurden, als sie ihren Vater auf dem Altar ... verschwinden sahen. Isaak hat überlebt, er hatte keine Wahl. Er war es sich schuldig, aus seinen Erinnerungen und aus seiner Erfahrung etwas zu machen, damit wir zur Hoffnung gezwungen werden. Unser Überleben ist deshalb an sein Überleben gebunden ... Warum trägt Isaak, das Urbild unseres tragischen Schicksals, einen so unpassenden Namen, einen Namen, der Lachen bedeutet und Lachen auslöst? Dies ist der Grund: Als erster Überlebender lehrt er die Überlebenden der künftigen jüdischen Geschichte, daß es möglich ist, ein ganzes Leben lang zu leiden und zu verzweifeln und dennoch nicht auf die Kunst des Lachens zu verzichten. Seither vergißt Isaak niemals den Schrecken jener Szene, die seine Jugend zerstört hat. Er wird sich immer an den Holocaust erinnern und bleibt gezeichnet bis an das Ende der Zeiten. Aber trotzdem ist er fähig zu lächeln, und er lächelt auch. Trotzdem." (Adam oder das Geheimnis des Anfangs. Brüderliche Urgestalten, Freiburg/Br. 1980, S. 99.101)

Die theologische Bedeutung Abrahams für Juden als Vorbild radikalen Glaubens kann somit nicht hoch genug eingeschätzt werden. Buchstäblich alles an besonderen Kennzeichen der Beziehung Gott-Mensch, wie das Volk Israel sie versteht, hängt an dieser Gestalt: Land, Bund, Volk und Glaube. In Gestalt und Geschichte Abrahams hat sich Gott zu erkennen gegeben – ein für allemal – als ein für die Existenz Israels besorgter Gott, der vom Menschen nichts anderes will als Vertrauen, daß es Zukunft in Gott gibt. Sich an Abraham orientieren heißt nicht rückwärts starren und an Ererbtem festhalten, sondern Aufbrüche der Hoffnung wagen, Traditionen sprengen und auf den Zukunft eröffnenden Gott setzen.

2. Abraham und das Christentum

Auch für die zahlreichen urchristlichen Gemeinden nach Jesu Tod waren diese Grundlagen des jüdischen Glaubens unerschüttert. Auch Jesus selber dürfte als frommer Jude in dieser Linie zu sehen sein. Das Lukasevangelium jedenfalls zeigt eindrücklich die Kontinuität zwischen jüdischer und judenchristlicher Tradition im Zeichen Abrahams. Gott nimmt sich, heißt es dort, mit dem Auftreten Jesu seines Knechtes Israel an und denke an sein Erbarmen, das er den Vätern verheißen hat, Abraham und seinen Nachkommen auf ewig (Lk 1,54 f.). Oder an einer anderen Stelle: Gott hat das Erbarmen mit den Vätern an uns Christen vollendet und an seinen heiligen Bund gedacht, an den Eid, den er „unserem Vater" Abraham geschworen habe (Lk 1,72 f.).

Diese Abrahams-Legitimation unterstreicht nur den für die urchristliche Gemeinde offenbar überlebenswichtigen Gedanken: In Jesus tritt von Gott her nicht etwas völlig Neues, sondern das erneut zutage, was Gott zuvor schon an Abraham geübt hatte: Gnade und Erbarmen, was in dieser Situation nur konkret die messianische Befreiung des jüdischen Volkes von der Fremdherrschaft und der Sünde bedeuten kann. Anders gesagt: Diese frühen Christen dachten zunächst nicht an eine Trennung von Judentum, sondern an dessen Erneuerung durch Gott selbst – durch den Messias Jesus, den Gekreuzigten und Auferstandenen.

Doch diese Erneuerung scheiterte – wie wir wissen – auf tragische Weise. Die Mehrheit des damaligen jüdischen Volkes konnte in Jesus den Messias nicht erkennen, während immer mehr Nichtjuden, Heiden also, ihn annahmen. Wie aber den Status der Menschen aus den Völkern, der Heiden, nun theologisch bestimmen? Können sie in Gottes Bund mit Abraham und so mit seinem auserwählten Volk hineingenommen werden?

Die Antwort auf diese Frage findet sich im Matthäusevangelium. Wahre Abrahams-Kindschaft hängt nicht von der Zugehörigkeit zum auserwählten Volk ab. Wahre Abrahams-Kindschaft ist nicht automatisch garantiert durch Abstammung aus dem Volke Israel. Gott ist frei, Menschen zu wahren Abrahams-Kindern zu machen, die völlig außerhalb jeder völkischen und damit gesetzlichen Legitimation stehen. Deshalb berichtet der Evangelist Matthäus von der Polemik schon des Täufers Johannes gegen das pharisäische und sadduzäische Establishment seiner Zeit, gegen das religiös-politische Machtkartell also im damaligen Palästina: „Bringt Frucht hervor, die eure Umkehr zeigt, und meint nicht, ihr könntet sagen: Wir haben ja Abraham zum Vater. Denn ich sage euch: Gott kann aus diesen Steinen Kinder Abrahams machen." (3,9)

Gott ist frei, auch Menschen aus den Völkern in seine Bundesgeschichte mit Israel hineinzunehmen. Matthäus spiegelt diesen weltgeschichtlich so folgenreichen Gedanken in Zusammenhang mit der Geschichte des heidnischen römischen Hauptmanns, der an Jesus glaubt. Wörtlich heißt es: „Jesus war erstaunt, als er das hörte, und sagte zu denen, die ihm nachfolgten: Einen solchen Glauben habe ich in Israel noch bei niemandem gefunden. Ich sage euch: viele werden von Osten und Westen kommen und mit Abraham, Isaak und Jakob zu Tische sitzen." Tafelgemeinschaft mit Abraham: das ist die endzeitliche Vision der matthäischen Gemeinde. Und das heißt konkret: Viele, von denen der römische Hauptmann nur Urmodell und Vorwegnahme ist, viele aus Osten und Westen werden an der Tafel des Urvaters des jüdischen Volkes sitzen. Viele Heiden, die ursprünglich ausgeschlossen waren, werden durch ihren Christusglauben Anteil bekommen an der Bundes- und Segensgeschichte Gottes mit seinem auserwählten Volk. Abraham? Er begründet gerade vom christlichen Standpunkt aus die universale Eingeschlossenheit aller nichtjüdischen Heidenvölker in die von Gott einstmals grundgelegte Bundes- und Segensgeschichte für alle Völker durch Israel.

Gott handelt in Freiheit auf befreiende, Zukunft eröffnende Weise – das ist die theologische Pointe auch aller christlichen Abrahamstheologie. Christen wie Juden haben es – wenn sie sich auf Abraham einlassen – mit einem Gott zu tun, der das Unmögliche möglich, das Abgestorbene lebendig, das Unfruchtbare fruchtbar macht. Niemand hat diese Gotteserfahrung stärker reflektiert und tiefer aus der Abraham-Erfahrung begründet wie der Judenchrist Paulus im Galater- und im Römerbrief: „Nach dem Schriftwort", schreibt der Apostel, „,Ich habe dich (Abraham) zum Vater vieler Völker bestimmt', ist Abraham unser aller Vater vor Gott, dem er geglaubt hat, dem Gott, der die Toten lebendig macht und das, was nicht ist, ins Dasein ruft. Gegen alle Hoffnung hat er voll Hoffnung geglaubt, daß er der Vater vieler Völker werde, nach dem Wort: ‚So zahlreich werden deine Nachkommen sein'. Ohne im Glauben schwach zu werden, war er, der fast Hundertjährige, sich bewußt, daß sein Leib und auch Saras Mutterschoß erstorben waren. Er zweifelte nicht im Unglauben an der Verheißung Gottes, sondern wurde stark im Glauben, und er erwies Gott die Ehre, fest davon überzeugt, daß Gott die Macht besitzt, zu tun, was er verheißen hat." (Röm 4,17–20). Authentisch glauben heißt deshalb für Juden wie Christen: unbedingtes Vertrauen auf den Zukunft eröffnenden

Gottes – allem menschlichem Augenschein zum Trotz, allen menschlichen Berechnungen zuwider, durch alle nur allzu menschlichen Versuchungen hindurch. Das Christusereignis stiftet somit nicht einen neuen oder anderen Glauben, sondern fordert für Christen den Glauben, den schon Abraham vorgelebt hat: den Glauben daran, daß Menschen ihr Leben in unbedingtem Vertrauen Gott selbst überantworten, daß sie Gott alles zutrauen können, aus Verzweiflung kann Hoffnung, aus Resignation Lebensmut, aus Unfruchtbarem Fruchtbares, ja sogar aus Totem Lebendiges werden.

3. Abraham und der Islam

Der Islam ist offenbarungsgeschichtlich gesehen zunächst in der gleichen Situation gegenüber Christentum und Judentum, wie es das Christentum gegenüber dem Judentum war. Als später in der Geschichte auftretende Glaubensgemeinschaft steht er gegenüber den früheren in einem Rechtfertigungs- und Legitimationszwang. Und dies umso stärker, als der Prophet Mohammed ja nicht die biblische Offenbarungsgeschichte verlassen und eine völlig neue Offenbarung bringen, sondern ausdrücklich auf die bisherige Offenbarungsgeschichte zurückgreifen wollte. Nicht eine neue Religion stiften wollte Mohammed, sondern die alte und wahre wiederherstellen. Umso stärker die Notwendigkeit, sein Verständnis von Glauben in der Tradition von Judentum und Christentum festzumachen. Abraham (arab.: Ibrahim) kommt hier für alle Teile des Koran eine Schlüsselrolle zu: für die frühen mekkanischen Suren (610–622) ebenso wie die späteren medinischen Suren (622–632). Das wird schon daran erkennbar, daß Abraham im Koran die am häufigsten erwähnte biblische Figur ist: In 25 Suren spielt er eine Rolle, eine Sure, die vierzehnte, trägt sogar seinen Namen.

Was das Abrahambild des Koran freilich inhaltlich angeht, so dürften signifikante Unterschiede zwischen den frühen und den späten Suren nicht zu leugnen sein. Für das Abrahambild der ersten, mekkanischen Periode (610–622) ist nämlich wichtig, daß der Prophet in dieser Phase offenkundig noch darauf vertraute, daß die jüdischen und christlichen Gemeinden, die es damals in beträchtlicher Zahl in Arabien, gerade auch in Medina, gab, die koranische Offenbarung zur Selbstreinigung und Erneuerung des Monotheismus dankbar akzeptieren würden – im Gegensatz zu den Ungläubigen, weil dem Polytheismus verfallenen Mekkanern. Nicht umsonst hatte ja Mohammed seine Offenbarung in Kontinuität zu den biblischen Patriarchen und Propheten gestellt: Noah, Josef, Mose, David, Salomo. Nicht umsonst hatte er sich ja in Gebetspraxis und Gebetsrichtung (ursprünglich gegen Jerusalem), aber auch im Blick auf Sabbatruhe und Fastengewohnheiten an die jüdische Tradition angelehnt. Die Juden, im Koran die „Kinder Israels" genannt, galten dem Propheten bereits als Träger der göttlichen Offenbarung, als Schriftbesitzer oder „Leute der Schrift". Ähnliches gilt für die Christen, deren Offenbarer (Jesus, arab. Isa) im Koran höchste Würdestellungen einnimmt. Ursprünglich also sieht der Prophet Judentum, Christentum und Islam nicht als drei separate Religionen, vielmehr den Islam als einen Judentum und Christentum parallelen Glauben. Allen dreien hat Gott einen je verschiedenen, aber gleichwertigen Weg gewiesen. Entsprechend kann es in Sure 5,48 heißen: „Für jeden von euch haben wir ein (eigenes) Brauchtum und einen (eigenen) Weg bestimmt. Und wenn Gott gewollt hätte, hätte er euch zu einer einzigen Gemeinschaft gemacht. Aber er (teilte euch in verschiedene Gemeinschaften auf und) wollte euch (so) in dem, was er euch (d. h. jeder Gruppe von euch) (von der Offenbarung) gegeben hat, auf die Probe stellen. Wetteifert nun nach den guten Dingen!"

In dieser Phase nun entwirft Mohammed das Bild Abrahams als eines gottgesandten Propheten, der den Auftrag hat, die Irrgläubigen zu ermahnen und an die Notwendigkeit der Verehrung des einen und einzigen Gottes zu erinnern. Ja, mehr noch: Mohammed versteht sich als Wiederhersteller des ursprünglichen Glaubens Abrahams, von Gott dazu bestimmt, diesen Glauben wieder neu zum Leuchten zu bringen. Der Koran kennt dafür das Wort „Hanif": Abraham als Gottsucher, Gottgläubiger, der auf ursprüngliche Weise Islam praktiziert hat: vertrauende Hingabe an den Willen Gottes im Leben und Sterben. Wörtlich heißt es im Koran: „Abraham war eine Gemeinschaft, Gott demütig ergeben, ein Hanif (d. h. ein Gottsucher, Gottgläubiger) und kein Heide (also kein Götzendiener oder Polytheist), dankbar für Gottes Wohltaten. Gott hat ihn erwählt und auf einen geraden Weg geführt. Und wir haben ihm im Diesseits Gutes gegeben. Und im Jenseits gehört er zu den Rechtschaffenen. Darauf haben wir dir (gemeint ist der Prophet) die Weisung gegeben Folgt der Religion Abrahams, eines Hanifen – er war kein Heide." (Sure 16,120–123)

Aber Juden und Christen dachten nicht daran, Mohammed in seiner Prophetenrolle zu folgen. Er seinerseits zog daraus bittere Konsequenzen. Galten ihm die Juden bisher als „Kronzeugen der Wahrheit" der koranischen Botschaft gegenüber den ungläubigen Mekkanern, galten ihm Christen (sogar Priester und Mönche) als „die freundlichsten von allen Gläubigen) (5,82), werden Juden und

Christen in der nun folgenden medinischen Phase – also nach dem entscheidenden politischen Sieg des Propheten – zunehmend in ihrem Glauben abgelehnt. Es kommt zu einer Neubewertung und Uminterpretation des Verhältnisses zu den Juden und Christen, was sich zum Beispiel auf die Gebetsrichtung auswirkt, die andert halb Jahre nach der Flucht aus Mekka nach Medina – nun nicht mehr Jerusalem gilt, sondern Mekka, und zwar dem Heiligtum dort, der Ka'ba.

Dies hatte nun auch Folgen für das Abrahambild, werden doch die Muslime jetzt als diejenigen dargestellt, die den Glauben Abrahams als einzige rein bewahrt hätten (3,65–68). Stärkster Ausdruck dafür ist die im Koran nun berichtete Geschichte, daß es Abraham zusammen mit seinem Sohn Ismael (der erst in der medinischen Phase eine entscheidende Rolle spielt) gewesen sei, der das Heiligtum der Ka'ba in Mekka und die Wallfahrt dorthin begründet habe (2,125–127; 3,96f.). Abraham wird nun immer stärker muslimisch beansprucht, gewissermaßen muslimisiert. Konkret heißt das: Abraham gilt von jetzt ab immer stärker als vorbildlicher Muslim schlechthin, der bereits die Grundpflichten eines frommen Muslimen erfüllt habe: das Glaubensbekenntnis (6,74–79), die Wallfahrt (22,26–29), das Gebet, die guten Werke und die Almosenabgabe (21,73). In Summa: Abrahams Bedeutung für den Islam als Urbild glaubender Existenz vor Gott könnte nicht größer sein.

4. Unterwegs zur Sache Abrahams

Es ist unbestreitbar: Im Verlauf der Jahrhunderte hat es in allen drei Religionen exklusivistische Tendenzen gegeben. Juden haben den von Abraham ursprünglich ausgehenden universalen Segen für alle Völker auf einen Volkssegen für Israel allein reduziert. Christen haben von den Zeiten der frühen Kirchenväter an Abraham exklusiv als Zeuge für Christus, als vorbildlichen Christen für sich vereinnahmt und Abraham auf diese Weise dem jüdischen Volk genommen, das Judentum enterbt. Muslime haben sich unter scharfer Kritik an Judentum und Christentum als diejenigen profiliert, die den Glauben Abrahams am echtesten, ursprünglichsten und reinsten bewahrt haben. Alle waren auf diese Weise in Gefahr, den Vater ihres Glaubens allein exklusiv für sich zu beanspruchen und das Glaubenszeugnis der anderen Geschwister herabzusetzen. Es ist Zeit, damit Schluß zu machen. Es ist an der Zeit, daß Juden, Christen und Muslime sich wieder zurückbesinnen auf den Abraham ihrer Urtexte: den Abraham der Genesis, des Neuen Testamentes und des Koran. Tun sie dies, so werden sie selbstkritisch eingestehen: Keiner kann Abraham allein für sich beanspruchen, keiner die Überlegenheit der eigenen Tradition von Abraham her legitimieren. Es ist Verrat an Abraham, ihn für jeweils eigene Selbstprofilierungszwecke zu funktionalisieren. Vielmehr gilt es, die Gegenwart Abrahams auch in den anderen Geschwistern zu erkennen!

Im Koran gibt es eine wichtige Stelle, welche abrahamische Ökumene begründen könnte. In Sure 3 heißt es an die Adresse von Juden und Christen: „Ihr Leute der Schrift! Warum streitet ihr über Abraham, wo doch die Tora und das Evangelium erst nach ihm herabgesandt worden sind? Habt ihr denn keinen Verstand? Ihr habt da über etwas gestritten, worüber ihr (an sich) Wissen habt. Abraham war weder Jude noch Christ, er war vielmehr ein gottergebener Hanif und kein Heide." Dieser Satz könnte in der Tat Ökumene stiften. Denn Ökumene entsteht dann, wenn Menschen in allen drei Traditionen die Fragwürdigkeit ihres Streites einzugestehen beginnen. Warum streiten wir über Abraham, unseren Vater? Warum müssen wir, Abrahams Kinder, uns weiter ausgrenzen, befeinden, ja bekriegen? Hat unser Vater Abraham nicht gezeigt, worauf es einzig und allein vor Gott ankommt: nicht Rechthaberei untereinander, Streit und Intoleranz, sondern Vertrauen auf den Zukunft eröffnenden Gott? Wenn Juden, Christen und Muslime sich an Abraham orientieren, erlaubt dies keinen Fatalismus und keine Resignation, schon gar nicht die lähmende Auskunft: In Sachen Trialog ist doch nichts mehr zu machen. Diese Mutlosigkeit und Hoffnungslosigkeit ist ein Verrat an Abraham, ja ein Verrat an dem Gott, von dem Abraham alles erwartete, aller Skepsis zum Trotz.

Von daher kann man nun – ohne alle Illusionen – abrahamische Ökumene positiv so definieren: Juden, die sich in ihrem konkreten Leben nach Mose, ihrem Lehrer, richten, Christen, die sich in ihrem konkreten Leben an Jesus, ihrem Christus orientieren, Muslime, die ihr Leben konkret nach der Botschaft ihres Propheten, niedergelegt im Koran, ausrichten, erkennen ihre besondere Verbindung miteinander, Achtung voreinander und Verantwortung füreinander, weil sie ihren gemeinsamen geschichtlichen Ursprung ernstnehmen: Abraham, Hagar und Sara, die Stammeltern ihres Glaubens. Wer ökumenisch im Geiste des Urvaters und der Urmütter denkt, hört auf, allein an das Wohl der Synagoge, der Kirche oder der Umma zu denken. Dem ist es nicht gleichgültig, wie es um das Schicksal der anderen „Geschwister" bestellt ist. Der praktiziert echte Geschwisterlichkeit im besten Sinn des Wortes. Geschwisterlichkeit ist nur ein anderes Wort für Ökumenizität: bei aller Respektierung der jeweiligen Eigenständigkeit doch ein Bewußtsein der Zusammenge-

hörigkeit, der Verantwortlichkeit, ja der Sorge füreinander und der
Solidarität miteinander.

5. „Bruderschaften Abrahams" gründen

Deutlich wurde bei alldem: Für eine abrahamische Ökumene eintreten heißt nicht, die trennenden Differenzen zwischen Judentum,
Christentum und Islam zu überspielen oder einzuebnen, sondern im
richtigen Geist gesprächsfähig machen. Heißt, solche Gespräche
nicht im Ungeist der Heilsarroganz und der Wahrheitsrechthaberei
führen, sondern im Geist der Hochachtung für das je verschiedene
Glaubenszeugnis und den je verschiedenen Glaubensweg – in ge-
schwisterlicher Sorge füreinander. Und wie drückt man seine Sorge
füreinander besser aus als dadurch, daß man soviel wie möglich
vom anderen zu lernen sucht, gerade weil die Geschwister so lange
getrennt voneinander gelebt haben. Abrahamische Ökumene ist
deshalb in erster Linie eine Ökumene des Lernens und geistigen
Durcharbeitens der je anderen Religionen, Kulturen und Zivilisationen. Keine religiöse Verständigung ohne umfassende Kenntnisse
voneinander und dauernde gegenseitige Lernbereitschaft. Keine
abrahamische Ökumene, ohne daß man das Selbstverständnis des
je anderen ernstnimmt und aufhört, den anderen stets nur aus
einem eigenen Blickwinkel heraus zu betrachten. Das ist oft müh-
selig und im Alltag eines Juden, Christen oder Muslimen unbe-
quem, aber billiger ist abrahamische Ökumene nicht zu haben.
Wer sich für sie engagiert, wird zuerst seine eigene, oft erschrecken-
de Ignoranz über die anderen Traditionen bei sich selber bekämpfen, für den Abbau von Zerrbildern und Vorurteilen eintreten und
vom anderen nichts als gesichert und endgültig hinnehmen, was
nicht dessen eigenem Selbstverständnis entspricht. Theologisch
wird dabei entscheidend sein, ob Christen, Juden und Muslime damit Schluß machen, die jeweils anderen als „Ungläubige", „Abge-
fallende" oder „Überholte" zu bezeichnen, sondern als „Brüder"
und „Schwestern" im Glauben, gemeinsam unterwegs zu dem je
größeren Gott nach dem Vorbild ihrer Stammeltern Abraham, Hagar und Sara.
    Ein schönes Zeugnis ist die „Fraternité d'Abraham", die „Bru-
derschaft Abrahams", die seit 1967 in Frankreich interreligiöse Ver-
ständigungsarbeit leistet. Unter der Schirmherrschaft der Führer
der drei großen religiösen Traditionen in Frankreich hat sich diese
„Fraternité d'Abraham" der Aufgabe verschrieben, die „spirituellen, moralischen und kulturellen Werte aus der abrahamischen Tra-

dition" zu fördern und das „Verständnis füreinander zu vertiefen sowie die soziale Gerechtigkeit und die moralischen Werte, den Frieden und die Freiheit zu schützen und zu fördern". Meines Wissens gibt es bisher weder in den englischsprachigen Ländern, noch im deutschsprachigen Raum oder sonstwo eine solch dauerhafte, institutionalisierte „Fraternité d'Abraham". Doch gerade in Deutschland wäre ein solches abrahamisches Netzwerk von größter religiöser, gesellschaftlicher und politischer Bedeutung. Gerade die im Geiste Abrahams engagierten Menschen auf allen Seiten könnten so noch wirksamer dazu beitragen, daß die unselige Saat von Fremdenfeindlichkeit, Fanatismus und gewaltbereitem Fundamentalismus nicht weiter aufgeht. Ein öffentlich sichtbares und wirksames Netzwerk abrahamischer Ökumene könnte mit Nachdruck darauf hinwirken, daß Konflikte im Vorfeld aufgefangen, konkrete Hilfsprogramme entwickelt, Aufklärungsarbeit geleistet und ein Geist kooperierender Verständigung und Hilfe verbreitet wird. Kurz: Aus der theologischen Notwendigkeit einer abrahamischen Ökumene muß die konkrete politische Praxis in Gesellschaft und Politik folgen. In diese Richtung geht eine Erklärung des Zentralrats der Muslime in Deutschland, die um den Jahreswechsel 1995/96 an Nichtmuslime, insbesondere Juden und Christen, gesandt wurde:

„Der Gesandte Gottes, Gottes Segen und Heil auf ihm, sagte: Ich stehe dem Sohne Marias von allen Menschen, sowohl im Diesseits, als auch im Jenseits am nächsten. Alle Propheten sind Brüder, deren Mütter verschieden sind, ihre Religion ist jedoch die gleiche.

In diesem Rahmen ist es dem Zentralrat der Muslime in Deutschland ein Anliegen, mit allen Gruppen in unserem Land – insbesondere aber mit den Juden und Christen – einen konstruktiven Beitrag zu leisten und am Aufbau einer neuen ethischen Kultur und eines moralischen Grundgerüstet mitzuwirken. Wir denken konkret aber auch an die Probleme der Jugend, der Arbeitswelt, der sozial Benachteiligten, der alten Menschen und an die Bewahrung der Schöpfung. Es liegt ganz im Sinne unserer Religion, Frieden zu stiften."

6. Frieden machen im Geiste Abrahams

Ich komme zu meinen Eingangsbemerkungen zurück: dem Bruderzwist im Hause Abrahams. Juden, Christen und Muslime betrachten sich als Kinder Abrahams, aber sie tun im konkreten Fall wie in Bosnien, im Kaukasus und in Israel das Gegenteil von ihrem Vater Abraham. Sie verkrallen sich in grauenhafte Kämpfe um ein und dasselbe Land, das sie nicht zu teilen vermögen. Sie sind unfähig zum Abschluß von dauerhaften Friedensverträgen, weil ihnen das gegenseitige Vertrauen fehlt, da ihre Herzen voll sind von Mißtrauen, Verbitterung und Haß. Das Beispiel Abraham wurde in gegenseitigen Schußwechseln, Bombenteppichen und Terrorübergriffen zerfetzt wie Rauch in der Luft ...

Und doch gab es immer auch Friedensstimmen und Friedenstaten im Geiste Abrahams, an die zu erinnern Mut macht zur Bekämpfung unserer eigenen Mutlosigkeit, Stimmen und Taten von Juden, Christen und Muslimen. Erinnert sei – zum ersten – an ein Versöhnungsgedicht des israelischen, 1904 in Polen geborenen Schriftstellers Shin Shalom (Shalom Joseph Shapira), das sich heute sogar im Gebetbuch für die hohen Feiertage der Reformsynagogen Großbritanniens findet. Aufgenommen mit dem Ziel, das Problem „der Versöhnung zwischen Israel und der arabischen Welt ... innerhalb der Liturgie symbolhaft" zum Ausdruck zu bringen, kann nun am zweiten Tag des großen Festes Rosh Hashanah, wo die Hagar-Geschichte im Gottesdienst gelesen wird, in allen Synagogen Großbritanniens folgendes Gedicht gelesen werden, in dem Shin Shalom aus seiner Erfahrung in Israel heraus die Versöhnung von Isaak, dem Stammvater der Juden, und Ismael, dem Stammvater der Muslime, beschwört. Ismael wird in diesem Gedicht direkt von seinem Bruder Isaak angesprochen – im Wissen um die erzwungene Trennung:

„Ismael, mein Bruder,
wie lange sollen wir einander bekämpfen?

Mein Bruder aus vergangenen Zeiten,
mein Bruder – Hagars Sohn,
mein Bruder, der Wanderer.

Ein Engel war uns beiden gesandt,
ein Engel wachte über unserem Heranwachsen –
da ist die Wüste, toddrohend durch Durst,
ich, ein Opfer auf dem Altar, Sarahs Erster.

Ismael, mein Bruder,
hör mein Bitten:
es war ein Engel, der dich an mich band ...

Die Zeit wird knapp, leg den Haß schlafen.
Schulter an Schulter, laß uns unsere Schafe tränken."

Erinnert sei – zum zweiten – an den November 1977. Jahrzehntelang hatten Israel und Ägypten blutige und verlustreiche Kriege geführt; der letzte lag gerade vier Jahre zurück. Erbitterte Feindschaft zwischen den beiden Ländern herrscht. Da unternimmt der ägyptische Staatspräsident Anwar el-Sadat zur Verblüffung der Weltöffentlichkeit eine Reise nach Jerusalem und spricht vor dem israelischen Parlament, der Knesset. Gläubiger Muslim, der er ist, beginnt Sadat seine Friedensrede mit der Erinnerung daran, was Juden, Christen und Muslime gemeinsam haben: „Ich komme heute zu Ihnen, um von einer festen Basis aus eine neue Form des Lebens zu gestalten und Frieden herbeizuführen. Wir alle lieben dieses Land, dieses Land Gottes, wir alle, Muslime, Christen und Juden, die wir Gott verehren. Gottes Lehren und Gebote sind: Liebe, Ehrlichkeit, Sicherheit und Frieden." Und dann erinnert Sadat im Verlauf seiner Rede nicht zufällig an die Gestalt Abrahams: „Das Schicksal will es, daß meine Friedensreise zu Ihnen zusammenfällt mit dem islamischen Heiligen Fest des Opfers Abrahams – Friede sei mit ihm –, dem Vorfahren der Araber und der Juden, dem Knecht Gottes, der nicht aus Schwäche, sondern aus einer gewaltigen geistigen Kraft und aus freiem Willen seinen eigenen Sohn opferte und auf diese Weise einen festen und unerschütterlichen Glauben an Ideale personifizierte, die für die Menschheit größte Bedeutung gehabt haben."

Anwar el-Sadat wollte hier bewußt die Abraham-Tradition zum Leuchten bringen, um sie auch Juden und Christen vorbildhaft vor Augen zu stellen. Abraham steht bei ihm für den unerschütterlichen Glauben an die „geistige Kraft", die Opferbereitschaft und das Festhalten an Idealen. Das alles braucht es in der Tat, damit die Völker zu neuen Ufern geführt werden können. Sadats Reise zeigt, daß tiefe religiöse Überzeugungen die Realpolitik positiv beeinflussen können. Realpolitik und Spiritualität müssen keine getrennten Bereiche sein, sondern können zum Wohle der Völker zutiefst zusammenspielen. Der religiöse Glaube kann eine Fackel sein. Sie aber sollte nicht ständig der Politik hinterhergetragen werden, sondern den Weg der Politik erleuchten. Anwar el-Sadat ist dafür ein Beispiel.

Ja, wie ernst es dem gläubigen Muslim Sadat mit seiner Friedensmission im Geiste Abrahams war, bezeugt ein unvoreingenommener Zeitgenosse, der frühere deutsche Bundeskanzler Helmut Schmidt. In seinen Erinnerungen findet sich ein Gespräch, das er mit Sadat in den 70er Jahren geführt hat:

„Ich werde nie ein stundenlanges Gespräch vergessen. Wir fuhren den Nil aufwärts, es war dunkel, und wir haben, glaube ich, die ganze Nacht unter einem Sternenhimmel gesessen und philosophiert. Das heißt, im wesentlichen hat er gesprochen; ich habe immer nur Fragen gestellt. Er erzählte Dinge, die mir damals – das ist beinahe zwei Jahrzehnte her – ganz unbekannt waren. Er erzählte, daß in der Mohammed zuteil gewordenen Offenbarung, wie sie im Koran ihren Niederschlag findet, alle drei Schriftreligionen in großem Respekt behandelt werden. Ich hatte nicht gewußt, daß alle drei die gleichen Propheten nennen, mit zwei Ausnahmen: Die Thora enthält nicht den christlichen und koranischen Propheten Jesus, und das Neue Testament enthält nicht den islamischen Propheten Mohammed. Aber im übrigen kommen sie fast alle in den drei Heiligen Schriften vor. Besonders beeindruckt hat mich seine Darstellung … daß wir alle Kinder Abrahams seien … Es muß doch möglich sein, daß den Menschen wieder bewußt gemacht wird: Sie alle stammen aus derselben Wurzel. Dann muß es möglich werden, daß sie zum Frieden miteinander finden" (DIE ZEIT vom 2.4.1993).

Deshalb sei – zum dritten – erinnert an den Oktober 1965, als das Zweite Vatikanische Konzil seine bahnbrechende „Erklärung über das Verhältnis der Kirche zu den nichtchristlichen Religionen" („Nostra aetate") verabschiedete. Die Texte dieser Erklärung sind Ergebnis eines vorher nicht für möglich gehaltenen Bruchs mit jeder Enterbungs-Theologie gegenüber Israel und jeder Verurteilungs-Theologie gegenüber dem Islam. Abraham spielt dabei eine Schlüsselrolle. Zum Verhältnis Israel und Kirche erklärt das Konzil: „Bei ihrer Besinnung auf das Geheimnis der Kirche gedenkt die heilige Synode des Bandes, wodurch das Volk des neuen Bundes mit dem Stamme Abrahams geistlich verbunden ist… Sie bekennt, daß alle Christgläubigen als Söhne Abrahams dem Glauben nach in der Berufung dieses Patriarchen eingeschlossen sind und daß in dem Auszug der erwählten Volkes aus dem Lande der Knechtschaft das Heil der Kirche geheimnisvoll vorgebildet ist." („Nostra aetate" Nr. 4). Und zu den Muslimen sagt das Konzil: „Mit Hochachtung betrachtet die Kirche auch die Muslime, die den alleinigen Gott anbeten, den lebendigen und in sich seienden, barmherzigen und allmächtigen, den Schöpfer des Himmels und der Erde, der zu den Menschen gesprochen hat. Sie mühen sich, auch seinen verborgenen Ratschlüssen sich mit ganzer Seele zu unterwerfen, so wie Abraham sich Gott unterworfen hat, auf den der islamische Glaube sich gerne beruft" („Nostra aetate" Nr. 3).

Die Friedensbereitschaft aber zwischen Juden, Christen und Muslimen braucht Friedenssymbole: Orte der Abraham-Erinnerung, welche die Religionen nicht länger trennen, sondern in Gespräch und Gebet zusammenführen können. Ist es deshalb völlig undenkbar, was Shalom Ben Chorin – stellvertretend für Millionen Juden, Christen und Muslime – in einer Vision zum Ausdruck gebracht hat: Daß gerade die Grabstätte Abrahams in Hebron eines Tages zu einer Stätte ökumenischer Begegnung werden könnte: Juden und Muslime versöhnt wie Isaak und Ismael am Grabe ihres Stammvaters Abraham, nachdem sie sich jahrzehntelang in erbitterter Feindschaft bekämpft haben? Ist es völlig undenkbar, daß trotz aller Morde und trotz allem Haß eines Tages geschieht, was Shalom Ben-Chorin uns vor Augen gestellt hat? „Ismael und Isaak waren einander nicht hold, aber an der Leiche ihres Vaters vereinigten sie sich und begruben ihn gemeinsam in der Höhle Machpela in Hebron. ... an der Leiche ihres Vaters in der Höhle Machpela in Hebron haben sie gemeinsam getrauert und sich versöhnt. Es ist meine Hoffnung und mein Gebet, daß sich diese Versöhnung wiederholt".

Wer also ökumenisch-geschwisterlich denkt im Geiste Abrahams, Hagars und Saras, der hat Abschied genommen von jedem Exklusivismus. Der hat in Dankbarkeit anerkannt, wie fruchtbar der Stamm der Eltern gewesen ist – durch all die Jahrhunderte hindurch. Der empfindet nicht länger Eifersucht und Mißgunst, sondern Freude darüber, wieviele verschiedene Kinder aus der einen Wurzel stammen und wieviel Glaubenssubstanz, Hoffnungsenergie und Liebeskraft aus dieser Wurzel kamen und noch kommen. Der hat einen Schlußstrich gezogen unter eine Theologie, welche den Segen der Eltern allein für den eigenen Zweig reklamiert.

Nur dann also hat das ökumenische Gespräch zwischen Juden, Christen und Muslimen einen Sinn, wenn nicht die Funktionalisierung Abrahams für den eigenen Wahrheitsanspruch im Vordergrund steht, sondern die Sache Abrahams, zu der alle Glaubenden immer wieder auf dem Weg sind: Abkehr von falschen Idolen (darunter besonders die Selbsterhöhung über andere) und das Vertrauen auf den einen und wahren Gott, der je größer ist als alle von Menschen gemachten religiösen Traditionen und Konventionen, auf einen Gott also, „der die Toten lebendig macht und das, was nicht ist, ins Dasein ruft". Abrahamische Ökumene wird es nur geben, wenn Juden, Christen und Muslime sich alle miteinander begreifen als „Hanife", wie Abraham: als Gott-Sucher, Gott-Vertrauende, Gott-Beschenkte. Kurz: Glauben wie Abraham heißt für Juden, Christen und Muslime nicht starres Festhalten an Vergangenheiten und ererbten Besitztümern, sondern Fortziehen, Aufbrechen, „ohne zu wissen, wohin man kommt" (Hebr 17,8), „Hoffen gegen alle Hoffnung" (Röm 4,18).

15

Das Zeitalter des globalen Dialogs

von Leonard Swidler

1. Ein radikal neues Zeitalter

Die Gelehrten, die im 20. Jahrhundert mit großem Aufwand und historisch/soziologischer Analyse den drohenden Verfall der westlichen Zivilisation vorhersagten, lagen gänzlich falsch. 1922 schrieb Oswald Spengler – vier Jahre nach Ende des Ersten Weltkriegs – sein vielfach umjubeltes Buch *Der Untergang des Abendlandes*[1]. Nach dem Anfang des Zweiten Weltkrieges veröffentlichte Pitirim A. Sorokin 1941 sein gleichermaßen populäres Buch *The Crisis of Our Age*[2]. Angesichts des massiven, weltweiten Umfanges der beispiellosen Zerstörung und des Grauens des Ersten Weltkrieges (1914-1918) und des noch viel größeren des Zweiten Weltkrieges (1939-1945), sind die pessimistischen Vorhersagen dieser Gelehrten und der große Anklang, den sie fanden, nicht unverständlich.

Tatsächlich aber waren diese gewaltigen Weltenbrände Manifestationen der dunklen Seite des einzigartigen Durchbruches in der Geschichte der Menschheit, in der modernen Entwicklung des Christentums, das sich als westliche Zivilisation zeigte und sich jetzt in eine globale Zivilisation umwandelt.

Nie zuvor hat es Weltkriege gegeben, so wie es nie zuvor weltpolitische Organisationen (Völkerbund, Vereinte Nationen) gegeben hat. Nie zuvor hat die Menschheit die reale Möglichkeit besessen, alles menschliche Leben zu vernichten – sei es durch eine atomare oder eine ökologische Katastrophe. Diese einzigartigen negativen Realitäten sind aber nur möglich aufgrund der entsprechenden einzigartigen Errungenschaften der christlichen / westlichen / globalen Zivilisation – so etwas hat die Welt nie zuvor gesehen. Negativ betrachtet bedeutet das, daß von nun an die Menschheit sich immer selbst zerstören kann. Dennoch gibt es solide empirische Gründe für die vernünftige Hoffnung, daß die der

---

[1] Oswald Spengler, Der Untergang des Abendlandes (München: Beck, 1922–23), 2 Bände.
[2] Pitirim A. Sorokin, The Crisis of Our Age (New York: Dutton, 1941).

Menschheit innewohnende, auf Unendlichkeit ausgerichtete Lebenskraft über die parallel verlaufende Todeskraft die Oberhand gewinnen wird.

Die Unheilsverkünder hatten aber darin recht, daß die Menschheit in ein radikal neues Zeitalter eingetreten ist. Zu Beginn dieses Jahrhunderts sprachen die Neinsager gewöhnlich nur vom Untergang der westlichen Zivilisation (z. B. Spengler, Sorokin), aber nach der Ankunft von Atomkraft und Kaltem Krieg warnte die neue Generation der Pessimisten vor einer weltweiten Katastrophe – im Sinne des bekannten Satzes: *corruptio optimae pessima*. Dieses zutage tretende Bewußtsein einer globalen Katastrophe ist ein klares, wenngleich negatives Zeichen dafür, daß etwas tiefgreifendes, radikal Neues auf die Bühne der Geschichte der Menschheit tritt.

Natürlich hat es in letzter Zeit auch eine Anzahl eher positiver Zeichen gegeben, daß wir Menschen in ein radikal neues Zeitalter eintreten. In den Sechzigern war viel die Rede vom „Zeitalter des Wassermannes", und es gibt heute immer noch die weitergehende Mode des „New Age"-Bewußtseins. Manche werden womöglich abgestoßen sein von der Idee eines radikal neuen Zeitalters, weil sie das als Gerede von Randgruppen betrachten. Ich würde aber argumentieren, daß die Gegenwart von „den Verrückten" an den Rändern (ganz egal welcher Idee oder Bewegung) nicht bedeutet, daß diese Idee oder Bewegung wertlos ist, sondern ganz im Gegenteil, daß sie wenigstens in ihrem Grundanliegen Gültigkeit hat. Darüber hinaus würde ich argumentieren, daß Bewegungen ohne ihre „Verrückten" oder Extremisten den Kern des menschlichen Anliegens nicht berühren. Wer sich an solche Bewegungen anschließt, verschwendet seine Zeit!

Ferner weisen eine Anzahl sehr ernster akademischer Analysen der letzten Zeit ganz ähnlich auf ein radikal neues Zeitalter in der Menschheitsgeschichte hin. Ich werde auf zwei davon weiter unten im Detail eingehen. Da ist zunächst das Konzept des „Paradigmenwechsels", speziell in der Auslegung von Hans Küng[3]. Und da ist zum anderen die Vorstellung von der „zweiten Achsenzeit", wie sie von Ewert Cousins[4] formuliert wurde. Ich werde im Anschluß meine eigene Analyse darlegen, in welcher beide Vorstellungen enthalten sind, diese aber in einen breiteren Zusammenhang setzen. Ich interpretiere sie als eine Bewegung der Menschheit aus

---

[3] Vgl. u. a. Hans Küng, *Theologie im Aufbruch* (München: Piper Verlag, 1987), besonders S. 153 f.

[4] Vgl. v. a. Ewert Cousins, „Judaism-Christianity-Islam: Facing Modernity Together", in: *Journal of Ecumenical Studies*, 30:3–4 (Summer-Fall, 1993), S. 417–425.

einem mehrere Jahrtausende langen „Zeitalter des Monologes" heraus, hinein in ein neu hereinbrechendes „Zeitalter des Dialoges", das in der Tat ein hereinbrechendes „Zeitalter des Globalen Dialoges" darstellt.

Natürlich gibt es auch viel Kontinuität im menschlichen Leben durch den Wechsel von einem „Paradigma" zum anderen, von einer „Epoche" zur nächsten, von einem „Zeitalter" zu einem anderen. Nichtsdestoweniger ist der bevorstehende Bruch noch auffallender als die Kontinuität, obwohl er zu einem Großteil auf einer anderen Ebene liegt als die Kontinuität. Diese Beziehung von Kontinuität und Bruch in der menschlichen Geschichte findet eine Analogie im Übergang der Aggregatzustände von fest zu flüssig zu gasförmig mit steigender Temperatur. Bei Wasser ist durchgehend die Kontinuität auf der chemischen Ebene H_2O. Aber für diejenigen, die mit Wasser umgehen, macht es einen dramatischen Unterschied, ob das H_2O Eis, Wasser oder Dampf ist! Im Falle der großen Veränderungen bezüglich der Menschheit bleibt die physische Grundlage dieselbe, aber auf der Ebene des Bewußtseins ist die Veränderung enorm. Und auch hier macht es einen dramatischen Unterschied, ob wir mit Menschen umgehen, deren Bewußtsein innerhalb des einen oder innerhalb eines anderen Paradigmas geformt wurde, ob deren Bewußtsein prä-achsial, achsial-I oder achsial-II ist oder ob deren Bewußtsein monologisch oder dialogisch ist.

2. Ein großer Paradigmenwechsel

Thomas Kuhn revolutionierte mit seinem Begriff des Paradigmenwechsels unser Verständnis der Entwicklung des wissenschaftlichen Denkens. Er hat mit großer Sorgfalt gezeigt, daß fundamentale „Paradigmen" oder „exemplarische Modelle" die großen Gedankenrahmen sind, innerhalb derer wir alle beobachteten Daten einordnen und interpretieren und daß wissenschaftlicher Fortschritt unweigerlich letztlich einen Paradigmenwechsel herbeiführt – vom Geozentrismus zum Heliozentrismus zum Beispiel, oder von der Newtonschen Physik zur Einsteinschen Physik – welche alle zuerst energisch bekämpft werden, wie es bei Galileos Gedanken der Fall war, aber letztlich doch die Oberhand gewinnen[5]. Diese Einsicht

---

[5] Thomas Kuhn, *The Structure of Scientific Revolutions* (Chicago: University of Chicago Press, 2. Ausg., 1970).

gilt jedoch nicht nur für die Entwicklung des Denkens in den Naturwissenschaften, sondern kann auch auf alle Hauptdisziplinen
menschlichen Denkens angewandt werden, das religiöse Denken
miteingeschlossen. „Religion" soll hier verstanden werden als „eine
Erklärung des letztlichen Sinnes des Lebens und wie man dementsprechend lebt".
Ein großer Paradigmenwechsel in systematischer religiöser Reflexion, d. h. in „Theologie", bedeutet dann einen großen Wechsel
„genau in der Idee, was es heißt, Theologie zu betreiben"[6]. Ich
möchte ein Beispiel aus meiner eigenen Tradition, dem Christentum, anführen: die große christliche theologische Revolution, die
sich auf dem ersten ökumenischen Konzil (Nikäa, 325 n.Chr.) ereignete, bestand nicht so sehr darin, daß der Streit darüber entschieden
wurde, ob der Sohn und der Vater aus „derselben Substanz", *ho-
mousion*, seien, ebenso wichtig war der Schluß, daß – indem *ho-
mousion* definiert wurde –, es in der Theologie Probleme gibt, die
nicht einfach auf der Basis eines Rückgriffes auf die Sprache der
Schriften gelöst werden konnten."[7] In den darauffolgenden Jahrhunderten kam es zu einer Flut von neuen Antworten auf Fragen,
die gleichfalls in Kategorien gestellt wurden, die Jesus und seinen
ersten, jüdischen Anhängern fremd waren – in diesem Fall in griechischen philosophischen Gedankenkategorien.
Mit dem Wechsel des Paradigmas, innerhalb dessen die Einzel-
heiten interpretiert wurden, wie Jesus sie gedacht, gelehrt und in
die Tat umgesetzt hat und wie seine jüdischen Anhänger darauf rea-
gierten, zu einem neuen Paradigma, also von der semitischen, konkreten biblischen Gedankenwelt zu einer hellenistischen, weitgehend abstrakten philosophischen, änderten sich entsprechend auch
die Fragen, die gestellt wurden und die Begriffe, mit denen gefragt
wurde. Dementsprechend veränderten sich natürlich auch die Antworten. Wie immer, wenn sich ein neuer großer Paradigmenwechsel
ereignet, sind alte Antworten nicht mehr hilfreich, weil sie auf Fragen eingehen, die nicht mehr gestellt werden, Gedankenkategorien
voraussetzen, die nicht mehr gültig sind, sich innerhalb eines kon-
zeptuellen Rahmens bewegen, der nicht mehr aktuell ist. Es ist
nicht so, daß die alten Antworten deshalb als falsch gelten, sondern
sie lassen sich einfach nicht mehr anwenden. Die Antworten des

---

[6] Quentin Quesnell, „On Not Negotiating the Self in the Structure of Theological Revolutions", Referat in einer Konferenz in Honolulu (3.–11. Jan. 1984) über „Paradigm
Shifts in Buddhism and Christianity: Cultural Systems and the Self", S. 2.
[7] Ibid., S. 3.

Aristoteles in der Physik und der Chemie im Rahmen der vier Elemente Luft, Feuer, Wasser und Erde zum Beispiel korrespondieren einfach nicht mit den Fragen, die moderne Chemiker und Physiker stellen. Christliche Theologen des zehnten Jahrhunderts, die lehrten, daß Maria eine Jungfrau blieb, das heißt, daß ihr Hymen unversehrt war, obwohl sie Jesus geboren hatte, beantworteten eine Frage, die kein moderner, kritisch denkender christlicher Theologe stellen würde, setzt sie doch eine Gedankenwelt voraus, die einen hohen Wert auf das Problem der Jungfräulichkeit legt. Diese Gedankenwelt ist obsolet, daher ist die alte Antwort heute un-angebracht.

3. Der moderne große Paradigmenwechsel

Seit der Aufklärung des 18. Jahrhunderts hat die christliche-jetzt-westliche-Zivilisation einen großen Paradigmenwechsel durchgemacht, besonders darin, wie wir Menschen unseren Erkenntnisprozeß verstehen und welche Bedeutung und welchen Status wir der „Wahrheit", d. h. unseren Aussagen bezüglich der Wirklichkeit, zumessen – in anderen Worten, unsere Epistemologie geht von anderen Voraussetzungen aus. Dieses neue epistemologische Paradigma bestimmt zusehends, wie wir Dinge wahrnehmen, wie wir sie verallgemeinern, wie wir über sie nachdenken und hernach über sie entscheiden und mit ihnen umgehen.

Die Wichtigkeit der Rolle, die dieses begriffliche Paradigma oder Wirklichkeitsmodell in Religion, im „letztendlichen Verständnis von Wirklichkeit und wie man entsprechend lebt", spielt, ist kaum zu überschätzen. Das Paradigma oder Modell, innerhalb dessen wir Wirklichkeit wahrnehmen, bestimmt nicht nur unser theoretisches Verständnis von Wirklichkeit, sondern hat auch ungeheure praktische Konsequenzen. Zum Beispiel wird in der westlichen Medizin der Körper im allgemeinen als fein abgestimmte lebende Maschine betrachtet, woraus folgt, daß, falls ein Teil nicht mehr funktioniert, der offensichtliche nächste Schritt darin besteht, den abgenutzten Teil einfach durch einen neuen zu ersetzen – daher entstand die Organtransplantation auch nur in der westlichen, nicht aber in der östlichen Medizin.

In der östlichen, chinesischen Medizin wird der Körper hingegen als fein balancierte Harmonie betrachtet: Es wird angenommen, daß Druck, der auf einen Körperteil ausgeübt wird, einen entsprechenden Effekt in einem bestimmten anderen Körperteil hat; daher entstand die Akupunktur in der östlichen, nicht aber in der westlichen Medizin.[8] Unsere begrifflichen Paradigmen haben also konkrete Konsequenzen.

Darüber hinaus werden offensichtlich bestimmte Paradigmen oder Modelle zur Erfassung der Wirklichkeit den Daten besser gerecht werden als andere, und diese werden dann bevorzugt – z. B. in der Astronomie der Wechsel vom geozentrischen zum heliozentrischen Modell. Aber manchmal werden unterschiedliche Modelle, jedes auf seine eigene Weise, mehr oder weniger angemessen zu den Daten „passen", wie es im Beispiel der westlichen und östlichen Medizin geschieht. Die unterschiedlichen Modelle werden dann als komplementär betrachtet. Es wäre demnach naiv anzunehmen, seine Wahrnehmung der Wirklichkeit auf nur eines der komplementären Paradigmen oder Modelle zu beschränken.

Vielleicht kann manchmal ein umfassenderes Modell, ein Mega-Modell erdacht werden, um zwei oder mehrere Modelle zusammenzufassen, aber es wird sicherlich niemals möglich sein, Wirklichkeit ohne Modelle oder Paradigmen wahrzunehmen; daher ist Meta-Modell-Denken nicht möglich, es sei denn im eingeschränkten Sinn eines Meta-mono-Modell-Denkens, das bedeuten würde, Wirklichkeit durch mehrere unterschiedliche Modelle zu begreifen, die nicht unter einem Mega-Modell zusammengefaßt werden können, sondern die in kreativer, polarer Spannung zueinander in Beziehung stehen müssen. Ein solches Denken könnte Multi-Modell-Denken genannt werden. Dieses Muster ist seit Jahrzehnten charakteristisch für die Physik, da sie für die subatomare Materie sowohl Partikel- als auch Wellenbeschreibungen verwendet.

Ich möchte mich nun dem postaufklärungsepistemologischen Paradigmenwechsel zuwenden. Während unsere westliche Vorstellung von Wahrheit bis ins letzte Jahrhundert hinein weitgehend absolut, statisch und monologisch war, ist sie seitdem relativ, dynamisch und dialogisch geworden – in einem Wort, sie ist „relational"[9]. Diese

---

[8] Ich bedanke mich für diesen beispielhaften Vergleich bei Henry Rosemont, den ich kennenlernte, als er 1982–84 Fulbright Professor an der Fudan University in Shanghai war.

[9] Bereits vor zweitausend Jahren und darüber hinaus vertraten einige hinduistische und buddhistische Denker eine nichtabsolute Epistemologie, aber diese Tatsache hat keine signifikante Auswirkung auf den Westen; aufgrund des kulturellen Schwindens dieser Zivilisationen in der Neuzeit und der Dominanz der westlichen naturwissenschaftlichen Weltvorstellung spielten diese uralten nichtabsoluten Epistemologien bis jetzt keine bedeutende Rolle in der sich herausbildenden globalen Gesellschaft – im Dialogkontext jedoch sollten sie das in der Zukunft.

Seit der Mitte des 19. Jahrhunderts ist östliches Denken im Westen zusehends bekannter geworden und entsprechend einflußreicher. Diese Kenntnis und dieser Ein-

„neue" Sicht von Wahrheit kam durch mindestens sechs unterschiedliche, jedoch miteinander verwandte Wege zustande. In Kürze sind diese:
1. Historizismus: Die Wahrheit ist relativiert durch die Beobachtung, daß Wirklichkeit immer nach Maßgabe der Begriffe und der Umstände ihrer jeweiligen Epoche beschrieben wird.
2. Intentionalität: Die Wahrheit, der Absicht entsprechend zu handeln, zu suchen, relativiert die Aussage.
3. Wissenssoziologie: Die Wahrheit ist relativ in Bezug auf Geographie, Kultur und soziale Stellung.
4. Begrenzungen der Sprache: Die Wahrheit als die Bedeutung von etwas und besonders als Rede über das Transzendente ist relativiert durch das Wesen der Sprache.
5. Hermeneutik: Alle Wahrheit, alles Wissen wird als interpretierte Wahrheit, interpretiertes Wissen gesehen und ist daher auf den Beobachter, der immer auch Interpret ist, bezogen.
6. Dialog: Der Wissende wickelt Wirklichkeit in einen Dialog, in eine Sprache ein, die der Wissende vorgibt und dadurch alle Aussagen über Wirklichkeit relativiert.

Vor dem 19. Jahrhundert wurde Wahrheit – als eine Aussage über die Wirklichkeit – in Europa in einer absoluten, statischen, ausschließenden entweder/oder Art gedacht. Wenn etwas einmal wahr war, dann war es auf ewig wahr. Z. B.: wenn für den paulinischen Autor im ersten Jahrhundert galt, zu sagen, daß Frauen in der Kirche zu schweigen hätten, dann hatte es für immer zu gelten, daß Frauen in der Kirche schweigen sollten; oder wenn Papst Bonifaz VIII im Jahre 1302 n.Chr. die Aussage traf: „Wir deklarieren und definieren, daß es für die Erlösung aller Menschen absolut notwendig ist, sich dem römischen Pontifex zu unterwerfen"[10], dann galt auch dies als verbindliche Wertmaxime.

Dieser Begriff der Wahrheit basierte im Grunde auf dem aristotelischen Widerspruchsprinzip: eine Sache konnte nicht auf gleiche Weise gleichzeitig wahr und nicht wahr sein. Wahrheit wurde durch Ausschluß definiert; A war A, weil gezeigt werden könne, daß es nicht nicht-A war. Wahrheit wurde folglich verstanden als absolut, statisch, exklusiv entweder/oder. Das ist ein klassischer oder absoluter Begriff von Wahrheit.

---

fluß scheint in den letzten Jahrzehnten geometrisch zuzunehmen. Es fängt sogar an, in die härteste unserer sogenannten „harten" Natruwissenschaften, die Atomphysik, einzuziehen, wie man am populären Buch *The Tao of Physics* (Boulder, CO: Shambhala, 2nd ed., 1983) des theoretischen Physikers Fritjof Capra sehen kann.
[10] Bonifaz VIII, „Unam sanctam", in J. Neuener und J. Depuis, Hgg. *The Teaching of the Catholic Church* (Dublin: Mercier Press, 1972), Nr. 875, S. 211.

1. Historizismus:

Im 19. Jahrhundert begannen viele Gelehrte, Wahrheitssätze und Bedeutungen teilweise als Produkt ihrer jeweiligen historischen Umstände zu erkennen, was bedeutete, daß sie in bestimmten intellektuellen Kategorien (z. B. in abstrakter platonischer oder konkreter juristischer Sprache) gefaßt waren, in bestimmten literarischen Formen (z. B. mythischer oder metaphysischer Sprache) und in bestimmten psychologischen Situationen (wie etwa als eine polemische Antwort auf einen spezifischen Angriff). Diese Gelehrten argumentierten, daß Wahrheitsaussagen nur dann richtig verstanden werden könnten, wenn sie in ihre historische Situation, in ihren historischen Sitz im Leben hineingestellt wurden. Das Verstehen des Textes bestand nur im Kontext. Um dieselbe ursprüngliche Bedeutung in einem späteren Sitz im Leben auszudrücken, würde man eine entsprechend unterschiedliche Aussage benötigen. Folglich wurden jetzt alle Aussagen über die Bedeutung von Dingen im relativen Bezug zur Zeit betrachtet.

Das ist eine historische Wahrheitsvorstellung. In ihrem Kern ist eindeutig eine Vorstellung von Relationalität: Jede Aussage über die Wahrheit der Bedeutung von etwas muß in Beziehung zu ihrem historischen Kontext verstanden werden.

2. Intentionalität:

Spätere Denker wie Max Scheler fügten diesem Historisierungsgedanken einen Zusatz bei: Er bezog sich nicht nur auf die Vergangenheit, sondern auch auf die Zukunft. Solche Denker sahen Wahrheit als etwas, dem ein Element der Intentionalität zugrunde liegt, als etwas, das letztlich auf Handeln, Praxis ausgerichtet ist. Sie argumentierten, daß wir bestimmte Dinge als Fragen wahrnehmen, die zu beantworten sind und daß wir Ziele setzen, um spezifisches Wissen zu erlangen, weil wir etwas in diesen Angelegenheiten tun möchten; wir beabsichtigen, der Wahrheit und der Bedeutung gemäß zu leben. Daher sind unsere Antworten auf Fragen interessengeleitet, als Wahrheit gilt das, was in der handlungsorientierten Intention des Denkers oder Sprechers liegt.

Das ist eine intentionale oder Praxis-Sicht der Wahrheit, die im Grunde auch relational ist: eine Aussage muß in Beziehung zu der handlungsorientierten Intention des Sprechers verstanden werden.

3. Die Wissenssoziologie:

Genau wie manche Denker Wahrheitsaussagen als etwas historisch Relatives in der Zeit betrachteten, so wurden anfangs dieses Jahrhunderts von Gelehrten wie Karl Mannheim Wahrheitsaussagen durch Umstände wie Kultur, soziale Stellung und Geschlecht des Denkers erklärt und folglich als perspektivisch bedingt, als „standortgebunden" gesehen.

Dies ist eine perspektivische Sicht von Wahrheit und ist ebenfalls relational: Alle Aussagen sind fundamental auf den Standort des Sprechers bezogen.

4. Die Grenzen der Sprache:

In der Folge von Ludwig Wittgenstein haben viele Denker angefangen, Wirklichkeitsaussagen bloß als höchstens eine teilweise Beschreibung der Wirklichkeit zu verstehen. Obwohl es möglich ist, Wirklichkeit von einer nahezu grenzenlosen Anzahl von Perspektiven zu sehen, kann die menschliche Sprache Dinge nur aus einer oder vielleicht aus ein paar wenigen Perspektiven gleichzeitig darstellen. Schon allein die Tatsache, mit der Wahrheit der „Bedeutung" von etwas umzugehen, indiziert, daß der Wissende wesensmäßig involviert ist und reflektiert daher den perspektivischen Charakter aller solcher Aussagen. Eine Aussage kann natürlich wahr sein – sie kann die außergeistige, materielle Wirklichkeit, auf die sie sich bezieht, akkurat beschreiben –, aber sie wird immer in bestimmte Kategorien, Sprache, Anliegen, usw. eines bestimmten „Standortes" gefaßt sein, und in diesem Sinne begrenzt, relativ sein.

Dieses ist auch eine perspektivische Sicht von Wahrheit und daher auch relational.

Diese begrenzte, begrenzende und auch befreiende Qualität von Sprache ist besonders klar im Reden vom Transzendenten. Das Transzendente ist per definitionem das, was „über" unsere Erfahrung „hinausgeht". Jede Aussage über das Transzendente muß daher relativiert und begrenzt werden, weit über den perspektivischen Charakter hinaus, der für gewöhnliche Aussagen betrachtet wird.

5. Hermeneutik:

Hans-Georg Gadamer und Paul Ricoeur haben unlängst die Entwicklung der hermeneutischen Wissenschaft maßgeblich geprägt und dabei die Ansprüche auf die „wahre" Bedeutung eines Textes weiter relativiert. Sie argumentieren, daß jede Kenntnis eines Textes gleichzeitig eine Interpretation des Textes sei. Aber diese grundlegende Einsicht geht über die Kenntnis von Texten hinaus und läßt sich überhaupt auf unser gesamtes Wissen anwenden.

Einige der Schlüsselbegriffe können hier im folgenden Mantra (ein Mantra ist ein siebensilbiger Ausdruck, der eine Einsicht auf den Punkt bringt) komprimiert werden: „Subjekt, Objekt, zwei ist eins." Die ganze Hermeneutik ist hier *in nuce* enthalten: alles Wissen ist intepretiertes Wissen; der Wahrnehmende ist Teil des Wahrgenommenen; das Subjekt ist Teil des Objekts. Wenn das Studienobjekt ein Aspekt der Menschheit ist, „deobjektiviert", relativiert die offensichtliche Tatsache, daß der Beobachter auch das Beobachtete ist, das resultierende Wissen, d. h. die Wahrheit. Aber dasselbe ist auch fundamental wahr in Bezug auf alles Wissen, auf alle Wahrheit, selbst auf die Naturwissenschaften, denn die verschiedenen Aspekte der Natur werden nur in Kategorien beobachtet, die wir selber erstellen, innerhalb von Horizonten, die wir etablieren, unter Paradigmen, die wir verwenden, in Antwort auf Fragen, die wir aufbringen und in Beziehung zu den Verbindungen, die wir herstellen – eine weitere Relativierung von Wahrheit, selbst der „harten" Naturwissenschaften.

"Subjekt, Objekt, zwei ist eins." Wissen kommt dadurch zustande, daß das Subjekt das Objekt wahrnimmt, da aber das Subjekt auch Teil seines Objektes ist, wie oben ausgeführt, sind die zwei in diesem Sinne eins. Im Wissen wird das Objekt auch in gewisser Weise in das Subjekt aufgenommen und folglich sind die zwei wieder eins. Und dennoch gibt es auch hier eine radikale Zweiheit, denn es ist genau dieser Prozeß des Bewußtwerdens, daß die zwei, die sehr real zwei sind, tatsächlich auf einer anderen Ebene auch sehr real eins sind – das nennen wir Wissen.

Dies ist eine interpretierende Vorstellung von Wahrheit. Es ist klar, daß Relationalität diese hermeneutische, interpretierende Vorstellung von Wahrheit durchzieht. (Es ist interessant festzustellen, daß eine Dimension dieses interpretativen Verständnisses von Wahrheit schon bei Thomas von Aquin gefunden werden kann. Er stellt fest, daß „Dinge, die gewußt werden, im Wissenden gemäß der Verfassung des Wissenden sind – *cognita sunt in cognoscente secundum modum cognoscentis.*"[11]).

Die 6. Kategorie – ein dialogisches Verständnis von Wahrheit – wird weiter unten diskutiert werden.

Zusammenfassend läßt sich sagen, daß unser Verständnis von Wahrheit und Wirklichkeit eine radikale Veränderung durchgemacht hat. Dieses neue Paradigma, das im Werden ist, versteht alle Aussagen über die Wirklichkeit, insbesondere über die Bedeutung von etwas, als historisch, intentional, perspektivisch, partial, interpretierend und dialogisch. Was alle diese Vorstellungen gemein haben, ist die Vorstellung von Relationalität, das heißt, daß jegliche

---

[11] Thomas Aquinas, *Summa Theologiae*, II–II, Q.1, A. 2.

Expression oder Vorstellung von Realität auf eine fundamentale Weise mit dem Sprecher oder dem Wissenden in Beziehung steht.

4. Die kopernikanische Wende in der katholischen Kirche

Als katholischer Theologe möchte ich meine eigene Religionsgemeinschaft zum Gegenstand einer kurzen Untersuchung machen. Die katholische Kirche bietet ja ein klares Beispiel für den Paradigmenwechsel in der Periode der Postaufklärung auf einer globalen kommunalen Ebene, darüber hinaus hat ein besonderer Paradigmenwechsel in diesem Jahrhundert stattgefunden. Die 1960er waren hier ein bedeutender Wendepunkt für die ganze Welt:

1) Amerikanische Katholiken traten während Kennedys Präsidentschaftswahl aus ihrem Ghetto;
2) die amerikanische Bürgerrechtsbewegung begann eine Transformation der westlichen Psyche;
3) die Anti-Kriegs-, Umwelt-, Anti-Establishment und ähnliche Bewegungen in der westlichen Welt brachten die Transformation in schwindelerregende Höhe;
4) mit dem II. Vatikanischen Konzil (1962–65) rückte die katholische Kirche in die Moderne ein und schritt in einigen Zügen sogar weiter aus.

Die kopernikanische Wende, die auf dem zweiten Vaticanum in der katholischen Kirche geschah, ereignete sich in fünf Hauptrichtungen:

a) Die Wende hin zur Freiheit

Das Image, das dem Katholizismus am Ende der 1950er Jahre in den Vereinigten Staaten anhaftete, war das eines riesigen Monolithen, einer Gemeinschaft von Hunderten von Millionen, die Gehorsam sowohl im Handeln als auch im Denken als höchste Tugend ansahen. Wenn der Papst sagte, „bringt Kinder zur Welt", dann brachten Katholiken Kinder zur Welt; wenn er sagte, „habt keinen Umgang mit Protestanten und Juden", dann mieden Katholiken sie wie die Pest; wenn er sagte, „glaubt an päpstliche Unfehlbarkeit oder an Mariendogmen", dann glaubten sie daran. Hundert Jahre lang (aber wirklich nicht viel länger!) waren Katholiken in der Kirche wie Kinder behandelt worden, handelten wie Kinder und sahen sich selber als Kinder.

Durch das II. Vatikanische Konzil aber wurden dieses sehr unfreie Image und diese Realität völlig transformiert. Plötzlich wurde die Menschheit, einschließlich der Katholiken, mündig und wurde sich damit auch ihrer Freiheit und Verantwortlichkeit bewußt. Dies wurde vielerorten klar zum Ausdruck gebracht, aber vielleicht nirgends so klar wie in der „"Erklärung über die Religionsfreiheit".

b) Die Wende zum Historischen/Dynamischen

Jahrhundertelang war das Denken des offiziellen Katholizismus von einem statischen Verständnis von Wirklichkeit dominiert; es hat nicht nur den demokratischen sowie den Menschenrechtsbewegungen des 19. und 20. Jahrhunderts Widerstand geleistet, sondern auch der wachsenden historischen, dynamischen Weise des Verstehens der Welt, einschließlich des religiösen Denkens.

Das veränderte sich dramatisch mit dem II. Vaticanum, auf dem die historische und dynamische Sicht von Wirklichkeit und Lehre offiziell angenommen wurde (leider leistet die gegenwärtige Führung dieser radikalen Wende weitgehend Widerstand)[12].

c) Die Wende zur inneren Reform

Seit dem 16. Jahrhundert war selbst das Wort „Reform" innerhalb der katholischen Kirche verboten, geschweige denn in Wirklichkeit (es gab Zeiten mit bemerkenswerten Ausnahmen[13], aber diese wurden weitgehend getilgt – selbst aus katholischen Lehrbüchern der Kirchengeschichte!). Zu Beginn des 20. Jahrhunderts machte Papst Pius X einen Bocksprung zurück zu seinem älteren Vorgänger, Papst Pius IX (im Italienischen als „Pio No-no" ausgesprochen) und lancierte die Inquisition gegen den Modernismus, womit er das schöpferische Denken im Katholizismus auf Jahrzehnte hinaus zerschlug. Mitte des 20. Jahrhunderts wurden wieder führende Theologen zensiert und es wurde ihnen Stillschweigen auferlegt (z. B. Jean Danielou, Henri de Lubac, Pierre Teilhard de Chardin, John Courtney Murray, Karl Rahner).

Aber der heilige Papst Johannes XXIII (kanonisiert durch die traditionelle Methode der Volksakklamation von der „Association

---

[12] Vgl. z. B. Leonard Swidler und Hans Küng; Hgg., *The Church in Anguish: Has the Vatican Betrayed Vatican II?* (San Francisco: Harper & Row, 1987); Bernard Häring, *My Witness For the Church*, Übersetzung und Einleitung von Leonard Swidler (Mahwah, NJ: Paulist Press, 1992).

[13] Vgl. z. B. Leonard Swidler, *Freedom in the Church* (Dayton: Pflaum Press 1969); Leonard Swidler, *Aufklärung Catholicism 1780–1850* (Missoula, MT: Scholars Press, 1978); Leonard und Arlene Swidler, *Bishops and People* (Philadelphia: Westminster Press, 1970).

for the Rights of Catholics in the Church" – ARCC) hat diese beengenden Ketten gesprengt und das II. Vatikanische Konzil einberufen. Er sprach davon, „die Fenster des Vatikans aufzureißen", um frisches Denken hereinzulassen; von *Aggiornamento*, um die Kirche „up to date" zu bringen.

In der Tat findet sich im „Dekret über den Ökumenismus"[14] sogar das neuralgische Wort „Reformation": „Die Kirche wird auf dem Weg ihrer Pilgerschaft von Christus zu dieser dauernden Reform gerufen, deren sie allzeit bedarf, soweit sie menschliche und irdische Einrichtung ist" (2.6). „Schließlich prüfen hierbei alle ihre Treue gegenüber dem Willen Christi hinsichtlich der Kirche und gehen tatkräftig ans Werk der notwendigen Erneuerung und Reform" (1.4). Es wird auch darauf bestanden, daß „die katholischen Gläubigen ... in erster Linie ... doch ehrlich und eifrig ihr Nachdenken darauf richten [sollen], was in der eigenen katholischen Familie zu erneuern ... ist" (1.4).

d) Die Wende hin zu dieser Welt

Bis vor kurzem wurde der Begriff Erlösung (salvation auf englisch) ausschließlich verstanden als das Aufsteigen in den Himmel nach dem Tode; die Grundbedeutung – von *salus*, „volles, gesundes Leben" – war im Christentum nach dem 3. Jahrhundert weitgehend verloren gegangen[15]. Marx hatte nicht unrecht, wenn er behauptete, daß das Christentum (und Religion im allgemeinen) hauptsächlich mit dem „pie in the sky bye and bye" zu tun habe. Aber dieser Schwerpunkt hat sich mit dem II. Vaticanum radikal verschoben, das spiegelt sich besonders in dem Dokument „Die pastorale Konstitution über die Kirche in der Welt von heute" wieder, das de facto, wenngleich ohne den Namen dazu zu führen, die Befreiungstheologie lancierte.

e) Die Wende hin zum Dialog

Jahrhundertelang, besonders seit dem 16. Jahrhundert, war die katholische Kirche weitgehend in einer Art von Solipsismus gefangen, in dem sie nur mit sich selber redete und auf den Rest der Welt mit

---

[14] Karl Rahner und Herbert Vorgrimler, *Kleines Konzilskompendium: Sämtliche Texte des Zweiten Vatikanums mit Einführungen und ausführlichen Sachregistern*, 18. Aufl., Freiburg i.Br.: Herder, 1985.
[15] Für eine Diskussion von „Salvation" und anderer Schlüsselbegriffe im Hinblick auf das letztendliche Ziel des Lebens, vgl. Leonard Swidler, *The Meaning of Life? Some Answers at the Edge of the Third Millenium* (Mahwah, NJ: Paulist, 1992).

dem Finger zeigte. Als z. B. kurz nach dem Ersten Weltkrieg ein Komitee bestehend aus protestantischen Kirchenmännern Papst Benedikt XV besuchte, um die katholische Kirche einzuladen, sich der Lancierung der ökumenischen Bewegung anzuschließen und damit an einer Kirchenwiedervereinigung mitzuarbeiten, bekannte er, daß er froh darüber sei, daß sie sich endlich um kirchliche Einheit sorgten, daß er aber die Lösung für das Problem der christlichen Teilung bereits gefunden hatte: „Kommt heim zu Mama!" Das Verbot einer katholischen Teilnahme an einem Dialog wurde im Folgenden laufend wiederholt (z. B. 1928 *Mortalium animos*, 1948 „Monitum", 1949 „Instructio", 1954 Aussperrung von Katholiken von der Weltversammlung des Weltrates der Kirchen in Evanston, Illinois, USA).

Und wieder haben Johannes XXIII und das II. Vaticanum diese ganze Nabelschau radikal verändert. Ökumenismus wurde jetzt nicht nur nicht verboten, sondern als „Sache der ganzen Kirche, sowohl der Gläubigen wie auch der Hirten" beschrieben („Dekret über den Ökumenismus" 2.5). Papst Paul VI gab seine erste Enzyklika (*Ecclesiam suam*, 1964) speziell zum Thema Dialog heraus:

Dialog wird heutzutage verlangt ... Er wird verlangt von einer Dynamik, die das Gesicht der modernen Gesellschaft verändert. Er wird verlangt vom Pluralismus der Gesellschaft und von der Reife, die der Mensch in diesem Zeitalter erreicht hat. Ob er religiös ist oder nicht, seine weltliche Bildung ermöglicht es ihm zu denken und zu sprechen und mit Würde einen Dialog zu führen.

Diese Wende hin zum Dialog war natürlich zunächst auf die offensichtlichen Dialogpartner für Katholiken gerichtet: Mitchristen – Protestanten und Orthodoxe. Aber diese Wende weg von einer nach innen gerichteten Schau hatte seine eigene innere Dynamik: Warum Halt machen beim Gespräch mit Protestanten und Orthodoxen; warum nicht weiter gehen zu einem Dialog mit Juden und dann Muslim, Hindus, Buddhisten usw., ja selbst mit Ungläubigen? Und genau das geschieht jetzt in einer Explosion von interreligiösem-interideologischem Dialog von exponentiell zunehmender Größenordnung. Man braucht sich nur die Flut von Büchern anzuschauen, die jetzt auf diesem Gebiet herauskommen.

Darüber hinaus wird diese Dimension der kopernikanischen Wende in ihrer Transformation des katholischen, christlichen Selbstverständnisses mindestens ebenso radikal sein wie die anderen drei und wird folglich alle Aspekte christlichen Lebens grundlegend beeinflussen. Z. B. da wir Christen in diesem neuen Zeitalter des Dialoges verstehen, daß unsere jüdischen und islamischen Nachbarn „erlöst" werden können, ohne Christen werden zu müssen, hört unsere Beziehung zu ihnen auf, eine „konvertiten-ma-chende" zu sein und wird eine Beziehung des Dialoges und der Ko-operation.

5. Die zweite Achsenzeit[16]

Es war Karl Jaspers, der deutsche Philosoph, der 1949 in seinem Buch *Vom Ursprung und Ziel der Geschichte*[17] auf die Bedeutung dieses Phänomens hinwies. Er nannte den Zeitraum zwischen 800 und 200 vor unserer Zeitrechnung die Achsenzeit, weil „sie alles zur Welt gebracht hat, was der Mensch seit damals werden konnte. In diesem Zeitraum treffen wir die tiefsten Trennungslinien in der Geschichte an. Der Mensch, wie wir ihn heute kennen, fing an zu existieren. Der Kürze halber erlauben wir uns, dies die ‚Achsenzeit' zu nennen."[18] Obwohl die Anführer, die diesen Wechsel erwirkten, Philosophen und religiöse Denker waren, war der Wechsel doch so radikal, daß er alle Aspekte der Kultur beeinflußte, denn er trans-formierte das Bewußtsein selber. Es war innerhalb des Horizontes dieses Bewußtseins, daß sich die großen Zivilisationen Asiens, des Nahen Ostens und Europas entfalteten. Obwohl sich während der folgenden Jahrhunderte viel Neues innerhalb dieses Horizontes entwickelte, veränderten sich die Horizonte selber nicht. Diese Form des Bewußtseins, die sich durch Migration und Entdeckungen auf andere Regionen ausbreitete, wurde in der Folge die dominante, wenngleich nicht ausschließliche Form des Bewußtseins in der Welt. Bis zum heutigen Tage tragen wir, egal ob wir in der Kultur Chinas, Indiens, Europas oder Amerikas geboren und aufgewachsen sind, die Struktur des Bewußtseins, das während dieser Achsenzeit ge-formt wurde.

Was ist das für eine Struktur des Bewußtseins und wie unterschei-det sie sich vom Prä-Achsenzeit-Bewußtsein? Die vor der Achsen-zeit vorherrschende Form des Bewußtseins war kosmisch, kollektiv,

---

[16] In diesem Teil schulde ich besonderen Dank Ewert Cousins Aufsatz „Judaism-Chri-stianity-Islam: Facing Modernity Together", Journal of Ecumenical Studies, 30:3–4 (Summer-Fall, 1993), S. 417–425.

[17] Karl Jaspers, Vom Ursprung und Ziel der Geschichte (Zürich Artemis, 1949), S. 19–43.

[18] Ibid., S. 19; trans. Michael Bullock, The Origin and Goal of History (New Haven: Yale University Press, 1953), S. 1. Zur fortlaufenden akademischen Diskussion von Jaspers Position bezüglich der Achsenzeit, vgl. *Wisdom, Revelation and Doubt: Per-spectives on the First Millenium B. C., Daedalus* (Spring, 1975) und *The Origin and Di-versity of Axial Age Civilizations*, hg. von S. N. Eisenstadt (New York: State University of New York, 1989).

Stammes-orientiert, mythisch und ritualistisch. Es war dies die charakteristische Form des Bewußtseins früher Völker. Es stimmt zwar, daß zwischen diesen traditionellen Kulturen und der Achsenzeit große Weltreiche in Ägypten, China und Mesopotamien entstanden, aber diese produzierten noch nicht das volle Bewußtsein der Achsenzeit.

Das Bewußtsein der Stammeskulturen war eng verwandt mit dem Kosmos und den Fruchtbarkeitszyklen der Natur. Folglich war ein reicher und harmonischer Einklang etabliert zwischen den frühen Völkern und der Welt der Natur, eine Harmonie, die in Mythos und Ritual erforscht, ausgedrückt und gefeiert wurde. Genauso wie sie sich selber als Teil der Natur sahen, so erfuhren sich die Menschen selber als Teil des Stammes. Es war gerade das Geflecht der Interrelationen innerhalb des Stammes, das sie psychologisch erhielt, indem es alle Aspekte ihres Lebens mit Energie versorgte. Vom Stamm getrennt zu sein, kam einer Todesdrohung gleich, nicht nur physisch, sondern auch psychologisch. Allerdings reichte ihre Beziehung zum Kollektiv oft nicht über ihren eigenen Stamm hinaus, denn sie betrachteten andere Stämme oft als Feinde. Dennoch, innerhalb ihres Stammes fühlten sie sich organisch mit ihrer Gruppe als Ganzem, mit den Lebenszyklen von Geburt und Tod und mit der Natur und dem Kosmos verbunden.

Die Achsenzeit leitete eine radikal neue Bewußtseinsform ein. Während früher Bewußtsein stammesorientiert war, wurde das Achsenbewußtsein individualistisch. „Erkenne dich selbst" wurde das Kennwort Griechenlands; die Upanischaden identifizierten den *atman*, das transzendente Zentrum des Selbst. Der Buddha skizzierte den Weg der individuellen Erlösung; die jüdischen Propheten erweckten die individuelle moralische Verantwortung. Dieser Sinn einer individuellen Identität losgelöst vom Stamm und von der Natur ist das charakteristischste Zeichen des achsialen Bewußtseins. Von diesem her ergeben sich andere Charakteristika: Bewußtsein, das selbstreflektiv, analytisch ist und das angewandt werden kann auf die Natur in Form von wissenschaftlichen Theorien, auf die Gesellschaft in Form von sozialer Kritik, auf Wissen in Form von Philosophie, auf Religion in Form einer Skizzierung einer individuellen spirituellen Reise. Dieses selbstreflexive, analytische, kritische Bewußtsein stand in scharfem Kontrast zum frühen mythischen und ritualistischen Bewußtsein. Als während der Achsenzeit der selbstreflektive *Logos* in Erscheinung trat, tendierte er dazu, sich dem traditionellen Mythos entgegen zu stellen. Natürlich überlebten mythische und ritualistische Formen des Bewußtseins die Achsenzeit bis zum heutigen Tage, aber sie sind oft untergetaucht und kommen vor allem in Träumen, Literatur und Kunst an die Oberfläche.

Im Gefolge von Ewert Cousins können wir, wenn wir unseren Blick vom ersten Jahrtausend vor unserer Zeitrechnung zum Vorabend des 21. Jahrhunderts schwenken, eine weitere Transformation des Bewußtseins erkennen, die so tief und weitreichend ist, daß er sie die Zweite Achsenzeit nennt[19]. Wie die erste ereignet sie sich gleichzeitig auf der ganzen Welt, und wie die erste wird sie den Bewußtseinshorizont für zukünftige Jahrhunderte bilden. Es überrascht auch nicht, daß sie große Bedeutung für die Weltreligionen haben wird, die in der Ersten Achsenzeit konstituiert worden sind. Aber die neue Form des Bewußtseins ist radikal anders als die der Ersten Achsenzeit. Damals war es ein individuelles Bewußtsein, jetzt ist es ein globales Bewußtsein.

Um die Kräfte, die in der Zweiten Achsenzeit am Werk sind, besser zu verstehen, schöpft Cousins vom Denken des Paläontologen Pierre Teilhard de Chardin[20]. Im Zuge seiner Evolutionsforschung skizzierte er die Entwicklung des Bewußtseins von seinen Wurzeln in der Geosphäre und Biosphäre bis hin zur Zukunft. In einem Prozeß, den er „Planetisierung" nennt, beobachtete er, daß sich in den letzten hundert Jahren in den Kräften der Evolution eine Verschiebung vollzogen hat. Diese Verschiebung ist eine von Divergenz zu Konvergenz. Als menschliche Wesen auf diesem Planeten erschienen, versammelten sie sich in Familien und Stammeseinheiten, mit der sie ihre Gruppenidentität bildeten und sich von anderen Stammen unterschieden. Auf diese Weise trennten sich die Menschen voneinander, schufen separate Nationen und eine reiche Vielfalt von Kulturen. Nur die kugelförmige Gestalt der Erde verhinderte die uneingeschränkte Divergenz. Mit dem Bevölkerungswachstum und der rapiden Entwicklung der Kommunikation können Gruppen aber nicht länger voneinander getrennt bleiben. Nachdem die Kräfte der Divergenz den Prozeß jahrtausendelang dominiert hatten, werden sie nunmehr von denen der Konvergenz verdrängt. Dieser Wechsel zur Konvergenz zieht die verschiedenen Kulturen

---

[19] Für eine umfassendere Bearbeitung von Cousins Konzept von der Zweiten Achsenzeit, vgl. sein Buch Christ of the 21st Century (Rockport, MA: Element, 1992).

[20] Pierre Teilhard de Chardin, Le Phénomène humain (Paris: Editions du Seuil, 1955), vgl. auch L' Activation de l' énergie (Paris: Editions du Seuil, 1962) und L' énergie humaine (Paris: Editions du Seuil, 1962). Für eine detailliertere Studie von Teilhards Denken in Bezug auf die Zweite Achsenzeit, vgl. Ewert Cousings Referat „Teilhard de Chardin and the Religious Phenomenon", auf dem von der UNESCO organisiertem Internationalen Symposium zu Anlaß des hundertsten Geburtstages von Teilhard de Chardin in Paris gegeben wurde (16.–18. September 1981 – UNESCO Dokumenten Code: SS. 82/WS/36).

zu einer einzigen planetarischen Gemeinschaft zusammen. Obwohl wir über Tausende von Jahren zur Divergenz konditioniert worden sind, haben wir jetzt keine andere Wahl, als kreativ mit den Kräften der Konvergenz umzugehen, da diese uns zu einem globalen Bewußtsein zwingt[21].

Im Sinne Teilhards wird dieses neue globale Bewußtsein nicht alle Unterschiede zwischen den Völkern einebnen, sondern es wird etwas herstellen, was er kreative Unionen nennt, in denen Unterschiede nicht beseitigt, sondern intensiviert werden. Sein Verständnis kreativer Unionen basiert auf seiner allgemeinen Evolutionstheorie und der Dynamik, die er im ganzen Universum sieht. Von der Geosphäre durch die Biosphäre zum Reich des Bewußtseins ist ein einziger Prozeß am Werk, den er als das Gesetz des „Komplexität-Bewußtseins" und der „Vereinigung unterscheidet" formuliert. „In jeder Sphäre", sagt er, „ob es Körperzellen, Mitglieder einer Gesellschaft oder Elemente einer spirituellen Synthese sind – *Vereinigung unterscheidet.*"[22] Von subatomaren Partikeln binden sich individuelle Elemente zum globalen Bewußtsein, nach Teilhard Vereinigungen, die von Zentrum zu Zentrum geschehen. Indem sie einander im kreativen Kern ihres Seins berühren, setzen sie neue Energie frei, die zu komplexeren Einheiten führen. Größere Komplexität führt zu größerer Innerlichkeit, welche wiederum zu kreativeren Vereinigungen führt, in denen die einzelnen Elemente ihre Identität nicht verlieren, sondern vertiefen und erfüllen. „Den zusammenströmenden Orbits ihrer Zentren folgend", sagt er, „neigen die Bewußtseinsteilchen nicht dazu, ihre Umrisse zu verlieren und sich zu vermischen, sondern im Gegenteil, die Tiefe und Inkommunikabilität ihrer Egos zu akzentuieren. Je mehr sie in der Verbindung ‚anders' werden, desto mehr finden sie sich selbst als ‚selbst'."[23] An diesem Wendepunkt der Geschichte bringen die Kräfte der Planetisierung aufgrund des Wechsels von der Divergenz zur Konvergenz eine bisher nie dagewesene Komplexion des Bewußtseins hervor.

Im Lichte von Teilhards Denken können wir dann das Zusammentreffen der Religionen am Vorabend des 21. Jahrhunderts besser verstehen. Die Weltreligionen sind die Produkte der Ersten Achsenzeit und der Kräfte der Divergenz. Obwohl sich im ersten Jahrtausend vor unserer Zeitrechnung eine allgemeine Transforma-

---

[21] Teilhard, Le Phénomène humain, S. 268–269.
[22] Ibid., S. 292; trans. Bernard Wall, The Phenomenon of Man (New York: Harper and Row, 1965), S. 262.
[23] Ibid.

tion des Bewußtseins ereignet hatte, geschah sie in verschiedenen geographischen Regionen innerhalb bereits differenzierter Kulturen. In jedem dieser Fälle wurde die Religion in ihrem Ursprung von den Kräften der Differenzierung geformt und entwickelte sich gemäß differenzierender Linien. Dies produzierte einen bemerkenswerten Reichtum von spiritueller Weisheit, von spirituellen Energien und von religiös-kulturellen Formen, um dieses Erbe auszudrücken, zu erhalten und weiterzugeben. Jedoch nun, da die Kräfte der Divergenz sich in Kräfte der Konvergenz verwandelt haben, müssen sich die Religionen in Zentrum zu Zentrum Vereinigungen treffen, darin entdecken, was an jeder einzelnen am Authentischsten ist und dadurch kreative Energie für eine komplexere Form des religiösen Bewußtseins freisetzen.

Eine solche kreative Begegnung wurde „dialogischer Dialog" genannt, um sie vom dialektischen Dialog zu unterscheiden, in welchem man versucht die Behauptungen des anderen zu widerlegen[24]. Dieser dialogische Dialog hat drei Phasen:

(1) Die Partner treffen sich in einer Atmosphäre gegenseitigen Verständnisses, bereit die Mißverständnisse bezüglich des anderen zu ändern und begierig darauf, die Werte des anderen zu schätzen.

(2) Die Partner werden gegenseitig bereichert, indem sie in das Bewußtsein des anderen eintreten, sodaß jeder die Werte des anderen aus der Perspektive des anderen erfahren kann. Dieses kann enorm bereichern, denn oft entdecken die Partner in einer anderen Tradition Werte, welche in ihrer eigenen unter der Oberfläche oder erst in ihrem Anfangsstadium sind. Es ist wichtig, an diesem Punkt die Autonomie der anderen Tradition zu respektieren: in Teilhards Begriffen, Einheit zu erreichen, in der Unterschiede als Basis für Kreativität geschätzt werden.

(3) Wenn eine derartige kreative Einheit erreicht ist, dann werden die Religionen in komplexe Formen des Bewußtseins eingetreten sein, das für das dritte Jahrtausend charakteristisch sein wird. Dies wird ein komplex globales Bewußtsein sein, nicht ein bloß universales, undifferenziertes, abstraktes Bewußtsein. Es wird global sein aufgrund der globalen Konvergenz von Kulturen und Religionen und vervielfacht durch die Dynamiken des dialogischen Dialoges.

---

[24] Zum Konzept des dialogischen Dialoges, vgl. Raimundo Panikkar, Myth, Faith and Hermeneutics (New York: Paulist Press, 1979), S. 241–245; vgl. auch sein *The Intrareligious Dialogue* (New York: Paulist Press, 1978).

Dieses globale Bewußtsein, das durch das Zusammentreffen der Kulturen und Religionen vervielfacht wird, ist nur ein Charakteristikum der Zweiten Achsenzeit. Das Bewußtsein dieser Zeit ist auch in einem anderen Sinne global, und zwar in der Wiederentdeckung seiner Wurzeln in der Erde. Genau in dem Moment, da sich die verschiedenen Kulturen und Religionen treffen, um eine neue globale Gemeinschaft zu schaffen, ist das Leben auf unserem Planeten bedroht. Die Werkzeuge selbst, die wir benutzt haben, um diese Konvergenz hervorzubringen – Industrialisierung und Technologie – untergraben das biologische Versorgungssystem, das das Leben auf unserem Planeten erhält. Die Zukunft des Bewußtseins, sogar des gesamten Lebens auf dieser Erde, ist bedeckt von einer Wolke der Unsicherheit!

Cousins schlägt keinen romantischen Versuch vor, in der Vergangenheit zu leben, sondern das Voranschreiten der Evolution des Bewußtseins durch Rekapitulation. Während wir in der Ersten Achsenzeit ein selbst-reflektierendes, analytisches, kritisches Bewußtsein entwickelt haben, müssen wir uns jetzt sowohl diese Werte beibehalten als auch die kollektiven und kosmischen Dimensionen des prä-achsenzeitlichen Bewußtseins wieder aneignen und integrieren. Wir müssen die Einheit des Stammesbewußtseins wieder erlangen, indem wir die Menschheit als einen einzigen Stamm betrachten. Und wir müssen diesen einzigen Stamm in organischer Beziehung zum ganzen Kosmos sehen.

Das bedeutet, daß das Bewußtsein des einundzwanzigsten Jahrhunderts von zwei Perspektiven aus global sein wird:

(1) aus einer horizontalen Perspektive heraus; Kulturen und Religionen müssen sich auf der Oberfläche der Erde treffen und sich auf kreative Begegnungen einlassen, die ein vervielfachtes kollektives Bewußtsein produzieren werden;

(2) aus einer vertikalen Perspektive heraus; sie müssen ihre Wurzeln tief in die Erde senken, um für eine stabile und gesicherte Basis der zukünftigen Entwicklung zu sorgen. Dieses neue globale Bewußtsein muß organisch ökologisch sein, unterstützt von Strukturen, Gerechtigkeit und Frieden zu garantieren. Die Stimmen der Unterdrückten müssen gehört und auf sie muß geachtet werden: auf die Armen, Frauen, Rassen- und ethnischen Minderheiten. Diese Gruppen, zusammen mit der Erde selbst, können als Propheten und Lehrer der Zweiten Achsenzeit betrachtet werden. Dieses heraufziehende zweifache globale Bewußtsein ist nicht nur eine kreative Möglichkeit, um das dritte Jahrtausend zu verbessern, es ist eine absolute Bedingung für den Fortbestand der Menschheit.

6. Das Zeitalter des globalen Dialoges

Ewert Cousins bestätigte im Grunde, was Hans Küng als den neu heraufziehenden zeitgenössischen Paradigmenwechsel beschrieben hat, aber er sieht den gegenwärtigen Wechsel als viel tiefergehend, nicht als einen unter vielen Paradigmenwechseln in der Menschheitsgeschichte. Er betrachtet die jetzige Transformation als einen Wechsel in der Größenordnung der Ersten Achsenzeit, der das menschliche Bewußtsein in ähnlicher Weise umformen wird. Auch ich möchte grundsätzlich bestätigen, was Küng als den heraufziehenden gegenwärtigen großen Paradigmenwechsel betrachtet und möchte mit Cousins behaupten, daß dieser Wechsel so tiefgreifend ist, daß er in seiner Dimension mit der Transformation der Achsenzeit vergleichbar ist, sodaß er als Zweite Achsenzeit bezeichnet werden soll.

Darüber hinaus bin ich jedoch davon überzeugt, daß wir es hier nicht nur mit dem neuesten in einer Reihe von großen Paradigmenwechseln zu tun haben, wie Hans Küng es so sorgfältig und klar analysiert hat. Ich bin davon überzeugt, daß es sogar mehr ist als die massive Bewußtseinstransformation der Zweiten Achsenzeit, wie Ewert Cousins sie so gründlich demonstriert hat. Beide werden rechtbehalten, aber über sie hinaus taucht die Menschheit nunmehr aus einem Jahrtausende alten „Zeitalter des Monologes" auf und betritt ein neu aufgehendes „Zeitalter des Dialoges", *das radikal transformierende* Schlüsselelement des neu heraufziehenden Paradigmas. Allerdings begründet dieser Wechsel vom Monolog zum Dialog solch eine radikale Umkehr im menschlichen Bewußtsein, ist so äußerst neu in der Geschichte der Menschheit *vom Anfang an*, daß er wortwörtlich als „revolutionär" bezeichnet werden muß, das heißt, daß er alles absolut umkehrt.

Bis heute waren wir praktisch alle überzeugt davon, daß wir alleine die absolute Wahrheit hätten. Diese Überzeugung, daß wir die Wahrheit innehätten – andernfalls hätten wir unsere Position nicht aufrechterhalten – bedeutete, daß alle, die anders dachten, notwendigerweise falsch dachten. Aber mit dem wachsenden Verstehen, daß alle Wahrnehmung von und Aussagen über Wirklichkeit – selbst wenn sie wahr sind – notwendigerweise begrenzt (das Gegenteil von „ab-solut" ist wörtlich „un-begrenzt") waren, wurde die Erlaubnis zum Dialog und sogar die Notwendigkeit des Dialoges mit denen, die anders als wir dachten, zusehends offenkundig.

Folglich ist Dialog – welcher ein Gespräch mit denen ist, die anders denken, mit dem für mich *primären* Ziel, vom anderen zu lernen – *eine völlig neue Art des Denkens* in der Menschheitsgeschichte.

Im Kern dieser neuen dialogischen Art des Denkens ist die grundlegende Einsicht, daß ich nicht lerne, indem ich nur passiv offen und empfänglich bin, sondern indem ich im Dialog bin mit nicht-subjektiver Wirklichkeit. Ich „höre" oder empfange Realität nicht nur, sondern ich „spreche" auch zu ihr. Ich stelle ihr Fragen, ich lade sie ein, zu mir zu sprechen, meine Fragen zu beantworten. In diesem Prozeß gebe ich der Wirklichkeit die spezifischen Kategorien und die Sprache, in der sie mir antworten soll. Die „Antworten", die ich von der Realität bekomme, werden immer in der Sprache, in den Gedankenkategorien der Frage sein, die ich an sie gestellt habe. Sie kann nur in einer Sprache und in Kategorien, die ich verstehe, mit mir „sprechen", wirklich mit meinem Verstand kommunizieren.

Wenn das Sprechen, die Erwiderung, mir immer unverständlicher wird, wenn die Antworten, die ich erhalte, manchmal verwirrt und unbefriedigend sind, dann muß ich wahrscheinlich lernen, eine angemessenere Sprache zu sprechen, wenn ich Fragen an die Wirklichkeit richte. Wenn ich z. B. die Frage stelle: „Wie weit ist gelb?", werde ich natürlich eine un-sinnige Antwort erhalten. Oder wenn ich Fragen über lebende Dinge in mechanistischen Kategorien stelle, werde ich verwirrende und unbefriedigende Antworten erhalten. Daher werde ich verwirrende und unbefriedigende Antworten zu Fragen über die menschliche Sexualität erhalten, wenn ich Kategorien verwende, die nur physikalisch-biologisch sind. Denken Sie an die Absurdität der Antwort, daß Geburtenkontrolle durch das Naturrecht verboten ist: die Frage nimmt falscherweise an, daß die menschliche Natur bloß physikalisch-biologisch ist. Diese dialogische Sicht von Wahrheit, genau wie die fünf anderen oben ausgeführten Wenden in der modernen Epistemologie, ist *relational*, wie ihr Name selbst, *dia-logos*, indiziert.

Mit dem neuen und irreversiblen Verständnis der Bedeutung von Wahrheit, welches aus all den oben ausgeführten epistemologischen Vorstößen resultiert und die in der Einsicht einer dialogischen Vorstellung von Wahrheit gipfeln, hat der moderne kritische Denker eine radikale kopernikanische Wende durchlebt. Erinnern Sie sich daran, daß der Wende vom Geozentrismus zum Heliozentrismus in der Astronomie heftiger Widerstand geleistet worden war, diese Wissenschaft aber revolutioniert hat. Ebenso hat der Paradigmen- oder Modellwechsel im Verständnis von Wahrheitsaussagen alle Geisteswissenschaften revolutioniert, einschließlich der Theologie-Ideologie. Das Makro-Paradigma oder Makro-Modell, von dem aus kritische Denker heute agieren (oder der „Horizont", innerhalb welchem sie handeln, um Bernard Lonergans Begriff zu benutzen), ist, wie bemerkt, charakterisiert durch eine historische, soziale, linguistische, hermeneutische Praxis und von einem dialogischen – *relationalen* – Bewußtsein. Dieser Paradigmen- oder Modellwechsel ist unter Denkenden und Handelnden weit vorangeschritten; aber wie im Falle des Kopernikus und noch dramatischer wie im Falle Galileos, gibt es natürlich immer noch viele, die an Stellen großer institutioneller Macht dem Widerstand leisten.

Gleichzeitig kommen wir mit einer relativierenden Sicht von mit dem Gespenst des Relativismus in Konflikt, also dem gegensätzlichen Pol zum Absolutismus. Anders als Relationalität, einem neutralen Begriff, der nur die Qualität in Beziehung zu sein denotiert, ist Relativismus, wie so viele „ismen", grundsätzlich ein negativer Begriff. Wenn nicht mehr behauptet werden kann, daß eine Aussage über die Wahrheit absolut ist, völlig objektiv, weil die Behauptung nicht mit unserer Erfahrung der Wirklichkeit übereinstimmt, dann ist es genauso unmöglich zu behaupten, daß jede Aussage über die Wahrheit völlig relativ ist, völlig subjektiv, denn das stimmt ebenfalls nicht mit unserer Erfahrung der Realität überein, und es würde natürlich logischerweise zu einer atomisierenden Isolation führen, die jeglichen Diskurs, alle Aussagen beenden würde.

Unsere Wahrnehmung und damit unsere Beschreibung von Realität ist wie unsere Sicht eines Objektes in der Mitte eines Kreises von Beobachtern. Meine Sicht und Beschreibung des Objektes oder der Realität kann sehr wohl wahr sein, aber sie wird nicht beinhalten, was jemand auf der anderen Seite des Kreises wahrnimmt und beschreibt, was auch sehr wohl wahr sein mag. Somit folgt, daß keine unserer Wahrnehmungen und Beschreibungen der Realität total, vollständig – in diesem Sinne „absolut" – oder „objektiv" sein kann, im Sinne von in keiner Weise von einem „Subjekt" oder Zuschauer abhängig. Gleichzeitig ist es aber auch offensichtlich, daß es einen „objektiven", zweifelsohne „wahren" Aspekt einer jeden Wahrnehmung und Beschreibung gibt, selbst wenn jede relational zu dem Wahrnehmer-"Subjekt" ist.

Zur gleichen Zeit, da die immerwährende teilweise, perspektivische, relativierende Sicht aller Wahrheitsaussagen erkannt wird, darf die gemeinsame menschliche Basis für Wahrnehmungen/Beschreibungen der Realität und Werte nicht vergessen werden. Die Erfahrung bestimmter Dinge ist allen Menschen gemein. Wir alle erfahren unsere Körper, Schmerz, Genuß, Hunger, Sättigung. Unsere kognitiven Fähigkeiten nehmen solche Strukturen der Wirklichkeit wahr wie Variationen und Symmetrien in Ton, Farbe und

Form. Alle Menschen erfahren Zuneigung und Abneigung. Hier und in anderen Gemeinsamkeiten finden wir die Grundlagen zur Bildung einer universalen, fundamentalen Epistemologie, die Ästhetik eines Wertesystems. Obwohl es lebensnotwendig ist, sorgfältig zwischen den menschlichen Erfahrungen/Wahrnehmungen zu unterscheiden, die aus der Natur kommen und denen, die aus der Erziehung kommen, wird es manchmal schwierig sein zu erkennen, worin genau der Unterschied liegt. Tatsächlich werden alle unsere „natürlichen" Erfahrungen mehr oder weniger von unseren „anerzogenen" geformt, weil unsere ganze Erfahrung und unser ganzes Wissen durch die Lupe unserer „anerzogenen" Strukturen interpretiert werden.

Aber falls wir nicht mehr an einer absolutistischen Sicht der Wahrheit der Bedeutung von etwas festhalten können, dann müssen wir bestimmte Schritte unternehmen, um nicht logischerweise in das Schweigen des totalen Relativismus gezwungen zu werden. Abgesehen davon, danach zu streben, so akkurat und fair wie möglich zu sein in der Ansammlung und Bewertung von Information und ihrer Kritikwürdigkeit, müssen wir als erstes auch unsere eigenen Präsuppositionen ausbreiten, klar formulieren und analysieren – eine konstante, kontinuierliche Aufgabe. Und selbst in diesem Unterfangen operieren wir von einem bestimmten „Standpunkt" aus.

Daher ist es nötig, daß wir als zweites unsere laufend kritisierten Aussagen mit Aussagen von anderen „Standpunkten" ergänzen. Das heißt, es ist notwendig, daß wir uns mit denen in einem Dialog engagieren, die unterschiedliche kulturelle, philosophische, soziale, religiöse Ansichten haben, damit wir auf eine immer vollkommenere Wahrnehmung der Wahrheit der Bedeutung von etwas hinstreben. Wenn wir uns auf so einen Dialog nicht einlassen, dann werden wir nicht nur innerhalb der Perspektive unseres eigenen „Standpunktes" gefangen bleiben, sondern wir werden uns unseres Mangels bewußt werden. Wir werden nicht mehr länger in der Lage sein, mit Integrität absichtlich auf uns selbst gerichtet zu sein. Unsere Suche nach der Wahrheit der Bedeutung von etwas macht es für uns als menschliche Wesen notwendig, uns im Dialog zu engagieren. Heutzutage sich wissentlich dem Dialog zu verweigern, würde einen Akt fundamentaler menschlicher Verantwortungslosigkeit darstellen – in jüdisch-christlich-islamischen Begriffen eine Sünde.

7. Abschluß

Um zusammenzufassen und zu wiederholen: Am Ende des 20. Jahrhunderts erfährt die Menschheit einen Makro-Paradigmenwechsel (Hans Küng). Darüber hinaus bewegt sich die Menschheit zu diesem Zeitpunkt hinein in eine transformative Bewußtseinsveränderung in der Größenordnung der Achsenzeit (800-200 vor unserer Zeitrechnung), so daß wir von einer sich entfaltenden Zweiten Achsenzeit (Ewert Cousins) reden müssen. Aber noch tiefgreifender ist, daß jetzt an der Schwelle zum dritten Jahrtausend die Menschheit aus dem dunklen Zeitalter des Monologes hervortritt, in dem sie seit ihrem Anfang war, hinein in den Anbruch des Zeitalters des Dialoges (Leonard Swidler). In diesem neuen Zeitalter des Dialoges sind Küngs Makro-Paradigmenwechsel und Cousins Zweite Achsenzeit sublimiert (*aufgehoben*, in Hegels Begrifflichkeit), das heißt, erhalten und transzendiert. Darüber hinaus wird das menschliche Bewußtsein, wie Cousins bereits ausgeführt hat, zunehmend global. Folglich müssen unsere Dialogpartner auch zunehmend global sein. In diesem neuen Zeitalter des Dialoges ist Dialog auf globaler Basis nicht nur eine Möglichkeit, sondern eine Notwendigkeit. Wie ich im Titel eines neueren Buches bemerke – die Menschheit ist letztlich mit zwei Möglichkeiten konfrontiert: *Dialog oder Tod!*[25]

Übersetzt von Marga Kasper mit Ingrid Shafer

---

[25] Leonard Swidler et alii, Death or Dialogue (Philadelphia: Trinity Press International, 1990).

III

Gott – Ein Wort unserer Sprache?

16

Gott – Ein Wort unserer Sprache?

von Falk Wagner

Außerhalb der christlichen Konfessionskirchen sind in den letzten Jahrzehnten neu- und jugendreligiöse Bewegungen, Gruppen und Vereinigungen entstanden. Diese religiösen Neuaufbrüche spirituell-mystischer, okkult-esoterisch-theosophischer und meditativ-psychohygienischer Art fallen einerseits durch ihre synkretistische Unübersichtlichkeit auf. Andererseits bringen sie die wissenschaftlich so nicht erwartbare „Wiederkehr der Religion" zum Ausdruck. Neben diesen neureligiösen Bewegungen und Vereinigungen wächst zugleich die Präsenz traditionaler außerchristlicher Religionen in vielen euroamerikanischen Gesellschaften, so daß deren multikonfessioneller durch einen multireligiösen Charakter ergänzt wird. Die religiöse Gegenwartslage zeichnet sich also dadurch aus, daß die christlichen Konfessionskirchen zum ersten Mal seit der Spätantike wiederum mit der Anwesenheit pluraler Religionskulturen konfrontiert sind, mit denen sie im Hinblick auf die individuelle Wahl religiöser Einstellungen konkurrieren.

Die Tatsache, daß es positive Religionen und neu entstehende Religionskulturen auch „nach" der Aufklärung weiterhin gibt, erlaubt nicht den Schluß auf deren „aufklärungsresistente" Geltung. Angesichts der Destruktion des Realitätsanspruchs philosophischer Theologien und der nach wie vor triftigen Einwände der radikalen und historisch-genetischen Religionskritik behält die Einsicht ihr Recht, daß die faktisch-historisch „nach" der Aufklärung allerwärts bestehenden Religionskulturen kirchlicher und außerchristlicher Provenienz immer noch „vor" ihrer Aufklärung und Kritik stehen. Die Einsicht, daß Religion einer antimodernen Moderne Ausdruck verleiht, sollte gerade von den Kirchen betreuenden Theologen nicht verdrängt werden. Denn die außerhalb der Kirchen sich vollziehende „Wiederkehr der Religion" wird von einem dauerhaften Schwund der kirchlichen Mitglieder und von einer mehrheitlich distanzierten Kirchenmitgliedschaft begleitet; beide Tendenzen treffen überdies für berufsspezifisch und allgemein gebildete Individuen auf überproportionale Weise zu. Das Faktum, daß es auch in den modernen Gesellschaften des euroamerikanischen Kulturkreises und darüber hinaus sowieso weiterhin Religion gibt, kann weder den Wahrheitsgehalt der Religion noch die Geltung des Gottesbewußtseins garantieren. Wer das behauptete, könnte sich von den zahlreichen Individuen nicht begründet unterscheiden, die sich bei der Deutung ihres Selbst- und Weltumgangs an obskure Praktiken des *Aberglaubens* halten, die vom Kartenlegen über die Astrologie bis hin zu zahlreichen Synkretismen aus heterogenen Versatzstükken traditionaler Religionen und neureligiöser Bewegungen reichen. Der Anschluß an derartige Praktiken erscheint nämlich nur in der Binnenperspektive der christlichen Kirchen und ihrer dogmatisch verankerten Theologien als unseriös. In der Sicht der Benutzer dieser Praktiken und in der wissenschaftlichen oder lebensweltlichen Außenperspektive läßt sich jedoch die kirchlich-berufstheologische Differenzierung zwischen *Glaube* und *Aberglaube*, *wahrer* und *falscher* Religion so nicht aufrechterhalten. Geltung und Relevanz der Religion lassen sich also nicht aufgrund der nicht bestreitbaren Tatsache begründen, daß es Religion, welcher Tradition und Art auch immer, weiterhin gibt. Wenn man sich bloß mit der Feststellung dieses Tatbestandes begnügt, erweisen sich die Geltungsansprüche aller Religionen oder jeder religiösen Praxis als in gleicher Weise berechtigt oder nicht berechtigt. Angesichts dieser Lage ist die Konsequenz unumgänglich: Der auf das Gottesbewußtsein konzentrierte Geltungsanspruch der Religion bedarf der eigenständigen Prüfung.

Von Gott ist in der modernen Gesellschaft fast ausschließlich innerhalb der Religionskulturen christlich-kirchlicher und außerchristlicher Provenienz die Rede. Die Beschränkung der Rede von Gott auf religionsinterne Verwendungsweisen wird durch grundlegende Veränderungen der sich modernisierenden Gesellschaft erzwungen. Aufgrund ihrer funktionalen Differenzierung erscheinen die Sozialsysteme in der Binnenperspektive der Religion als säkularisiert. Die Veränderungen, die die funktional differenzierte und säkularisierte Gesellschaft der Moderne nach sich zieht, werde ich zunächst auf exemplarische Weise anhand der neuzeitlichen Revolutionen beschreiben (1.). Denn die philosophisch-naturwissenschaftliche, die politisch-rechtliche und die ökonomisch-industrielle Revolution verändert die Stellung der Religion in der modernen Gesellschaft auf tiefgreifende Weise. Nur in konstitutiver Berücksichtigung dieser Veränderungen kann nach der Deutung und Bedeutung der Rede von Gott für das individuelle religiöse Bewußtsein gefragt werden (2.). Mit Überlegungen zur möglichen Geltung des Gottesgedankens werde ich mich abschließend beschäftigen (3.).

1. Religion unter dem Veränderungsdruck der neuzeitlichen Revolutionen oder die Gottlosigkeit der Natur- und der Sozialwelt

1.1. Philosophisch-naturwissenschaftliche Revolution oder die Krise der Schöpfungs- und Gottesvorstellung

Die am Anfang der europäischen Neuzeit durchgesetzte Revolutionierung der Naturerkenntnis geht aus der kontrollierten Zusammenführung des mathematischen Gesetzeswissens und der durch handwerkliche Fertigkeiten unterstützten experimentellen Erfahrung hervor. Für die wissenschaftlich-physikalische Naturerklärung wird damit das kosmo- und schöpfungstheologisch verankerte Deutungsschema außer Kraft gesetzt. Mit der Etablierung der frühneuzeitlichen mechanischen Physik hat sich für die wissenschaftliche Naturerklärung ein funktional-relationales Grundschema durchgesetzt, so daß natürliche Ereignisse und Vorgänge nicht länger auf das Handeln höherer Mächte und Götter zurückzuführen sind. Die Natur und ihre Objekte werden vielmehr entsprechend ihrer regelgeleiteten Ereignisabläufe als ein Dasein unter Gesetzen verstanden, die aufgrund relationaler Verknüpfungen im Objektbereich formuliert werden. Damit verliert die Religion ihre jahrtausendelange Zuständigkeit, das kosmologische Wissen zu garantieren. Unter der Bedingung der wissenschaftlichen Naturerklärung erweist sich die Rückführung natürlicher Ereignisse und Abläufe auf transzendente Handlungsmächte als obsolet.

Die naturwissenschaftliche Erkenntnis formuliert und überprüft ihre Gesetzeshypothesen unabhängig von der überkommenen Autorität theologisch-philosophischer Traditionen. Die selbständigen Prozesse der äußeren Natur lassen sich so beschreiben, daß sie weder einer transitiven Erhaltung durch eine externe Macht noch einer teleologischen Ausrichtung auf ein transzendentes Ziel bedürfen, um ihren relational-funktionalen Zusammenhang zu garantieren. Die kosmischen, planetarischen, physio-chemischen und biologischen Systeme beruhen auf Mechanismen der Selbsterhaltung und Prinzipien der Selbstorganisation, so daß sie von keiner Erhaltung abhängig sind, die über den jeweils internen Zusammenhang von System und natürlicher Umwelt hinausginge. Theologien und Kirchen haben zwar bis ins 20. Jahrhundert hinein gekämpft, um ihre Deutung der Entstehung und Erhaltung des Kosmos und des Lebens nicht preisgeben zu müssen. Aber sie haben die Kampfstätte als eindeutige Verlierer verlassen, so daß die seit dem 17. und 18. Jahrhundert ausgebildeten naturwissenschaftlichen Einsichten inzwischen als bare Selbstverständlichkeit akzeptiert werden. Die theologisch-religiöse Rede von der Schöpfung und einer weltschaffenden Gottheit ist für die Bereiche der Wissenschaften und der von ihnen abhängigen Anwendungsbereiche der Technik und der Wirtschaft irrelevant und bedeutungslos. Selbstverständlich ist es jedem unbenommen, innerhalb seiner Privat- und Freizeitsphäre Schöpfungs- und Schöpfervorstellungen welcher Provenienz auch immer zu pflegen. Jedoch kann niemand damit rechnen, daß derartige Schöpfungsvorstellungen außerhalb der kirchlichen oder außerkirchlichen Religionskulturen auf irgendeine Sorte öffentlicher oder gar allgemein akzeptierter Resonanz stoßen. Die biblisch fundierte und dogmatisch-theologisch fortgeschriebene Schöpfungs- und Schöpferlehre ist somit in eine solche Krise geraten, daß von ihr nicht mehr als eine subjektiv-private Deutung übrigbleibt, die sich den Sprach- und Vorstellungsmitteln eines vormodernen Weltbildes verdankt und sich von fiktiven Phantasie- und Märchenwelten nicht unterscheiden läßt[1].

Die Revolutionierung des naturwissenschaftlichen Weltbildes hat überdies den Gottesgedanken in eine Grundlagenkrise gestürzt, die über die Infragestellung der Schöpfungstheologie weit hinausgeht. Denn im Zuge der von Kant ausgehenden Revolution der philosophischen Denkart scheidet der Gottesgedanke als möglicher Kandidat einer auf raumzeitliche Anschauungsdaten bezogenen Gegenstandserkenntnis endgültig aus. Die für jede menschliche Erkenntnis unhintergehbare Differenz von Verstandesbegriffen und Anschauungsdaten schließt die Möglichkeit aus, den Ausdruck *Gott* auf irgendeine Art gegenständlicher Erkenntnis zu beziehen. Damit wird die Gottesvorstellung aus allen Bereichen der philosophischen und wissenschaftlichen Gegenstands- und Wirklichkeitserkenntnis verbannt. Allen erkenntnisgeleiteten Wissenschaften, die auf den Erwerb empirisch gesättigten Wissens zielen, müssen daher nach den Regeln eines methodologischen *Atheismus* verfahren. Innerhalb des Rahmens einer philosophisch-metaphysischen bzw. spekulativen Theologie oder Theorie des Absoluten mag zwar an dem noumenalen Konstrukt des subjektiv gedachten Gottesgedankens festgehalten werden. Aber der so gedachte Gottesgedanke bleibt ein gedankliches Gebilde, über dessen transsubjektive Realitätsart sich nichts ausmachen läßt.[2]

---

[1] Vgl. Günter Dux, Die Logik der Weltbilder. Sinnstrukturen im Wandel der Geschichte, Frankfurt a. M. 1982; Falk Wagner, Zur gegenwärtigen Lage des Protestantismus, Gütersloh 1995, 89–113. Ders./Michael Murrmann-Kahl, Ende der Religion – Religion ohne Ende? Zur Theorie der „Geistesgeschichte" von Günter Dux, Wien 1996.
[2] Vgl. Falk Wagner, Religion und Gottesgedanke. Philosophisch-theologische Beiträ-

1.2. Politische Revolution oder der „Atheismus der sittlichen Welt"

Innerhalb des Bereiches der politisch-staatlichen Öffentlichkeit und des Rechts wird der onto- und ethikotheologische Synkretismus des alteuropäischen Naturrechts schrittweise durch Prinzipien des autonomen Vernunftrechts ersetzt[3]. Diese Prinzipien werden durch politische Revolutionen in den einzelnen Staaten des euroamerikanischen Kulturkreises im Laufe von mehr als zweihundert Jahren durchgesetzt. Die Verfassungen der modernen demokratischen Rechtsstaaten garantieren die Menschen- und Freiheitsrechte in der Form positivierter Grundrechte, durch die zugleich die Macht der staatlichen Organe legislativer, exekutiver und judikativer Art kontrolliert und begrenzt wird. Von dem die Grundrechte garantierenden und an rechtliche Verfahrensregeln gebundenen Staat wird erwartet, daß er seine Funktionen der Gesetzgebung, der Regierung, der Verwaltung und der Rechtskontrolle weltanschaulich und religiös neutral ausübt. Das Grundrecht der Religionsfreiheit ermöglicht allen Bürgern den freien Zugang zu der Religionsgemeinschaft, die ihnen und ihren Interessen und Bedürfnissen zusagt. Aber aufgrund der Autonomie des Rechts und der verfassungs- und grundrechtlichen Prinzipien und Verfahrensweisen ist es ausgeschlossen, die Rechtssatzungen und ihre Exekution von bestimmten religiösen Ideen direkt abhängig zu machen. Die Trennung von Recht und Religion und von Staat und Kirchen bedeutet vielmehr, daß politische Macht und staatliches Recht unabhängig von religiösen Erwartungen und Einstellungen gelten. Religion wird zu einer Angelegenheit der freien Wahl, für die sich die Individuen innerhalb der Privat- und Freizeitsphäre entscheiden oder nicht entscheiden können. Der demokratische Rechts- und Verfassungsstaat erscheint daher als ein zweckrationalen Erfordernissen und rechtlichen Regelungen Rechnung tragendes System des soziopolitischen Selbst- und Weltumgangs, das einzig und allein durch interagierende Handlungs- und Kommunikationsvollzüge menschlicher Subjekte konstituiert, gestaltet und erhalten wird. So wenig Staat und Recht religiöse Funktionen ausüben, so wenig zeichnen sie sich durch irgendwelche religiöse oder theologische Qualitätsmerkmale aus. Berufstheologen und religiöse Praktikanten können zwar im Rahmen theologischer Deutungen daran festhalten, in Staat und Recht so etwas wie eine göttliche Stiftungsordnung oder

---

ge zur Kritik und Begründung der Religion, Frankfurt a.M. 1996 (Beiträge zur rationalen Theologie, Band 7).

[3] Vgl. Falk Wagner, Naturrecht II. Neuzeitliche und evangelische Interpretationen seit der Reformation, in: Theologische Realenzyklopädie Bd. 24, 1994, 153–185.

ein dem Reich und der Herrschaft Gottes zuarbeitendes Ordnungsgefüge zu erblicken. Aber diese innerhalb des Religionssystems mögliche Sichtweise spielt für das öffentliche Selbstverständnis des selbständigen Staates und des autonomen Rechts keine konstitutive Rolle. Denn Staat und Recht sind prinzipiell enttheologisiert, so daß sie sich nicht auf ein *höheres*, die menschlich-praktischen Vernunftregelungen transzendierendes Subjekt zurückführen lassen. Staat und Recht prozedieren somit a-theistisch, so daß jeder Versuch, sie religiös oder theologisch legitimieren zu wollen, zur Delegitimierung ihrer autonomen verfassungsmäßigen Konstitution und Verfahrensweisen beitragen müßte.

Religionsgemeinschaften, Theologen und religiöse Praktikanten können sich zwar mittels moralisch-ethischer Kommunikationen weiterhin an ethisch-politischen Auseinandersetzungen beteiligen, die oftmals der Vorbereitung rechtlicher Regelungen dienen. Aber von Religionsgemeinschaften und Kirchen vertretene moralisch-ethische Grundsätze überzeugen nicht aufgrund ihrer theonomen Abstützung, sondern nur aufgrund ihrer praktisch-vernünftigen und argumentativen Überzeugungskraft. Religion, Kirchen und Theologien verfügen über keine Sonderrechte, um ihren ethisch-moralischen Prinzipien einen von Argumentation und Überzeugung unabhängigen Nachdruck verleihen zu können. Im Gegenteil: die Kirchen sehen sich wegen ihrer verspäteten Akzeptanz der Menschenrechte und des demokratischen Rechtsstaates dem dauerhaften Verdacht ausgesetzt, der Gesellschaft und der Bevölkerung bei passender Gelegenheit eine religiöse Sonder- und Minderheitsmoral aufzwingen zu wollen.

1.3. Industrielle Revolution oder Die Religions- und Moralferne der Wirtschaft

Die mit der industriellen Revolution entstandene kapitalistisch organisierte Marktwirtschaft zeichnet sich durch ihre besondere Entfernung von religiösen Einstellungen und moralischen Prinzipien aus. Der für den Markt und folglich um der dauerhaften Produktions- und Konsumsteigerung willen produzierenden Wirtschaft liegt das egoistische Interesse des homo oeconomicus zugrunde, durch den Einsatz minimaler Mittel zu einem möglichst maximalen Nutzen zu gelangen. Dieser Nutzen dient am Ende aller Zwischenziele, die die Steigerung des Angebots und der Nachfrage ebenso betreffen wie die Erhöhung der Arbeitsproduktivität, dem Hauptzweck, das eingesetzte Kapital-Quantum dauerhaft zu vermehren. Diese nach dem Kosten-Nutzen-Kalkül berechenbare Zwecksetzung schließt nicht nur die Berücksichtigung religiöser und/oder moralischer Prinzipien grundsätzlich aus. Durch die Verfolgung der wirtschaftlichen Ziele und des ökonomischen Endzwecks werden überkommene moralisch-religiöse Leitdifferenzen geradewegs in ihr Gegenteil verkehrt: Aus Lastern werden Tugenden und aus Tugenden Laster. Das egoistische Selbstinteresse, das der Religion als *sündhaft*, der Moral als *verwerflich* gilt, wird zum Motor prinzipiell nicht begrenzbarer Expansionsbestrebungen, so daß alle Arten der Produktivitäts- und Konsumsteigerung immer wieder der ersten und letzten Maxime wirtschaftlichen Handelns dienen: Wenn du dein egoistisches Selbstinteresse durch den Erfolg deines wirtschaftlichen Handelns befriedigen willst, so handle so, daß du aus wenig mehr Kapital und aus mehr noch mehr Kapital machst.

Die Produktivitäts- und Mehrwertsteigerungsmaxime der Wirtschaft ist nicht nur mit moralisch-religiösen Einstellungen und Verhaltensweisen unverträglich. Sie trägt zusätzlich dazu bei, daß die eigenständige Qualität religiöser und/oder moralischer Gehalte zunehmend verblaßt. Denn die funktional differenzierte Gesellschaft wird durch Tendenzen der Entdifferenzierung überlagert, die aus dem faktischen Funktionsprimat der Wirtschaft resultieren. Unter dieser Bedingung werden auch kulturelle Güter und moralisch-religiöse Gehalte zunehmend auf die Charakterlosigkeit ihrer Tauschwertbestimmtheit reduziert.[4] Sogenannte Werte moralisch-religiöser Art können dann auf beliebige Weise mit anderen Werten kombiniert werden. Denn ihr sogenannter Wert bemißt sich nicht an Merkmalen der inhaltlichen Bestimmtheit und der qualitativen Eigenart, sondern vorrangig an den Erfordernissen ihrer quantitativen Verwertbarkeit. Moralisch-religiöse Wertgehalte stehen daher ebenso ihrer modisch wechselnden Konsumierbarkeit offen wie die Waren der Güter- und Kulturindustrie. Überdies tragen die wiederum an der Erhöhung der Einschaltquoten und der Auflagenziffern orientierten elektronischen und gedruckten Medien zusätzlich zur Entqualifizierung und Entdifferenzierung geistig-kultureller und moralisch-religiöser Gehalte bei. Für die alle sozialen Bereiche durchdringende Wirtschaft sind nur solche Informationen und Gehalte von Interesse, die sich möglichst direkt und schnell verwerten und vermarkten lassen. Zu Werten umgeformte moralisch-religiöse Gehalte teilen mit jedem anderen Wert den Gesichtspunkt ihrer allgemeinen Austausch- und Verwertbarkeit, so daß sich die Frage nach ihrer spezifisch qualitativen Eigenart immer weniger stellt.

---

[4] Vgl. Falk Wagner, Geld oder Gott? Zur Geldbestimmtheit der kulturellen und religiösen Lebenswelt, Stuttgart 1985.

2. Individualisierung der Religion und des religiösen Gottesbewußtseins

Unter den Bedingungen der sich modernisierenden Gesellschaft geht die Religion ihres Anspruches verlustig, für die Erklärung der Naturwelt und die politisch-rechtliche und wirtschaftliche Konstitution der Sozialwelt direkt verantwortlich zu sein. Durch ihren Weltverlust wird die Religion jedoch in die Lage versetzt, sich auf das sie auszeichnende Thema zu konzentrieren, das für die Karriere des modernen Religionsbegriffs bestimmend geworden ist: Religion ist eine Angelegenheit individueller Selbstthematisierung.[5] Erscheint die Religion der Moderne als eigens den Individuen zukommende Angelegenheit, so kann die Explikation des modernen Religionsbegriffs auch nur an die Eigenverfaßtheit der Individuen anschließen. Die moderne Individualität hat sich zusammen mit den modernen Sozialverhältnissen gebildet. Aber die Stellung der Individuen erweist sich innerhalb der ökonomisch gesteuerten Sozialverhältnisse als gefährdet, weil die zweckrationalen Funktionen der Produktions-, Produktivitäts- und Konsumsteigerungsveranstaltungen eine selbständig-sinnvolle Lebensführung der Individuen erschweren oder gar verunmöglichen. Selbstverständlich sind die Individuen im Interesse ihrer Reproduktion und Lebensmittelbeschaffung darauf angewiesen, die Fähigkeiten ihrer beruflichen Arbeitskraft den sozialen Funktionssystemen anzubieten. Aber der Einsatz ihrer Arbeitskraft richtet sich wiederum nach den zweckrationalen Funktionserfordernissen der eigendynamisch und selbstreferentiell organisierten Sozialsysteme. Obwohl die moderne Individualität zusammen mit der modernen Gesellschaft ausgebildet worden ist, besteht doch innerhalb der sozialen Funktionssysteme keine Möglichkeit, die selbständigen Bedürfnisse der Individuen eigens zu kultivieren. Der modernen Gesellschaft scheint also ein sozialer Ort zu fehlen, an dem die Belange der Individuen, also nicht nur ihre Merkmale als Rollenträger oder Funktionselemente, thematisiert und reflektiert werden können. Genau an dieser Stelle empfiehlt sich jedoch die auf die Individualität spezialisierte Religion der Moderne als *ein* sozialer Ort, an dem die die Individuen lebenspraktisch bestimmende Differenz zwischen ihrer Personalität und ihrer Sozialität zum ausdrücklichen Thema werden kann. Die Religion der Moderne bietet sich somit als ein sozialer Ort an, an dem

---

[5] Vgl. Falk Wagner, Was ist Religion? Studien zu ihrem Begriff und Thema in Geschichte und Gegenwart, Gütersloh [2]1991.

die besagte Differenz zwischen Personalität und Sozialität in der Perspektive der Individuen reflektiert wird.

Die Individualität des religiösen Bewußtseins wird im christlichen Kontext als Gottesbewußtsein ausgelegt, um auf diese Weise den weltenthobenen Grund des welthaften, aber freien Daseins des Menschen zum Ausdruck zu bringen. Die Individualität des religiösen Bewußtseins stellt den sozialen Ort dar, an dem der zum Gottesbewußtsein umgeformte Gottesbegriff unter modernen Bedingungen bedeutsam und relevant werden kann. Denn angesichts der von *Kant* vollendeten Kritik der gegenständlichen Erkennbarkeit Gottes muß die gelebte Religion der Individuen ohne die Unterstützung durch eine philosophisch-rationale Theologie auskommen. Wie die in den 1790-er Jahren entstandene neue Disziplin der Religionsphilosophie aus der Setzung der destruierten philosophisch-metaphysischen Theologie hervorgeht, so gilt von der Religion überhaupt, daß ihre auf das religiöse Bewußtsein festgelegte Darstellungsweise durch einen Subjektwechsel zum Ausdruck kommt: Der Ausgang von der als transzendent behaupteten „Realität" der Gottesidee wird durch die Bewußtseinsimmanenz des religiösen Subjekts ersetzt. In seiner Bewußtseinsimmanenz weiß sich dieses zwar auf den ihm transzendent erscheinenden göttlichen Grund bezogen. Aber dieser göttliche Grund erscheint für das religiöse Bewußtsein nur so, wie er von diesem fühlend, glaubend, vorstellend oder wollend – also intramental – vergegenwärtigt wird. Die erkenntniskritische Auflösung der philosophischen Theologie zieht daher die Entsupranaturalisierung und Entsubstantialisierung der Gottesvorstellung nach sich. Innerhalb der Bewußtseinsimmanenz des religiösen Subjektvollzugs kann über die übernatürliche Realitätsart des Gottesgedankens keine Auskunft erteilt werden. Denn das religiöse Bewußtsein, das die intramentale Beziehung zu seinem transzendenten Grund einschließt, kann diesen nur in der Form eines sprachlichen Ausdrucks vergegenwärtigen. Die sprachliche Bezeichnung bringt ihrerseits ein intramentales Erleben zum Ausdruck, den das religiöse Bewußtsein von dem gemeinten Grund zu haben wähnt. Die Frage jedoch, ob und inwieweit der den göttlichen Grund repräsentierende Sprachausdruck irgendeine Realitätsart bezeichnet, die die intramentale Bewußtseinsimmanenz transzendiert, läßt sich nicht beantworten. Für das Gottesbewußtsein kann also das mit dem Ausdruck ‚Gott' Gemeinte, nämlich der mit einem bewußtseinsimmanenten Datum verbundene Privateindruck, allein in der Form eines Wortes der Sprache erscheinen, das sich nur wiederum durch weitere Worte explizieren läßt. Die als Gottesbewußtsein ausgelegte Religion bewegt sich innerhalb der

Grenzen der sprachlich kommunizierten Bewußtseinsimmanenz. Aber zwischen der nur individuell und privat zurechenbaren Bewußtseinsimmanenz und der Sprachimmanenz klafft ein unüberbrückbarer Hiatus.

Das religiöse Gottesbewußtsein entzieht dem sprachlichen Ausdruck ‚Gott' nicht nur jede Art übernatürlicher Realitätsbeziehung; es muß ebenso von der Substantialität des Gottesgedankens Abstand nehmen. Denn mittels des sprachlichen Ausdrucks ‚Gott' bezieht sich das Gottesbewußtsein auf einen bewußtseinsimmanenten Privateindruck, der sich nur um den Preis seiner Hypostasierung auf eine selbständige Realität zurückführen ließe. Durch das Wort ‚Gott' verleiht also das Gottesbewußtsein einem nur ihm – intramental und privat – zurechenbaren Eindruck Ausdruck. Als bewußtseinsimmanentes Verhältnis bezieht das Gottesbewußtsein den semantischen Gehalt des Ausdrucks ‚Gott' auf den nur ihm gegebenen Mentaleindruck, ohne daß dieser eine Beziehung auf eine extramentale selbständige Realität implizierte. Wenn der Ausdruck ‚Gott' logisch-syntaktisch als singulärer Terminus (Individuenkonstante/Eigenname) zu verwenden ist, so ist die semantische Frage nach seiner Referenz und Bedeutung zu stellen. In der Regel bezeichnet ein singulärer Terminus (deiktische Ausdrücke/Kennzeichnung/Namen) einen *konkreten*, d. h. raumzeitlichen identifizierbaren Gegenstand. Das ist für den Ausdruck ‚Gott' nicht möglich – Gott hat niemand gesehen (Joh. 1,18). Also kann Gott kein Gegenstand der Erkenntnis sein, wenn und weil Erkenntnis an die Differenz oder Zweistämmigkeit von Verstandesdenken und sinnlicher Anschauung gebunden ist. Begriffe ohne Anschauung sind leer. Bezeichnet der Ausdruck ‚Gott' keinen *konkreten* Gegenstand, so muß er offensichtlich einen abstrakten Gegenstand meinen – einen nichtsinnlichen Gehalt, den wir als Gedanken bezeichnen können. Abstrakte Gegenstände oder Gedanken lassen sich nur im Rekurs auf sprachliche Ausdrücke identifizieren. So geschieht es auch bei religiösen Praktikanten: Sie verwenden den Ausdruck ‚Gott' so, daß sie den mit ihm gemeinten abstrakten Gegenstand (nichtsinnlichen Gehalt/Gedanken) durch den Rekurs auf andere sprachliche Ausdrücke erläutern und bestimmen.

Die Bedeutung des Wortes ‚Gott' wird also in der Regel durch die Bedeutung anderer sprachlicher Ausdrücke bildhafter, metaphorischer, symbolischer oder vorstellungshafter Art beschrieben. Wenn wir unterstellen, daß auf der Ebene der alltagspraktisch gelebten Religion der Individuen zunächst keine philosophische oder theologische Instanz zur Normierung der dem Wort ‚Gott' eignenden semantischen Bedeutung aktiviert wird, so muß die sprachliche Vielfältigkeit und Vieldeutigkeit des verwendeten Ausdrucks ‚Gott' akzeptiert werden. Denn jeder z. B. metaphorische Ausdruck, der zur näheren Beschreibung des Wortes ‚Gott' dient, schließt einen Umhof von Mißverständnissen ein, die allenfalls sukzessiv, jedoch niemals endgültig und vollständig ausgeschlossen werden können. Innerhalb der jüdisch-christlichen Sprachtradition wird beispielsweise die Metapher ‚Herr' an prominenter Stelle verwendet, um die Bedeutung des Wortes ‚Gott' zu beschreiben. Die Zahl der schrittweise auszuräumenden Mißverständnisse, die mit der Verwendung dieser Metapher einhergehen, ist Legion. Das Wort ‚Herr' entstammt räumlich und zeitlich verankerten Sozialverhältnissen, die auf entweder segmentären oder stratifizierten Differenzierungen beruhen. Daher ist zunächst das Mißverständnis zu vermeiden, daß die als Herr bezeichnete Bedeutung des Wortes ‚Gott' auf eine raumzeitlich beschränkte Herrschaft begrenzt wird. Die Ausdrucksweise ‚Gott als Herr' muß folglich von einer raumzeitlich begrenzten Herrschaftsweise unterschieden werden. Das kann dadurch geschehen, daß Gottes Herrschaft als zeitlich und räumlich unbegrenzt, also als allgegenwärtig, ewig und ubiquitär ausgesagt wird. Darüber hinaus sind Mißverständnisse zu umgehen, die sich aus der Art und Weise des sozialen Charakters der Herrschaft von Herren ergeben können. Die Bedeutung des Ausdrucks ‚Gott als Herr' muß insbesondere von den Willkürakten tyrannischer oder despotischer Herren unterschieden werden. Dieser Unterscheidung kann nur dadurch Nachdruck verliehen werden, daß Gott als gerechter und/ oder gütiger Herr erscheint. Aber auch diese Unterscheidung ist wiederum Mißverständnissen ausgesetzt, so daß die Prädikate ‚gerecht' bzw. ‚gütig' der weiteren Differenzierung bedürfen. Überdies ist die Rede von Gott als Herrn zusätzlichen Mißverständnissen ausgesetzt, die sich aus den veränderten Sozialverhältnissen moderner Gesellschaften ergeben. Schließlich werden Frauen einwenden, die Bezeichnung ‚Gott als Herr' verschreibe sich einer einseitig maskulinen Perspektive. Sollte Gott dann auch als Herrin bezeichnet werden? Spätestens an dieser Stelle wird deutlich, daß die Versuche, bestimmte Mißverständnisse bei der Verwendung des Ausdrucks ‚Gott als Herr' zu vermeiden, nicht nur eine Vielzahl weiterer sprachlicher Unterscheidungen nach sich ziehen. Diese Versuche tragen einerseits dazu bei, die Vieldeutigkeit der metaphorischen Redeweise ‚Gott als Herr' sukzessive zu vermehren. Andererseits stehen sie aber auch in der Gefahr, angesichts des Auftretens bestimmter Unterscheidungen zu kollabieren. Das ist dann der Fall, wenn sich die weibliche Hälfte der Menschheit durch den einseitig männlichen Charakter, der der Bedeutung des Ausdrucks

‚Gott als Herr' von Hause aus innewohnt, nicht zureichend oder überhaupt nicht repräsentiert sieht. Angesichts dieser Schwierigkeit müßte der nur noch abstrakt aussagbaren göttlichen Herrschaft entweder ein androgyner oder ein geschlechts-neutraler Charakter zugeschrieben werden. Dann entstünde jedoch die weitere Schwierigkeit, daß sich die Bedeutung der Rede von Gott als Herrn ihrer genauen Bestimmbarkeit entzöge.

Innerhalb der Zusammenhänge der gelebten Religion der Individuen wird das beschriebene Verfahren zur Näherbestimmung einer religiösen Ausdrucksweise in der Regel nicht befolgt. Gelebte Religion und das ihr verbundene religiöse Bewußtsein begnügen sich mit einer Auswahl jeweils bestimmter Ausdrucksweisen, die situationsbezogen verwendet werden. Die Verwendung dieser Ausdrucksweisen ist dann von dem jeweiligen örtlichen, zeitlichen und sozialen Kontext abhängig. Aufgrund ihrer Kontextabhängigkeit sind religiöse Ausdrucksweisen also nur ad hoc und situativ genauer bestimmbar. Aber durch diese kontextuelle und situative Einbettung religiöser Ausdrucksweisen wird das Problem der Vielfalt und der Vieldeutigkeit religiös motivierter Redeweisen nur verschoben. Jeder Wechsel des situativen Kontextes kann auch eine veränderte Auswahl der verwendeten Sprachausdrücke nach sich ziehen. Die Vielfalt der situativen Kontexte und die Vieldeutigkeit der sprachlichen Ausdrucksweisen bedingen sich dann gegenseitig.

Auf der Ebene der in der gelebten Religion üblichen bildhaften, metaphorischen, symbolischen oder vorstellungshaften Ausdrucksweisen bleibt die Bedeutung jedes verwendeten Sprachausdrucks vieldeutig. Diese vieldeutige Grenzenlosigkeit stellt sozusagen den reizvollen und unerschöpflichen Reichtum religiöser Sprachbildung dar. Diese grenzenlose Vieldeutigkeit erscheint jedoch als durchaus ambivalent: Denn die Vieldeutigkeit eines Sprachausdrucks wie beispielsweise der Redeweise von Gott als Herrn ist ein Indiz dafür, daß jeder Versuch, die Bestimmtheit einer Wortbedeutung vorläufig festzulegen, von einer erneut auftretenden Unbestimmtheit begleitet wird. Wird die Vieldeutigkeit religiöser Sprachbildungen bloß als deren grenzenloser Reichtum interpretiert, so wird also die andere Seite dieser Vieldeutigkeit verdeckt: Die Vieldeutigkeit ist Ausdruck des nicht beendbaren Wechsels von Bestimmtheit und Unbestimmtheit religiöser Sprachbildungen. Auf diese Weise läuft die Vieldeutigkeit auf einen *regressus in infinitum* hinaus, dem der endlose Wechsel von Bestimmtheit und Unbestimmtheit ausgesetzt ist. Auch die Vieldeutigkeit religiöser Ausdrucksweisen wird also von ihrer Ambivalenz eingeholt. Einerseits bestätigt der vieldeutige Reichtum religiöser Sprachbildungen die Bedeutung der Sentenz:

„Kleider machen Leute". Andererseits könnte es der religiösen Vieldeutigkeit aber wie dem König in dem Märchen „Des Königs neue Kleider" ergehen: Die einem regressus in infinitum ausgelieferte Vieldeutigkeit muß unbeschadet aller Bestimmtheitsversuche Unbestimmtheit in Kauf nehmen, die in vielen Fällen an Unbestimmbarkeit grenzt.

Wenn das religiöse Bewußtsein von Gott in Metaphern spricht, so will es dem Ausdruck ‚Gott' zugleich eine bestimmte Bedeutung zuschreiben. So bezieht sich das religiöse Bewußtsein mit seiner Rede von Gott als Herrn auf die Instanz, die gedanklich-abstrakt als Grund des individuellen und/oder welthaften Daseins bestimmt werden kann: „Ich weiß, woran ich glaube, ich weiß, was fest besteht." Im sprachlichen Wissen („Ich weiß, woran ich glaube") des religiösen Praktikanten wird das sinnlich-raumzeitliche Bedingtsein der Rede *Gott als Herr* intentional und intensional überschritten: Die Rede *Gott als Herr*, durch die die Bedeutung des Ausdrucks ‚Gott' ausgelegt wird, interpretiert den nichtsinnlichen Gehalt des Ausdrucks ‚Gott' mittels des Gedankens des Grundes, von dem sich das religiöse Bewußtsein abhängig weiß. An dieser Stelle bleiben jedoch Schwierigkeiten: Der gemeinte Grund – wie er mittels der Rede *Gott als Herr* beansprucht wird – erscheint logisch-kategorial im Ausgang vom religiösen Bewußtseins – dem Begründeten. Wie der traditionelle kosmologische Gottesbeweis seinen Ausgang bei gegebenen welthaften Entitäten nimmt, um diese auf die als göttlich qualifizierte erste Ursache zurückzuführen, so steht auch die vom religiösen Bewußtsein beanspruchte Rede vom göttlichen Grund unter der Bedingung des Ausgangs beim Begründeten. Die regressiv eingeführte Rede vom Grund kommt somit logisch und semantisch von der Logizität des Begründeten nicht los. Der Grund der Abhängigkeit, auf den das religiöse Bewußtsein zielt, verkehrt sich in die Abhängigkeit des Grundes vom Begründeten. Der in der Rede von *Gott als Herrn* implizierte Rekurs auf den gemeinten göttlichen Grund vermag den logisch-semantischen Gehalt nicht einzuholen, der mit der Rede vom Grund intendiert wird; der intendierte Grund bleibt der Form eines bloßen Anspruchs verhaftet, die sich von einer puren Versicherung nicht unterscheiden läßt.

Sollte dem religiösen Bewußtsein, wenn es sich als Gottesbewußtsein versteht, irgendeine Art von Erfahrung eignen, so steht für diese Erfahrung nur die Berufung auf ein intramentales Empfindungsdatum zur Verfügung. Denn der Versuch, diese individuelle Bewußtseinsimmanenz dadurch zu überschreiten, daß die den intramentalen Bewußtseinseindruck ausdrückende Rede von *Gott als Herrn* die Konsistenz des Gedankens des Grundes verbürge, scheitert. Der mittels der vorstellungshaften Rede von *Gott als Herrn* beanspruchte göttliche Grund hat den Charakter einer leeren Behauptung. Das muß noch nicht das generelle und definitive Scheitern der Rede von Gott bedeuten. Aber der mit dieser Rede intendierte semantische Gehalt, der auf so etwas wie den Gedanken des göttlichen Grundes abhebt, läßt sich auf dem Boden des religiösen Gottesbewußtseins nicht plausibilisieren. Um den Gedanken des göttlichen Grundes als konsistent zu erweisen, müßte die positive Faktizität des Gottesbewußtseins zugunsten einer ausdrücklichen gedanklichen Argumentation verlassen werden.

3. Negative Theologie als Revolutionierung des Gottesgedankens

Die einzige Denkmöglichkeit, die Aporie des religiösen Gottesbewußtseins zu überschreiten, besteht in der Umkehr der Blickrichtung. Dieser Blickwechsel ersetzt den Ausgang beim religiösen Bewußtsein durch eine Theorie des Absoluten, um auf diese Weise die Rede von Gott als Grund zu plausibilisieren.

Obwohl das religiöse Gottesbewußtsein den göttlichen Grund, zu dem es sich auf bewußtseins- und sprachimmanentem Wege zu erheben versucht, nicht erreicht, kann doch auch der als rein noumenales Konstrukt konzipierte Gottesgedanke nicht unter völliger Abstraktion vom Gottesbewußtsein eingeführt werden. Denn das Gottesbewußtsein erinnert an die Tatsache, von der eine spekulativ-gedankliche Theorie des Absoluten vorschnell absehen könnte: Die in welcher Form auch immer eingeführte Rede von Gott wird einzig und allein von Menschen für Menschen ausgebildet und vollzogen. In jeder Rede von Gott muß daher die Beziehung des Menschen zu Gott immer mit zum Ausdruck gebracht werden. Aber die begriffliche Explikation des Gottesgedankens hat zugleich den Fehler des religiösen Gottesbewußtseins zu vermeiden: Sie muß die Beziehung des Menschen zu Gott so denken, daß Gott nicht bloß als ein vom menschlichen Bewußtsein abhängiges Relat erscheint. Die Beziehung des Menschen zu Gott muß also aus der Eigenverfaßtheit des Gottesgedankens verständlich gemacht werden. Der Gottesgedanke ist daher von vornherein als ein absolutes Verhältnis oder als Selbstverhältnis des Absoluten zu konzipieren. Der den Ausdruck ‚Gott' explizierende Gottesgedanke verweist somit nicht auf ein weltenthobenes und jenseitig-transzendentes Subjekt, das der Immanenz des Menschen und seiner Welt gegenübersteht. Durch ein derartiges Modell des Gottesgedankens würde der das religiöse Gottesbewußtsein kennzeichnende Fehler reproduziert: Das zum Jenseits der Welt und des Menschen erklärte göttliche Subjekt würde durch die diesseitige Welt des Menschen begrenzt.

Der Gottesgedanke muß also seiner bloßen Form nach zwei Kriterien zugleich genügen: Der absolute Charakter seiner gedanklichen Selbständigkeit muß darin bestehen, daß der Gottesgedanke vom Gegensatz des Jenseitigen und des Diesseitigen, der Transzendenz und der Immanenz abgelöst ist. Aber die Ablösung von diesem Gegensatz darf auch nicht so gedacht werden, daß der Gottesgedanke gar nicht mehr auf den Gegensatz des Jenseitigen und des Diesseitigen beziehbar ist. Denn dann wäre die absolute Einheit Gottes durch den Gegensatz von Gott und Welt bedingt. Der Gottesgedanke ist sonach als das absolute Verhältnis zu denken, das vom Gegensatz Gottes und der Welt so abgelöst ist, daß es diesen Gegensatz zugleich als den Zusammenhang eines Verhältnisses ablöst. Damit besteht die formale Verfaßtheit des Gottesgedankens darin, Gott bzw. das Absolute als Verhältniseinheit der Differenz von Gott und Welt zu denken. Der Gottesgedanke hat das ihn auszeichnende absolute Verhältnis von Gott und Welt zum Ausdruck zu bringen.

Diese zunächst rein formale Fassung des Gottesgedankens läßt sich mittels semantisch-kategorialer Bestimmungen genauer beschreiben. Es entspricht sowohl den dogmatisch-theologischen Traditionen als auch dem Verständnis philosophischer Theologien, wenn das den Gottesgedanken auszeichnende Verhältnis als das Verhältnis von Selbständigkeit und Abhängigkeit, von Selbstbestimmung und Bestimmtwerden, von Aktivität und Passivität, von Ursache und Wirkung oder – vorstellungshaft formuliert – als Verhältnis von Macht und Ohnmacht, von Herrschaft und Knechtschaft, von Freiheit und Gehorsam expliziert wird. Die den Gottesgedanken auszeichnende Struktur des absoluten Verhältnisses von aktiver Selbständigkeit und passiver Abhängigkeit, von Selbstbestimmung und Bestimmtwerden läßt sich zunächst nur im Sinne einer Nominaldefinition benennen.

Das bloß nominal definierte absolute Verhältnis ist nicht dadurch explizierbar, daß es aus der Sicht eines ihm externen Standpunkts ausgelegt wird. Denn die Eigenart des nominal definierten Begriffs des absoluten Verhältnisses besteht gerade darin, aufgrund der Einheit der Differenz von Gott und Welt/Mensch zugleich auf die Einheit von Internem und Externem abzuheben. Dieser Charakter des absoluten Verhältnisses würde jedoch dann dementiert, wenn ein externer Standpunkt dazu dienen sollte, die Einheit der Differenz von Internem und Externem begreiflich zu machen. Folglich besteht nur die eine dem absoluten Verhältnis entsprechende Möglichkeit, seine Auslegung an die Form seiner Selbstauslegung zu binden. Aber das ist leichter gesagt als getan. Denn seine Selbstauslegung als solche könnte allein das Absolute selber vollziehen. Über diesen Selbstvollzug verfügt jedoch nicht einmal eine noch so hochkarätige Theorie des Absoluten. Eine Theorie des Absoluten kann sich nämlich nur an den *Gedanken* der Selbstauslegung des Absoluten halten. Das gilt überdies für alle dogmatisch-theologischen Versuche, die behaupten, von der Selbstoffenbarung oder Selbstmitteilung Gottes ausgehen zu können. Auch diesem Versuchen steht nur der sprachlich vermittelte Gedanke der göttlichen Selbstoffenbarung zur Verfügung.

Die gedanklich reflektierte Auslegung des absolut-göttlichen Selbstverhältnisses kann den semantisch-kategorialen Gehalt des Gottesgedankens nur in der Weise seines Scheiterns und Verlustes realisieren. Wird das absolute Selbstverhältnis der dominanten theologisch-philosophischen Tradition entsprechend als Verhältnis der göttlichen Selbst- und Allmacht gedacht, so kann der Gedanke der göttlichen Selbstmacht als solcher nicht dadurch erwiesen und manifestiert werden, daß die göttliche Selbstmacht das von ihr abhängige welthaft-menschliche Anderssein vernichtete. Die Auslegung des Gedankens der göttlichen Selbst- und Allmacht ist um deren Manifestation willen unhintergehbar auf das welthaftmenschliche Anderssein *angewiesen*. Andernfalls bliebe es nur bei der tautologischen Versicherung: Die göttliche Selbst- und Allmacht erwiese sich als blanke Vokabel.

Die Einsicht, daß die göttliche Selbst- und Allmacht um ihrer Manifestation willen – um des Erweises ihrer Selbst- und Allmacht willen – auf das welthaft-menschliche Anderssein unabdingbar angewiesen sei, vereitelt überdies die Möglichkeit, das Verhältnis von göttlicher Selbstmacht und welthaft-menschlichem Anderssein gemäß dem stereotyp geltend gemachten positiv-theologischen Uraxiom als ein asymmetrisches Verhältnis zu fassen. Ist die göttliche Selbst- und Allmacht um ihrer eigenen Manifestation willen auf das welthaft-menschliche Anderssein angewiesen, so läßt sich das Verhältnis von göttlichem Selbstsein und welthaft-menschlichem Anderssein nur als ein symmetrisches Verhältnis egalitär-gleichberechtigter Relate fassen. Gottes Selbstsein und welthaft-menschliches Anderssein bedingen sich wechselseitig, so daß sie auf gleich-gültige Weise aktiv und passiv, bedingend und bedingt zugleich sind.

Die symmetrisch-egalitäre Verhältnisbestimmung des göttlichen Selbstseins und des welthaft-menschlichen Andersseins führt zu der weiteren Einsicht, daß die Manifestation des Gedankens einer ursprünglich-selbständigen Selbst- und Allmacht zum Scheitern verurteilt ist. Der Gedanke einer ursprünglich-selbständigen Selbstund Allmacht kann als solcher nicht manifestiert und realisiert werden. Seine Realisierung ist vielmehr nur in der Weise seines Scheiterns möglich. Eine philosophische Theologie kann daher den als ursprünglich-selbständige Selbst- und Allmacht konzipierten Gottesgedanken nur in der Form einer *negativen Theologie* bewahren und bewähren. Der dem Gottesgedanken eingestiftete Gedanke einer ursprünglichen Substantialität und kausalen Macht läßt sich nicht aufrechterhalten. Dieses Scheitern des Gedankens der ursprünglichen Substantialität des selbst- und allmächtigen Gottes schließt nicht nur die Entsubstantialisierung des Gottesgedankens ein. Sie bedeutet darüber hinaus den Verlust des Gedankens einer ursprünglichen Selbständigkeit des Selbst- und Allmachts-Gottes.

Das Scheitern des Gedankens der ursprünglichen Selbständigkeit Gottes gibt auch darüber Auskunft, auf welche Weise der Verlust des substantiellen Selbst- und Allmachts-Gottes in einen neuen Gedanken zum Begreifen des welthaft-menschlichen Selbst- und Weltumgangs überführt werden kann. Dieser neue Gedanke gründet in der Revolutionierung des Gottesgedankens: Der zum Scheitern verurteilte Gedanke der ursprünglichen Selbständigkeit und Selbstmächtigkeit Gottes wird durch ein symmetrisch-egalitäres Verhältnis der Korrespondenz von selbständigem Selbstsein und selbständigem Anderssein ersetzt. Alle personalen und sozialen Verhältnisse des menschlichen Selbst- und Weltumgangs folgen dann der praktischen Einsicht, daß sich jedes – personale oder soziale – Selbstsein nur in Anerkennung seines näheren und ferneren – sozialen oder personalen – Andersseins realisieren kann. Der revolutionierte Gottesgedanke wird sonach durch eine den menschlichen Selbst- und Weltumgang bestimmende Logik der Anerkennung abgelöst, die sich dem Kriterium der symmetrischen Korrespondenz von selbständigem Selbstsein und selbständigem Anderssein verpflichtet weiß.

Die christliche Religion verleiht der Revolutionierung des Gottesgedankens – dem Scheitern des Substanz-Gottes, aus welchem Scheitern der neue Gedanke der Anerkennungslogik resultiert – mittels der metaphorischen Vorstellung der Menschwerdung und des Todes Gottes Ausdruck. Die Vorstellung der Menschwerdung Gottes impliziert die Aufhebung des asymmetrischen Verhältnisses von göttlicher Selbständigkeit und welthaft-menschlicher Abhängigkeit. Dieses asymmetrische Verhältnis wird durch ein symmetrisches Verhältnis egalitär Selbständiger abgelöst. Gott und Welt/ Mensch verhalten sich auf egalitär-gleichberechtigte Weise. Schon dieses symmetrisch-egalitäre Verhältnis von Gott und Welt/Mensch schließt den Verlust des Gedankens der ursprünglichen Selbständigkeit und Selbstmacht Gottes ein. Dieser Verlust wird mittels der Metapher des Todes Gottes explizit gemacht. Die Manifestation der ursprünglich-selbständigen Selbstmacht Gottes bedeutet ihr Scheitern. Durch die Vorstellung des Todes Gottes wird festgehalten, daß der Gedanke eines substantiell-selbstmächtigen Gottes nur in der Weise seines definitiven Verlustes realisiert werden kann. Die Realisierung des aufgrund der Vorstellungen der Menschwerdung und des Todes Gottes revolutionierten Gehalts des Gottesgedankens ist daher nur so möglich, daß der Verlust Gottes als einer ursprünglich-substantiellen Macht ausdrücklich festgehalten wird. Die christliche Religion der Moderne wird sich daher auf eine enttheologisierte Deutung ihrer Gehalte einzustellen haben. Sie wird der Moderne der Religion nur dann ansichtig werden, wenn sie die dem religiösen Bewußtsein eignende individuelle Differenz von Personalität und Sozialität entsprechend der Logik der Korrespondenz von selbständigem Selbstsein und selbständigem Anderssein begreift und realisiert. Dann kann sie sich auf die Realisierung von Freiheitsverhältnissen konzentrieren, die dem Kriterium der vermittelten Selbstbestimmung verpflichtet sind. Die individuelle Differenz von Personalität und Sozialität tritt in Verhältnissen zutage, die auf relativer Freiheit und relativer Abhängigkeit gleichermaßen beruhen. Für irgendein Verhältnis schlechthinniger Abhängigkeit bietet die Verhältnisweise der Freiheit als vermittelter Selbstbestimmung keinen Platz. Es wäre nur Ausdruck einer Erinnerung an einen Hypostase-Gott, dessen bloß behauptete Substantialität allein im Modus ihres Verlustes manifestiert und realisiert werden kann.

Auch ein metakritischer Begründungsversuch des den Einsichten der radikal-genetischen Religionskritik ausgesetzten religiösen Gottesbewußtseins kann den nichtsinnlichen Gehalt des an sich selbst erfaßten Gottesgedankens allein im Modus seines Scheiterns realisieren. Eine den modernen Erkenntnisbedingungen Rechnung tragende theologische und philosophische Theorie der christlichen Religion kann diese daher nur innerhalb der Grenzen des Wissens um die Revolutionierung des Gottesgedankens thematisieren.[6] Jenseits dieser Grenzen tummeln sich leere Vermutungen oder wahnhafte Ahnungen, die sich auch dann, wenn sie sich mit supranaturalen Ansprüchen und unüberprüfbaren Versicherungen schmücken,

---

[6] Vgl. Falk Wagner, Kritik und Krise der Religion, in: Ende der Religion – Religion ohne Ende?, 17–123, 285–292.

in der Immanenz sprachlicher Bilder, Metaphern und Symbole und der ihnen korrespondierenden Bewußtseinseindrücke verfangen. Angesichts dieser Lage legt es sich nahe, den Wink Schleiermachers doch einmal ernsthaft zu befolgen: Die aus der Revolutionierung des Gottesgedankens hervorgehende Religion der Moderne folgt dem Weg ihrer tendenziellen Enttheologisierung dann, wenn sie sich auf Probleme der menschlichen Individualität konzentriert. Die so reflektierte Religion spezialisiert sich dann auf die Funktion immanenten Transzendierens, die sie im Interesse der sich transzendierenden Immanenz der Individuen thematisiert und kommuniziert. Die aufgrund der Revolutionierung des Gottesgedankens realisierbaren Freiheitsverhältnisse vermittelter Selbstbestimmung werden dann auch den Leitfaden darstellen, an dem die Individuen die Differenzerfahrung ihres personalen und sozialen Daseins orientieren können.

17

The Duty of Ezra

In Search of a New Language of Truth

von Rob Riemen

I

I would like to take a story as a starting point for my talk. We find the story in the fourth book of Ezra, an apocryphical book that is part of the appendix to the *Vulgata*.

In chapter 3 and 7 we are told that during the exile of the Jews under the reign of Nebudkanezzar all the biblical books, the Torah, are burnt and that the prophet Ezra asks God to send the holy spirit so that he will be able to write everything all over again.

„Then I answered and said, ‚Let me speak in your presence, Lord. For I will go, as you commanded me, and I will reprove the people who are now living; but who will warn those who will be born hereafter? For the world lies in darkness, and its inhabitants are without light. For your law has been burned, and so no one knows the things which have been burned, and so no one knows the things which have been done or will be done by you. If then I have found favor with you, send the holy spirit into me, and I will write everything that has happened in the world from the beginning, the things that were written in your law, so that people may be able to find the path, and that those who want to live in the last days may do so.‘
He answered me and said, ‚Go and gather the people, and tell them not to seek you for forty days. But prepare for yourself many writing tablets, and take with you Sarea, Dabria, Selemia, Ethanus and Asiel – these five, who are trained to write rapidly; and you shall come here, and I will light in your heart the lamp of understanding, which shall be put out until what you are about to write is finished.‘“
(Latin Vulgate Bible, 4 Esdras, Chap. 7,19–25, New Revised Standard Version)

This story is well known in the tradition. Iraneus mentions it in his *Adversus Haereses*, and in old monasteries there are frescos depicting Ezra writing everything again, because the Torah has been burnt.
We are living in an age in which the books, in which the Torah, are literally being burnt again. And besides the fact that there is a mas-

sive ignorance of what should be known and what should be done, there is, according to Paul Celan, the devastating consequence that the meaning of the words is being burnt.

Der Mensch durfte nicht sprechen, weil seine Worte „unter der tausendjährigen Last falscher und entstellter Aufrichtigkeit stöhnten", wozu sich jetzt „auch noch die Asche ausgebrannter Sinngebung gesellt hatte".

Because of this, language will no longer be able anymore to communicate meaning, truth.

Meaninglessness is the essential characteristic of our time. There is still a lot of talk about our „Judeo-Christian" culture, but it is more apt to say that in this part of the world, Europe, the „Nietzsche-Wagnerian" cultus is dominant.

What do we mean by this? First Nietzsche. As a cultural critic – as a prophet, if this doesn't sound to heretic – Nietzsche is not to be underestimated. He foresaw everything that would happen in the 20th century. Most significantly, of course, is that he understood the consequences of the death of God. With pinpoint precision, Nietzsche saw that with the loss of transcendence – that is the death of God – no meaning of value can be absolute. Because we can no longer transcend time, we has become transitory and subjective, since there is no objective meaning and value independent of ourselves. Everything can mean anything, each opinion is equally true. But something that can mean anything, eventually means nothing.

One standard has made way for tastes that may vary, the reviewer has replaced the critic and if something is new it must be good. Modern art very often only wants to be form, and has therefore become devoid of meaning. Media, advertising and politics reduce language to a flood of chatter, hollow words.

The main manifestation of the cultivation of meaninglesness is the omnipresent depreciation of culture. Culture is originally a synonym for „meaning". And we call the highest forms of culture „classics" because classic means measure. The classics – including those of our century – are our critical balance, with which we weigh what is important and what is not, what has value and what does not, and what will be true, good and beautiful.

Of course, we all love culture. We like to go to the opera, to concerts, musea etc. but we only want to go as long as it amuses us – and we love it even more when culture can give us status. (Being present at the Salzburger Festspiele!) But, in general, when culture demands our time and concentration, there is a total lack of interest in culture as a critical counterpoint to our lives.

We are not focused on the meaningful – since that is too threatening. We are focused on economy and efficiency, and the ultimate value is money. The importance of something, the importance of a person, depends totally on the answer to the question, „How much does it (or he or she) yield us?"

Where are the public areas to live with culture? Not the universities. Anyway, in my country, The Netherlands, real universities no longer exist. What is called university is in fact a factory where young people in four years are ready-made for business-life.

One hunderd years ago, Noah Porter, the president of Yale University, gave a fine definition of university:

„Let any reflecting man think for a moment of the trickery of business, the jobbing of politicians, the slang of newspapers, the vulgarity of fashion, the sensationalism of popular books, the shallowness and cant that dishonor pulpit and defile worship, and he may reasonably rejoice that there is one community which for a considerable period takes in its keeping, many of the most susceptible and promising of our youth, to impart to them better tastes, higher aims and, above all, to teach them to despise all sorts of intellectual and moral shams."

If anyone is familiar with such a university here in Europe, please let me know.

And if we are looking for culture, forget the media. Culture is too difficult, you cannot earn money with the meaningful. And let us not expect any support from the politicians. Culture is too dangerous for them. It is much more easy to win votes with manipulation by television instead of by stimulating independent thinking.

Let me summarise. With the lost of the transcendent, with the death of God, nothing is related to the Absolute, everything is subjective, nothing is really meaningful. We are not interested in culture because it has no value any more. The world has become flat, the only reality is the material reality. And, to quote the brilliant Italian essayist Cristina Campo:

„Es stellt sich die Frage, ob Geschöpfe, die man jener Sinne beraubt hat, mit denen sie das Mysterium zu schauen fähig wären – Boris Pasternak spräche von den Augen der Seele –, überhaupt erkennen können, dass sie ihr eigenes Schicksal verloren haben."

So far the Nietzschean aspect of nowadays society. The other aspect is – and that is not as paradoxical as it seems – Wagnerian. Life can be lived without God, but man, who is inherently religious, cannot live without a Golden Calf. Such scope for idolatry is supposed to give us a feeling of harmoniousness, the possibility of idiolising, which will in turn (at least temporarily) enable us to forget the sorrow of our existence. Calves are available in all sorts and sizes: nature, cosmos, technique, church, money, power, idols of pop, sport and film; the new age, the old age, our nation, our body, ourself and – once again – the Lord. Each Calf has its own priest, who is important because he is famous – preferably via the television – and who is not averse to telling us what we should believe and do, thus saving us from our insecurity. This is the Wagnerian element of our culture.

With regard to what is happening in our time, Arnold Schoenbergs opera *Moses und Aron* is problaby one of the most insightful works. Aron is the Wagnerian priest, eager for power and all too willing to give the people what they want. Moses, the prophet, wants to speak meaningful words, but they are not given to him: „O Wort, du Wort, das mir fehlt" – and this end of the opera is of course the echo of „Eli, Eli, lama sabachtani" – „God, my God why have you forsaken me?" The failure of Moses is the failure of Schoenberg. Ezra got an answer to his praying. Schoenberg and his Moses are praying to a silent God.

II

The question is: how can we find the meaningful again? Where do we find a new language to communicate truth. But even before that question can be discussed, we have to understand how our society has become a society dominated by the „Nietzsche-Wagnerian" cultus. This topic is, of course, worth another conference, so I'll focus on just one question: what is the role of the churches, of the institutionalized forms of religion? As a Catholic myself I am especially aiming at the Roman Catholic Church.

I am afraid that my answer to this question that the Church has a huge responsiblity for the creation of this „Nietzsche-Wagnerian" cultus. Why? Well, see Dostoevsky's *Legend of the Grand Inquisitor* and see also that the Church is still unable to refute Dostoevky's criticism. Churches are power institutions with the mentality of political parties: all they want is more power and everything is alright as long as their influence will not be diminished. What happened – and at a large scale is still happening – is that the Church brought their very special version of the Good News: we can make you happy, we can garantee you „eternal life" under one condition: don't think, obey, and as long as you are nice to us, you don't have to change your life. I am not so old, but I am old enough to have experienced bishops telling the believers what they should vote, priests pushing women to get childern etc. The church claimed to be in control of the truth, the church wanted to be in control of social and private life. But it is exactly this message, this attitude, this practising of „Wagner" cult, that paved the way for all kind of new religions which can make us even more happy. (And as we know: prominent among these religions are now technology and the media).

Churches are responsible because they didn't dare to tell us that the good news is in fact difficult news. This is the news that God is the Deus Absonditus, the unknown God, incomprehensible, not to be seen, and you can only hear Him in „eine Stimme verschwebendes Schweigen" (Buber/Rosenzweig's translation). The difficult news is also that it is never easy to have faith. And as Kolakowski writes in his *God owes us nothing:*

> „Faith is an act in which only God and the human ‚heart' takes part, not the Church, and not a priest. Faith is not part of an institution. The latter can neither produce it nor give perfect assurance of its reality."

And your own certitude of living in faith can be discovered only in the experience of life. At the end of *Jaakobs Geschichte*, the first book of Thomas Mann's *Joseph und seine Brüder*, Thomas Mann give us a profound and beautiful example of what it means to have faith. Rachel, the beloved woman of Jacob, is dying and Mann writes:

> „Und hier war es, wo er zum erstenmal, über sie hin und hinauf in die silbrige Weltennacht, gleichsam als Eingeständnis seines Begreifens, die Frage richtete:
> ‚Herr, was tust du?'
> In solchen Fällen erfolgt keine Antwort. Aber der Ruhm der Menschenseele ist es, dass sie durch dieses Schweigen nicht Gott irre wird, sondern die Majestät des Unbegreiflichen zu erfassen und daran zu wachsen vermag."

In the blessed moments of life, truth is given to you as a moment of insight, a moment you have to earn. And that moment might be a confrontation: something is being asked of you, and how difficult it is: you have to change your live. Nobody can ever claim to be in the possesion of the truth. Everybody has to seek truth, again and again.

The good news – that there is a God and that our life is in His hands – becomes a lie without the difficult news. That is what the Old Testament prophets, and also Pascal, Kierkegaard, Shestov, Karl Barth are all telling us. Or as it is written in Matthew Chap. 7: 13–14:

„The gate is wide and the road is easy that leads to destruction and there are many who take it. For the gate is narrow and the road is hard that leads to life, and there are few who find it."

Focused on earthly power the Church preferred to forget this, and there was and there is no interest in Dostoevsky's criticism, no interest in Kierkegaard's warning that official Christianity itself made an end of Christendom. In Jean Paul's novel *Siebenkäs* we can read that Christ on the roof of the world is telling us „we are mistaken, there is no God!" But that roof might very well have been the roof of the Church, because if God died, he died in Church.

III

Back to my initial question. Where and how do we find a new language that speaks the truth, that will communicate the meaningful, that will make us aware that God is not lost but will always be an unknown God?

I would like to discuss this question in nine short points that might give us an idea of an answer.

1. If – as everyone who has experienced the death of a loved one knows – the essence of death is silence, then it is only logical to conclude that the essence of life is speech, language, communication. And Love is the highest form of life because it is the ultimate communication. Love sings. (And therefore angels sing.) Love is the only form of life that is stronger than death. As it is written in the Epistle to the Hebrews: „Defunctus adhuc loquitur" – „and yet the dead speak to us".

2. What do we mean by truth? Truth is by definition that what is, it is the meaning of something. That which is without meaning, cannot be put into words.. But everything that has meaning will speak to us. The expression *the living truth* is therefore a pleonasm.

3. All truth, all meaning, has to be related to the eternal, transcendent, absolute Truth. Without the latter, truth will become transitory and subjective, without meaning, it will become something that cannot be put into words. What is true and what is not true, what has meaning and what is without meaning, can be recognised by this

relation to the transcendent Truth; and the better the expression of truth, the longer and the more it will speak to us.

4. Plato is right. Truth, beauty and good are one.

5. Because the transcendent Truth is beyond the reach of our reason we are dependent on revelation, faith and language. Without translation and interpretation of the revelation in our own language, we will never get an understanding of what the revelation communicates.

6. In a short lecture on poetry, Elias Canetti spoke of how astounded he was by a note he had found by an unknown writer, written one week before the outbreak of the Second World War:

„Es ist aber alles vorüber. Wäre ich wirklich ein Dichter, ich müsste den Krieg verhindern können.“

For Canetti this was an outstanding example of taking responsiblity for language: a real poet speaks words full of meaning, words that are true and have a meaning independent of our opinion, words that speak to us, that we have to listen to, words that prevent a war.

These are the words we need.

In the notebooks of Hugo von Hofmannsthal there is a story of a German officer who during the Boxers-upheaval in China finds a man reading a book while waiting for execution.

„Der Offizier reitet zu ihm, fragt ihn: ‚Was liest du?‘ Der Mann sieht auf, fragt zurück: ‚Warum störst du mich?‘ Der Offizier fragt: ‚Wie kannst du jetzt lesen?‘ Der Mann sagt: ‚Ich weiss, jede gelesene Regel ist Gewinn.‘“

The books that are worth reading as we face death are the books we have to read.

Culture is the totality of these books, these words, these languages, as expressions of the meaningful, of the truth.

Art carries within it a hieroglyphic of absolute truth. That is the reason why great art will always speak, and never dies.

7. The very best translations and interpretations of the revelation of the God of Abraham, Isaac and Jacob and the world He created are always made by those great masters of language eager for truth. They are the Ezra's of their time. The work of the Russian cineast Andrei Tarkovsky, Lars von Trier with his movie *Breaking the Waves*, Alban Berg with *Wozzeck*, Thomas Mann's *Doktor Faustus*, the poems of Anna Achmatova, Paul Celan, Hermann Broch's *Tod*

des Vergil, Kafka … none of them wrote „religious works" in the narrow, suffocating sense of the word, but all these works contain fragments of profound translations of the revelation.

8. The Church, as the guardian of the transcendent, should be:

a) The place where the language of the Truth is translated, interpreted and, above all, spoken. And our entire cultural heritage is studied here as the necessary instrument for this translation and interpretation of the revelation. The Church should be a place „für lernen und beten", where the lamp of understanding burns, a place for Ezra.

b) The Church should learn the language of the poets again to give life to their own preaching.

c) The Church should faithfully preach the Good News as the difficult news.

d) It is not obedience that should be stimulated by the church, but intellectual independence and non-conformism in the awareness that real knowledge of truth can never be given to someone, and that every human being has to seek it for himself.

e) The Church should learn again that piety does not mean obediance (and all the kitsch that is so often involved) but that it means „purity of the heart". The meaning of the word dogma should be restored as (I quote Cristina Campo again): „Ein Kreis, den mit diamantner Spitze das siebenfach gereinigte Wort um einen Bereich des Unsagbaren gezogen hat." And our liturgy should be practised with all the richness of our symbols as the dialogue between our soul and the invisible God.

9. Love as the highest form of life, stronger than death, must be identical with that which always is and never was: the Truth. The language of the Truth is the language of love. It is a language of deeds. As it is written: „You will be known by your fruits" (Mt 7,20).

18

Meinen wir alle denselben Gott?

Judentum – Christentum – Islam

von Pinchas und Ruth Lapide

Auf die niemals verstummende Frage: „Wo ist Gott?", lautet die rabbinische Gegenfrage: „Wo ist er nicht?" Oder die Antwort: „Wo immer man ihn hereinläßt." Die Chassidim meinen: „Wo immer zwei Menschen einander selbstlos lieben, da ist Er mit ihnen der Dritte." Der Prophet Jesaja jedoch sprach: „Er wohnt in Himmelshöhen und bei allen, die zerschlagenen und demütigen Geistes sind", was in der biblischen Poesie das Überallsein Gottes betonen will. Das heißt aber, er ist auch bei denen, die mit ihm ringen wie einst Abraham um die Heidenstadt Sodom und Gomorra oder wie Hiob, der zum Himmel aufschrie: „Warum geht es den Schurken so gut und die Gerechten haben zu leiden?" Auch der deutsche Philosoph Leibnitz litt an dieser Urfrage, die er die Theodizee benannte. Es ging und es geht um die Spannung der Attribute von Gnade und Erbarmen einerseits gegenüber Ahndung und strafender Pädagogik Gottes andererseits.

In uns allen glüht ein Funke Gottes, wie die Kabbalisten der jüdischen Mystik betonen. Zu den zahlreichen Hinweisen auf diesen inwendigen Gott gehört der Hunger nach Güte in unserem Herzen, der Durst nach Wahrheit, der uns immer wieder anspornt, ohne wissenschaftlich erklärbar zu sein, und das Bedürfnis zu lieben und geliebt zu werden. Nicht zuletzt aber das große unstillbare Heimweh nach einer heilen Welt, nach Gerechtigkeit und Frieden, ein Traum der niemals versiegt. Sollte all das nichts anderes als eine Kette von blinden Zufällen sein? Das war die Meinung von Jaques Monod, dem französischen Biochemiker, der da sagte: „Der Mensch muß endlich aus seinem tausendjährigen Traum erwachen und seine totale Verlassenheit anerkennen. Er weiß nun, daß er seinen Platz wie ein Zigeuner am Rande des Universums hat, ein Weltall, das taub ist für seine Musik und gleichgültig gegenüber seinen Hoffnungen, seinen Leiden und seinen Verbrechen." Darauf antwortet der greise Albert Einstein: „Wenn das Weltall, wie ich es erahne, die Frucht eines blinden Zufalls sein sollte, so ist das so glaubwürdig, als ob eine Druckerei in die Luft ginge, worauf alle Buchstaben wieder zur Erde fallen würden – und zwar in der druckreifen, fehlerlosen Form des Duden-Lexikons." Auf die weitere Frage, ob er an Gott glaube, erwiderte Einstein: „Das brauche ich doch gar nicht! Ich sehe ihn doch tagtäglich am Werke!"

In der Tat, nicht alle, die „Halleluja" singen, glauben an Gott. Aber auch nicht alle, die sich auf Gott berufen, tun seinen Willen. Genau wie nicht alle, die sich als Atheisten bezeichnen, Gottesleugner sind. Wie sagte doch Martin Buber: „Gott ist das Beladenste aller Menschenworte. Keines ist so arg besudelt, so sehr zerfetzt worden. Menschen haben in seinem Namen getötet und sind dafür gestorben. Dieses Wort trägt ihrer aller Spuren und ist mit ihrem Blut befleckt. Dennoch dürfen wir es nicht preisgeben. Wir sollten es, ja wir müssen es, befleckt und zerfetzt wie es ist, vom Boden erheben und wieder aufrichten." Der Religionsphilosoph Buber bezeichnete sich selbst als liturgisch abstinent, womit er sagen wollte, daß er seit seinem 13. Lebensjahr die Synagoge nicht zu besuchen pflegte.

Ganz anderes erfahren wir übrigens in den synoptischen Evangelien vom Rabbi Jesus von Nazareth. Sabbat für Sabbat predigte und lehrte er in den Synagogen seiner galiläischen Heimat. In all seinen Thora-Auslegungen und Gleichnissen verwendet er jedoch niemals den Namen Gottes. In typischer rabbinischer Namensscheu bedient er sich vielerlei Umschreibungen wie etwa „der Hochgelobte", „unser himmlischer Vater" oder „der Heilige Israels" und andere mehr.

Seit Jahrtausenden fragen die Talmud-Meister: „Warum steht geschrieben ‚der Gott Abrahams', ‚der Gott Isaaks' und ‚der Gott Jakobs', wo es doch nur einen einzigen Gott gibt und die Bibel stets wortkarg und nüchtern formuliert?" Die Antwort lautet: Jeder der Erzväter hatte seine ureigene Gotterfahrung und seinen spezifischen Zugang zu ihm. Für Abraham ist er vor allem der Gott, dem er glaubt und vertraut und auf dessen Geheiß er seine Heimat verläßt, um den Ein-Gott-Glauben in alle Welt hinauszutragen. „Und Abraham vertraute auf Gott und er erachtete es ihm als Bewährung", so wird es uns im Buch Genesis berichtet. Dieser Glaubensweg Abrahams gilt im Judentum als Eckstein einer Theologie des Vertrauens. Und dennoch – derselbe Abraham besteht auch die schwersten Prüfungen des Tuns und des Lassens, die ihm im Laufe seines Lebens von Gott auferlegt werden. Von hier aus führt eine strahlende Spur der Hoffnungskraft und Zuversicht zur Aussage des Propheten Habakuk: „Der Gerechte lebt aus seinem Glauben." Beide, Abraham und Habakuk, beflügelt das biblische Zweigestirn, die Untrennbarkeit und Gleichwertigkeit des Glaubens und des Tuns.

250

In einem Gleichnis der Chassidim hallt diese Grundidee wider. Einst wurde ein Rabbi von seinen Schülern gefragt: „Warum duldet Gott den Atheismus?" Worauf er ihnen antwortet: „Auf daß ihr den Bedürftigen zu jeder Zeit beisteht, als hinge alles, aber auch alles von euch ab. Zur selben Zeit jedoch sollt ihr beten und hoffen, meine Kinder, wissend, daß alles in Gottes Händen liegt." Helfen also, als gäbe es keinen Gott, aber leben und streben im vollen Bewußtsein seiner Allmacht. Auf hebräisch ist die Quintessenz dieser Parabel auf ein einziges Wort reduzierbar – „bechinam", das heißt „unverdient". Wieso unverdient? Als Mitarbeiter Gottes sind wir berufen zur Verbesserung dieser Welt, wir hoffen im Bereich seiner Gnade zu sein, ob wir es aber sind, das bleibt ein Geheimnis.

Aus eben diesem Vertrauen heraus berichtet uns die Bibel vom großen Ringen Abrahams mit seinem Schöpfer um das Wohl und Heil der Heidenstädte Sodom und Gomorra. Was ging den Hebräer Abraham eigentlich das Schicksal jenes Sündenpfuhls an? Es ist die biblische Botschaft des Verwobenseins aller Menschen miteinander unter Gott und ihre gemeinsame Verantwortung für diese Erde. Aufregend ist die Tatsache, daß Sodom und Gomorra sich gegen die Mitmenschlichkeit vergangen hatten, was ihnen aber als Sünde gegen Gott angerechnet worden ist. Wie lehrt es der Talmud? „Man kann Gott eben nicht am Nächsten vorbeilieben." Und trotzdem weiß Abraham, daß der Herr der Welt ein Gott des Erbarmens ist und bußfertige Sünder wieder annimmt. In diesem Sinne lehrt die jüdische Tradition. „Gott spricht: ‚Wenn ihr euer Herz der Umkehr öffnet nur wie ein Nadelöhr so breit, werde ich euch die Tore der Versöhnung auftun wie ein Scheunentor so weit.'" Abraham ringt bekanntlich mit Gott um das Überleben der Einwohner von Sodom und Gomorra, die aber nicht im geringsten an Reue denken. „Und wenn es nur 50 anständigen Menschen dort gäbe" – so tastet sich Abraham bei Gott vor –, man höre und staune, um ihretwillen würde allen Einwohnern vergeben werden. Abraham weiß aber, daß die beiden Städte solch eine Zahl von Bewährten nicht beheimaten. Er verhandelt weiter mit Gott und erfährt, daß sogar um 10 Gerechter willen alle Bewohner verschont werden würden. Wissend, daß auch diese geringe Anzahl nicht vorhanden war, gibt Abraham resigniert auf und geht von dannen. Einige Talmud-Meister nehmen ihm diese Einstellung recht übel und stellen die Frage: „Warum, um Himmels willen, hat er nicht weiter mit Gott verhandelt? Unser himmlischer Vater wäre ihm wohl noch weiter entgegengekommen!" Bewährt hat sich zuguterletzt in Sodom nur die Familie Lot, der Neffe Abrahams.

Er ist eben der Gott der Freiheit, der diese allen Trägern seines

Ebenbildes von Anfang an eingestiftet hat. Die Wahl des Tuns und des Lassens ist daher gegeben. Die Folgen aber müssen ertragen werden. In diesem Sinne lauten die drei Grundfragen Gottes auf den ersten Bibelseiten: „Wo bist du, Adam?", „Was hast du getan, Eva?" und „Wo ist dein Bruder, Kain?" Keiner von uns ist seit damals zu gering, um sich aus der Gesamtverantwortung stehlen zu können. Bis nicht ein jedes Menschenkind zu jeder Zeit die richtige Antwort auf diese drei Grundfragen geben wird, kann diese Welt nicht heil werden. Anders gesagt: Ein jeder von uns sollte diese Welt wie eine Waage erachten, deren Schalen mit Gut und mit Böse jeweils gleichgewichtig beladen sind. Und von dieser Tat, die du dich soeben anschickst, zu vollbringen, hängt das Wohl der ganzen Welt ab. In deiner Hand liegt es, dem Guten zum Siege zu verhelfen. Diese eine Tat könnte aber auch der schlechten Schale zum Übergewicht verhelfen.

Etliche Stränge der feministischen Theologie wünschen Gott neu zu definieren: Ist er männlich oder ist er weiblich? Sind wir Brüder, Schwestern, Geschwister oder gar Kinder Gottes? Für all das Unrecht und die Benachteiligungen, die im Altertum und in der christlichen Gesellschaft seit dem Mittelalter Frauen erleiden mußten, besteht kein Grund, die Schuld dem Gott Israels oder dem Alten Testament anzulasten. Ist das biblische Gottesbild wirklich von Anfang an patriarchalisch, wie so oft behauptet wird?

Auf den ersten Seiten der Bibel in ihrem hebräischen Original ist die Rede von „Elokim" – es handelt sich also um ein Plurale tantum, eine gramatikalische Ausdrucksweise, die gerade der Vielzahl der göttlichen, weder männlichen noch weiblichen Attribute gerecht werden will. Darauf basiert auch das Bilderverbot im Zehn-Gebot vom Sinai – um der menschlichen Schwächen willen. Denn zu jeder Zeit und allerorts schweben uns in unendlich vielen Situationen der Not und des Leides, aber auch der Freude und des Dankes vielerlei Gottesbilder vor. Laßt daher die einen doch aufschreiend zum Herrn der Heerscharen, auf daß er sie vom Joch eines brutalen Unterdrückers befreien möge. Laßt andere wiederum ihn anflehen in einer Stunde größter Not als wäre er eine Geburtshelferin. Und laßt die mit Dank Erfüllten ihm zujubeln als wäre er der Liebhaber, den das Hohelied Salomons schildert. Mit solchen und anderen aufregenden Gottesvorstellungen kargt das Buch der Bücher keineswegs.

In den 150 Psalmen – kurz oder lang, wie sie nun einmal sind: von den 3 Versen des 133. Psalmes bis zu dem 176 Versen des 119. Psalmes – spiegelt sich die ganze Bandbreite menschlicher Beziehung zu Gott wider. Zweifel, Mut und Angst schlagen uns ebenso entgegen wie auch Zuversicht, Freude und Lebensbejahung. Er ist ein ansprechbarer Gott, der im stillen Kämmerlein oder in aller Öffentlichkeit immer wieder angegangen, angeschrieen oder angeschluchzt werden kann. Die Bibel war und ist aber vor allem ein Buch des gelebten Erzählens. In den Zelten der Wüstenwanderer von Ägypten hat sie sich bewährt, in so mancher heutigen ausgezehrten Gemeinde täte sie Not – die narrative Theologie mit ihrer Vielfalt, die Phantasie beflügelnden Gottesbilder. Nichts menschliches ist diesem Buche fremd geblieben. Kaum ein Dichter hat je eine solch zärtlich-tragische Liebesgeschichte wie die des David und der Michal zu Papier gebracht. Eine Abenteuergeschichte wie die Sage des Helden Simson etwa erschüttert immer neue Generationen von Bibellesern. Der Schmerz der kinderlosen Frauen, der Rausch der Sieger, aber auch der Kummer der Bedrückten werden uns jenseits von Ort und Zeit immer wieder vergegenwärtigt. Vor allem aber strahlt uns das Gottvertrauen der großen Leitgestalten mit allen ihren menschlichen Schwächen immer wieder entgegen. Die erhabensten und tröstlichsten Worte der Bibel könnte man vielleicht im Offenbarunsgespräch Gottes mit Moses am Berge Sinai erahnen: „Ich werde sein, wer ich sein werde". Das ist die göttliche Botschaft für den entlaufenen Sklavenhaufen, der sehnsüchtig nach einen Gott zum Anfassen aufschreit. Diese Aussage wurde und wird noch immer in den meisten deutschen Bibelübersetzungen falsch als „Ich werde sein, der ich sein werde" verdeutscht. Auch hier offenbart sich wiederum Gottes Erhabenheit über uns, jenseits unserer sich stets verändernden Vorstellungswelt.

Von welchem Gott also reden wir? Von dem des Propheten Jona etwa? Oder dem von Jona so tragisch mißverstandenen? Schonungslos berichtet uns die Bibel von Jonas vergeblichen Fluchtversuchen vor Gottes Auftrag und von seinem Widerwillen, auch den Heiden vom Gott Israels kundzutun. Und die sündige Heidenstadt Ninive erhält dennoch die Chance, Reue zu üben und Buße zu tun, um in Gottes Gnadenbereich zu gelangen, ohne Juden zu werden. Mehr noch: Gottes Erbarmen erstreckt sich sogar auf die Tiere und die Umwelt von Ninive, die durch Menschenschuld in Mitleidenschaft gezogen wurden.

Hiermit komme ich wie von selbst zum angeblichen Konflikt zwischen Jesus und den Pharisäern, – um nicht gar mit Johannes zu sprechen – mit den Juden, was bei so manchen Christen zur Klischeevorstellung führt: Einer gegen alle, also Jesus gegen die Juden. Wer aber waren die Pharisäer und was war ihre Lehrmethode? Ich will es wie Rabbi Jesus tun und mit einer Parabel antworten:

Einst debattierten die pharisäischen Rabbinen leidenschaftlich um ein Problem in der Thora. Rabbi Eliezer brachte viele Argumente vor, um seinen Standpunkt zu beweisen. Doch die anderen Rabbinen ließen sich nicht überzeugen. Da sprach Rabbi Eliezer: „Selbst dieser Johannisbrotbaum hier vor dem Fenster kann bezeugen, daß die Entscheidung so ausfallen muß, wie ich es behaupte." Da rückte der Johannisbrotbaum 100 Ellen von seinem Orte fort. Doch die anderen Rabbinen sagten: „Von einem Johannisbrotbaum läßt sich kein Beweis erbringen." Da sprach nun Rabbi Eliezer: „Wenn die Entscheidung so sein muß, wie ich es behaupte, dann soll es der Wasserkanal hier bezeugen." Da fing das Wasser im Kanal an, bergauf zu fließen. Doch die anderen Rabbinen erwiderten: „Ein Wasserkanal kann nicht als Beweis dienen." Wiederum sprach Rabbi Eliezer: „Es sollen die Wände des Lehrhauses beweisen, daß ich recht habe." Da fingen die Wände an, einzustürzen. Aber Rabbi Josua schrie sie an und sagte: „Was geht das euch Wände an, wenn die Weisen über einen Punkt in der Thora debattieren?" Die Wände sind hierauf nicht gestürzt aus Respekt vor Rabbi Josua, aber aus Respekt vor Rabbi Eliezer haben sie sich auch nicht völlig aufgerichtet. Rabbi Eliezer, der Verzweiflung nahe, schrie jetzt auf: „Wenn die ‚Halacha' so sein soll, wie ich es behaupte, so mögen sie es aus dem Himmel bezeugen." Da erscholl eine Himmelsstimme, die da sprach: „Was wollt ihr denn von Rabbi Eliezer? Die Entscheidung ist doch so, wie er behauptet." Da sprang Rabbi Josua auf und rief: „Sie ist nicht im Himmel!"

Was aber bedeutet dieses Zitat aus dem 5. Buch Moses? Rabbi Jeremia erklärt es: „Die Thora wurde uns ja schon auf dem Berge Sinai verliehen. Wir brauchen uns daher nicht weiter um himmlische Stimmen zu kümmern. Schließlich enthält ja die Thora das Prinzip, nach der Mehrheit zu entscheiden und das ist es, was wir hier tun." An jenem Tage, so lesen wir weiter, traf Rabbi Nathan den Propheten Elia und befragten ihn: „Was tat unser himmlischer Vater zu jener Stunde?" Da antwortete der Prophet: „Gott hat gelächelt und gesagt: ‚Meine Kinder haben mich besiegt!'" Gottes Lächeln, so will uns diese Erzählung aus dem Talmud belehren, enthält eine zwiefache Lektion. Sie ist sowohl ein heilsamer Dämpfer gegen jegliche Wundersucht als auch eine Bestätigung für die Auslegungskompetenz der Rabbinen in der Mischna und im Talmud.

Warum habe ich diese Geschichte hier erzählt? Weil eben Jesus von Nazareth ein Pharisäer war, Angehöriger einer ihrer sieben ganz verschiedenen Schulen. Er kannte kein Neues Testament, seine Bibel war die Thora, das Alte Testament also, wie es für alle Pharisäer und deren Nachfahren bis heute gilt. Sein Gott, ja unser Gott, ist der Schöpfer von Himmel und Erde, wie er im Alten Testament immer wieder mit Vertrauen und Hingabe beredt geschildert wird. Ja, das Gottesbild der hebräischen Bibel des Alten Testaments ist das des Vaters aller Menschenkinder. Von Adam und Eva über die sündigen Generationen der Sintflut und des Turmbaus zu Babel bis zu den befreiten Hebräer-Sklaven in Ägypten. Von Ruth, der Moabiterin, die zur Ahnmutter Davids wurde, über den gerechten Heiden Hiob bis zum Perserkönig Kyros, von dem uns als dem Gesalbten Gottes berichtet wird. Allesamt sind sie die Kinder Gottes. Auch die große Vision des Propheten Jesaja verheißt der ganzen Erde und all ihren Bewohnern die messianische Erlösung, indem sie das Kriegshandwerk nicht mehr lehren werden.

Wehmut beschleicht das Herz angesichts der Kluft, die sich auftut zwischen unserem Alltag und der grandiosen Friedensschau der Propheten Israels. Ob man im Schatten des Grauens unseres Jahrhunderts nicht eher von Gott schweigen sollte, anstatt heuchlerisch seinen Namen zu zerreden!? Wo war Gott in Auschwitz? In der Tat eine Frage, die nicht verstummen will. Sollten wir nicht aufhören, ihn zum Lückenbüßer für die Unmenschlichkeit allzu vieler Zweifüßler zu machen? Wo war der Mensch in Auschwitz? – so sollten wir fragen und dabei an die Vielzahl der Täter, der Zuschauer und der Wegschauer denken. Als Freigelassener der Schöpfung wandelt der Mensch auf dieser Erde und Gott ist weder sein Wärter noch sein Polizist. Nicht die Theodizee, sondern die Anthropodizee, die Frage nach dem Menschen ist also das Dilemma um die Täter von Auschwitz.

Für die Opfer allerdings ist es wiederum das uralte Ringen um die schreckliche Frage des Warum. Ein unlösbares Rätsel bleibt es, das so manchen der Überlebenden in den Atheismus oder gar in den Anti-Theismus getrieben hat. Theologie als angebliche Wissenschaft von Gott ist dem Bibelmenschen und dem hebräischen Sprachdenken unbekannt. Welch ein tröstlicher Gedanke angesichts der selbstgerechten Inanspruchnahme Gottes seitens so vieler Religionen, die nicht zögerten, in seinem Namen unsägliches Elend über so viele Menschen zu bringen. Erst wenn es den Religionen und Konfessionen aller Überzeugungen endlich einleuchten wird, daß eine jede von ihnen nur zu einem Bruchteil zu der großen ewigen Wahrheit Zugang hat, kann das ersehnte Friedensreich anbrechen. Solange noch um Absolutheitsansprüche und Wahrheitsmonopole Blut vergossen wird, muß Eintracht in der Vielfalt ein Wunschtraum bleiben. Vielleicht sollten wir alle weniger von Gott reden, aber so leben und so handeln, daß man uns hoffnungsvoll nach ihm befragen wird.

Was also sollen wir tun? Fünf bewährter Tugenden sollten wir uns wieder befleißigen, um die bitteren Feindseligkeiten der Glaubenden ohne jeden Synkretismus überbrücken zu helfen:

1) *Konfliktfähigkeit* ohne Abbruch von Brücken, um gewaltlos Kontroversen zu bewältigen.

2) *Dialogbereitschaft* auf allen Wegen der Gesellschaft, von der Familie bis in die Religion und die Politik hinein.

3) *Kompromißwille* mit uns selbst zu allererst, aber auch mit dem Gegenüber, der Gegner sein mag, aber gerade deshalb entfeindet werden muß.

4) Die *Einfühlsamkeit* in Kopf und Herz des Kontrahenten, dessen Schmerzgrenze niemals überschritten werden darf.

5) Aber nicht zuletzt die *Geduld,* ganz im Sinne jenes Rabbis, der da sagt: „Jede Streitfrage auf Erden hat zutiefst gesehen drei Seiten – deine Seite, meine Seite und die richtige Seite." Wie recht hatte doch der alte Rabbi. Schließlich sitzen wir doch alle, Gläubige, Ungläubige und Schwergläubige im selben Boot namens Erde und sind den selben rauhen Winden und Gefahren ausgesetzt. Zu einer Allianz – ohne jeden Synkretismus – der tatkräftigen Mitmenschlichkeit sollten wir uns, um Himmels willen, endlich durchringen, ansonsten könnten wir, „Halleluja" gegeneinander singend, miteinander untergehen – was Gott verhüten möge!

Wir haben uns die Frage gestellt: „Meinen wir alle den gleichen Gott?" Ich bin überzeugt, daß wir in unserer Vielfalt den einen einzigen Gott im Sinne haben, einen Gott, zu dem so viele Wege führen wie der Himmel Sterne hat, der reich ist an Attributen wie das Meer an Wasser. Vieltönig hingegen sind unsere Lobgesänge, unsere Danksagungen und unsere Fürbitten, die sich gerade in ihrer Verschiedenheit zu einem harmonischen Orchester zusammenfügen, das aller Monotonie widerstrebt.

19

Zum Gottesbegriff des Buddhismus

von Genro Koudela

Wie in allen Weltreligionen so gibt es auch innerhalb des Buddhismus viele Schulrichtungen und philosophische Auslegungen. Ich selbst folge dem Zen-Buddhismus, bin Mönch und Priester und bin bemüht, in diesem Beitrag die Ansichten des Buddhismus so zu vertreten, daß der Großteil der Buddhisten damit einverstanden sein kann.

Der Buddhismus ist in seiner Essenz nicht so sehr eine Religion, als eine Wissenschaft des Geistes. Buddha betonte wiederholt die Notwendigkeit der Erfahrung, des vernunftmäßigen Verstehens und Überprüfens auf dem Gebiet der Religion. Als praktische Methode für das Erlangen von persönlicher Integration, der Erkenntnis oder der Erleuchtung in die wahre Natur unseres Selbst und der wahren Natur der Welt dient die Meditation.

Grundlegend für den Buddhisten ist die Lehrrede, die Buddha vor den Menschen im Land der Kalamer hielt, wo er sagte: „Kalamer, geht nicht nach Hörensagen, nicht nach Überlieferungen, nicht nach Tagesmeinungen, nicht nach der Autorität heiliger Schriften, nicht nach bloßen Vernunftgründen und logischen Schlüssen, nicht nach erdachten Theorien und bevorzugten Meinungen, nicht nach dem Eindruck persönlicher Vorzüge, nicht nach der Autorität eines Meisters! Wenn ihr aber selbst erkennt: Diese Dinge sind unheilsam, sind verwerflich, werden von Verständigen getadelt, und wenn ausgeführt und unternommen, führen sie zu Unheil und Leiden, dann Kalamer, möget ihr sie aufgeben". Buddha warnte vor jeder Autoritätsgläubigkeit, und gleichzeitig gemahnte er zur Selbstverantwortung.

Wie ich schon sagte, wird im Buddhismus die Welt oder das Universum nicht als Schöpfungsakt eines Gottes gesehen. Buddha akzeptierte nicht diese Ansicht und ebenso lehnte er die Idee einer Seele ab, obwohl er von der Möglichkeit einer Erlösung sprach und diese auch lehrte. Die Lehre Shakyamuni Buddhas bezieht sich hauptsächlich auf die von ihm erkannten und sogenannten „Vier Edlen Wahrheiten", nämlich: Leben ist *dukkha*, was auf Deutsch leidhaft, unerfüllend, unzulänglich, nicht zufriedenstellend bedeutet. Die zweite der Vier Edlen Wahrheiten lautet, daß es eine Ursache für *dukkha* gibt. Die dritte Edle Wahrheit besagt, daß es einen Weg zur Befreiung von *dukkha* gibt, und die vierte Edle Wahrheit ist der Achtfache Pfad, der zur Befreiung von *dukkha* führt. Der Achtfache Pfad besteht aus drei Gruppen: Sittlichkeit, Konzentration, bzw. Geistessammlung und Weisheit. Aufgegliedert sind diese: rechte Einsicht, rechte Absicht, rechte Rede, rechtes Tun oder Handeln, rechter Lebenserwerb, rechte Anstrengung oder Bemühung, rechte Achtsamkeit und letztlich rechte Konzentration.

Als Grundlage zum Verständnis unserer menschlichen Existenz hat Buddha drei Dinge betont, nämlich die Vergänglichkeit alles Seienden, die bedingte Entstehung und gegenseitige Abhängigkeit aller Dinge und das Nicht-Vorhandensein eines Ichs, oder Substanzlosigkeit in allen Dingen. Alles was in Erscheinung tritt erfolgt aufgrund der „bedingten Entstehung", d.h. wenn dies ist, dann ist jenes, wenn dies vergeht, vergeht auch jenes.

Die Einsicht und persönliche Erfahrung dieser Tatsache bildet die Basis zum buddhistischen Verständnis und das Heil des Menschen besteht nach der Lehre des Buddha in seinem Erwachen zur Wirklichkeit – zur Ganzheit – durch Überwindung von Gier, Haß und Verblendung bzw. Unwissenheit. Dieses Erwachen erfolgt durch Geistestraining und Studium, – also nicht durch die erlösende Kraft eines höheren Wesens oder eines Gottes. Allerdings bestehen diesbezüglich unterschiedliche Meinungen auch unter Buddhisten.

Der Begriff „Nirvana", ist mit der buddhistischen Lehre eng verknüpft und wird leider häufig und fälschlich als Zustand einer glückseligen Passivität in Abkehr von der Welt verstanden. Nirvana ist der Zustand des Einsseins mit dem Absoluten und wird erreicht, wenn man wissend ist, wenn der Geist frei geworden ist von Lebensdurst, Begierde und Abhängigkeit. Unabhängigkeit ist freier Wille – also ein dynamischer und kreativer Zustand. Das angestrebte Ideal ist nicht Abkehr, sondern aktives Wirken in der Welt, basierend auf Weisheit und Mitgefühl, wobei Mitgefühl nur ein anderes Wort für Liebe ist.

Da sich die Lehre Buddhas ausschließlich auf den Menschen bezieht, also anthropozentrisch ist, kann behauptet werden, daß der Buddhismus von Anfang an mit dem Problem des Menschen, und mit diesem ausschließlich, beschäftigt war. Den Ausgangspunkt von Buddhas Suche nach der Wahrheit bildeten die beunruhigenden Nöte des menschlichen Daseins. Die buddhistische Philosophie, die nach seinem Tode sich zu entwickeln begann, blieb durch und durch menschlich, wobei der Begriff des „Ichs" bzw. des „Nicht-Ichs" als ein grundlegendes Problem gesehen wurde.

In der Theravada Richtung des Buddhismus, das ist die Schule des Früh-Buddhismus, scheint der Begriff Gott nie auf, ja, er wird sogar mit: „wir brauchen ihn nicht" abgetan. In meinen Gesprächen mit buddhistischen Mönchen in Asien, wurde meine Frage nach dem Stellenwert unseres westlichen Gottesbegriff in der Regel nur mit einem höflichen Lächeln beantwortet, so, als ob meine Frage kindlich naiv wäre. Nach ihrer Sicht gibt es keine Notwendigkeit für einen Gott, und sie finden diese Vorstellung überholt und betrachten sie nur als einen Auswuchs von Angst und Aberglaube, eine Vorstellung, resultierend aus einem „Nicht-Verstehen" der Natur, einem „Nicht-Erkennen" der Wirklichkeit.

Allerdings wird der Theismus als solcher auch nicht wirklich abgelehnt. Obwohl der Buddha allen theistischen Religionen seiner Zeit kritisch gegenüber stand, akzeptierte er sie für ihren begrenzten Wert, aber er nannte sie „nicht-zufriedenstellende Religionen". Es wird aber auch berichtet, daß Buddha selbst großen Respekt gegenüber Vertretern anderer Religionen zeigte und auch seinen Anhängern wiederholt einprägte, anderen Religionen mit Respekt zu begegnen.

Nach buddhistischem Verständnis ist unser westliches Konzept eines Gottes zu eng. Der östliche Begriff Gottes wird als höher entwickelt gesehen, da er nicht aus Unwissenheit der Natur, sondern aus tiefer philosophischer Erkenntnis der Wahrheit bezüglich der Natur und des Lebens entstanden ist. Das Konzept Gott wird grundlegend als ein „Nicht-Konzept" verstanden, da es nichts Spezifisches beinhaltet. Sollte diesem Konzept eine spezifische Bedeutung gegeben werden, so müßte es mit „Alles" übersetzt werden. Es ist das transzendentale Prinzip, das allem in der Natur als Grundlage dient. Dieser Gott ist a-historisch. Er ist sowohl personal wie nicht-personal und ebenso keines von beiden.

Wenn im tibetischen Buddhismus von Göttern oder Gottheiten die Rede ist, dann nur als Begriffe und Bilder, die zum Verständnis des Wirkens unseres Geistes dienen. Es sind keine Entitäten, die irgendwo im Universum zu Hause sind, sondern sie repräsentieren Eigenschaften unseres eigenen Geistes bzw. Bewußtseins. Der Buddhist, sofern wir überhaupt von *den* Buddhisten sprechen können, wird sich nie über die Auffassung des Gottesbegriffes streiten, sondern das sogenannte „Göttliche" als Symbol des Lichtes der Erkenntnis und der mitfühlenden Nächstenliebe verstehen.

Der Buddha ließ die Gottesvorstellung seiner Zeitgenossen auf sich beruhen und zeigte jenseits aller theistischen Thesen den Weg zum Erlebnis des Göttlichen im Menschen selbst. Dieser besteht in der Überwindung unserer ichhaften Begrenztheit, d. h. in der Kultivierung jener „unermeßlicher" Eigenschaften, die in den Empfindungen der Nächstenliebe, des Mitleides, der Mitfreude und des seelischen Gleichgewichtes (Gleichmut) bestehen. Der Buddha bezeichnete diese als die vier „göttlichen Zustände" oder das „Verweilen in Gott".

Das Wort „Gott" dient hier nur als Symbol für etwas, das sich jeder Beschreibung entzieht. Auch hier heißt es, so wie in der Bibel: „Du sollst dir kein Bild machen von Gott."

Wie wir nur zu gut wissen, ist das Wort „Gott" sehr vieldeutig. Für den einen bedeutet es eine „Person", dem anderen ein „Prinzip", ein Gesetz, eine unpersönliche oder überpersönliche Macht. Unter jenen, die in Gott eine Person sehen, ist sein Charakter, je nach der Stellung, die er innerhalb ihrer Gefühlswelt oder ihrem Weltbild einnimmt, sehr verschieden. Manchmal ist er ein strenger und zu fürchtender Machthaber, dann wieder ein gütiger Vater und in manchen hinduistischen Sekten spielt er die Rolle eines Liebenden oder Geliebten. Nach der Auffassung derer, die in Gott eine unpersönliche oder überpersönliche Macht sehen, erscheint er als immanent oder transzendent, als die Welt durchwesend oder die Welt übersteigend oder als Ausdruck inneren, menschlichen Erlebens, als ein Symbol innerer Wirklichkeit oder als psychische Projektion.

Allen diesen Vorstellungen und Begriffen mag ein gemeinsames, nicht Definierbares zugrunde liegen, wie dies die Eigenschaft jeden Symboles ist. Erst seine Beziehung zu den übrigen Teilen des jeweilig herrschenden Weltbildes gibt dem Symbol seine Bedeutung. Somit besteht das Wesen jeder Religion oder Weltanschauung in den ihr eigentümlichen Relationen von Begriffen und Erfahrungssymbolen, nicht aber in bloßen Aussagen, die sich unabhängig vom Ganzen mit den Aussagen eines anderen Geistessystems vergleichen oder sich von ihm widerlegen lassen.

Je näher wir der höchsten Wahrheit kommen, desto weniger können wir darüber etwas Konkretes aussagen und diejenigen, die sich der höchsten Wahrheit nähern, müssen darüber schweigen. Nicht weil die Wahrheit ein zu behütendes Geheimnis ist, sondern weil sie weder mit dem Verstand erfaßt und noch weniger mit der Sprache beschrieben werden kann. Alles was getan werden kann, ist den Weg weisen, wie man zur Erkenntnis dieser Wahrheit gelangt.

Für den Buddhisten gibt es keine religiösen Aussagen, die „wörtlich" zu nehmen sind, denn auch Worte sind nur Symbole für etwas, das jenseits von ihnen liegt.

Darum heißt es im Lankâvatarâ Sutra: „Möge der Jünger sich davon hüten, sich an Worte zu klammern in der Meinung, daß sie ihrem Sinn völlig entsprechen, denn die Wahrheit liegt nicht in Buchstaben eingeschlossen. Wenn ein Mensch mit dem Finger auf etwas zeigt, so mag die Fingerspitze von Einfältigen für das angedeutete Objekt angesehen werden. In gleicher Weise sind die Unwissenden wie Kinder nicht fähig, die Idee aufzugeben, daß in der „Fingerspitze" der Worte ihr ganzer Sinn enthalten sei. Sie können sich die höhere Wirklichkeit nicht vorstellen, geschweige denn in sich verwirklichen, weil sie sich an Worte klammern, die nicht mehr sein sollten, als ein weisender Finger – denn die Wahrheit liegt jenseits der Worte.

Hier, so glaube ich, ist ein Zitat aus Robert Reiningers Buch „Metaphysik der Wirklichkeit" am Platz, wo er sagt: „Es ist zwar natürlich, daß jeder, der eine Wahrheit gefunden zu haben glaubt, auch überzeugt ist, daß sie nicht nur für *ihn* Wahrheit sei, sondern für *alle* gelte, sofern sie sich seine Gründe zu eigen machen vermöchten. Aber diese vorausgesetzte Allgemeingültigkeit ist nicht ein primäres Kennzeichen der Wahrheit, sondern nur die natürliche Auslegung der Unwiderstehlichkeit des eigenen Zustimmungserlebnisses".

In der Philosophie des Zen-Buddhismus kommt man um den Begriff Gott nicht umhin, der aber als eine intuitive Erfahrung verstanden wird und nicht als ein begriffliches Phänomen. Als österreichischer Zen-Buddhist hege ich eine große Zuneigung zu Meister Eckhart und ich glaube, wenn wir schon auf der Suche nach dem „verlorenen" Gott sind oder uns darüber auseinandersetzen, ob wir alle den gleichen Gott meinen, so sollten wir den großen christlichen Mystiker Meister Eckhart nicht übersehen. So wie der Zen-Buddhist, spricht Meister Eckhart aus seinen eigenen Erfahrungen, die einer reichen, tief religiösen Natur entspringen. Viele seiner Aussagen sind dem buddhistischen Verständnis so nahe, daß man sie oft als Aussagen von Zen-Meistern verstehen könnte.

Im Zen können wir, so wie es Meister Eckhart getan hat, neben den Begriff Gott auch die Begriffe Absolut oder Nichts setzen, oder den einen Begriff mit dem anderen austauschen, allerdings mit dem Verständnis, daß sie jeweils für das höchste *Prinzip der Natur* stehen und daß das Nichts nicht im konventionellen Sinn verstanden wird. Die Begriffe Gott, das Absolute und Nichts, sind in sich selbst vage, geben keine konkrete Aussage und werden nur aus sprachlichem Unvermögen verwendet. Das höchste Prinzip der Natur übersteigt alle Konzepte und wird deswegen auch als Nicht-Konzept verstanden.

Das wesentliche Charakteristikum des Zen ist, daß es die konventionelle Weise des Denkens, nämlich die so übliche Zweiteilung von Subjekt und Objekt transzendiert. Erst durch die Aufhebung und Überwindung der uns Menschen so eigenen dualistischen Betrachtungsweise, kann die unmittelbare und wirkliche „So-heit" alles Seienden erkannt werden. Erst dann kann Wirklichkeit in Erscheinung treten.

Hier möchte ich hervorheben, daß sich die Welt vor unseren Augen, in Übereinstimmung mit unserem jeweiligen Bewußtseinszustand erschließt. Solange wir „innen" und „außen", Subjekt und Objekt gegenüberstellen, können wir niemals die wirkliche „Soheit" erkennen, sondern nur die Verzerrung unserer eigenen subjektiven Projektion. Sie zeigt sich nur bruchstückhaft und in Gestalt eines verzerrten Selbstwiderspruchs. Darüber hinaus erleben wir alles als ein für sich existierendes Ding, unser Selbst miteingeschlossen. Nach buddhistischem Verständnis ist das eine falsche Ansicht und im Zen-Buddhismus wird diese Subjekt-Objekt-Trennung als „Sünde" bezeichnet.

Der Buddhismus sieht alle Dinge, die gemeinsam mit uns existieren, nicht als Teile des Ganzen, sondern erkennt in allen Dingen das Ganze oder mit anderen Worten ausgedrückt, jedes Ding, mag es noch so unscheinbar sein, *ist* das Ganze. Und wenn wir Begriffe wie Gott oder das Absolute verwenden, dann dürfen sie nicht als ein getrennt existierendes Ding oder als ein „etwas" gesehen und verstanden werden. Solange die Grenze zwischen „innen" und „außen" nicht geöffnet wird, werden bei den für wirklich gehaltenen Dingen immer Unstimmigkeiten und Widersprüche vorherrschen.

Wir sehen hier ganz klar, daß wir uns nicht des gewöhnlichen Alltagsbewußtseins bedienen können, wenn wir die höhere oder absolute Wirklichkeit erkennen möchten. Es bedarf der meditativen oder kontemplativen Übung, wodurch wir eine andere, von der konventionellen unterschiedlichen Bewußtseinsebene erlangen, auf der es weder Subjekt noch Objekt gibt und begriffliche Vorstellungen keinen Platz haben. Im Zen werden alle Begriffe verworfen, oder zumindest das Festhalten daran, weil diese nur auf der konventionellen, relativen Bewußtseinsebene ihre Berechtigung haben. Gott oder das Absolute, können niemals begrifflich erfaßt werden.

Wesentlich ist die Erkenntnis des Einheitsprinzips, wobei nichts in dieser Welt für sich allein, also getrennt von allem anderen existiert. Dieses Grundprinzip gilt auch in Beziehung zu Gott oder dem Absoluten wenngleich diese, nach buddhistischer Ansicht, nur hypothetisch existieren.

Die scheinbaren Gegensätze, mit denen wir im Alltagsbewußtsein konfrontiert werden, existieren nur auf der begrifflich diskriminierenden Bewußtseinsebene und nicht auf der höheren transzendentalen, wo es keine Trennung der Dinge, kein Subjekt und kein Objekt gibt, keine Gegensätze von Gut und Böse, keine Vergangenheit und keine Zukunft. Zu dieser Ebene hat der Intellekt keinen Zutritt, sie kann nur mittels der Intuition erschaut werden. Erst auf dieser Ebene können wir uns dem höchsten Prinzip nähern, das mit dem gesamten Kosmos eine allumfassende Einheit bildet. Gott oder das Absolute muß demnach auch die Gegensätze von Gut und Böse beinhalten. Ein nur „guter Gott" wäre ein einseitiger, unvollkommener Gott. Der vollkommene, also absolute Zustand der Einheit, in der alle Gegensätze aufgehoben sind, wird im Zen „die wahre Liebe" genannt.

Zum Abschluß meines Beitrages möchte ich einen bedeutenden Zen-Buddhistischen Philosophen unserer Zeit sprechen lassen. Sein Name ist Keiji Nishitani, der leider schon verstorben ist. Er war Japaner und Angehöriger der berühmten Kyoto Schule, studierte unter anderem mit Martin Heidegger und war sehr vertraut mit westlicher Philosophie.

Ich habe diesen Beitrag gewählt, weil er ganz und gar meinem Verständnis entspricht und, wie nicht anders zu erwarten, auch dem meines japanischen Zen-Lehrers, der mit Prof. Nishitani eng befreundet war. Ich zitiere aus seinem Buch „Was ist Religion?" das im Insel Verlag erschienen ist:

Die Alten haben behauptet, daß die ganze Welt in einem Nu wieder zunichte werde und verschwinde, wenn Gott es wolle. Gott ist das absolute „Nein", wie auch als das absolute „Ja", zur geschaffenen Existenz allgegenwärtig. Wenn also irgendein Mensch, ganz gleich wer, der Allgegenwart Gottes „existentiell" begegnet, so muß dies so sein, als sei er in einer Todeswüste ausgesetzt worden, in der es weder ein noch aus für ihn gibt.

Der Allgegenwart Gottes „existentiell" zu begegnen bedeutet, daß Gott immer und überall als das Paradox unserer Existenz anwesend ist. Vor allem muß diese Allgegenwart sich uns als etwas vergegenwärtigen, das uns jedes Ortes beraubt, auf dem wir als eigenmächtige Existierende stehen können, auf dem wir leben und den eigenen Atem ausstoßen können. Unsere Existenz, so wird gesagt, ist eine sündige Existenz der Auflehnung gegen Gott, aber die „ontologische" Beziehung zwischen diesem unserem Sein und dem Sein Gottes muß vom Standpunkt der „Existenz" aus gedacht werden, wie wir gerade dargelegt haben.

Die Allgegenwart eines absolut transzendenten Gottes ist als etwas zu denken, das unsere Existenz hart bedrängt und uns weder Vorwärts noch ein Zurück erlaubt, indem es uns zur Entscheidung zwingt; es muß als etwas gedacht werden, das uns im alltäglichen

Leben, im Gehen, Stehen, Sitzen und Liegen bis zum Grunde durchdringt. Im Christentum wird jedoch gewöhnlich die Transzendenz Gottes bloß so vorgestellt oder betrachtet, als stünde er fernab von allen geschaffenen Wesen und von der Welt.

Ist es nicht recht selten, daß Christen jener Transzendenz in ihrer Relevanz für die eigene Existenz wahrhaft „existentiell" standhalten? Ist es nicht recht ungewöhnlich, daß die Allgegenwart eines absolut transzendenten Gottes als *Gegenwart* genommen wird, die einem selbst unmittelbar entgegentritt? Die Tatsache, daß alle geschaffenen Dinge verkünden, von Gott geschaffen zu sein, bedeutet, wie gesagt, daß Gott nicht anwesend ist, ganz gleich, wohin wir uns wenden; und daß wir zugleich, was dasselbe ist, überall, wohin wir uns wenden, Gott direkt gegenüberstehen.

Dies heißt: Der Gott, vor dem alle geschaffenen Dinge *nichts* sind, ist durch alle geschaffenen Dinge gegenwärtig. Wie Moses und andere Fromme müßten alle Christen dazu imstande sein, selbst in einem Stein oder in einem Grashalm die verzehrende Flamme, die Lichtsäule, den grollenden Donner Gottes zu sehen und zu hören. Bei allen sollten „Furcht und Zittern" herrschen.

Gewöhnlich herrscht die Ansicht vor, daß man der absoluten Transzendenz Gottes in einer *personalen* Beziehung zu Gott begegne, im Bewußtsein der Sünde und mit Furcht und Zittern. Daß man ihr in der geschaffenen *Welt* der Schöpfung begegnen kann, wird selten in Betracht gezogen. Der Gedanke, Gott in dieser Welt überall erkennen zu können, wird gemeinhin als „Pantheismus" zurückgewiesen; und der auf einer personalen Beziehung beruhende „Theismus" wird für richtig gehalten. Aber der Gedanke von der Allgegenwart Gottes enthält schon die Möglichkeit, Gott überall in der Welt zu begegnen. Dies ist dann nicht der sogenannte „Pantheismus" und besagt nicht, daß das Universum Gott oder Gott das der Welt immanente Alleben sei, sondern daß ein absolut transzendenter Gott, als solcher, absolut immanent ist.

Daß ein bestimmtes Ding aus dem Nichts geschaffen ist, meint, daß dieses „Nichts" dem Sein jenes Dings immanent ist – weit mehr immanent, als das „Sein" dieses Dings ihm selbst immanent ist. Das ist gemeint, wenn wir von „absolut immanent" sprechen. Es ist die Immanenz als absolute Negativität; denn das Sein des Geschaffenen ist auf dem Nichts gegründet und ist im Grunde Nichts. Zugleich ist es Immanenz als absolute Positivität; denn das „Nichts" im Geschaffenen ist der Grund des „Seins".

Dies also heißt Allgegenwart Gottes in allem, was aus dem Nichts geschaffen ist. Und so kann gesagt werden, daß für den Menschen die Allgegenwart das Moment des Umschlags von der absoluten

Negativität zur absoluten Positivität, vom absolut verneinten zum absolut bejahten Sein enthält. Sich diesem Moment anzuvertrauen, gleichsam auf ihm zu reiten, um dem Selbst zu sterben und in Gott zu leben, – das konstituiert den Glauben.

Auch das Erscheinen Christi kann als leibliches Offenbarwerden dessen angesehen werden, was wir soeben das Moment das im Menschen sich ereignenden Umschlags genannt haben, welches in Gott selbst liegt. Die Verkündigung des Evangeliums, das Reich Gottes sei nah, drängt den Menschen in die Entscheidung, zu sterben und wiederzuleben. Die eschatologische Bedeutung des Evangeliums vom Reich Gottes weist, vom „existentiellen" Standpunkt her gesehen, darauf hin, daß das Moment der Umkehr des Menschen, welches in der Allgegenwart Gottes enthalten ist, mit solcher Eindringlichkeit gegenwärtig wird, daß es dem Menschen hier und jetzt eine Entscheidung aufzwingt – ihn in die Enge treibt mit dem Entweder/ Oder zwischen dem ewigen Tod und dem ewigen Leben.

Dies ist auch der Sinn meiner früheren Bemerkung, die Liebe Christi sei ein Schwert – „ein Schwert, das den Menschen tötet" und „ein Schwert, daß ihm Leben verleiht". In diesem Sinn kann man sagen, das Evangelium enthalte latent den Hinweis, daß der Mensch, ganz gleich, wo er sich befinde und was er tue, jedesmal ein ihn auf der Stelle spaltendes Schwert berühre. Nur wenn sie so betrachtet wird, kann die sogenannte Eschatologie wahrhaft zu einem Problem der menschlichen Existenz gemacht und kann derjenige, der durch dieses „Schwert der Agape" stirbt und lebt, zu einem Gottgeatmeten werden, zu einem Hauch aus dem Heiligen Geist.

Selbst wenn der Mensch Gottes Transzendenz und Allgegenwart in solcher „existentieller" Weise begegnet, kann „Begegnung" als personale Beziehung zwischen Gott und Mensch bezeichnet werden, jedoch in einem ganz anderen als dem üblichen Sinn von „personal". Wenn wir gewöhnlich die Beziehung zwischen Gott und „Seele" oder „geistige" Beziehung „personal" nennen, muß von der oben gemeinten Beziehung gesagt werden, daß sie eher einen nichtpersonalen Charakter hat. „Nichtper-sonal" ist hier jedoch nicht, wie sonst üblich einfach das Gegenteil von „personal" zu verstehen.

Das Leben des Universums oder die produktive Kraft der Natur im Sinne des Pantheismus zum Beispiel sind nichtpersonal im geläufigen Sinn. Aber wenn wir der Allgegenwart Gottes als der absoluten Negativität in bezug auf das Sein aller geschaffenen Dinge „existentiell" begegnen, wenn sie sich als eine eherne Mauer herstellt, die uns jeden weiteren Schritt nach vorn oder zurück versperrt, so ist diese Begegnung nicht einfach „unpersönlich".

Mit einem Wort: „Gott" kann nicht allein bestimmt werden mit „Personsein" im üblichen Sinn, und ebenso ist die Beziehung zwischen Gott und Mensch nicht nur eine „personale". Es gilt, Gott in der oben dargelegten Weise als *realiter* Allgegenwärtigem zu begegnen: als dem allen Dingen absolut Immanenten mit seiner absoluten Transzendenz, die in diesem Fall absolute Negativität bedeutet. Es muß dies ein „nichtpersönlich"-persönliche (oder „persönlich"- nichtpersönliche) Beziehung sein, in der die Realität Gottes selbst als „nichtpersönlich-persönliche" (oder „persönlich"-nichtpersönliche) realisiert wird.

Die Realität Gottes muß aufgefaßt werden in dem Modus ihres Seins, der offenbart ist auf jener Ebene, auf der es weder „innen" noch „außen" gibt; und die Existenz eines Menschen, der ihr begegnet, muß ebenfalls als auf dieser selben Ebene bestehende betrachtet werden, also nicht als nur als „innere" persönliche Existenz.

Zeugnisse

20

Schweigen und Schreiben
„in heiliger Unberechenbarkeit"

von Beatrice Eichmann-Leutenegger

So nah war er dem Menschen nie, so nah wie damals, als er ihm die Hand entgegenstreckte und sein Finger sich mit jenem des ersten Geschöpfs berührte. Michelangelo hat die paradiesische Nähe zwischen Gott und Adam in einer unvergleichlichen Geste verdichtet, und Millionen von Besuchern der Sixtina haben dieses Deckenfresko gesehen und daraus ihre Vorstellung göttlicher Nähe genährt. Dann aber stand der Engel mit dem Flammenschwert da und vertrieb die Menschen aus dem Paradies. Draußen vor den Toren warteten auf sie Plage und Schmerz, Streß und Frust. Was blieb, war die Erinnerung an einen paradiesischen Zustand, war die Nähe und Fülle Gottes, der Inbegriff all dessen, was man sich ersehnt: Liebe, Glück, Freude, Friede. Seit der Mensch aber aus dem Paradies vertrieben worden war, seit der Introduktion des Genesisbuches war der Ruf nach Gott immer wieder zu vernehmen: vom Garten Eden über Jeremias („Wo bleibt denn das Wort des Herrn?" 17,15), über Samuel („Gott hat sich von mir abgewandt, er antwortet mir nicht mehr ..." 1 Sam 28,15) bis hin nach Golgotha, wo Jesus am Kreuz bei Markus wortgleich den Vers aus Psalm 22 aufgreift, wenn er klagt: „Mein Gott, mein Gott, warum hast du mich verlassen?" Es ist einer der Momente in der jesuanischen Biografie, da sich blitzartig die einzigartige Solidarität des Gottessohnes mit der Menschheit darstellt. Wie der Mensch leidet auch dieser Jesus an der Ferne Gottes, er ist auf der Suche nach jenem Gott, den schon der Psalmist mit Schmerzen gesucht hat: „Gott, du mein Gott, dich suche ich,/ meine Seele dürstet nach dir ..." So können wir nachlesen etwa in Psalm 63, wo der Autor diesen Durst mit jenem des dürren Landes ohne Wasser gleichsetzt.

Dennoch erlebte der Psalmist immer auch die Augenblicke des Trostes in Gott, des Vertrauens, der Gewißheit, daß einer sich schützend den Feinden entgegenstelle, um ihn, den Beter, zu verteidigen. Gott war da. Er sah, er hörte, er wußte. Doch aus dieser Selbstverständlichkeit, die auch dem Psalmisten nicht unablässig, nicht fraglos gegeben war, sind die Nachgeborenen immer wieder herausgefallen. Bilder wurden kreiert, um diese Ferne und damit diese Unbegreiflichkeit Gottes zu fassen. In der ornamentalen Kunst der Gotteshäuser aus Spätantike und Mittelalter, etwa in den Mosaiken von San Marco, Venedig, oder in jenen von Chartres tauchte auf den Kirchenfußböden das Labyrinth auf, eine Reminiszenz an das kretische Labyrinth aus der Mythengeschichte, um zu zeigen, wie schwierig der Weg von Alpha nach Omega, von der Geburtsstunde zum ewigen Ziel zu finden war. Die Wege des Labyrinths zu durchschreiten oder ihnen mit dem Finger nachzufahren, galt im Mittelalter, besonders in Frankreich, als fromme Übung und als Ersatz für eine Pilgerfahrt nach Jerusalem. Auch Teile von Gärten und Parks wurden mitunter in Form dieser sog. Jerusalemswege angelegt. – Kein anderer Autor der Moderne hat indessen das Labyrinth so sehr ins Zentrum seines Denkens gerückt wie Friedrich Dürrenmatt. In seinem Band „Stoffe I–III" (1981 erschienen) stellt er sich die Welt insgesamt als ein einziges Labyrinth vor. Der Mensch habe sich Gott erdacht – als Ausweg aus seinem labyrinthischen Nichtwissen, meint Dürrenmatt, der bernische Pfarrerssohn. Dieser sei allerdings seit Jahrhunderten tot: eine gekreuzigte, in Bandagen einbalsamierte Mumie. Dürrenmatts labyrinthisches „Durcheinandertal" hat indessen nichts zu tun mit esoterischen Labyrinth-Tänzen, die Sinnfindung versprechen.

Dantes „Göttliche Komödie", eines „der paar großen Jahrtausendbücher der Menschheit" (Hermann Hesse), beginnt mit der Evokation des finsteren Waldes: „Mittwegs auf unsres Lebens Reise fand/ In finstren Waldes Nacht ich mich verschlagen,/ Weil mir die Spur vom graden Wege schwand ..." Dieser Wald, den Dante „wild und rauh und dicht" nennt, ist nichts anderes als ein naturgewordenes Labyrinth, in dem sich der suchende Mensch verlieren kann. Es ist wohl kein Zufall, daß in beiden Fällen, sowohl in der antiken Labyrinthgeschichte des Theseus wie auch in Dantes Wald, Frauen aus der Undurchdringlichkeit hinaus zu geleiten wissen: Im griechischen Mythos gibt Ariadne, Tochter des Minos, dem geliebten Theseus einen Wollknäuel. Damit dringt er in die düsteren Irrgärten des Labyrinths ein, den Faden hinter sich abwickelnd, damit er den Rückweg wieder findet, wenn er den Minotauros getötet haben würde. In der „Göttlichen Komödie" agiert Beatrice mit dem „intelletto d'amore", den ihr Dante in seinem Gedicht „La vita nova" zuerkannt hat.

Die Mystiker des Mittelalters, allen voran Meister Eckhart, bereden die Wüste, die Abgeschiedenheit (mhdt. „abegescheidenheit"), in welcher der Mensch sich, fern von Gott, aufhält. Johannes vom Kreuz aber erinnert sich wieder an die danteske Finsternis, wenn er seinem Gedicht den Titel gibt: „Die Dunkle Nacht". Beide, Nacht und Wüste, wird indessen Ingeborg Bachmann im dritten Kapitel ihres Romanfragments „Der Fall Franza" zusammenführen; sie nennt es „Die ägyptische Finsternis" (Erstveröffentlichung 1966): „… Gott kommt auf mich zu, und ich komme auf Gott zu …" glaubt Franza mitten in der Wüste. Es ist eine Phantasmagorie, „zum Greifen nah", denn – so schreibt die Autorin illusionslos – „die arabische Wüste ist von zerbrochenen Gottesvorstellungen umsäumt".

In solchen Bildwelten – dem Wald, der Nacht, dem Labyrinth, der Wüste – ist der Mensch immer unterwegs, ist homo viator, Reisender, Pilger, Nomade. Die großen monotheistischen Religionen des Judentums, Christentums und Islams sind als Grundidee in Wüstenregionen geboren worden, wo der Mensch als nomadisierender Zeitgenosse schon immer präsent und selbstverständlich war. Daher verwundert es nicht, daß der Akt des Wanderns, Unterwegsseins schon in den biblischen Texten immer wieder aufscheint. Aufbrechen ist wichtiger als ankommen, suchen zentraler als finden. Und immer erhält alles den Stempel des Vorläufigen und Transitorischen. Nichts ist Besitz, Gewißheit oder Versicherung. Doch was wäre das für ein Gott, der so leicht zu finden wäre? Ein wohlfeiler Geliebter, ein billiger Schatz?

Welches aber ist vor diesem Hintergrund die Rolle des Menschen? In diesem Welttheater, das seit der Vertreibung aus dem Paradies in Szene gesetzt wird? Der Mensch erhält das Kleid des Pilgers, des Bettlers, des Bedürftigen, und selten nur sind die Momente, da er sich als König fühlen dürfte, als Seher auch. Denn nicht nur ist er arm, er ist auch zumeist blind, taub und ein Stotterer. Und er ist verzagt, ein Leben lang auf dem Weg nach Emmaus, mit zerplatzten Träumen und zerstobenen Illusionen im Herzen. Ganz in seine Trauer verstrickt, erkennt er so wenig, daß Jesus neben ihm her geht, wie bei Lukas die beiden Jünger. Das Moment der Pilgerschaft hat indessen in der russischen Literatur des 19. Jahrhunderts seine markanteste Ausprägung gefunden. 1884 wurden die Erzählungen eines unbekannten russischen Mönchs, seine Erlebnisse und Erfahrungen der Pilgerschaft, erstmals gedruckt, zu einer Zeit, da Dostojewskij mit seinem letzten Werk, den „Brüdern Karamasow", vor die Öffentlichkeit trat und Tolstoi seine Kritik des russischen Christentums vollendete. Der namenlose Pilger ist diesen beiden Gottsuchern verwandt; seine Gestalt gehört zum Bild des sog. „alten heiligen Rußland", das sich für uns Westeuropäer so hartnäckig erhalten hat, ein literarisches Bild, das sich lange den so ganz anderen wirtschaftlichen und politischen Parametern dieses Landes entgegenzustemmen vermochte. „Aufrichtige Erzählungen eines russischen Pilgers" wurde, 1959 erstmals als Taschenbuch in deutscher Sprache erschienen, zu einem religiösen Kultbuch. Es sind Aufzeichnungen eines einfachen Mannes aus dem Volk, der auf seiner einsamen Wanderschaft durch die russischen Ebenen Mönchen, Bauern und Händlern begegnet, die wie er auf der Pilgerschaft sind. Miteinander sprechen sie von der Not und Seligkeit ihres Herzens auf der Suche nach Gott. Dieser russische Pilger ist der namenlose Unbekannte, und noch Pasternaks Schiwago ist einer seiner vielen Söhne, die, unstet auf Erden, Russland von einem Ende zum anderen durchwandern, nirgends Ruhe finden. Der russische Pilger ist aber auch ein Verwandter von Tschechows „schwarzem Mönch" (Erzählung „Der schwarze Mönch"), den der Dichter als eine bisweilen auf Erden erscheinende leib-geistliche „Fata morgana" schildert, die in den afrikanischen Wüsten gesehen wurde, aber auch in den südlichen Steppengebieten Russlands. Für Tschechow ist gewiß: Dieselbe Erscheinung müßte auf anderen Sternen zu sehen sein, um irgendwann als bestürzendes Zeichen abermals auf Erden zu erscheinen. Der evangelische Theologe Walter Nigg spricht daher in seinem 1954 erschienenen Buch von „Des Pilgers Wiederkehr".

Die beiden Publikationsdaten – 1959: Aufrichtige Erzählungen eines russischen Pilgers; 1954: Des Pilgers Wiederkehr – markieren indessen eine Phase , in der ein literarischer Bereich noch selbstverständlich gewesen ist: jener der sog. Christlichen Dichtung. Sie wurde – etwas salopp ausgedrückt – ungefähr zehn Jahre später lautlos zu Grabe getragen. Wir denken an Namen wie Gertrud von Le Fort, Edzard Schaper, Werner Bergengruen, Reinhold Schneider, Elisabeth Langgässer, Paul Claudel, Charles Péguy u. v. a., wissen natürlich heute, daß dieses Etikett des „christlichen Dichters", der „christlichen Dichterin" eine Fessel gewesen ist, die den Blick auf die jeweilige Dichtungslandschaft immer auch verstellt hat, weil sie ihn voreinnahm. Die Träger und Trägerinnen dieses Etiketts hatten es in der postchristlichen Aera der Literatur schwer, der Kurswert ihrer Namen schwand rapid, und wenn man heute einen dieser Namen „rehabilitieren", d. h. für eine nachchristliche Leserschaft hinzugewinnen, neugewinnen möchte, so ist auch das ein schwieriges Unterfangen. Es kann nur gelingen, wenn der betreffende Autor, die Autorin auch sog. unverdächtige Themen bereithält, die eine zeitgerechte Adaptation zulassen.

Das Schweigen

Warum dieser Seitenblick auf die sog. christliche Dichtung? Weil er gnadenlos aufzeigt, daß religiöse Fragestellungen in der modernen Literatur alles andere als selbstverständlich sind. Ein Großteil der literarischen Zeugnisse klammert sie aus. Darin mag man vielerlei erblicken: Indifferentismus, Agnostizismus, mangelndes Interesse, Trägheit – aber auch Scheu, Skepsis gegenüber dem Wort, jene Gebrochenheit gegenüber der Sprache also, die ein Signum der Moderne ist. Dennoch, so meine ich, lassen sich manche literarische Zeugnisse unseres Jahrhunderts wie Kryptogramme lesen, wie Geheimschriften. Es sind gut getarnte Fundgruben, Deckmäntel auch, unter denen sich etwas verbirgt. „Der Mensch in seiner Sehnsucht ist ein Gottesbeweis", hat Böll einmal gesagt. Wenn daher in literarischen Texten die Sehnsucht nach Ganzheit, nach Liebe, nach heiler Natur auftaucht, so meinen diese Texte unausgesprochen immer mehr. Sie verweisen auf etwas, das über diese Ziele hinausreicht. Sie greifen in die Transzendenz aus. Ich denke hier an eine Autorin wie Nelly Sachs, die das Wort „Gott" kaum je erwähnt, aber in Zeichen wie Sand, Atem, Licht, Musik unaufhörlich an ein transzendentes Geheimnis rührt. Ich denke an eine Autorin wie Erika Burkart, die immer wieder über die geschändete Natur klagt und die Fragilität der Liebesmomente bespricht, dabei aber die Vorstellung des ersehnten Einsseins beschwört. Wer so schreibt, mit diesen Inhalten umgeht, muß diese Vorstellung des Weit mehr, des Ganz anderen in sich tragen. Aber die meisten Autoren der Moderne sind verschwiegen, sie sprechen nicht direkt aus, sie reden verschlüsselt, zensurieren sich selbst. Das ist gut so. Anders würden wir es kaum ertragen. Dennoch ist Gott in diesen Texten nicht verlorengegangen. Es gibt, wie dies Erika Burkart andeutet, ein Schweigen hin zu Gott. Im 1991 erschienenen Gedichtband „Die Zärtlichkeit der Schatten" steht der Vers:

… Schweigen ein Ohr auf Gott zu.
Der redet nur, wenn du schweigst,
unverständlich Geheimes,
Schrei und Geflüster …

Es ist jenes gute Schweigen, das Erika Burkart anspricht, nicht das negativ besetzte Verstummen, das Erstarrung meint: „Schweigen wäre eine Schwingung/ gestimmt auf die Stille/ über verschneiten Feldern,/ sie tönt an, es sind/ Kristalle einer /anderen Sphäre …" sagt sie ebenfalls in diesem Gedicht. Es trägt den Titel „Im Gehör". Alles ist auf das Ohr hin ausgerichtet, dieses Sinnesorgan, welches unser Zeitalter totaler Visualisierung vernachlässigt hat. Auch Silja Walter, die Schriftstellerin und Benediktinerin im Kloster Fahr bei Zürich, kreist in ihren Überlegungen aus dem Buch „Ruf und Regel" (1995 neu aufgelegt unter dem Titel: „Der Ruf aus dem Garten") immer wieder um das Ereignis des Hörens, denn die Regel kann nur mit dem „Ohr des Herzens" gehört werden – hier beruft sie sich auf Benedikts Prolog zu seiner Regel. In ihrem Kapitel „Von den Engeln" vermutet Silja Walter, daß die Engel „ihrem Wesen nach reines Gehör" sind, „ganz auf das WORT hin geschaffen". Wer den Ruf hört, wird im Hören sehend. Wir erinnern uns dabei an die Stelle aus dem „Buch der Könige": Elija , einer der zahllosen Gottsucher, wartet am Berg Horeb auf den Herrn. Doch der Herr kommt nicht im Sturm, nicht im Erdbeben, nicht im Feuer daher, sondern nur als „ein sanftes, leises Säuseln". Braucht es da nicht das „Ohr des Herzens", um dieses Säuseln hören zu können? Auf diese Stelle im 1. Buch der Könige (19,12) beruft sich auch Joop Roeland in seiner „Sprachlehre für Christen", wie er seine Aufzeichnungen nennt. Ihr Titel: „Die Stimme eines dünnen Schweigens" (1992). In einem dieser Texte, die Lyrik und Prosa vereinen, zählt er „die Geräusche des Tages" auf. Dabei hat ihn kein anderer als Karl Kraus inspiriert, der dazu rät, „den Geräuschen des Tages zu lauschen, als wären es die Akkorde der Ewigkeit". Morgen, Mittag, Nachmittag und Abend ziehen am Leser vorbei, bis Roeland festhält: „Am Ende des Tages bist Du bei Dir". Dann folgt wie eine leise Epiphanie der Schluß des Gedichts:

Am Ende des Tages
ist nur:
Stille,
ist nur:
Die Stimme eines dünnen Schweigens.
In diesem Schweigen ist Gott.

Da horchen wir vielleicht ein erstes Mal auf. Das Schweigen Gottes ist seit Jahrhunderten beklagt worden, schon Samuel und Jeremias sprachen davon – und nun ist dieser schweigende Gott wiederum gerade im Schweigen anwesend. Waren wir nicht seit jeher wortorientiert, wortanfällig, wortbedürftig – ausgehend vom Prolog des Johannes-Evangeliums: „Am Anfang war das Wort und das Wort war bei Gott und Gott war das Wort ...?" Ob man nicht diesen Prolog umschreiben müßte: „Am Anfang war die Stille, war das Schweigen ..."? Und man müßte wieder an Wittgensteins Satz denken: „Wovon man nicht sprechen kann, darüber muß man schweigen (Tractatus logico-philosophicus)." Von der „Schweigeminute" spricht Erika Burkart, aber auch von „Schrei und Geflüster", von einer gegensätzlichen Manifestation des Göttlichen. So kontrastreich können die literarischen Äußerungen zu unserem Thema sein.

Der Schrei nach Gott und die Klage

„Wer, wenn ich schrie, hörte mich denn aus der Engel/Ordnungen?" So führt Rilke die erste seiner zehn Duineser Elegien ein, mit denen er 1912 begonnen hat, um sie erst zehn Jahre später zu vollenden. Es ist der Urschrei des Dichters, der Dichterin, der sich hier entäußert, der Ausdruck einer gequälten Seele. Nicht unerheblich erscheint der Zeitpunkt der Entstehung, das Finale eines saturierten Zeitalters unmittelbar vor dem Ausbruch der Katastrophe – des Ersten Weltkriegs. Dem unbedingten Fortschrittsglauben, der Prosperität und der wachsenden Dominanz materieller Güter setzten damals Künstler wie etwa Wassilij Kandinsky eine geistig orientierte Welt entgegen, die sich bildnerisch in der Entfaltung der sog. abstrakten Malerei manifestierte. Kandinsky veröffentlichte ebenfalls im Jahr 1912 eine programmatische Schrift mit dem Titel „Über das Geistige in der Kunst". Um den Primat des Geistigen geht es auch in jenen Zeugnissen aus der deutschsprachigen Literatur des 20. Jahrhunderts, die sich auf die Suche nach dem verlorenen Gott begeben und die ich hier vorstellen werde – verschlüsselt, heimlich, verschwiegen, wie wir inzwischen wissen. Umso mehr überrascht, daß ein Autor wie Thomas Bernhard, den wir längst als Skeptiker und Spötter eingeordnet und damit gezähmt haben, 1958 einen Gedichtband publiziert hat, der unumwunden diesen Schrei nach Gott riskiert. Wie überhaupt Thomas Bernhards lyrische Paradiese noch immer zu entdecken sind. „In hora mortis", so heißt der Gedichtband, und eines der Gedichte setzt mit der Frage ein: „Wo bist Du Herr und wo/ mein Glück?" Ein anderes: „… wach auf/ und hör mich an mein Gott/ ich bin vor Frost schon müd/ und traurig/ weil mein Tag verblüht …" Alle diese Gedichte sind ein einziges Gespräch mit Gott, der einmal als der Ferne erlitten wird, dann wieder als der Nahe, mit dem man zürnen und hadern kann wie ein moderner Hiob. „… o Herr der mich in Schnee und Eis läßt knien/ um ein Gebet/ und Gnade fernen Himmels …" zürnt das lyrische Ich einmal. Dann wieder erniedrigt es sich und bittet Gott, daß er dieses klagende Ich verachten soll; es ist eine dieser Demutsgebärden, die wir auch aus den biblischen Texten kennen. Dann wieder ist es nichts als Bitte, fleht um Erhörung in gebetsähnlichen Texten, fühlt sich ausgeliefert, einsam und zerstört. Es sind die Erfahrungen der

Krankheit, die den Autor Thomas Bernhard zu diesen Schmerzäu-
ßerungen getrieben haben, jene langwierige Lungenkrankheit, die
ihm mehrere Sanatoriumsaufenthalte aufgezwungen und ihn ein
Leben lang nicht losgelassen hat. „… o Herr/ vernichte mich/ laß
mich nicht mehr allein/ nicht jetzt/ in dieser Stunde/ nicht im Mond-
verfall/ und nicht mein Gott/ vor Zwölf.“ Und dieser Wunsch nach
Vernichtung wird begleitet vom Wunsch : „Herr/ mein Gott/ ich will
vergessen sein …“

Kurze Notate nur enthält der Gedichtband einer anderen Österreicherin, Christine Busta, aber es sind merk- und denkwürdige Äußerungen zu unserem Thema. Anton Gruber hat aus dem Nachlaß
eine Publikation zusammengestellt, „Der Atem des Wortes“, die
1995 erschienen ist. Atem ist seit jeher ein Schlüsselwort in der dich-
terischen Landschaft Christine Bustas gewesen, jener Atem, der auf
Leben, menschliche Nähe hindeutet, der aber auch das Pneuma,
den göttlichen Hauch, den Schöpfungsatem begreift. Dieser Atem
ist in Christine Bustas Verständnis *vor* und *nach* allen Worten wirksam. Er steht am Anfang und am Ende aller Zeiten, er genügt sich
selbst, bedarf keiner verbalen Instrumente. Kühn nennt ihn Christine Busta „die Sprache Gottes“:

Den Liebenden ist Atemzuwendung
Sprache genug. Es ist die Sprache Gottes,
mit der er den ersten Menschen
zum Leben erweckte.

Auch die Ungläubigen
sprechen sie.

Eine andere Dimension öffnet sich im Gedicht „Schreie“, eine Dimension, welche die Suche nach dem verlorenen Gott sozusagen
auf den Kopf stellt. Schon in einem Gedicht aus dem Lyrikband
„Der Himmel im Kastanienbaum“ (1989) hat Christine Busta „von
der großen Bedürftigkeit Gottes“ gesprochen. Da horchen wir wieder auf: Ist *er* der Bedürftige, sind nicht wir es? Diese göttliche Bedürftigkeit dringt auch ins Gedicht „Schreie“ ein:

Was schreit denn nicht alles mit
in unserem Schrei nach dem Menschen?
Auch unser Schrei nach Gott
und Gottes Schrei nach sich selber in uns.

Partituren des Unerhörten,
das nach Erhörung verlangt.

Gottes Schrei nach sich selber – das ist ein kühnes Bild und korrigiert das Klischee einer wohlfeilen religiösen Dichtung. Paul Celan wird diese Kühnheit noch steigern im Gedicht „Tenebrae" (aus „Sprachgitter", 1959). Darin heißt es: „Bete, Herr,/ bete zu uns,/ wir sind nah ..."Der Angebetete wird zum Bittenden. Ist das nun Blasphemie? Oder ist diese Umkehr nur das Indiz für jene „Anti-Schöpfung", wie sie Primo Levi in einer Welt erblickt, welche die Shoa ermöglicht hat? Gleichzeitig ereignet sich aber im Gedicht Christine Bustas auch eine bedeutsame Verschränkung: jene zwischen Gott und Mensch, zwischen Mensch und Gott. Wenn ich den Menschen meine, so meine ich zugleich Gott. Wenn ich nach dem fernen Gott suche, so werde ich vielleicht auf den Nächsten verwiesen. Das ist ein Faktum, dem wir immer wieder auch in den Biografien der Heiligen begegnen. Der Franzose Charles de Foucauld z. B. suchte nach dem Absoluten, aber er fand seinen Platz mitten unter den Menschen. Bei Christine Busta gestaltet sich eine ähnliche Erkenntnis im Gedicht „Der Erwartete":

Lange habe ich gewartet.
Als der Platz, den ich Ihm aussparen wollte,
leer blieb, hab ich ihn nach und nach
mit Menschen besetzt.

Und auf einmal – ganz schlicht –
war Er gekommen
und ist da!

Das sind überraschend freimütige, offenherzige Zeugnisse. Nach Gott wird gesucht, aber er ist innerhalb des Texthorizonts immerhin als Affirmation präsent. Ganz anders verfährt Celan. Er schreibt mit dem Gedicht „Psalm" (aus „Niemandsrose", 1963) gleichsam einen Anti-Psalm, entwickelt eine radikale theologia negativa. Gott ist die Negation, ist der „Niemand":

Niemand knetet uns wieder aus Erde und Lehm,
niemand bespricht unsern Staub.
Niemand.

Gelobt seist du, Niemand.
Dir zulieb wollen
wir blühn.
Dir
entgegen.

Ein Nichts
waren wir, sind wir, werden
wir bleiben, blühend:
die Nichts-, die
Niemandsrose.

Mit
dem Griffel seelenhell,
dem Staubfaden himmelswüst
der Krone rot
vom Purpurwort, das wir sangen
über, o über
dem Dorn.

Ein Gedicht ohne jede Barmherzigkeit, ohne jede Gnade. Unumstößlich in seiner Kompromißlosigkeit, in seiner Härte, seiner Sinnverhüllung, ja Sinnverneinung, ein Gedicht der gut versteckten Klage. Ein Gedicht aber vor allem, das sich dem Geheimnis der Paradoxie beugt. Gott ist Niemand, – Celan schreibt Niemand groß, verwendet es subjektivisch – , aber trotz seines Nicht-Seins übt er Tätigkeiten aus. Analog dazu der Mensch, auch er ein Nichts – ebenfalls groß geschrieben –, welches betet, lobt, blüht, wächst. Eine Erfahrung verdichtet sich hier sprachlich-grammatikalisch, die eine Jahrhunderterfahrung ist: das Agieren im leeren Raum, im sinnentleerten Raum, und Gott nicht einmal nur fern, sondern nicht vorhanden, obwohl die Niemandsrose, der Mensch, nach oben drängt. Ist es Spott, Hohn, Persiflage, die sich in diesem Gedicht ausdrückt, welches die Attitüden des Psalms aufnimmt, sie aber mit der Subjektwelt von „Niemand, Nichts, Niemandsrose" ad absurdum führt? Ist es existentielle Not, die das Unbegreifliche spürt, erst recht nach Auschwitz, da sich die Frage erhoben hat, ob man über Gott noch reden kann, und wenn ja: Wie über ihn zu sprechen wäre? Celan hat 1958, bei der Entgegennahme des Literaturpreises der Freien Hansestadt Bremen, gesagt: „Das Gedicht kann ... eine Flaschenpost sein, aufgegeben in dem – gewiß nicht immer hoffnungsstarken – Glauben, sie könnte irgendwo und irgendwann an Land gespült werden, an Herzland vielleicht. Gedichte sind auch in dieser Weise unterwegs: sie halten auf etwas zu ..." So möchte ich vorsichtig sagen: Celans Gedicht „Psalm" ist unterwegs zu einer Antwort, wie nach Auschwitz von Gott zu reden wäre, aber die endgültige Antwort steht noch aus, sie *muss* ausstehen. In der Landschaft der Trümmer kann nur die Niemandsrose blühen.

Fast möchte man da den hadernden Gottsucher beneiden, denn sein Appell richtet sich noch immer an einen Jemand, prallt nicht an einem Niemand ab. Texte aus diesem Seinsbereich rücken aber auch herkömmliche Gottesvorstellungen ins Zwielicht, lassen sie fragwürdig erscheinen. Es ist „der unpassende Gott" , der ins Erfahrungsfeld rückt. Es ist, um mit Johann Baptist Metz zu sprechen, „mit einem Gott zu rechnen, der uns nicht einfach ein Innewerden unserer selbst ohne jegliches Erschrecken vergönnt, der uns nicht nur jubeln, sondern auch schreien und schließlich verstummen läßt ..." Das sind Gotteserlebnisse, die in der modernen Literatur offenkundig werden. Sie macht Schluß mit dem Erlösungsmythos des „menschenfreundlichen Gottes". Er ist jetzt jener, welcher zum Streit und Widerstreit herausfordert. Man muß ihn nicht nur suchen, sondern aushalten, durchhalten. Auf der Stirn dieser Gottessucher und Gottesprovokateure steht jener „weiße und furchtbare Glanz", wie ihn Joseph Roth auf dem Gesicht seines Mendel Singer erblickt hat, der kurz nach dem Ersten Weltkrieg in der Gesellschaft von Armen, Katzen und Mäusen in New York lebt. „Seine Majestät, der Schmerz, ist in den alten Juden gefahren," stellt der Arzt fest. Mendel hat alles verloren: Seine Frau ist gestorben, der eine Sohn verschollen, der andere im Krieg gefallen, die einzige Tochter verrückt geworden. Nicht umsonst frägt Mendel seine Schwiegertochter: „Sag, Vega, hast du schon gesehen, daß Gott einem Mendel Singer geholfen hätte?" Und er beschließt, die letzte Beziehung, jene zu Gott, aufzukündigen. Alles will er verbrennen: die Gebetsriemen, den Gebetsmantel, die Gebetbücher. Das heißt: Er will Gott selbst verbrennen und aus seinem Leben tilgen. „Sein Herz war böse auf Gott, aber in seinen Muskeln wohnte noch die Furcht vor Gott ..." heißt es von ihm. Denn er flucht und schreit, aber er ist nicht imstande, die heiligen Gegenstände zu verbrennen.

Mendel ist der moderne „Hiob", der in diesen Finsternissen lebt, diesen Tenebrae, wie sie Paul Celan genannt hat – wobei man bei diesen Finsternissen sowohl an „die dunkle Nacht" jedes Einzelnen denken kann, wie auch jene von Golgotha oder von Auschwitz. Die deutsch-jüdische Dichterin Gertrud Kolmar, die in Auschwitz vergast werden sollte, entwirft in einem ihrer Gedichte ebenfalls ein Bild des schwierigen Gottes und weist dem lyrischen Ich die Rolle der Leugnerin zu:

Die Leugnerin

Einst zog ich Gott mit meinen Kleidern ab.
Ich warf ihn hin. Er hing vom Stuhl herab,
Wo schmaler Florstrumpf um die Lehne rankte.
Wie lang schon, daß ich nicht mit ihm mehr zankte!

Den Wänden ward mein Antlitz zugekehrt.
In lockre Träume stieg ich unbeschwert;
Aus meinen Hüften brachen blaue Falter,
Mit nackter Sohle trat ich Staub und Alter.

Und als sich Wiesenlandschaft wirr verschob,
Ein Nachtmeer schauernd mich in Morgen hob,
Da griff ich Hemd und Kittel, Gurt und Kragen,
Fand nicht mehr Gott und dachte nicht an Fragen.–

Ich war allein und schluchzte, rief und rief
Und schrie. Doch Gott schrieb einen Herbstmondbrief,
Gott rollte Sterne aus dem Wunderknäuel.
Und mir am Bette kniet' ein blödes Scheuel.

Ich streute Lampenwärme, gelben Sand,
Es zuzudecken. Wühlte Tuch und Band,
Gott nachzuspähn. Bin müd in mich verkrochen.–
Gott lag sehr fest um meinen Stirnenknochen.

Er war mir angewachsen als die Haut,
Von Glut geschwächt, in Frösten aufgerauht,
Ganz fahl und wund gebeizt von bittren Laugen.
Und fiel als Lid auf jedes meiner Augen.

In zahlreichen Bildern evoziert Gertrud Kolmar Nähe und Ferne ihres Gottes, Einsamkeit und Verlorenheit des Menschen. Gott schreibt einen Herbstmondbrief – da ist er fern –, aber unversehens liegt er sehr fest um den Stirnenknochen, wächst als Haut an und fällt schließlich als Lid über die Augen. Das ist die Vision einer unio mystica, wie sie in so bedrohlicher Fleischlichkeit kaum je beschworen worden ist. Gott fällt über den Menschen her, da sich doch sonst der Schrecken über die göttliche Epiphanie, wie er noch in den biblischen Szenen anwesend war, an die Harmlosigkeit verloren hat. Hier aber steht er wieder auf. Gottes Nähe schafft Schmerz, und vielleicht ist dieser Schmerz auch als Strafe für „die Leugnerin" zu deuten, denn der Schuldgedanke ist in Gertrud Kolmars Dichtung immer wieder lebendig.

Nicht weniger als in einer Dichtung wie jener der Österreicherin Christine Lavant, die rebellische, aufrührerische Gedichte schreibt, wahre Fluch- und Lästerpsalmen. Sie *spricht* nicht mit Gott, sie flucht und hadert mit ihm. Und aus welchem Ort spricht ihr lyrisches Ich? Immer aus der Tiefe, von den Rändern her, denn es ist ausgestoßen, verworfen, hat sich erniedrigt, fühlt sich als Närrin – in solchen Rollenzuweisungen Gertrud Kolmar eng verwandt. Merkwürdige Fragen stellt sich dieses Ich: „Ich weiß nicht, ob der Himmel niederkniet,/ wenn man zu schwach ist, um hinaufzukommen …" Oder es denkt oft nach, „ob Gott von mir weiß,/ ob es Schutzgeister gibt auch für solche wie mich …" Auch in dieser Dichtung verkehrt sich so vieles, das Unterste gerät zuoberst, die Sterne werden nicht vom Himmel, sondern aus der Hölle geholt, und scheinbar friedliche Zeichen der christlichen Symbolsprache, wie Lamm oder Taube, geraten in völlig andere Bedeutungsfelder hinein. Denn die Dichterin ist längst aus allen Ordnungen herausgeschleudert worden, für sie gibt es keine Geborgenheit, keine Integration auf dem „Herdplatz der Wirklichen". Und auch keinen Trost, denn Gott ist ihr „das Auferstehn schuldig" geblieben, und Jesus „treibt in einem Kahn/ sehr weit am andern Rand der Welt,/ dort wo die Helfer alle sind,/ und meine letzte Hoffnung bellt/ am Ufer durch den Gegenwind …" Auch im Gebet liegt kein Trost beschlossen. Das Gebet überfällt den Betenden vielmehr, erschreckt ihn – und wieder begegnen wir hier einem „alten Gottesschrecken im Blut" (wie Rilke in einem seiner „Briefe aus Muzot" an die Berliner Jüdin Ilse Blumenthal-Weiss schreibt). In ihrer Erzählung „Nell" (1969) schreibt Christine Lavant über die weibliche Hauptfigur:

„Nichts ist so schwer wie wirklich beten. Lieber acht Tage bei einem geizigen Bauern ins Tagwerk gehen, als eine Stunde wirklich beten. Denn arbeiten kann jeder Mensch, bis er umfällt, und wenn er fällt, so hat er gleich die Erde unter sich, die niemals weicht. Einer aber, der wirklich betet … der fällt ins Bodenlose. Darin liegt es ja, daß man sich dann an nichts Menschliches mehr anhalten darf, sondern sich fallen lassen muß, ins völlig Un-Menschliche, in ganz und gar Un-Erfahrbares. Ooo, dieses Grauen …"

Schwer ist es, mit solchen Grenzerfahrungen zu leben, jenseits des ordentlichen Maßes, das Gesundheit und Stabilität verspricht. Und Ergebenheit ist Christine Lavant niemals gemäß. Sie ist die Hoffärtige, die sich bei Gott für seinen Service bedankt, weil sie genug erfahren hat. Aber sie kann auch wieder nach Busse verlangen – in einer Sprache der Kasteiung, die für moderne Ohren unerträglich ist: „… schlag deine Rute mir um die Ohren,/ schlag mich dahin, wo die Fluchtwurzel wächst/ für alle, die noch kein Abendmahl hatten/ und ausgehungert und abgefeimt/ unendlich süchtig nach Sehnsucht sind/ und nach der Flucht in die Zuflucht ..." Christine Lavant lebt in extremis. Es ist die Maßlosigkeit gewisser Heiliger wie der Dämonen, die in sie gefahren ist. Daher erlauben ihre Gedichte auch nicht die Identifikation, schützen sie somit jedoch auch vor dem voreiligen Zugriff durch den Leser.

Die Frage „Wo ist er?"

Wenn aber dieser Gott so fern ist, so verborgen und als deus absconditus den Menschen beunruhigt, ihn umtreibt – wo ist er dann? Vielleicht ist das die Kardinalfrage, und die möglichen Antworten fallen in der Literatur verschieden aus. Sind es überhaupt Antworten, sind es nicht eher Annäherungen, Mutmaßungen über Gott, heilige Experimente? Kurt Marti, der Theologe und Autor, sagt: „Vielleicht hält Gott sich einige Dichter, damit das Reden von ihm jene heilige Unberechenbarkeit bewahre, die den Priestern und Theologen abhanden gekommen ist" („Zärtlichkeit und Schmerz"). Zu Beginn dieses Bandes, 1979 erschienen, zitiert Kurt Marti ein Gedicht des Expressionisten Alfred Mombert, das ihn, wie er sagt, seit Jahren verfolge:

Gott ist vom Schöpferstuhl gefallen
hinunter in die Donnerhallen
des Lebens und der Liebe ...

Und Marti führt dazu aus: „Nicht mehr in oder über diesem Kosmos ist Gottes ‚Sitz im Leben', sondern inmitten von Menschen." Er glaubt, in dieser Gottesfigur, die ihre Macht loslassen, sich unter Menschen fallen lassen kann, eine verfremdete Version der christlichen Inkarnationslehre erkennen zu können.

Eine andere Mutmaßung stammt von Elie Wiesel aus seinen „Geschichten gegen die Melancholie". Der jüdische Friedensnobelpreisträger läßt dabei einen chassidischen Meister, Rabbi Mendel von Kozk, zu Wort kommen:

„Gott hat dort seinen Sitz, wo man ihn eintreten läßt. Sein Lieblingssitz ist weder ein Palast aus Gold oder Marmor, sondern das schwache und verwundbare Herz des Menschen, das Herz, das Schmerzen leidet und klagt – oder verstummt –, das liebt und fähig ist, zur gleichen Zeit zu schreien und zu schweigen, die Hoffnung zu verlieren und zu hoffen, zu lachen und zu weinen, die göttliche Gerechtigkeit zu fürchten und anzurufen, d. h., zu erkennen, daß Gott zur gleichen Zeit und aus den gleichen Gründen streng und barmherzig ist, nahe und fern, Vater und Richter ist ..."

Fast möchte man jetzt meinen: Gott ist nicht dort, wo man ihn sucht, Gott ist immer viel näher oder ist gleichzeitig immer viel ferner. Er ist „der Fernnahe", wie Paul Konrad Kurz es in seinen „theopoetischen Texten" (1994) formuliert hat. In Kierkegaards „Diapsalmata" steht jene Geschichte vom Zwerg, der eine entführte Prinzessin in seinem Schloß bewachte. Er gestattete sich eines Tages ein Mittagsschläfchen; als er nach einer Stunde wieder aufwachte, war die Prinzessin fort. Hurtig zog er seine Siebenmeilenstiefel an; mit einem Schritt war er an ihr vorbei. – Leicht läßt sich eine Analogie zur Suche nach dem verlorenen Gott herstellen.

Und selbst wenn man ihn entdeckt hätte, so gibt es damit kein Aufhören, an welcher Stelle auch immer man damit begonnen hat. Solches gibt Rilke nochmals einer Adressatin seiner „Briefe aus Muzot", der Berliner Jüdin Ilse Blumenthal-Weiss, zu bedenken.

Und wie Rilke im „Stundenbuch" um den je eigenen Tod gebetet hat, so gibt es vielleicht auch die je eigene Pforte, den je eigenen Weg auf der Suche nach dem verlorenen Gott. Könnte nicht Franz Kafkas Erzählung „Vor dem Gesetz" so verstanden werden?" Vor dem Gesetz steht ein Türhüter. Zu diesem Türhüter kommt ein Mann vom Lande und bittet um Eintritt in das Gesetz. Aber der Türhüter sagt, daß er ihm jetzt den Eintritt nicht gewähren könne …" Wir wissen es: der Mann wartet und wartet, und er wird darüber alt, hebt immer noch die eine Frage auf. Diese aber lautet: „Alle streben doch nach dem Gesetz, wieso kommt es, daß in den vielen Jahren niemand außer mir Einlaß verlangt hat?" Die wahrhaft schreckliche Antwort heißt: „Hier konnte niemand sonst Einlaß erhalten, denn dieser Eingang war nur für dich bestimmt. Ich gehe jetzt und schließe ihn." Da steht er dann draußen vor der Tür, dieser Mann, und da wird er auch sterben. Franz Kafka hat damit eine seiner rigorosesten Parabeln hinterlassen. Zugleich scheint hier aber auch eine jener rigiden Paradoxien auf, daß einer nämlich gerade verliert, wenn er sucht. „Wer das Tao zu finden versucht, verliert es", sagt der Abt Ch'en in Bill Porters Buch „Die Berge hüten das Geheimnis. Begegnungen mit chinesischen Eremiten (1994)". Und der Schweizer Paul de la Croix, Einsiedler und Dichter im französischen Unterwallis, spricht in seinem Buch „La Pluie et la Source" (1984) von der Mitte des Seins, dem „Ort Gottes", den die Mönche der Ostkirche hesychia genannt haben. Paul de la Croix sagt: „Einzutreten in das Schweigen des Herzens und die Wurzeln seines Wesens zu erreichen, ist noch nicht dasselbe, wie zu Gott selbst zu gelangen oder von ihm berührt zu werden. Der Gastgeber ist die totale Freiheit: Er wird in uns erwachen, wann er will."

282

Wenn es vielleicht ein Fazit gibt, so dieses: Auf der Suche nach dem verlorenen Gott fällt nichts billig zu. Der Weg dahin ist wie eh und je mühsam, anstrengend und herausfordernd. Wir sind und bleiben Pilger. Und dieser Weg wird krumm sein, nur der krumme Weg führt zum Ziel. Dem Maler Friedensreich Hundertwasser zufolge ist die gerade Linie eine gottlose Erscheinung.

Diese Textauswahl wollte bewußt aus einem katholischen Ghetto herausführen; sie hat Texte aus dem jüdischen wie aus dem islamischen und christlichen Kulturraum einbezogen. Doch eine religiöse Dichtung im traditionellen Sinn ist nicht mehr vorhanden. Die Grenzen sind gesprengt worden, die Aussagen pluralistischer, die Botschaften anonym und frei flottierend. Zumal der Name Gottes ist in der heutigen Literatur zum Tabu geworden. Das Interesse an Religiosität ist gleichwohl gewachsen, auch wenn die konfessionellen Bindungen geschwunden sind; dieses Interesse hat sich jedoch auf Gebiete verlagert, die mit Begriffen wie fernöstliche Spiritualität, Esoterik, New Age nur vorläufig charakterisiert werden können. Ob wir das bedauern sollen? Ich persönlich glaube dies nicht. Die Spurensuche in der Literatur ist um so interessanter, je diskreter die Wege gehen. Je mehr wir uns indessen der literarischen Gegenwart nähern, umso mehr verbergen sich diese Spuren. Texte sind gleichsam nur noch Palimpseste. Es gibt eine Zeit des Schreibens, und es gibt eine Zeit des Schweigens über Gott. Wenn aber über Gott gesprochen werden soll, so doch am ehesten mit dem Stilmittel des radikalen Paradox. Imre Kertész sagt in seinem Galeerentagebuch (deutsch 1993): „Gott ist Auschwitz, aber auch der, der mich aus Auschwitz herausführte ..."

Perspektiven eröffnen sich schließlich oft dort, wo man sie nicht erwartet, etwa in den persischen Weisheiten eines sufischen Meisters unter dem Titel: „Die Worte der Ameisen":

„Dreissig Jahre lang suchte ich Gott. Als ich reif geworden war, erkannte ich, daß Er der Suchende war und ich der Gesuchte."

Das ist die vertrackt-schöne Liebesgeschichte, die wir alle ein Leben lang mit Gott unterhalten.

21

Weltethos und Menschlichkeit

von Ingrid H. Shafer

Ist die Welt wirklich so säkularisiert, daß sie Gott verloren hat? Ist es denn überhaupt möglich, Gott zu verlieren? Ich glaube das nicht. Vielleicht hat das etwas damit zu tun, daß ich in Amerika wohne und daß dort die institutionellen Religionen noch sehr vital sind und sich dauernd alle möglichen New Age Religionen entwickeln, und daß noch dazu paradoxerweise die meisten Leute, die nicht an Gott glauben – wie Andrew Greeley, der bekannte Priester-Soziologe, mit von NORC[1] gesammelten Daten zeigt –, doch ganz unbefangen zugeben, daß sie regelmäßig beten. Dieser Befund zeigt sich übrigens auch im internationalen Rahmen, zeigt dieser doch, daß sogar Atheisten beten und an Wunder glauben. In der ehemaligen DDR, wo die meisten jungen Menschen fast nichts vom Christentum wissen, ist das Interesse für pseudoreligiöse Phänomene besonders in der betroffenen Bevölkerungsschicht stark[2], was ich als Zeichen des Hungers nach geistlicher Nahrung auslege und als eine Vorstufe des spirituellen oder religiösen Bewußtseins deute. Im Menschen existiert die Neigung zum Hoffen, welche man den Ursprung der religiösen Erfahrung bezeichnen könnte.

Der Gott, an den ich glaube, läßt sich nicht verlieren; er/sie lauert in dem Tetragrammaton der DNS, dem universalen Esperanto des

---

[1] National Opinion Research Center an der Universität Chicago.
[2] Nach „International Social Survey Programme (ISSP)"-Daten, die im Zentralarchiv für Empirische Sozialforschung an der Universität Köln archiviert sind. Michael Terwey schreibt in der Zusammenfassung seines Beitrags, „Sind Kirche und Religion auf der Verliererstraße? Vergleichende Analysen mit ALLBUS- und ISSP-Daten" auf der WWW Seite des Zentralarchivs: „Ein ergänzender internationaler Vergleich unterstreicht den herausragend hohen Säkularisierungsgrad in den neuen deutschen Bundesländern. Ebenfalls bemerkenswert ist die in den USA sehr viel weiter als in Westdeutschland verbreitete Religiosität, die ohne weitere Annahmen nur schwer in Einklang mit der Säkularisierungsthese gebracht werden kann." In einer zweiten Zusammenfassung, „Belief and Practice in the Unified Germanies", schreibt er zuerst von der hohen Schwächung traditioneller Religiosität in der ehemaligen DDR und dann, daß alternative Glaubensformen, „Glücksbringer, Wunderheiler, Wahrsager und Horoskope ... immer noch von einem großen Bevölkerungsteil akzeptiert [werden], ohne daß ein grundlegender Ost-West-Unterschied zu beobachten ist. Dies gilt sogar für Befragte in der jüngsten Kohorte."

organischen Lebens; er/sie zeigt sich an den unerwartetsten Stellen, waltet in allen Sphären der Welt, überrascht uns mit immer neuen Variationen Menschen zu faszinieren und einzuholen, etwa in seinem/ihrem neuesten, weltweit göttlichen Schmetterlingsnetz, dem Internet. Das kann natürlich auch umgekehrt oder gegenseitig sein – vielleicht wollen wir im Internet Gott einfangen. Selbstverständlich findet sich Gott noch wie immer schon in den menschlichen Grenzerfahrungen, in der Ekstase der Liebe z. B. und paradoxerweise besonders im Schmerz, im Leiden. Job spricht mit der Stimme der Menschheit: „Vom Hörensagen hatte von dir ich vernommen … Nun aber hat dich mein Auge erschaut" (42:5).

Es ist kein Zufall, daß der Text von Hans Küng, *Projekt Weltethos*, der 1993 im Rahmen des zweiten Parlamentes der Weltreligionen von Delegierten aus aller Welt ratifiziert wurde, von einem Hinweis (von einem Redaktionskomitee erstellt) von der Universalität des Leidens ausgeht: „Die Welt liegt in Agonie … Der Friede entzieht sich uns – der Planet wird zerstört – Nachbarn leben in Angst – Frauen und Männer sind entfremdet voneinander – Kinder sterben."[3] So hat ja schon Siddhartha Gotama vor ungefähr 25 Jahrhunderten angefangen: „Alles was lebt, leidet." Man kann ganz mit Recht annehmen, daß die buddhistische Betonung der Nichtwirklichkeit der phänomenalen Welt auf der buddhistischen Doppellehre vom Leiden und der Illusionshaftigkeit eines persönlichen, menschlichen Selbst beruht.

Selbstverständlich hat es immer schon dunkle Zeiten gegeben, in denen Gott weit entfernt oder sogar abwesend schien. Vor 450 Jahren spricht der Kabbalist ARI, Rabbiner Isaak Luria, von dem periodischen selbstgewollten Rückzug oder Ins-Exil-Gehen des Glanzes der *Schechina* Gottes und beschreibt die nachfolgende Leere als Bedingung für den Schöpfungsakt aus dem Nichts. Wenn man solche „gottlosen" Epochen näher betrachtet, sieht man, daß das Gottesbild im Wandel ist und daß, was verschwunden oder verborgen zu sein scheint, in Wirklichkeit nicht Gott ist, sondern ein zur Zeit ungültiges Gottesbild, ein abgestorbenes oder zumindest schlummerndes Symbol, das die Menschen nicht mehr anspricht – ein einst sprachbegabtes und vielleicht sogar äußerst kraftvolles Bild, das stumm geworden ist, um für seine Nachkommen Platz einzuräumen, die natürlich auch *nicht Gott sind*, sondern Zeichen, die auf das, was wir Gott nennen, hinweisen und uns einladen, am Gottesbild-Schaffen teilzunehmen. Der amerikanische Theologe David Tracy schreibt, daß man die *tradita* nicht mit der *traditio* verwech-

---

[3] „Einführung", http://www.uni-tuebingen.de/stiftung-weltethos/dekla.html.

seln soll.[4] Ich stelle mir die *tradita* als die versteinerten Stämme und Zweige der einst lebendigen Vergangenheit vor und die *traditio* als den wachsenden Baum, dessen Wurzeln von den lebendigen Grundwassern der Vergangenheit gestillt werden. Selbst Papst Johannes XXIII. sagte anläßlich der Vorbereitung auf das II. Vatikanische Konzil, daß es wichtig wäre, nicht zu vergessen, daß die Kirche kein Museum sei.

Anstatt die Gegenwart eine Zeit ohne Gott zu nennen, kann man sie als eine Epoche der Gärung, der Wandlung und des geistigen Reifens betrachten, eine Zeit, in der sich der globale Falter aus der Raupe der nationalistischen Menschheit entpuppt, eine kreative Synthese, die mehr sein wird als die Summe der Einzelteile. Wie der Beitrag Swidlers ausführlich zeigt, kann man hier besonders an Ewert Cousins zweite Achsenepoche denken und an Teilhard de Chardins Biosphäre, die dabei ist, sich in die Noossphäre zu verwandeln. Eine andere Metapher kommt von Angelus Silesius, der den Menschen seiner Zeit als ein Hühnerembryo im Ei beschreibt, das von der Mutter Ewigkeit ausgebrütet wird. Diese potentielle Wandlung bedarf aber unseres Glaubens, unseres Vertrauens, unserer Zuversicht, daß das scheinbar Sinnlose sinnvoll ist, um verwirklicht zu werden. Ohne Hoffnung stirbt der Mensch. Der kommende Epochenumbruch hängt zum Teil von uns ab. Was wir Abwesenheit nennen, kippt dialektisch in sein Gegenteil um. In der Zeitwende wird der Fernste zum Nächsten.

* * *

Vor drei Jahren hatte ich die Gelegenheit an der University of Chicago ein Referat über das Verhältnis zwischen den Naturwissenschaften und der Religion zu halten. Das Thema wurde mir frei gelassen, und ich entschied mich ganz bewußt, eine „akademische Todsünde" zu begehen: Ich sprach nicht nur von einem objektiven Gesichtspunkt aus, sondern auch über mein persönliches Leben, über meine gelebte Erfahrung. Als Akademikerin kann ich die Illusion der Objektivität vortäuschen, aber ich bin überzeugt, daß die Behauptung der Objektivität selbst eine Illusion ist, sogar – oder vielleicht besonders – für Wissenschaftler in den „sanften" Disziplinen, die an sie glauben, weil sie sich von ihrem eigenen Wunschbild

---

[4] David Tracy, „Theology and the Symbolic Imagination: A Tribute to Andrew Greeley," in Ingrid Shafer, Hg., The Incarnate Imagination: Essays in Theology, the Arts & Social Sciences in Honor of Andrew Greeley, A Festschrift, Bowling Green, OH: 1988, S. 235–247, S. 236f.

täuschen lassen. Solange man schaut, interpretiert, denkt und handelt, kann man sich weder selbst abschaffen noch völlig ausklammern. Und das wird besonders wichtig, wenn Themen behandelt werden, die uns in unserer menschlichen Tiefe erschüttern. Deshalb freute es mich, daß ich voriges Jahr Raimon Panikkars *The Intrareligious Dialogue* las und entdeckte, daß Panikkar aus demselben Grund derselben Meinung war wie ich und seine wissenschaftliche Abhandlung mit einem integrierten autobiographischen Fragment beginnt. Er geht nicht nur von einer persönlichen Skizze aus, sondern besteht sogar darauf, daß ein authentischer interreligiöser Dialog unmöglich ist, ohne aus seinem gläubigen, liebenden, überzeugten Selbst den anderen anzusprechen. Und so begehe ich hier nochmals mit gutem Gewissen diese „Sünde".

In meiner zweiten Heimat Wien[5] hat meine Leidenschaft für Weltethos und Menschlichkeit begonnen. Und sie ist wirklich eine Leiden-schaft – dem Leiden entsprungen, vom Leiden geschaffen. Vor fast fünfzig Jahren entdeckte ich um 1948 die Schoah in einer Zeitschrift. Ich sah zuerst ein Bild eines riesigen Haufens von zerbrochenen Zelluloidpuppen. In meiner Fantasie konnte ich schon kleine Schildkröten auf ihren Nacken sehen. Sogar das schien schon irgendwie schlimm. Puppen so lieblos zu behandeln! Aber dann erkannte ich mit Schauern, was wirklich vor meinen Augen war – nicht Krusepuppen, sondern ein Berg von Menschenleichen.

Ich las den Artikel und lief sogleich heim, um meine Mutter anzuklagen. Ich konnte es mir nicht vorstellen, daß meine Eltern und alle anderen Erwachsenen, die ich kannte, nicht um dieses Greuel gewußt hätten. Warum gab es da keinen Volksaufstand? „Wie war das denn möglich?" fragte ich. Zuerst behauptete Mama, daß sie, Papa, unsere Bekannten und Freunde keine Ahnung gehabt hätten. Als ich das nicht glauben wollte, sagte sie schließlich ganz erbost, daß es ja egal gewesen wäre; selbst wenn alle davon gewußt hätten, wäre doch nichts zu tun gewesen, weil Widerstand nicht geduldet

---

[5] Wien ist meine zweite Heimatstadt. Meine Eltern waren Wiener, und obwohl ich Innsbruckerin bin, studierte ich 1958/59 an der Universität Wien. Damals wohnte ich in einem katholischen Studentenheim in der Wollzeile und aß meine Frühstückssemmel oft in einer stillen Ecke meines geliebten Stefansdoms. 1960 kam ich nach Amerika, um Dissertationsforschung über eine moderne Hiobsgeschichte, Archibald MacLeishs J. B., zu treiben (des Thema hatte ich aus Erschütterung über die Schoah gewählt). Ich heiratete einen Amerikaner und entdeckte erst nachher, daß ich nicht einfach mein Doktorat an einer amerikanischen Universität fertig machen könnte. Ich schrieb eine amerikanische Magisterarbeit über Else Lasker-Schüler, eine jüdische Dichterin, und meine zweite und vollendete Doktorarbeit über mystische Elemente als Grundlagen des intermenschlichen Verstehens in Hegel, Jung und Hesse.

wurde und die Nazis uns umgebracht hätten. „Du wirst das einmal verstehen," sagte sie, „wenn du selbst Kinder hast."

Meine Mutter hatte keine Ahnung, daß sie mir mit diesen Worten meine Lebensaufgabe stellte. Ursprünglich wußte ich kaum, was es bedeutete, jüdisch zu sein. Juden existierten für mich nur theoretisch in der Religionsstunde, als schemenhafte Nicht-Christen. Aber das war nicht so wichtig wie das Prinzip: Wenn zahllose Menschen gefoltert und ermordet wurden, um meine Generation vor irgendwie anderen Menschen zu retten, dann müßte ich mein Leben der Verbreitung und Vertiefung der wahren Menschlichkeit und dem Widerstand gegen diese Art von Haß widmen. Mein erster öffentlicher Vortrag, als ich noch am Gymnasium war, beschäftigte sich mit der „Allgemeinen Erklärung der Menschenrechte" von 1948 und mein erstes Referat in einem Proseminar an der Universität Wien betraf die Integration der Central High School in Little Rock, Arkansas, in den U.S.A. Seit 1994 arbeite ich an der Geschichte von Leiser Polenzweig aus Warschau, der jetzt in Oklahoma City wohnt, aber fünf Jahre seiner Kindheit in Lublin und Auschwitz verbrachte. Es ist ihm erst seit ein paar Jahren psychisch möglich, über seine höllische KZ-Zeit zu sprechen. Und doch glaubt er noch an Gottes Güte und hat nicht verlernt, seine Mitmenschen zu schätzen.

Die Schoah wurde für mich eine persönliche Aufforderung, für die Würde aller Menschen einzutreten und nach Wegen zu suchen, das angstvolle Mißtrauen zu entschärfen, das uns vom anderen trennt. Schon als Kind erkannte ich auch das todbringende Gift des traditionellen christlichen Antijudaismus und des Religionshasses, als wir um 1952 einen Schulausflug zum Judenstein machten. Das war damals ein sehr populäres Wallfahrtskirchlein, wo sich angeblich die Gebeine vom Anderl von Rinn, einem kleinen Buben, der vor Jahrhunderten von Juden ermordet worden sein soll, befanden. Da entdeckte ich, daß es selbst nach Auschwitz immer noch Leute gab, die diesen schrecklichen und aufhetzenden Unsinn ernst nahmen. Mehr als 40 Jahre später, am 2. Juli 1994, hat Bischof Reinhold Stecher endlich den Anderl-Kult offiziell beendet.[6]

Sogar die Karfreitagsliturgie tat mir weh, wenn das Leiden und die Kreuzigung Jesu immer wieder „den" Juden vorgeworfen wurde und alle zu vergessen schienen, daß Jesus/Jeschua und seine Jünger auch alle Juden waren. Und doch gab es schon vor dem Krieg Juden und Christen, die einander einfach als Menschen schätzten. Mein Freund aus Warschau erzählt mir z.B., daß seine Familie in einem

---

[6] Werner Kunzenmann, Hg., Judenstein: Das Ende einer Legende, Diözese Innsbruck, 1995, S. 106.

nicht vorwiegend jüdischen Teil der Stadt wohnte und daß er vor dem Krieg oft mit katholischen Buben spielte, diese Freunde daheim besuchte und nie ein Wort des Hasses oder Spotts hörte. Dennoch ist es für mich eine Gnade und ein Wunder, daß dieser polnische Jude mir, einer österreichischen Katholikin, dies aus den schwersten, dunkelsten Jahren seines Lebens anvertraut.

Ein halbes Jahrhundert ist vorbei. Die meisten Ermordeten wären jetzt schon eines natürlichen Todes verstorben, und doch ist die Schoah heute nicht weniger erschreckend als damals. Sogar das Gute, welches sich aus der Asche erhob – die moralische Selbstbefragung der Christen, die ersten Anfänge eines jüdisch-christlichen Dialogs, Neubearbeitungen des Textes der Oberammergauer Passionsspiele[7] und das Überdenken der Karfreitagsliturgie – ist teilweise furchtbar und hohl, wenn man bedenkt, daß solch ein Wandel ohne die Schoah nicht zustande gekommen wäre und daß er, authentisch und rechtzeitig unternommen, die Schoah hätte verhindern können. Wie Professor Lapide schreibt: „Daß es eines kaltblütigen Genozids bedurfte, um Christen zu bewegen, endlich christlich mit den leiblichen Brüdern Christi umzugehen, ist ein Gedanke, der einem den Weltschmerz beibringen kann."[8]

Das ist besonders traurig und tragisch, wenn man bedenkt, daß Furcht vor dem anderen und Religionshaß nur eine Strähne im Geflecht der Geschichte der Menschheit ist und daß wir wissen, daß es schon zur Zeit Homers, Konfuzius und König Aschokas Respekt, Mitleid und gegenseitiges Verstehen zwischen Menschen gab, die dazu bestimmt schienen, Feinde zu sein. „Nicht mitzuhassen, sondern mitzulieben bin ich da", sagte Sophokles Antigone. Wenn Rabbi Jesus uns gemahnt, unsere Feinde zu lieben, spricht er aus der Tradition und im Sinne des großen Rabbi Hillel.

Es gibt fast so viele legitime Antworten auf die Schoah, als es denkende und fühlende Menschen gibt, und vielleicht die lauteste, mächtigste davon ist das Schweigen. Aber nicht die einzige. Was die christliche Theologie anbelangt, sprechen wir seit Jürgen Moltmann[9] und Johann Baptist Metz[10] von „Theologie nach Auschwitz"

[7] Z. B. Leonard Swidler mit Gerard Sloyan, The Passion of the Jew Jesus / Das Leiden des Juden Jesus: Recommended Changes in the Oberammergau Passion Play after 1984 / Empfohlene Textänderungen für das Oberammergauer Passionsspiel nach 1984, New York, 1984.

[8] Pinchas Lapide, Am Scheitern hoffen lernen, Gütersloh 1985, S. 62.

[9] Jürgen Moltmann, Der gekreuzigte Gott. Das Kreuz Gottes als Grund und Kritik christlicher Theologie, München 1971.

[10] Johann Baptist Metz, „Christen und Juden nach Auschwitz. Auch eine Betrachtung über das Ende bürgerlicher Religion" in ders., Jenseits bürgerlicher Religion. Reden über die Zukunft des Christentums, Mainz 1980, S 29–50.

– aber immer noch von Theologie! Für mich muß die Antwort irgendwie in der Liebe verwurzelt sein und in der Einsicht, daß Gott nicht nur nicht abwesend war, sondern selbst mit seinem Volk Israel und mit all den andern Opfern mitlitt. Daher kann ich mit Eliezer Berkovits z. B. nicht übereinstimmen, wenn er schreibt, daß sowohl ökumenisches Denken als auch der interreligiöse Dialog als christliche Gaunerei, die den Holocaust nur übertünchen will, abzulehnen sei.[11] Ich sehe in der Schoah die machtvollste Begründung für die absolute Notwendigkeit eines Weltethos und in den *Gerechten*, den Menschen, die es wagten, unter Einsatz ihres eigenen Lebens dem „großen Gebot" der Liebe zu folgen und Fremde zu retten, die Beispiele für eine Menschheit der Zukunft.

* * *

Wie stelle ich mir Gott vor? Warum ist es mir nicht möglich, vom verlorenen Gott zu sprechen? Besonders für uns katholische Christen soll die Kluft, die man zwischen Gott und Welt zu schauen glaubt, nur eine scheinbare Kluft sein, das Resultat einer griechischen Sehweise, für die alles Werden und Sichverändern als Unvollkommenheit, als Fehler und Fehlen gilt, eine zweitausend Jahre alte Vorstellung der neuplatonisch-dualistischen und gnostisch-manichäischen Interpretation. Heute ist es uns möglich zu erkennen, daß die Inkarnation, die Menschwerdung des Wortes, das *Geschehen* des Einswerden Jesu mit Gott und durch Jesus die Vereinigung von Gott und Welt uns lehren kann, daß die göttliche Liebe nicht nur aus der Bibel und dem Magisterium der Kirche mit uns sprechen will, sondern auch in und durch weltliches Wissen, wie die Natur- und Geisteswissenschaften, weltliche Ereignisse, nicht-katholisches Christentum, nicht-christliche Weltreligionen und besonders in und durch *alle* Menschen der Welt, die einander lieben und miteinander leiden.

Im 20. Jahrhundert ist es uns möglich, die Wirklichkeit nicht bloß als linear, statisch und mechanistisch, in institutionellen Strukturen eingefroren, zu sehen. Wir brauchen uns nicht mehr auf das „Entweder-oder-Denken" beschränken, sondern dürfen die Welt in der „Sowohl-als-auch-Modalität" erkennen, die uns einlädt zu lernen, uns ein dynamisches, organisches, ganz zusammenhängendes, ökologisches, ökumenisches und globales Systembild der Welt anzuzeignen, in dem vernetzte, kooperative und lebende Systeme Matrizen

---

[11] Eliezer Berkovits, Faith After the Holocaust, New York: 1973, S. 37–47.

füreinander sind und sich ständig gegenseitig beeinflussen, während sie sich entwickeln und verwandeln.

Wenn man die Inkarnation ernst nimmt, scheint es mir gar nicht möglich, Katholik – oder überhaupt Christ – zu sein, ohne auch ein weltlicher Säkularist zu sein, solange man – in den Begriffen Teilhard de Chardins – die Geosphäre und Biosphäre nicht dualistisch von dem Entfalten der Noosphäre trennt (auch im Bezug auf jene extremen Materialisten, welche selbst so vollkommen im Leiblichen stecken, daß sie sich keine geistige Vollendung der biologistischen und relativistischen menschlichen Gegebenheiten vorstellen können).

In diesem Sinn sprach Karl Rahner von der Sakramentalität der Welt – der *weltlichen* Welt, die er annahm und deren Pluralismus er als gottverfügte Situation des heutigen Christentums erkannte. Er fragte sich sogar, welche der Sünden bei Christen weiter verbreitet sind, „die Sünde reaktionären Festhaltens an überholten christlichen Gestaltungen im öffentlichen Leben oder die Feigheit, für echte und neue einzutreten"[12].

In der Moderne, nach Hegel, Schelling, Whitehead, Teilhard und feministischen TheologInnen ist es uns möglich, die Gottheit als offenes, persönliches Zentrum aller Bezogenheiten zu erkennen, als einen dynamischen Brennpunkt, der uns Menschen miteinander, mit der Natur und mit seinem ewigen, heiligen Werden verbindet. Der herkömmliche christliche Theismus stand im Zeichen des monadischen, absoluten, geschlossenen, beziehungslosen und beziehungsleeren „Seins selbst"[13], des einsamen zölibaten Schöpfers, den Andrew Greeley in seinen soziologischen Analysen Vater, Herrscher, König und Richter nennt; das neue Christentum entpuppt sich im Zeichen des gegenseitigen, zugleich schenkenden und empfangenden „Seins für andere", des Schöpfers als mit seinen Geliebten verbundenem/r Vater/Mutter, LiebhaberIn, und FreundIn. „Eine Theologie der Beziehung", schreibt die Theologin Beverly Harrison,[14] „heißt vor allem, die *tiefe, totale Gesellschaftlichkeit* aller Dinge zu betonen. *Alles hängt miteinander zusammen.*" Die Wichtigkeit dieser Sicht für das katholische Christentum zeigt

[12] Karl Rahner, „Der Christ in seiner Umwelt", Schriften zur Theologie, 13 Bände, Einsielden/Zürich 1954–78, VII, S. 91–95, S. 95.

[13] Nach Beverly Harrison behandelt Isabel Carter Heyward die Beziehungslosigkeit Gottes in Isolation und monadischer Autonomie in der unveröffentlichten Dissertation, „The Redemption of God: A Theology of Mutual Relation", Union Theological Seminary, 1979.

[14] Beverly Wildung Harrison, „Die Macht des Zorns im Werk der Liebe; Eine christliche Ethik für Frauen und andere Fremde" in Hg, Bernadette Brooten und Norbert Greinacher, Frauen in der Männerkirche, München 1982, S. 191–234, S. 204.

sich nach Greeley auch in den General Social Survey Daten, obwohl Greeley eher das Wort Gemeinschaft gebrauchen würde. Gemeinschaft formt sich durch Freundschaft und Vertrauen, wie Greeley schon vor 25 Jahren in einem Buch über die Zukunft der Menschheit betonte.[15] Er schreibt: „Die Aggression meint, daß der, der in die Nähe kommt, etwas wegnehmen will und daß man ihm nicht trauen darf. Die Freundschaft sagt: ‚Ich will ihm geben, was er will, bevor er es sich nimmt; denn ich vertraue ihm.' Sie sagt: ‚Ich will mich dem andern gegenüber öffnen und mich über seine Nähe freuen, über meine völlige Wehrlosigkeit ihm gegenüber und über seine Wehrlosigkeit mir gegenüber.' Vertrauen schiebt die Schranken der Aggressivität beiseite und ergibt sich dem anderen in der Zuversicht, daß der andere nicht verletzen, sondern bereichern wird."[16]

Greeley beendet sein Buch mit der folgenden Bemerkung: „Und schließlich, wenn wir uns umsehen, stellen wir fest, daß trotz aller Konflikte und Haßgefühle in der Welt scheue Anfänge einer Weltorganisation, die mit dem Völkerbund begann, allmählich, Schritt für Schritt, vorwärtsgekommen sind. Eine weltpolitische Gemeinschaft, die auf Übereinstimmung und vielleicht sogar auf Vertrauen beruht, beginnt sich allmählich herauszubilden, selbst wenn man sich fragt, ob sie auch rechtzeitig zustande kommt."[17] Wir können unser Leben entweder als verzweifelnde, mißtrauische, „realistische" Zyniker erfahren, die wie Nietzsches Übermensch der Schlange der Absurdität den Kopf abbeißen und in die Leere lachen, oder wir können die Dinge der Welt in ihrer Sakramentalkraft verstehen und an der fundamentalen Sinnhaftigkeit unseres Lebens festhalten im Vertrauen auf das, was sich nicht beweisen läßt, im Vertrauen auf das Geschenktsein des Lebens, im Vertrauen auf die Liebe am Herzen des Kosmos, im Vertrauen auf Gott, der *uns* sucht – wie Abraham Joshua Heschel schrieb – *nunc et semper et in saecula saeculorum!*

---

[15] Andrew Greeley, Eine Zukunft auf die man hoffen kann, Freiburg i. Br. 1971.
[16] Ebd. S. 19.
[17] Ebd. S. 272.

22

In Zweifel gezogen
dehnt sich der Glaube aus*

Variationen über ein verlorenes Thema

von Elazar Benyoëtz

Ich will vom Glauben sprechen, habe ich ihn? Von Gott reden, bin ich dazu befugt? Warum soll ich vom Glauben sprechen, und was hat Gott davon, wenn ich gesprochen habe? Im Jahre 1962 begann in Tel Aviv die Zeitschrift ‚Prozdor' (= Vorhalle) zu erscheinen. Sie machte nicht den erhofft großen Eindruck, nicht desto weniger stellte sie etwas noch nicht Dagewesenes dar: Sie war Gott gewidmet. So etwas hat es im Volke Israel noch nicht gegeben. Wohl gab es einen Wald von Zeitschriften, welche die Thora abhandelten, die Propheten auslegten, Maimonides kommentierten, über die Pflichten des Menschen vor Gott predigten, Gott mitunter anriefen, gelegentlich alarmierten. Verlangt war vor allem das Breittreten, bevorzugt das Kleinhacken, bewundert das Haarspalten. Das machte Freude. Eine Zeitschrift um Gott herum, den Glauben anstachelnd, seinen Wortbestand erschütternd, das hatte man nicht gewollt und das hatte es nicht gegeben; das war neu.

Als Herausgeber zeichneten: Schmuel Hugo Bergman, Dov Sadan, Yizchak Zimmermann. Eröffnet wurde das erste Heft mit einem Text von Martin Buber „Der Glaube", weitere Mitarbeiter waren Alfred N. Whitehead, Kierkegaard, sogar Christian Fürchtegott Gellert mit einem Gedicht, um dessen Übersetzung ich gebeten wurde. Erstaunlich, doch nicht von ungefähr.

Zimmermann war der schäumende Mund; es brannte in ihm und in seiner Rede; er war der eigentliche Gründer, er schaffte auch die Mittel herbei, das pochende Herz war aber ein anderer, nicht genannter, von dem jede Nummer einen Beitrag brachte, pseudonym: Ploni Almoni, was heißt: „der und der", oder P. Almoni, P., der Unbekannte. Das war er tatsächlich, der Schreiber in dem hebräischen Zeitschriftenmilieu; für sein Pseudonym hatte er aber einen besse-

---

* Diesem Beitrag liegen meine folgenden Bücher zugrunde: Treffpunkt Scheideweg, 1990; Brüderlichkeit / Das älteste Spiel mit dem Feuer, 1994; Variationen über ein verlorenes Thema, 1997 – alle im Carl Hanser Verlag, München.

ren Grund, den besten: die Scheu davor, öffentlich von Gott zu sprechen, mit dem Anspruch also aufzutreten, ein bündiger Zeuge Gottes zu sein.

Die Glaubwürdigkeit der Aussage setzt voraus, daß der Zeuge sich als würdig erweise. Wir kennen vom Glauben ja nur den letzten Rest, die Glaubwürdigkeit eben; wer aber, und wäre er noch so rechtschaffen, ist glaubwürdig genug?

Wir wollen die Wahrheit, die Sprache will die Dichtung. Gott will etwas anderes.

Öffentlich und druckgeschwärzt von Gott zu sprechen, den Glauben zu fordern, die Worte auf ihre Buchstäblichkeit zurückzuführen oder wenigstens zu verweisen, das eben getraute sich P. Almoni, der Namenlose nicht ohne weiteres. Der von dieser Scheu Durchdrungene war ein vielgewitzter, geistreicher Mann, der durch seine Freundschaft mit Ludwig Wittgenstein bekannte Architekt Paul Engelmann. Das Haus in der Kundmanngasse trägt beider Namen. Aus seinem Nachlaß erschien sein kleines Buch über Wittgenstein, und wer dieses liest, erkennt auch darin die Scheu im Trefflichen und das nicht zu Erschütternde dieser Haltung, die keine Demut ist. Er war mein Freund in seinen alten, meinen jungen Jahren, und seine Haltung machte auf mich Eindruck. In seinem Geist, nur leider nicht anonym, versuche ich nun, die großen Worte, die so locker sitzen, in den Mund zu nehmen.

Anfang ist nicht da, wo es beginnt, sondern wo man steht, zu beginnen bereit.

„Es ist leichter ‚mit Gott' einzuschlafen als ‚mit Gott' zu erwachen", schreibt Ferdinand Ebner.

Öffne ich meine Augen, ist es der Anfang meines Tages; öffne ich meinen Mund, ist es der Anfang meiner Geschichte; öffne ich mein Herz, ist es eine Metapher. Gott sucht mein Gehör. Aus der Tiefe wird gerufen, nicht geglaubt.

Im Anfang war das Wort, die Rede aber erwachte im Garten Eden. Gott würde gern durch die Blume gesprochen haben.

Wer mit der Bibel erwacht, kann zu Gott durch die Blume nicht sprechen

Die Bibel – eine fortlaufende Geschichte vom Paradies

Die Geschichte der Menschheit und die Geschichte des Glaubens haben die gleiche Geburtsstunde und den nämlichen Grund – den Sündenfall. Nicht Gottes Rede, die Wendungen der Schlange gaben den Ausschlag. Zwischen Rede und Wendung ist die Theologie geboren, das Denken an Gott in der Abwendung von ihm; das endlose Getüftel um das ewige Grün eines nur einmal in seiner Frucht gekosteten Baumes. Ein Baum der Erkenntnis, der reinen Zugänglichkeit, kaum verwirrender als es der Baum des Lebens gewesen wäre, ließe seine Frucht sich nur einmal kosten. Und doch gibt es sie beide, das Leben und die Erkenntnis; nur gibt es das Leben ohne Erkenntnis nicht, und es gibt die Erkenntnis nur ohne Baum; sie fruchtet ewiglich und grünt nimmermehr. ER mußte rufen (Gen 3,9) und widerrufen (6,7). Wendung und Abwendung, Ruf und Widerruf: Das war die Sprache und davon ist die Rede

Ich bediene mich des Wortes: Seines? Meines?

Aus, durch, mit Gott etwas erklären zu wollen, heißt sich seiner zu bedienen.

Nichts ist geeigneter, Gott zu umgehen, als der begründete Glaube. Der Glaube im Judentum ist nicht das Begründete, sondern das schlechthin nicht zu Erschütternde. Wir kennen den Grund für Abrahams Glauben nicht, wir wissen nur, daß er auch durch Gott selbst nicht zu erschüttern war.

„Was einer weiß, ist immer das Beste", heißt es in der Edda; „Einer war Abraham", sagt Ezechiel (33,2).

Kein Riese, der am Anfang steht mit der Kraft eines Weltenlastträgers, auch kein Utnapischtim, der sich göttlich überleben darf – ein alter Mann, der nichts im Sinne hatte als Beginnen, absehend von allem Anfang beginnen und nur aufgrund noch nicht dagewesener Red- und Gegenredlichkeit.

Ein alter Mann, der nichts begehrte, der nichts verlangte, dem nichts vorzumachen war, dessen Eintreten in die Geschichte seine eigene vergessen machte.

Wahrlich, er hat sein Alter verdient: es war der Lohn aller Tage und eines jeden Augenblicks; er bedachte es mit Würde und schweigsamem Schweigen. Ein Fels, fest genug, Gott und seine Welt zu stützen

Was Gott betrifft, das läßt sich nur von uns aus sagen, nur ohne uns denken. Dieses „Ohne uns", bei Leib und Seele, war Abrahams Vermögen; doch sein Vermächtnis, aus Fleisch und Blut, war stärker. In der Tat: unsere Gedanken bleiben auch in Ton und Papier gut aufbewahrt, die Gedanken Gottes aber nur in Fleisch und Blut

Ließen sich Offenbarungen im Auge behalten, es gäbe keine Erscheinungen mehr.

Zurück zu Gott!, muß hier gerufen werden; zurück zu Gott und zu seinem einzigen Freund.

Die Zeit nach Schöpfung und Sintflut war weltreif geworden, reif auch fürs Recht und nicht für das beschlossene allein.

Die Gerechtigkeit lehnte sich gegen den Richter auf. Der Richter suchte seinen Ankläger und fand ihn. Er ließ ihn ins Unbekannte aufbrechen. In diesem Aufbrechen Abrahams wurde die Schöpfung zur Welt, die keine Bestimmung als die zu bestimmende kennt; mit Grund und Abgrund, mit dem Sinn nach Gerechtigkeit, dem Blick auf Sodom

> Er machte nur einen Schritt,
> allein, er ist aufgebrochen
> aus der Fremde,
> aus der Sprache,
> aus Ur;
>
> nur eines mehr mündlich
> denn sprachlich gehegten
> Wortes
> mächtig –
> hinneni:
> *Hierbinich*

Wer gedenken will und sich erinnern kann, der braucht aus der Geschichte nicht zu lernen. In der Erinnerung nimmt auch Geschichte ihren Anfang.

Der Glaube müßte keine Berge versetzen, wüßte er mit den bereits versetzten etwas anzufangen

In einer Welt, bestehend aus lauter Himmelskörpern, brach Abraham auf und wandte sich vom Himmel ab. Und Gott ging auf ihn zu, verlieh ihm seinen Ausdruck und segnete ihn mit einer nicht auszutreibenden Diesseitigkeit.

„Sieh zum Himmel und zähle die Sterne", sagte Er zu ihm. Von einem so geistreichen Einfall war Abraham schon weit entfernt. Bereits mit seinem Aufbruch räumte er seinem Herrn den Himmel in seiner ganzen Sicht- und Rufweite ein.

Und Gott sprach: „Nimm Isaak, deinen einzigen Sohn, den du lieb hast, und gehe in das Land Morija und opfere ihn daselbst zum Brandopfer auf einem Berge, den ich dir weisen werde."

Mit diesem Auftrag – die Berge zu entgipfeln –, mit seinen beiden

Dienern und seinem einzigen Sohn ging Abraham in das Land Morija

> „Zu den Bergen hebe ich meine Augen:
> Woher wird meine Hilfe kommen?"

So tönt Abrahams Selbstgespräch auf jenem Weg zu uns herüber. Doch während er mit seinem alten ungebrochenen Blick die Berge nacheinander prüft, faßt er mit eben diesem Blick eine erste, aus Stein gehauene Unverbrüchlichkeit:

> „Meine Hilfe ist von Ihm her,
> Der Himmel *und* Erde gemacht hat."

Am dritten Tag riß er seinen Blick von den Bergen weg, hob seine Augen und sah den *Ort* von ferne. Aus den Augen des Himmelabgewandten schwanden nun auch die Berge. Das in den Himmel Ragende wich dem „Hierbinich". Abraham löste sein einziges Wort ein und durfte seinen einzigen Sohn freibinden. Alles war nun eben, Erde wie Himmel; weit und breit gab es nichts als Gott und seine Welt.

Und Abraham kehrte unverzagt und ohne Verzückung in diese Welt zurück, für die er einstand, in die Stadt, nach Beer-schewa kehrte er mit seinen Dienern zurück. Da waren Gott und die Welt, die Brunnen, das lebendige Wasser und der lebendige Streit um die Quellen dieses Wassers

Das *Hierbinich* lernten wir, Kinder Israels, von Abraham, doch war Abraham nicht weniger als der neue Adam, und in einem neuen Sinn Vater vieler Völker und allen zum Segen.

Adam kannte keine Furcht, nur die eine Angst vor der Stimme seines Schöpfers, der ihm das Schönste auf Erden geschenkt, das Allerlieblichste aber verboten, umdroht und mit dem Tod belegt hatte. Eine Bedeutung konnte Adam der Drohung freilich nicht abgewinnen, was sollte auch der Tod, wo das Leben, ein Odem Gottes, ihn, den Menschen, eben erweckte. Gott gerade erst eingeatmet, und schon auch wieder ausgehaucht? Doch waren Odem und Hauch nicht unbestimmt, und die Stimme sprach, und die Drohung war ihr letztes Wort

Nachdem Adam vom todbringenden Baum aß, vernahm er die Stimme wieder und bekam es mit der Angst zu tun, und immer noch nicht mit seiner Seele. Der Garten Eden war eine schlechte Glaubenslehre

Vergebens sprach die Stimme; nun wandte sich Gott dem Menschenantlitz zu. Da sprach ER zu Kajin:
Warum verdrießt es dich und warum sinkt dein Antlitz?
Ist dem nicht so? Du bringest schöne Gaben oder bringest sie nicht, vor der Türe lagert die Sünde, und nach dir ist ihr Verlangen; doch du kannst ihrer Herr werden (Gen. 4,6–7; Übers. Arnheim).
Mit Abraham trat das *Hierbinich* als Form des Glaubens in die Welt. Mit dem *Hierbinich* lebten die meisten Juden überall, mit ihm hörten sie auch zu leben auf. Nicht ausweichend auch dort, wo Ausweichen nicht mehr galt. Auch gestellt, muß man sich noch stellen.
Und kommt man auch davon, heißt es nicht, daß man entrinnen kann

Gottes Wege

Um Gott zu suchen, muß man den Weg zu ihm schon gefunden haben

Ein Zitat: „Ich komme nicht mit dem Denken, noch weniger mit dem Schreiben nach. Zu dem Glauben, daß meine Gedanken von Gott kommen, habe ich es noch immer nicht gebracht – ist das aber nicht das stärkste Argument wider sie? Jedoch das ist wahr: mein ganzes Denken sucht Gott. Aber – auch da gibt es ein Aber. Als ob Gott erst lange zu suchen wäre." (Ferdinand Ebner)

Gottes Wege sind unerforschlich, nicht aber der Weg zu ihm

Gottes Wille ist verborgen, des Schöpfers Absicht offenbar

Daß Sein Wille geschehe, ist mein Wunsch, nicht mein Wille

Gottes Ferne ist es, die den Menschen so nahe geht

Der gefundene Gott ist der verlorene, nicht der gesuchte

Im Glauben erfährt der Mensch die Nähe und die Ferne Gottes – seine Trennung von ihm

Wo es nichts Festes gibt, sind Feststellungen vonnöten

Zweifel erheben sich über alles, was sich zu setzen neigt.

Der Zweifel betrifft das Wissen, der Glaube das Wissenswerte.

Der Zweifel ist beim Denken, nicht bei der Wahrheit. Sie ist seine Reichweite, wie soll er sie aber erreichen? Wachsend. Das ist das „Organische" des Denkens oder in ihm. Der Zweifel ist dem Denken eingegeben, ist gleichsam sein Wachstum. Poetisch ausgedrückt: Der Zweifel wächst, die Wahrheit steht immer auf einem anderen Blatt.

Der Glaube hat immer seinen Zweifel, nicht immer seinen Gott.

Gott ist über alle Zweifel, aber auch über jeden Glauben erhaben.

Der Glaube strahlt seine Zweifel aus; aus diesem bilden sich das Scheinheilige und der Heiligenschein.

Gott läßt alle Zweifel an sich heran, den Glauben aber prüft er.

Man verzweifelt nicht, solange man zweifeln kann.

In Zweifel gezogen, dehnt sich der Glaube aus

Der Glaubensmut übersteigt die Überzeugungskraft

Eines Tages erschien auf einem Platz Jerusalems eine Frau mit einer Fackel in der einen, einem Wasserkrug in der anderen Hand. „Mit dieser Fackel", schrie sie, „will ich den Himmel anzünden, und mit diesem Wasser die Hölle löschen, um die Phantome zu verjagen, die mir meinen Gott verbergen und mich nicht an ihn glauben lassen."

„Du bist ganz Glaube", sagte ein Mann, der auf sie zuging. „Du hast die Fackel, den Krug und den Schrei, du brauchst den Glauben nicht; Gott segne dich", sagte der Mann im grellgefleckten Gewande und rollte den Himmel zusammen

Ausklang

Gott ist tot? Das ist nicht mehr als der Untergang des Abendlandes. Schlimm ist, daß die Sprache, die einst Gott begreifen konnte, eingeschrumpft ist und nicht einmal zum Epitaph ausreicht. Verwelkt und verjubelt ist alles, was da noch von Gott redet. Und Er war doch das Leben, da Er mit diesem belegt, bezeugt, ja – bezahlt werden konnte. Preis und Preisung vermünzten klein, verklangen. Abraham hieß Er aufbrechen und fortziehen, mußte selbst aber doch immer wieder in Erinnerung und also ins Dasein gerufen werden. Die Stimme von oben verdonnerte, wo bleibt die Stimme, die Gott ins Leben ruft. Es ist aber keine tote Sache, Gott, nur eine tote Rede. Wen rühmt die Seele noch, die in langer Behandlung allen Jubel verlernte. Tot ist, was von Gott spricht.

Ab und zu kommt einer, der noch lebendig von Gott zu sprechen weiß – keine Frage, und doch ein musikalisches Problem, das über das Gehör gelöst werden muß, ohne Engel, Chor und Stufengesang. Eine Schar von Scherben, polyphon klirrend. Diese Vorstellung liegt meinen hier vorgetragenen „Variationen" zugrunde.

Solange ich mir das denken kann, ist das Verlorene da

PS: Das Hochgehaltene ist noch immer versunken, das Heiliggehaltene noch nie. Doch Rom wie Jerusalem sind nur noch über Auschwitz zu erreichen. Davon war nicht die Rede, sollte davon nicht die Rede gewesen sein?

Autorenverzeichnis

Elazar Benyoëtz, geb. 1937 in Wiener Neustadt, lebt als Autor (Hebräisch und Deutsch) in Jerusalem. 1964 Gründung der „Bibliographia Judaica" in Berlin. 1988 Auszeichnung mit dem Adelbert von Chamisso-Preis für bedeutende Beiträge ausländischer Autoren zur deutschen Literatur.

Emerich Coreth SJ, geb. 1919, Professor für Christliche Philosophie an der Theologischen Fakultät der Universität Innsbruck. 1969–1971 Rektor der Universität Innsbruck, seit 1989 emeritiert.

Papandreou Damaskinos, geb. 1936 in Griechenland, Metropolit der Schweiz und Exarch von Europa. Professor an der Theologischen Fakultät in Luzern, Vizepräsident der „internationalen Akademie der Religionswissenschaften" Brüssel.

Hans-Peter Dürr, geb. 1929 in Stuttgart, Studium der Physik in Stuttgart und Berkeley/Kalifornien. Professor am Max-Planck-Institut für Physik (Werner Heisenberg-Institut) in München, dort wiederholt geschäftsführender Direktor.

Beatrice Eichmann-Leutenegger, geb. 1945 in der Schweiz, nach dem Studium der Germanistik und Kunstgeschichte in Bern und Zürich Tätigkeit als Publizistin und freischaffende Literaturkritikerin (Schwerpunkt: deutsch-jüdische Literatur).

Hanna-Barbara Gerl-Falkovitz, geb. 1945 in Oberwappenöst/Oberpfalz, Studium der Philosophie, Germanistik und Politischen Wissenschaften. Professorin für Religionsphilosophie und vergleichende Religionswissenschaft an der TU Dresden.

Susanne Heine, geb. 1942 in Prag, Studium der evangelischen Theologie und Philosophie. Universitätsprofessorin für Praktische Theologie und Religionspsychologie an der Evangelisch-Theologischen Fakultät der Universität Wien.

Josef Imbach, geb. 1945 in der Schweiz, Franziskaner. Professor für Fundamentaltheologie und Grenzfragen zwischen Literatur und Theologie an der Päpstlichen Theologischen Fakultät S. Bonaventura in Rom.

Klaus Kienzler, geb. 1944 in Triberg/Schwarzwald, Professor für Fundamentaltheologie an der Universität Augsburg.

Kardinal Franz König, geb. 1905 in Rabenstein, Doktor der Theologie und Philosophie. Ehemaliger Universitätsprofessor an der Katholisch-Theologischen Fakultät der Universität Salzburg, seit 1958 Kardinal. 1956–1985 Erzbischof von Wien.

Genro Koudela, geb. 1924 in Wien, 1977–1979 Abt des Bodhi Manda Zen

Center in New Mexico, USA. 1980 Gründung des Bodhidharma Zendo und Rinzai-ji Ordens in Österreich. Präsident der Österreichischen Buddhistischen Religionsgemeinschaft.

Karl-Josef Kuschel, geb. 1948 in Oberhausen/Rheinland, Studium der Germanistik und Theologie. Stellvertretender Direktor des Instituts für ökumenische Forschung in Tübingen. Professor und akademischer Direktor für Theologie und Kultur und des interreligiösen Dialogs an der Katholisch-Theologischen Fakultät der Universität Tübingen.

Pinchas Lapide, 1922 – 1997, jüdischer Theologe und Religionsphilosoph. Lehrstuhlinhaber und Institutsleiter an der Bar-Ilan-Universität Tel Aviv, Gastprofessuren u. a. in Tübingen, Göttingen, Bern. **Ruth Lapide,** Co-Autorin; Religionswissenschaftlerin und Historikerin.

Johann Baptist Metz, geb. 1928 in der Oberpfalz, 1963–93 Ordinarius für Fundamentaltheologie an der Universität Münster. Mitglied im Beirat des Instituts für die Wissenschaften vom Menschen (Wien), mehrjährige Gastprofessur für Religionsphilosophie und Weltanschauungslehre an der Katholisch-Theologischen Fakultät der Universität Wien.

Carlo Mongardini, geb. 1938, ordentlicher Professor für Soziologie an der Fakultät für Politikwissenschaften der Universität Rom „La Sapienza". Directeur d'Études an der École des Hautes Études en Sciences Sociales Paris.

J. C. Nyíri, geb. 1944 in Ungarn, Studium der Mathematik und Philosophie, Professor für Philosophie an der Universität Budapest. Korrespondierendes Mitglied der Ungarischen Akademie der Wissenschaften, Direktor der Ungarischen Philosophischen Gesellschaft.

Radim Palouš, geb. 1924, Professor für Philosophie. Langjähriger Rektor der Karlsuniversität in Prag und Mitglied des päpstlichen Kulturrates.

Rob Riemen, geb. 1962 in Eindhoven, Studium der Theologie. Gründer und Direktor des Nexus Instituts, Chefredakteur der Zeitschrift „Nexus".

Ingrid H. Shafer, geb. 1939 in Innsbruck, Professorin für Philosophie und Religionswissenschaft. Mary Jo Ragan Professor of Interdisciplinary Studies an der University of Science and Arts in Oklahoma.

Leonard Swidler, geb. 1929 in Sioux City/Iowa, Chefredakteur und Mitbegründer des „Journal of Ecumenical Studies". Professor für Catholic Thought and Interreligious Dialogue an der Temple University in Philadelphia.

Miklós Tomka, geb. 1941 in Budapest, Studium der Volkswirtschaftslehre und Soziologie. Co-Direktor der internationalen theologischen Zeitschrift und Stiftung CONCILIUM, Direktor der postgraduierten Ausbildungsstätte Katholische Sozialakademie sowie der Ungarischen Religionssoziologischen Forschungsstelle.

Falk Wagner, geb. 1939 in Wien, Studium der evangelischen Theologie, Philosophie und Soziologie. Ordentlicher Universitätsprofessor für Systematische Theologie an der Evangelisch-Theologischen Fakultät der Universität Wien.

QUAESTIONES DISPUTATAE

HERDER   FREIBURG · BASEL · WIEN